河合塾講師
小森清久
英文法・語法問題
講義の実況中継

文法・語法・熟語・イディオム・発音・アクセント・会話表現

語学春秋社

はしがき

　みなさん，はじめまして。河合塾講師の小森清久です。
　本書は，河合塾の教室で受験生の真剣な眼差しを受けながら日々おこなっている講義を，必要な項目がすぐにわかり，スピーディーに入試問題の急所とその攻略法がつかめるように，コンパクトに編集したものです。つまり，**ふだんの私の講義のエッセンス**と言っていいでしょう。

　本書は，生の講義のエキスを文字化しただけではなく，講義の後で熱心に質問に来る受験生と向き合い，彼らのウイークポイントを1つ1つ書き留めながら，それらを随所に盛り込んだ，まさに本当の意味での**血が通った「実況中継」**です。

　講立て，講数などはふだんの河合塾の講義にほぼ準じていますが，**演習問題はどれも1問1問吟味した最新で最頻出の入試問題**を扱っています。なお，センター試験の問題に関しては，本試験・追試験の区別なく全問題を対象に**良問を精選**しています。そうは言っても，文法項目によっては，最新の問題だけではまかないきれない場合がありますので，これまでに蓄積した良問の中から再出題が予想されるものを必要に応じて充てています。

　また，解説の中に「押さえてください！」という言葉が口癖のように登場します。これは英文法・語法を単なる暗記と思う受験生が多いため，頭に入れて欲しい箇所について，**「英文法・語法は単なる暗記じゃないからね」**という意味を込めて，この言葉を意識的に用いています。

　この講義は，**"文法・語法"，"熟語・イディオム"，"発音・アクセント"，"会話表現"**の4つのジャンルから構成され，**問題総数は1050問**になります。これだけの問題をこなせば，文法・語法問題の本質が理解でき，どの大学にでも通用する力がつくはずです。"文法・語法"は各講を項目別に分けていますが，実際は相互にゆるやかに結びついていると思ってください。

　本書は"文法・語法"を中心に構成されていますが，その他にもなかなか手が回らない"熟語・イディオム"，センター試験の特に上位層が取りこぼす"発

音・アクセント"，侮(あなど)れない"会話表現"を収録しています。
　センター試験の第1問「発音・アクセント」の配点は14点，第2問A「文法・語法」・B「会話」・C「語句整序」の3つの配点は41点で，合計55点となり筆記分野全体の4分の1強を占めます。本書を一通り終えると**センター試験第1・2問に対して十分すぎるぐらいの力がつくだけでなく，難関私大対策をはじめ，国公立大の英文和訳の対策にも大いに力を発揮できる**でしょう。本書を読めば英語に対する理解が一層深まるようになっています。

本書の特徴

主な特徴は次の6点です。

① 1問1問受験生のウイークポイントを押さえた丁寧な解説。
② 入試最頻出精選問題1050問であらゆるレベルをカバー。
③ 単なる暗記ではなく文法・語法の考え方が身につく。
④ 入試頻出の熟語・イディオムを短時間で習得できる。
⑤ 「発音・アクセントの法則」で，効率よい学習を実現。
⑥ 会話表現の解き方が，キッチリわかるようになる。

本書の使い方

　本書はどこから始めてもかまいませんが，時間に余裕のある人は"文法・語法"の第1講から順に進めるとよいでしょう。特に文法項目は掘り下げた解説をしている箇所がありますが，理解に時間がかかりそうだと思えば，後で戻ることを前提に，まずは1講義分を最後までやり終え，その後で掘り下げて考えたい箇所に戻ると学習がスムーズに進みます。

文法・語法
① 各講の文法・語法項目の**最初にある解説部分**を読み，しっかり理解します。
② 問題を解いてみましょう。**必ず自分で解いてください**。約束ですよ。
③ 設問解説を読んでください。その中で出てくる**語彙は必ず自分のものにし**

ましょう。やや複雑な英文は和訳を試みたりして文構造を把握してください。

▍熟語・イディオム
① 左ページの問題を解いてみましょう。
② 右ページの解説でチェックし，知らない熟語・イディオムは，その場で頭に入れるようにしましょう。

▍発音・アクセント
① 発音・アクセントの法則を理解します。
② 問題を解きながら法則を頭の中に入れてください。この時，恥ずかしがらずに声に出して練習してください。一番身につく方法です。

▍会話表現
① 各項の最初にある解説部分をしっかり理解します。
② 問題を解きながら解答の要領を身につけていってください。

　本書の執筆に当たっては，まず，講義の後で熱心に質問に来てくれた受験生のみなさんに感謝します。陰ながら支えてくださいました河合塾の教職員の方々に感謝したいと思います。また，資料の整理をしてくださり，原稿を丹念に読み適切なアドバイスをしてくださった語学春秋社編集部スタッフの皆さんに，そして何より，私の執筆を最初から最後まで支えてくださいました同社編集部の藤原和則氏に，心からお礼を申し上げます。

小森　清久

講義の内容

はしがき・本書の特徴と使い方 ……………………………………………… iii

第1編　文法・語法

第1講　文の構造
1. 主語と動詞の一致 …………………………………………………… 1
2. 相関語句による主語と動詞の一致 …………………………………… 3
3. 共通関係 ……………………………………………………………… 5
4. 句と節の構造 ………………………………………………………… 7
5. 句と無生物主語構文 ………………………………………………… 9

第2講　動詞の語法と文型
1. 自動詞と他動詞で語形が紛らわしい頻出動詞 …………………… 12
2. 動詞の後ろに前置詞を置くかどうか ……………………………… 13
3. S＋V文型とS＋V＋O文型 ………………………………………… 15
4. S＋V＋C文型とS＋V＋O＋C文型 ………………………………… 17
5. 二重目的語のS＋V＋IO＋DO文型 ………………………………… 19
6. よく狙われる「伝達動詞」 ………………………………………… 22
7. 類義語動詞と意外な意味の多義語動詞 …………………………… 23
8. 動詞と結びつく前置詞 ……………………………………………… 26

第3講　時制
1. 注意したい現在時制 ………………………………………………… 28
2. 進行形の用法 ………………………………………………………… 30
3. 進行形にできない動詞 ……………………………………………… 32
4. 時・条件を表す副詞節中の時制は？ ……………………………… 34
5. 過去形と現在完了形 ………………………………………………… 37
6. 過去完了形と未来完了形の用法 …………………………………… 39
7. 完了進行形の用法 …………………………………………………… 42
8. 完了形を用いた注意すべき表現 …………………………………… 44

第4講　助動詞
1. can［could］／ may［might］の意味と働き ……………………… 47
2. can／couldとbe able toの違い …………………………………… 50
3. mustとhave toの類似点と相違点 ………………………………… 52

- 4 注意したい助動詞 need / dare / had better …… 55
- 5 未来の意味の表し方 …… 57
- 6 used to *do* と would *do* はどう違うの？ …… 60
- 7 助動詞＋ have *done* …… 62
- 8 should の特殊用法 …… 65
- 9 助動詞の注意すべき表現 …… 67

第5講　仮定法

- 1 仮定法とは何か？ …… 70
- 2 仮定法過去と仮定法過去完了 …… 72
- 3 条件節と帰結節の時のズレ …… 74
- 4 if 節が表現されない仮定法 …… 76
- 5 If S' were to *do*... と If S' should *do*... …… 79
- 6 if の省略 …… 81
- 7 仮定法 as if[though]について …… 83
- 8 その他注意すべき表現 …… 85

第6講　不定詞

- 1 不定詞の名詞用法について …… 88
- 2 to 不定詞を目的語にとる動詞／ be to 不定詞 …… 89
- 3 不定詞の形容詞用法について …… 92
- 4 不定詞の副詞用法について …… 94
- 5 形式主語の it と意味上の主語 …… 96
- 6 S＋V＋O＋(to)*do* について …… 98
- 7 完了不定詞と注意すべき書き換え …… 100
- 8 疑問詞＋ to 不定詞／独立不定詞 …… 103

第7講　動名詞

- 1 動名詞の用法 …… 105
- 2 動名詞を目的語に取る動詞 …… 107
- 3 目的語に動名詞と不定詞を取った場合で意味が異なる動詞 …… 109
- 4 動名詞の意味上の主語と否定 …… 112
- 5 完了形の動名詞 …… 113
- 6 紛らわしい「前置詞＋動名詞」 …… 116
- 7 動名詞を用いた表現の書き換え …… 118

第8講　分　詞
1. 分詞の修飾 ……………………………………………………… 121
2. have ＋ O ＋ *do* / *done*（使役・被害・完了） ……………… 123
3. 知覚動詞＋目的語＋分詞 ……………………………………… 125
4. 分詞構文の基本形 ……………………………………………… 128
5. 分詞構文における意味と特徴 ………………………………… 130
6. 独立分詞構文と慣用表現 ……………………………………… 132
7. 付帯状況の「with ＋ O ＋分詞」 ……………………………… 135
8. 補語として用いられる分詞 …………………………………… 137

第9講　関係詞
1. 関係代名詞の基本用法 ………………………………………… 140
2. 前置詞＋関係代名詞 …………………………………………… 142
3. 関係副詞の用法 ………………………………………………… 144
4. 関係代名詞か関係副詞か？ …………………………………… 147
5. 関係詞の非制限用法 …………………………………………… 149
6. 関係代名詞 what の用法と慣用表現 ………………………… 151
7. 関係形容詞 ……………………………………………………… 154
8. 関係代名詞 that と省略 ………………………………………… 156
9. 関係代名詞の注意すべき用法 ………………………………… 158
10. 複合関係代名詞[形容詞]の用法 ……………………………… 160
11. 複合関係副詞の用法 …………………………………………… 163
12. 関係詞の特殊な用法 …………………………………………… 165

第10講　接続詞
1. 名詞節を導く that ……………………………………………… 168
2. 同格関係をつくる that 節 ……………………………………… 170
3. 接続詞 if の用法 ………………………………………………… 172
4. 「譲歩」を表す接続詞 …………………………………………… 175
5. 目的・結果を表す接続詞 ……………………………………… 177
6. 理由を表す接続詞 ……………………………………………… 179
7. 「～するとすぐに」などの様々な表現 ………………………… 182
8. 接続詞 as / while の用法 ……………………………………… 184

第 11 講　前置詞

1. 「場所と時」を表す at, on, in ……… 187
2. 前置詞 in の頻出用法 ……… 189
3. 「方向・到着点」を表す前置詞 ……… 191
4. 「時の起点・継続・期間」を表す前置詞 ……… 193
5. 「方向」と「上下の位置」を表す前置詞 ……… 195
6. 「横断・貫通」を表す前置詞 ……… 198
7. 「対」になる前置詞と「付帯状況」の with ……… 200
8. 前置詞の特殊用法 ……… 203
9. 間違いやすい群前置詞 ……… 206

第 12 講　比　較

1. 比較の基本用法 ……… 209
2. as ～ as ... の原級を用いた比較 ……… 211
3. 比較対象と強調 ……… 214
4. 比較級についての注意 ……… 217
5. 倍数表現 ……… 220
6. no more...than ～型の構文 ……… 222
7. 最上級の基本用法 ……… 225
8. ラテン比較と比較級を用いた重要表現 ……… 227

第 13 講　名詞・冠詞・代名詞

1. 可算名詞と不可算名詞 ……… 230
2. 抽象名詞と不定冠詞 ……… 232
3. 絶対に複数形で用いる名詞 ……… 235
4. 意外な意味の名詞 ……… 237
5. 意味が紛らわしい名詞 ……… 239
6. 冠詞の基本的考えについて ……… 242
7. 冠詞のそれぞれの働き ……… 244
8. 代名詞 one と it の用法の相違 ……… 246
9. 不定代名詞の用法 ……… 249
10. 「2」と「3 以上」を表す代名詞 ……… 252
11. both / all / any の用法 ……… 254
12. 所有代名詞と再帰代名詞の用法 ……… 256

第14講　形容詞・副詞

1. 形容詞の働き 258
2. 意味の紛らわしい形容詞 260
3. S is ～ to *do* ／ It is ～ to *do* ／ It is ～ that 節の構文 263
4. 注意すべき形容詞の語法 265
5. 副詞の働き 267
6. 名詞や形容詞と混同しやすい副詞 269
7. 文修飾と語句修飾 272
8. 注意すべき副詞の用法 274

第15講　特殊構文

1. 部分否定と否定の領域 277
2. 否定の強調 279
3. 否定語を用いない否定表現 281
4. 倒置と語順 284
5. 強制倒置とその他の語順 287
6. 強調 290
7. 省略 292
8. 挿入と代用 295
9. There 構文 297

第2編　熟語・イディオム

1. 基本動詞 bring を用いた熟語・イディオム 300
2. 基本動詞 break を用いた熟語・イディオム 302
3. 基本動詞 call を用いた熟語・イディオム 304
4. 基本動詞 come を用いた熟語・イディオム 306
5. 基本動詞 get を用いた熟語・イディオム 308
6. 基本動詞 give を用いた熟語・イディオム 310
7. 基本動詞 go を用いた熟語・イディオム 312
8. 基本動詞 hand を用いた熟語・イディオム 314
9. 基本動詞 have を用いた熟語・イディオム 316
10. 基本動詞 hold を用いた熟語・イディオム 318
11. 基本動詞 keep を用いた熟語・イディオム 320
12. 基本動詞 look を用いた熟語・イディオム 322

13	基本動詞 lose を用いた熟語・イディオム	324
14	基本動詞 make を用いた熟語・イディオムⅠ	326
15	基本動詞 make を用いた熟語・イディオムⅡ	328
16	基本動詞 pull を用いた熟語・イディオム	330
17	基本動詞 put を用いた熟語・イディオム	332
18	基本動詞 set を用いた熟語・イディオム	334
19	基本動詞 take を用いた熟語・イディオムⅠ	336
20	基本動詞 take を用いた熟語・イディオムⅡ	338
21	基本動詞 turn を用いた熟語・イディオム	340
22	基本動詞を用いた重要な熟語・イディオムⅠ	342
23	基本動詞を用いた重要な熟語・イディオムⅡ	344
24	「be＋形容詞＋前置詞」中心の熟語・イディオム	346
25	形容詞の働きをする熟語・イディオム	348
26	副詞の働きをする熟語・イディオムⅠ	350
27	副詞の働きをする熟語・イディオムⅡ	352
28	前置詞の働きをする熟語・イディオム	354
29	身体の部位を用いた熟語・イディオム	356

第3編　発音・アクセント

発　音

法則1	'ch' の綴りの3つの発音	358
法則2	'x' の綴りの3つの発音	360
法則3	'th' の綴りの3つの発音	362
法則4	'-(e)d' の綴りの3つの発音	363
法則5	'au' と 'aw' の綴りの発音は1つ	365
法則6	'ea' の綴りの3つの発音	366
法則7	'ear' の綴りの4つの発音	368
法則8	'oa' と 'oar' の綴りの発音	370
法則9	'ei' の綴りの発音	371
法則10	'ow' の綴りの2つの発音	373
法則11	'oo' の綴りの3つの発音	374
法則12	'-ate' の綴りの発音	376
法則13	'-ite' の綴りの2つの発音	377
法則14	'-ough' の綴りの7つの発音	378

| 法則15 | 「黙字13」の綴り字 | 380 |

アクセント

法則1	名前動後Ⅰ	382
法則2	名前動後Ⅱ	384
法則3	接尾辞 -ee / -eer / -oo	386
法則4	接尾辞 -ique / -esque	388
法則5	接尾辞 -ade / -mental / -igue / -ine	390
法則6	接尾辞 -logy / -pathy / -meter ほか	392
法則7	接尾辞 -sive / -ic / -ical / -ity[ety] / -ify	394
法則8	接尾辞 -tion / -sion / -gion ほか	396
法則9	接尾辞 -eous / -ious / -itude / -itute	398
法則10	接尾辞 -ize / -ate	400
法則11	接頭辞 dif- / para-	401
法則12	接尾辞 -tribute / -able / -al	403

第4編　会話表現

1	依頼・要求・許可に対する応答	405
2	提案・勧誘に対する応答	408
3	意見・感想に対する応答	411
4	ものを勧める表現に対する応答	413
5	あいづち・あいさつ表現	417
6	お礼・お詫びに対する応答	419
7	電話での会話の場面	422
8	道・乗り物の案内の場面	424
9	健康・体調についての会話の場面	427
10	買い物の場面	430

■本書で用いた記号・略語■

S (Subject)…主語　　V (Verb)…動詞　　O (Object)…目的語　　C (Complement)…補語
do…動詞の原形　　to *do*…to 不定詞　　*doing*…動名詞 / 現在分詞　　*done*…過去分詞
A / B…名詞(句)　　＝…同格 / 同意　　≒…ほぼ同意　　⇔…反意語　　φ…省略
〜 / ……語(句) / 節　　( )…省略可能　　[ ]…言い換え / 構造上の要素
∨ / ∧…要素の元の箇所　　(名)…名詞　　(形)…形容詞　　(動)…動詞　　(副)…副詞
(自)…自動詞　　(他)…他動詞　　〈英〉…イギリス英語

第1講 文の構造

●1 主語と動詞の一致

みなさんは修飾語句がついた**主語**とそれを受ける**動詞**が，**主語の数と人称に一致**するっていうことを知っていますね。一見中学レベルのように思える知識でも，入試で次のように出題されるとミスをする受験生が続出します。では，次の英文の（ ）の中から正しいものを選んでみてください。

> The conditions governing the peace agreement which has been arranged by the United Nations (has / have) not been revealed.

文頭にある The conditions に，governing the peace agreement which has been arranged by the United Nations が**修飾語句としてかかっているのを見抜け**ば，**The conditions** が複数の主語なので，**動詞**は has ではなく，**have** であるとわかります。**修飾語句が「くせ者」**なのです。大切ですよ。しっかり押さえてくださいね。

例題訳　国連によって調停されてきた平和協定を規定している条件は明らかにされてきていない。
（答 have）

問題

次の各英文の下線部①〜④の中から，間違っている箇所をそれぞれ1つ選びなさい。

☐ 1　The ①amount of tax ②people pay ③vary considerably according to ④where they live.　　　　　　　　　　　　　　　　　　（学習院大）

☐ 2　The fact ①that the number of foreigners ②who can speak Japanese ③has increased lately ④are common knowledge.
　　　　　　　　　　　　　　　　　　　　　　　　　　　　　　（関西外大）

☐ 3　Many ruins all over the world, ①including Mayan temples in Mexico, ②suffering from the ③damaging effects ④of acid rain.
　　　　　　　　　　　　　　　　　　　　　　　　　　　　　　（明治学院大）

☐ 4　①Understanding the distribution ②and population size of organisms ③help scientists ④evaluate the health of the environment.　　　　　　　　　　　　　　　　　　　　　　　　（上智大）

設問解説

1 The amount [of tax][(which) people pay] varies considerably according to where they live.
　S　　　　　　　　　　　　　　　V

訳 人びとが納める税金の額は，住んでいる場所によってかなり違う。(答③→ varies)

　どれが主語で，どれが動詞かわかりましたか。修飾語句が「くせ者」でしたね。では，一緒に修飾語句を見つけましょう。people pay がその直前にある tax にかかっていることを見抜いてください。ここには関係代名詞の which が省略されています。文頭にある The amount に of tax people pay が修飾語句としてかかっているのを見抜けば，**The amount が単数の主語なので，動詞は varies** となりますね。

2 The fact [that the number [of foreigners][who can speak Japanese] has
　　S　　　　　　S'

increased lately] is common knowledge.
　V'　　　　　　V

訳 日本語を話すことができる外国人の数が最近増加したという事実は，周知のことである。
(答④→ is)

　動詞がたくさんあるので，どれが中心となる動詞かを決めるのに苦労しますね。こういう時は，まず，文頭にある The fact を主語として考えてみましょう。そして that 節内を見てみますと，of foreigners who can speak Japanese が単数の the number を修飾し，動詞は has increased で一致しています。**文全体の主語は単数の The fact** であると見抜ければ，**動詞は are でなく，is で一致**することになりますね。なお，副詞 lately「最近」は現在完了形と共に用います。

3 Many ruins [all over the world, including Mayan temples in Mexico,]
　　S

are suffering from the damaging effects of acid rain.
　V

訳 メキシコのマヤ寺院を含めて世界中の多くの遺跡は，酸性雨の有害な影響を受けている。
(答②→ are suffering from)

　この文には動詞がないことに気づきましたか。文頭の Many ruins に all over the world, including Mayan temples in Mexico が修飾語句としてかかっているのを見抜けば，**Many ruins が複数の主語なので，suffering from を動詞**だと見抜いて，**are suffering from** にしなければなりませんね。**主語を押さえ動詞を見抜く**と，英語を読むことがかなり楽になります。得意になってくださいね。なお，including は前置詞で「〜を含めて」という意味です。

4 [Understanding [the distribution and population size] [of organisms]]
   S
   helps scientists (to) evaluate the health of the environment.
   V   O

> 訳 生物の分布と個体群の数を理解することは，科学者が環境の健全さを評価するのに役立つ。
> (答③→ helps)

文頭の understanding は**動名詞**で，動名詞には動詞の性質が残っているので後ろに名詞(句)などを伴うことができます。なので，**understanding は後ろの the distribution and population size of organisms までをひとかたまりとして捉えると単数扱い**となり，**主語と動詞の数の一致から動詞は helps** となります。なお，of organisms は the に注意すると，the distribution and population size までを修飾していることに気づきます。help の語法は help + O +(to) *do* で，ふつう to を省略します。

●2 相関語句による主語と動詞の一致

both A and B のように both がくると and と結びつくことはすでに知っていますね。このような**一対の語句を相関語句**といい，**接続の効果を強める働き**をします。また，(代)名詞と(代)名詞，副詞と副詞が相関し**対照を明らか**にします。重要な相関語句を表にまとめてみました。**動詞と一致する部分**を押さえてください。

> - both A and B「AとB両方」は，常に**複数扱い**
> - neither A nor B「AでもBでもない」
> - either A or B「AかBかどちらか」
> - not only [merely / simply] A but also B
>   「AだけでなくBも」
>
> 　　　　　　　　原則として
> 　　　　　　　　動詞はBに一致

not only A but also B の表現は，**A よりも B の部分が強調**され，A と B には**同じ種類の語句**がくるので注意しましょう。では，次の英文の( )の中から正しいものを選んでください。

> Not only your father but also I (is / am) against your plan.

Not only A but also B を見抜き，B にあたる部分の I に動詞を一致させると，動詞は is ではなく，am であることがわかりますね。**not only A but also B をかたまりとして捉える**ことがコツです。

> 例題訳 あなたのお父さんだけでなく，私もあなたの計画に反対です。(**答 am**)

問題

次の各英文の空所に入る最も適当なものを①〜④から選びなさい。

□**1** (　　) was happy over the victory.
　① Both the players and the coach
　② Either the coach or the players
　③ Not only the players but also the coach
　④ The players as well as the coach　　　　　　　　（慶應義塾大）

□**2** Neither Michael nor his co-workers (　　) aware of the mistake.
　① are　② be　③ being　④ is　　　　　　　　　　　　（福岡大）

□**3** Either George or Henry (　　) planning to go to the meeting this afternoon, but it has been cancelled because of the storm.
　① are　② is　③ have been　④ was　　　　　　　　　（京都産業大）

設問解説

1 (Not only the players but also the coach) was happy over the victory.
〈S-Vの一致〉

訳 選手たちだけでなく，コーチもその勝利に喜んだ。**(答③)**

　まず，問題文の空所の後ろを見てください。動詞が was なので，それと一致する単数の名詞を探してみましょう。選択肢はすべて「相関語句」ですね。①は **Both A and B なので常に複数扱い**でした。②の Either A or B では，動詞は B に一致しましたね。④の B as well as A は，not only A but also B とほぼ同じ意味で，動詞は共に B に一致します。単数の the coach と一致するのは③の not only A but also B だけということになります。

2 Neither Michael nor his co-workers (are) aware of the mistake.
〈S-Vの一致〉

訳 マイケルも彼の仕事仲間もその間違いに気づいていない。**(答①)**

　問題文を見て，Neither A nor B のかたまりにパッと気づきましたね。**Neither A nor B は動詞を B に一致**させます。B は複数の his co-workers なので，動詞は are で一致することになりますね。

4

③ Either George or Henry (was) planning to go to the meeting this
          〈S-Vの一致〉
afternoon, but it has been cancelled because of the storm.

訳 ジョージかヘンリーかのどちらかが，今日の午後の会議に行く予定でしたが，嵐のため中止になりました。(答④)

　Either A or Bの場合は，動詞はBに一致しましたね。Bにあたる部分はHenryなので，動詞はisかwasで一致することになります。but以下のthe stormのthe から嵐はすでに起こっていて，そのことで「会議が中止になった」という内容を読み取ると，「会議に行く予定」も過去の出来事だったことがわかりますね。だから，答えは過去形のwasを選ぶことになります。

●3 共通関係

　みなさんは英文中にand, but, orなどを使って語句と語句が結びつけられているのを，イヤというほど見てきていると思います。これらの語句と語句は，名詞や動詞などの「同じ品詞」で「同じ形」をしているのが特徴です。主語や動詞や目的語などさまざまな箇所に入り込んでいます。「同じ形」にすることで英文を簡単でわかりやすくしているのです。このように「同じ形」がつくる関係を「共通関係」といいます。では，次の英文から間違いを指摘してください。

> Manufacturers may use food additives ①for preserving, ②to color, or ③to flavor ④foods.

　まず，下線部を見て「同じ形」をしている語句を探してみましょう。②と③は「同じ形」をしていますね。④のfoodsは，①，②，③共通の目的語と考えることができれば，①だけが形の上で仲間はずれだとわかります。①を，②と③に合わせて**to preserve**に修正すると，**3つのto不定詞がorによって結びつけられ，foodsを共通の目的語**にしていることがわかります。何といっても英語は，「同じ形」の語句を探すことが上達のコツなのです。

例訳 製造業者は，食品を保存したり，着色したり，風味をつけたりするために食品添加物を使うことがある。(答①→ to preserve)

問題

次の各英文の空所に入る最も適当なものを①～④から選びなさい。
□ 1　They want to visit the church and (　　) the famous painting.
　① saw　② seen　③ seeing　④ see　　　　　　　　　(芝浦工大)

次の各英文の下線部①〜④（4のみ下線部①〜⑤）の中から，間違っている箇所をそれぞれ1つ選びなさい。

☐ 2　The students who have actively ①participated in class activities, ②especially discussion, have been the ③most successful at reducing grammatical error and ④build vocabulary.　（慶應義塾大）

☐ 3　Skills ①required of a good translator ②include reading English texts ③accurately and ④to imagine what the authors really want to tell us.　（明海大）

☐ 4　Many of the cognitive bases of the ①anger, hatred, and ②violent individuals ③exhibit in their behavior ④toward others can also be ⑤applied to the study of collective aggression in large groups.　（神奈川大）

設問解説

1　They want to visit the church and (see) the famous painting.
訳 彼らはその教会を訪れ，有名な絵画を見たがっている。(答④)
空所の前にある and と後ろにある the famous painting から，前半の visit the church と**共通関係**を成していることに気づきましたね。

2　The students
　　　 S
　　　　　[who have actively participated in (class activities,
　　　　　　　　　　　　　　　　　　　　　　　　‖
　　　　　　　　　　　　　　　　　　　especially discussion,)]
　　　　　　　　　　　　　　　　　　　　〈同格関係〉

have been the most successful at (reducing grammatical error
　V　　　　　　　　　　　　　　　　and
　　　　　　　　　　　　　　　　　building vocabulary.
　　　　　　　　　　　　　　　　　〈共通関係〉

訳 クラス活動，とりわけ討論に積極的に参加する生徒は，文法の誤りを減らしたり，語彙を増やしたりすることに最も良い結果を出してきている。(答④→ building)

まず，主語と動詞を押さえてみましょう。主語は The students で，動詞は have been ですね。そして，who 以下が「くせ者」の修飾表現でした。次に語句と語句を結んでいる and に注目すると，at reducing... に対して，and build... となっていることから，④を **building**（動名詞）に修正すると，**reducing**（動名詞）と「**共通関係**」ができます。

③ Skills〔(which are) required of a good translator〕
　S
　include ┌ reading English texts accurately
　 V　　　│ and
　　　　　└ imagining what the authors really want to tell us.
　　　　　〈共通関係〉

訳 良い翻訳家に求められる技能には，英語のテクストを正確に読むことと，著者が私たちに本当に伝えたいことを想像することが含まれる。**(答④→ imagining)**

　まず，主語が Skills で，動詞が include であることを押さえます。required 以下が Skills を修飾していることがつかめましたか。include の後の reading（動名詞）…と④to imagine の形が違うことから，④を **imagining**（動名詞）に修正すると「**共通関係**」ができますね。しっかり押さえてください。

④ Many of the cognitive bases of the anger, hatred, and violence〔(which)
　S
individuals exhibit in their behavior toward others〕can also be applied to
　　　　　　V　　　　　　　　　　　　　　　　　　　　V
　　　　　　(O)
the study of collective aggression in large groups.

訳 個人が他者に対する態度の中で見せる怒り，憎悪，暴力の認知基盤の多くは，大きな集団における集団的攻撃性の研究に応用できる。**(答②→ violence)**

　英文が複雑な構造を示していますので，まず主語と動詞から押さえます。文頭の Many から読み下していくと動詞 exhibit，さらには can also be applied があります。最初の動詞 exhibit の前後を見ると，individuals と in their behavior toward others があります。ここで exhibit が他動詞だと気づきましたか。そうすると目的語が見あたりませんね。上の分析図から目的語の働きは individuals の前に省略された関係代名詞だとわかります。そうすると，主文は Many が主語で，can … be applied が動詞だとつかめます。関係詞節の先行詞である the anger, hatred, は**名詞**なので，当然 violent も**名詞にして同じ品詞で並列**させなければなりません。**and, but, or が結ぶものは，名詞と名詞，形容詞と形容詞，動名詞と動名詞などというように同じ品詞であることが鉄則**です。

•4　句と節の構造

　2語以上の語が集まって名詞・形容詞・副詞などの働きをする場合があります。**主語と動詞を含むものを「節」，含まないものを「句」**といいます。句は前置詞に導かれて名詞句，形容詞句，副詞句となり，節は接続詞に導かれて名詞節，形容詞節，副詞節となります。これを基に句と節の転換を考えてみましょう。

節⇔句の転換

節中にある S+V ... の内容を句に転換します。
では，次の英文の空所に適語を入れてほぼ同じ意味にしてみましょう。

> (a) I was sorry that she did not come to the meeting.
> (b) I was disappointed at (　) (　) from the meeting.

(a) の that 節は「判断の根拠」を表す副詞節です。(b) の was disappointed at の at は原因の副詞句を形成する前置詞です。(a) の that 節内の not come を1つの名詞で表すと考えたときに，単語がうまく頭に思い浮かぶかどうかがカギです。

例題訳 彼女が会議に来なくて私は残念だった。(**答** her, absence)

接続詞＋S＋V ⇔ 前置詞＋名詞(句)の転換

> (a) I came to know him while I was staying in New York.
> (b) I came to know him (　) (　) stay in New York.

(a) は接続詞 (while)+S+V ... で「時」を表す副詞節です。(b) は空所の後ろの stay を名詞と読み取ることができるかどうかがカギですね。**stay が名詞**だとわかれば，「**前置詞＋名詞**」の形を思い浮かべ，**接続詞 while に相当する前置詞は during** なので空所が完成します。

例題訳 私はニューヨーク滞在中に彼を知るようになった。(**答** during, my)

問題

次の(a)と(b)がほぼ同じ意味になるように，空所に適当な語を入れなさい。

□ **1** (a) Though she was ill, she went out.
(b) In (　) of her (　), she went out. （小樽商科大）

□ **2** (a) He refused the offer and we were surprised.
(b) His (　) of the offer (　) us. （東京工科大）

□ **3** (a) As far as I know, his story is true.
(b) To my (　), his story is true. （東京理科大）

設問解説

1　(a) Though she was ill, she went out.
　(b) In (spite) of her (illness), she went out.
　訳 彼女は病気にもかかわらず，外出した。(**答** spite, illness)

(a)の前半は「接続詞＋S+V ...」で副詞節を導き，その接続詞(Though)を(b)では前置詞で言い換えているので，In spite of ＋名詞(句)「～にもかかわらず」を用います。さらに，前置詞の後ろは名詞(句)が続くので，(a)の she was ill を名詞句で表すと her illness となります。接続詞＋S+V ... ＝ 前置詞＋名詞(句)の形をしっかり押さえましょう。

2 (a) He refused the offer and we were surprised.
　(b) His (refusal) of the offer (surprised) us.
訳 彼がその申し出を断ったので，私たちは驚いた。(答 refusal, surprised)

　(b)の空所の前に His があり，後ろに前置詞の of があるので，空所には(a)の前半の動詞(refused)の名詞形(refusal)が入ります。名詞形を用いると時制の心配がなくなりますね。(b)の２つ目の空所の後ろに目的語の us があるので，空所には(a)の were surprised から他動詞(surprised)を能動の形で用います。

3 (a) As far as I know, his story is true.
　(b) To my (knowledge), his story is true.
訳 私が知る限りでは，彼の話は本当だ。(答 knowledge)

　(a)の As far as ...「(範囲)…に関する限りでは」が導く節を(b)で「範囲」を表す前置詞(To)で言い換え，前置詞の後ろには名詞(句)を続けましたね。know の名詞形(knowledge)を用います。

●5 句と無生物主語構文

　受験生の苦手とするものの１つが，動詞を中心とする節が，名詞を中心とする句に転換される場合です。「副詞＋動詞」が「形容詞＋名詞」に転換されて，文に組み込まれると，ミスをする受験生が続出します。図解してみましょう。

```
副　詞（Adverb）　＋　動　詞（Verb）
  ↓ ↑                    ↓ ↑
形容詞（Adjective）＋　名　詞（Noun）
```

では，次の英文の空所に適語を入れてほぼ同じ意味にしてください。

(a) If you compare them carefully, you will see the difference.
(b) A (　) (　) of them will show you the difference.

　(a)の前半の節は条件を表す副詞節で，(b)の主語に組み込まれていることがわかりますか。(a)の If 節にある動詞(compare) ＋ 目的語 (them) ＋ 副詞 (carefully) が，(b)では形容詞 (careful) ＋ 名詞 (comparison) ＋ of them

に転換され，名詞句（a careful comparison of them）の形で主語の働きをしています。

(a) の compare them の them は他動詞 compare の目的語で，(b) では comparison of them の形で表されています。この of them は comparison に対して**目的語の関係**(compare them)にあるので**目的語関係の of** といいます。

なお，(b) のように**「生物ではないもの」を主語**に取ると，**動詞がもつ「〜させる」の意味合いを失ってしまいます**。なので，ここでの show「〜を見せる」は，「…すれば〜がわかる」といった訳出をします。無生物を主語にした構文で使われる頻出動詞は **make, cause, allow, bring, give, enable, prevent, help, show, save** などです。訳出のときは，同じような工夫を忘れずに。

例題訳 注意深くそれらを比べれば，その違いがわかります。**(答 careful, comparison)**

問題

次の(a)と(b)がほぼ同じ意味になるように，空所に適当な語を入れなさい。

□ 1　(a) He lost his way because he didn't read the road signs.
　　　(b) His (　) to read the road signs (　) him to lose his way.　　　　　　　　　　　　　　　　　　　　　　　（中京大）

□ 2　(a) Because he was shy, he couldn't talk to her.
　　　(b) His (　) kept him (　) talking to her.　（大阪教育大）

□ 3　(a) If you take this medicine, you will feel better.
　　　(b) This medicine will (　) you feel better.　（大阪教育大）

設問解説

1　(a) He lost his way because he didn't read the road signs.
　(b) His (failure) to read the road signs (caused) him to lose his way.
　訳 彼は道路標識を読まなかったので，道に迷った。**(答 failure, caused)**

(b)の最初の空所は(a)の didn't が対応していることを押さえ，空所の前に His があるので名詞が続きますね。後ろに to read があるので，**fail to** *do*「〜しない／できない」の**名詞形(failure)** を用います。2つ目の空所には，(a)の**接続詞 because**(→原義：**by + cause**「原因により」)から **cause O to** *do*「〈無生物主語で〉…（が原因）で O は〜となる」を入れます。

2　(a) Because he was shy, he couldn't talk to her.
　(b) His (shyness) kept him (from) talking to her.
　訳 彼は内気なので，彼女に話しかけられなかった。**(答 shyness, from)**

(b)の空所の前に His があるので空所には名詞が入ります。(a)の Because 節にある**「be＋形容詞」（was shy）を名詞化して shyness** を入れます。動詞が kept で主語が無生物なので，**keep A from doing「A が〜するのを妨げる→…なので A は〜できない」**を用います。

3 (a) If you take this medicine, you will feel better.
  (b) This medicine will （make） you feel better.
  訳 この薬を飲めば，気分が良くなります。(答 make)

(b)の空所の後ろに you feel とあるので，動詞 make を用いて，**make ＋ O ＋ do** とします。空所の前の主語が**無生物**なので，**make の使役性「〜させる」の訳出に工夫がいる**のでしたね。

第1講は少しとまどいましたか（笑）。慣れてくれば読むスピードもだんだん上がって来ますよ。第2講もがんばりましょう。

第2講 動詞の語法と文型

●1 自動詞と他動詞で語形が紛らわしい頻出動詞

　目的語を取らない動詞を「**自動詞**」，目的語を取る動詞を「**他動詞**」っていうことはだれでも知っていますね。基本的な文型がこれによって決まってきます。ここは lie-lay-lain-lying, lie-lay... のように，声に出して何度も繰り返しましょう。そのときに，**自動詞は基本的に活用が不規則である**ことを意識してください。では，自動詞と他動詞で語形が紛らわしい頻出動詞を押さえておきましょう。

- lie「（自）横たわる，横になる」lie-lay-lain-lying
- lay「（他）〜を横たえる［置く］」lay-laid-laid-laying
- lie「（自）嘘をつく」lie-lied-lied-lying
- rise「（自）上がる」rise-rose-risen-rising
- raise「（他）〜を上げる，〜を育てる」raise-raised-raised-raising
- sit「（自）座る」sit-sat-sat-sitting
- seat「（他）〜を座らせる」seat-seated-seated-seating

問題

次の各英文の空所に入る最も適当なものを①〜④から選びなさい。

☐ **1** As soon as he entered his room, Kerry (　) down on the bed.
　① laid　② lain　③ lay　④ lie　　　　　　　　　　　（金沢工大）

☐ **2** Before the teacher said anything about not accepting late homework, I (　) mine on her desk.
　① laid　② lain　③ lay　④ lie　　　　　　　　　　　（学習院大）

☐ **3** 次の英文イ〜ハの空所に入る最も適当なものを①〜⑤の中からそれぞれ1つ選びなさい。
　イ　When he met the lady he (　) his hat.
　ロ　Yesterday the boy (　) at five o'clock.
　ハ　She tried to (　) money for charities.
　① rise　② rose　③ raise　④ risen　⑤ raised
　　　　　　　　　　　　　　　　　　　　　　　　（慶應義塾大・改）

> **設問解説**

1. As soon as he entered his room, Kerry (lay) down on the bed.
   訳 ケリーは自室に入るとすぐに，ベッドに横になった。**(答③)**
   　まず，空所の後ろを見てください。**目的語がないので自動詞**が入りますね。自動詞 lie の語形変化が口をついて出てくるようになっていますか。そうすると，空所には**自動詞 lie の過去形 lay を入れ entered と時をそろえます**。

2. Before the teacher said anything about not accepting late homework, I (laid) mine on her desk.
   訳 先生が遅れた宿題は受け取らないことについて何か言う前に，私は自分の宿題を先生の机の上に置いた。**(答①)**
   　今度は，空所の後ろに**目的語があるので他動詞**が入ります。そこで選択肢③lay に飛びついた人は要注意。**過去形の動詞 said に時を合わせて，他動詞 lay の過去形 laid を選びます**。なお確認ですが，空所の後ろの mine は my homework を表す所有代名詞ですね。

3. イ　When he met the lady he (raised) his hat.
   訳 彼は婦人に会ったとき，帽子を上げてあいさつした。**(答⑤)**
   　空所の後ろに**目的語があるので他動詞**が入りますね。過去形 raised を入れると met と時がそろいます。

   ロ　Yesterday the boy (rose) at five o'clock.
   訳 昨日，少年は5時に起きた。**(答②)**
   　空所の後ろに**目的語がないので自動詞**が入ります。文頭に過去の時を示す **Yesterday があるので，自動詞 rise の過去形 rose** を用いて時をそろえます。

   ハ　She tried to (raise) money for charities.
   訳 彼女は慈善のために募金をしようとした。**(答③)**
   　空所の後ろに**目的語があるので他動詞**が入ります。ここでの **raise は「（お金）を集める」**の意味です。この意味はよく狙われるので要注意ですよ。

●2　動詞の後ろに前置詞を置くかどうか

　他動詞にはすぐ目的語が続きますが，**自動詞は前置詞を置いてから目的語を取る**ことを確認します。日本語で「〜に」と訳すからといって，to などの**前置詞が必要になるかどうかは動詞次第**です。頻出動詞を押さえておきましょう。

❶ 他動詞と誤りやすい自動詞
- arrive at [in] A 「A（場所）に着く」〈狭い場所で at，広い地域で in〉
- apologize (to A) for B 「Bのことで（Aに）あやまる」
- complain (to A) about [of] B 「Bについて（Aに）不平を言う」
- get to A 「A（場所）に着く」
- object to A 「Aに反対する」
- participate in A 「Aに参加する」
- reply to A 「Aに返事をする」

❷ 自動詞と誤りやすい他動詞
- answer O 「Oに答える」
- approach O 「Oに近づく」
- discuss O 「Oについて議論する」
- marry O 「Oと結婚する」
- mention O 「Oについて言及する」
- reach O 「Oに到着する」
- resemble O 「Oに似ている」

❸ 自動詞と他動詞で意味が異なる動詞

【自動詞】
- attend to A 「Aの言うことに注意を払う」
- enter into A 「A（交渉）に入る」
- search for A 「Aを捜す」

【他動詞】
- attend O 「Oに出席する」
- enter O 「O（建物）に入る」
- search O 「Oを所持品検査する」

問題

次の各英文の空所に入る最も適当なものを①～④から選びなさい。

☐ **1** In order to (　　) the village, hikers need to be prepared for a narrow and rocky path.
　① arrive　② get　③ reach　④ return　　　　（センター試験）

☐ **2** He came all the way to my office to discuss (　　) with me.
　① the plan　② over the plan
　③ about the plan　④ as to the plan　　　　（上智大）

☐ **3** When I realized I was wrong, I apologized (　　).
　① him my mistake　② him for my mistake
　③ to him my mistake　④ to him for my mistake　　（東京電機大）

☐ **4** My sister (　　) a high school teacher last June.
　① married　② married for
　③ married to　④ married with　　　　（京都産業大）

設問解説

1. In order to (reach) the village, hikers need to be prepared for a narrow and rocky path.

    訳 その村に着くためには，ハイカーは狭い岩だらけの小道を覚悟する必要がある。(答③)

    空所の後ろに目的語があるので，他動詞を選ぶ問題です。ここでは，③ reach「～に到着する」だけが他動詞。①arrive at A と②get to A は共に「A に着く」，④return to A は「A に戻る」ですべて自動詞です。

2. He came all the way to my office to discuss (the plan) with me.

    訳 彼は私とその計画について議論するためにわざわざ私の会社まで来てくれた。(答①)

    空所の前の discuss に注目です。discuss は他動詞でしたね。**discuss O は「O について議論する」**という意味ですが，**日本語の「～について」につられて③を選ぶミスが続出**です。なお，**come all the way to A「わざわざ A (場所) まで来る」**も要チェック。

3. When I realized I was wrong, I apologized (to him for my mistake).

    訳 私は自分が間違っているとわかったとき，彼に自分の誤りをわびた。(答④)

    空所の前にある apologize の語法を思い出してください。「A に」は to A で，「B のことで」は for B で表し，**apologize to A for B「B のことで A にわびる」**でしたね。

4. My sister (married) a high school teacher last June.

    訳 姉は昨年6月に高校教師と結婚した。(答①)

    marry「～と結婚する」の語法問題ですね。日本語の「～と」につられて④married with に引っかからないように。また，**get married to A「A と結婚する」**と混同して③married to のミスも目立ちます。

●3 S＋V文型とS＋V＋O文型

基本的に**目的語を取らない自動詞はS＋V文型**，**目的語を取る他動詞はS＋V＋O文型**をとりますが，みなさんは，**自動詞にも他動詞にも用いられて，しかも意味の違う動詞**をいくつ知っていますか。次の例を見てください。

(a) S＋V 文型　　Potatoes grow in the ground.
　　　　　　　　　S　　　V(自)
　　　　　　　　　　　　　　　　　　　訳 ジャガイモは土の中で育つ。

(b) S＋V＋O 文型　They grow coffee in Vietnam.
　　　　　　　　　　S　　V(他)　O
　　　　　　　　　　　　　　　　　　　訳 ベトナムでコーヒーを栽培する。

例文 (a) のように，自動詞が他の語句 (in the ground) を必要とし，意味をよりはっきりさせています。しかし，**文型を考えるときは「前置詞＋名詞 (句)」**

などの語句は無視して文の骨組みだけを考えます。では，ここで自動詞と他動詞で意味が違う動詞を押さえましょう。

【自動詞】
- do「間に合う，十分である」
- fail「(視力などが) 衰える」
- last「(ある期間) 続く」
- pay「割に合う」
- run「立候補する，遺伝する」

【他動詞】
- do O「O をする」
- fail O「O を見捨てる」
- last O「(物が) O (人) を持ちこたえさせる」
- pay O「O (代金) を支払う」
- run O「O を経営する」

問題

次の各英文の空所に入る最も適当なものを①〜④から選びなさい。

☐ **1** "You never seem to gain weight! How do you stay so slim?"
"Just lucky, I guess. It (　　) in the family."
① comes　② goes　③ runs　④ works　　(センター試験)

☐ **2** Words (　　) me at the last moment.
① depressed　② embarrassed　③ failed　④ stopped
(防衛医科大)

☐ **3** We've had a lot of rain this month. I wonder how long this weather will (　　).
① end　② go　③ last　④ stop　　(センター試験)

☐ **4** It doesn't (　　) to trouble yourself about past mistakes.
① pay　② satisfy　③ use　④ waste　　(明治大)

☐ **5** A: What time shall we meet, six or six thirty?
B: Either will (　　).
① fine　② meet　③ do　④ good　　(東京電機大)

設問解説

1 "You never seem to gain weight! How do you stay so slim?" "Just lucky, I guess. It (runs) in the family."

訳 「君は絶対に太らないようだね！　どうしたらそんなにスリムでいられるの？」「ただ運が良いだけよ。太らないのは家系ね」**(答③)**

空所の後ろに目的語がないので自動詞が入りますね。**in the family は自動詞 run「遺伝する」と結びつき，「一家には血が流れている」**となります。なお，It は「太らない体質」のことです。

2 Words（failed）me at the last moment.
　訳 土壇場で言葉がどうしても出てこなかった。（答③）
　　空所の後ろの目的語から他動詞が入りますね。主語の Words と相性のよい動詞は，**他動詞 fail「（言葉などが）〜を見捨てる」**です。このような**言葉の相性はとても重要**なので，その都度押さえましょう。他の選択肢は他動詞で①depressed「〜を意気消沈させた」，②embarrassed「〜に恥ずかしい思いをさせた」，④stopped「〜をやめた」という意味です。

3 We've had a lot of rain this month. I wonder how long this weather will（last）.
　訳 今月は雨がよく降った。こんな天気はどれくらい続くのかなあ。（答③）
　　空所の後ろに語句がないので，自動詞が入りますね。**how long は「期間」**を表すので，**自動詞 last「（ある期間）続く」**が相性のよい動詞です。

4 It doesn't（pay）to trouble yourself about past mistakes.
　訳 過去の過ちについて悩んでも割に合わない。（答①）
　　まず，文頭に It があるときは形式主語かどうかを考えます。この設問の **It は to 不定詞以下を指す形式主語なので，空所の後ろには目的語がない**ことがわかります。意味内容から**自動詞 pay「割に合う」**が正解。

5 A：What time shall we meet, six or six thirty?　B：Either will（do）.
　訳 A「何時に会いましょうか，6時それとも6時半？」B「どちらでもいいですよ」（答③）
　　空所の後ろには何もないので，自動詞が入りますね。自動詞 do は will を伴い，**will do で「十分である」**，either は「（2者のうち）どちらか一方，どちらでも」という意味です。

●4　S＋V＋C文型とS＋V＋O＋C文型

みなさんは「**be 動詞の後ろに名詞か形容詞を置いて主語について補足説明を加えることができる**」ことを知っていますね。このように補足する語のことを**補語**（complement）といい，**主語と等しい関係〈S＝C〉**を表します。この文型を取る**動詞**は，**become, get, look, feel, taste, sound, smell, seem, keep** などです。まとめてみましょう。

(a) S＋V＋C文型　　His son was our guide.　訳 彼の息子は私たちの案内人でした。
　　　　　　　　　　　S　　V　　C
　　　　　　　　　　　　　〈S＝C〉

さらに，補語はS+V+Oの後ろに名詞か形容詞を置いて，目的語の補足説明をし，**目的語と等しい関係〈O=C〉**を表します。この文型を取る動詞は，**think, make, find, keep, leave** などに限られています。次の (b) は，We made+O+CのO+Cの箇所に (a) His son was our guide. の was が削られて埋め込まれていますね。

(b) S+V+O+C 文型

$$\begin{pmatrix} \underline{\text{His son}} & \underline{\text{was}} & \underline{\text{our guide}}. \\ \text{S} & \text{V} & \text{C} \\ \downarrow & & \downarrow \\ \underline{\text{his son}} & & \underline{\text{our guide}}. \\ \text{O} & & \text{C} \end{pmatrix}$$

$$\underline{\text{We}}\ \underline{\text{made}}$$
$$\text{S}\quad\ \text{V}$$

訳 私たちは彼の息子を私たちの案内人にした。
〈O=C〉

問題

□1 次の英文の空所に入る最も適当なものを①～④から選びなさい。
　On this survey, if there are any questions you do not wish to answer, please (　) them blank.
　① remain　② leave　③ stay　④ make　　　　　（南山大）

□2 次の英文の下線部①～④の中から，間違っている箇所を1つ選びなさい。
　The number of high school teachers ①has remained relatively ②constantly since 1975, ③while the number of elementary school teachers has risen ④every year since 1982.　（学習院大）

□3 選択肢①～⑤の語句を並べかえて空所を補い，文を完成させなさい。
　Alan gave up his job as (　)(　)(　)(　)(　) with his boss.
　① found　② he　③ impossible　④ it　⑤ to work　（センター試験）

設問解説

1　On this survey, if there are any questions you do not wish to answer, please (leave) them blank.
　訳 このアンケート調査で，もし答えたくない質問がありましたら，何も書かないでください。
　（答②）
　空所の後ろの them blank から，leave [make] +O+C の文型に気づきましたか。O+C の箇所に They are blank. を埋め込みます。**leave O+C は「O を C のままにしておく」**という意味で，make O+C は「O を C にする」という意味

18

なので，前半の意味内容から，leave＋O＋C がしっくり来ますね。

② The number of high school teachers has remained relatively **constant** since 1975, while the number of elementary school teachers has risen every year since 1982.
> 訳 高校教員の数は 1975 年以降比較的一定の状態である一方，小学校教員の数は 1982 年以降毎年増えてきてる。(答②→ constant)

動詞 has remained に注目です。remain は後ろに補語を取ることができるので，名詞か形容詞が続きますが，ここでは has remained の後ろに副詞 **relatively** が来ています。でも，その後に constantly が続いていますので，この **constantly を形容詞にすれば補語になります。**

③ Alan gave up his job as (he found it impossible to work) with his boss.
> 訳 アランは上司と一緒に働くことができないとわかり仕事をやめた。(答②①④③⑤)

まず，選択肢から動詞 found を押さえ，found＋O＋C の文型がパッと浮かびましたね。次に O＋C の箇所は，It was impossible to work with his boss. の was を削って埋め込むと S found＋O＋C の文型となります。

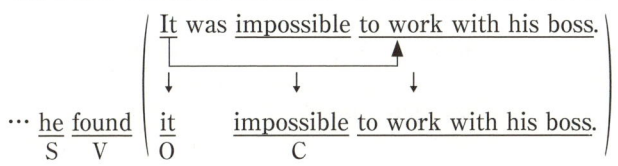

```
        ┌ It was impossible to work with his boss.
        │    ↓         ↓            ↓
… he found │   it    impossible  to work with his boss.
   S   V   └   O         C
```

●5 二重目的語の S＋V＋IO＋DO 文型

二重目的語を取る文型についてお話しします。二重目的語は，動詞が「～を」を示す目的語 (object) のほかに，「～に」を示す目的語をもう 1 つ取る場合に起こります。**「～を」** を示す目的語は **「物」** を取り，**直接目的語（Direct Object）** といいます。**「～に」** を示す目的語は **「人」** を取り，**間接目的語 (Indirect Object)** といいます。**2 つの目的語は等しい関係になく，**間接目的語は取り除いたり，特定の前置詞を伴い位置を替えたりできます。

My father gave me this watch. 訳 父は私にこの時計をくれた。
　S　　　 V　 IO　 DO 　　　　　　　〈IO ≠ DO〉

My father gave ~~me~~ this watch to me.　⇒ give DO to IO/buy DO for IO/
　S　　　 V　　　　 DO　　　　　　　　　　ask DO of IO も合わせて押さえておこう。

- do A harm [damage] (= do harm [damage] to A)
  「A に害［損害］を与える」
- do A good (= do good to A)「A のためになる」
- leave IO + DO「IO に DO（財産など）を残して死ぬ」
- save IO + DO「IO の DO（労力など）を省く」
- spare IO + DO
  「IO の DO（労力など）を省く / IO に DO（時間など）を割く」

問題

次の各英文の空所に入る最も適当なものを①〜④から選びなさい。

☐ **1** A moment's hesitation might (　) a driver his life.
　① cost　② deprive　③ have　④ rob　　(京都女子大)

☐ **2** We must keep in mind that smoking (　) us more harm than good.
　① damages　② does　③ gets　④ makes　　(センター試験)

☐ **3** I envy (　) your pleasant rooms.
　① myself to　② of　③ you　④ you of　　(学習院大)

☐ **4** Will you please (　)?
　① explain me it　② explain it me
　③ explain to me it　④ explain it to me　　(福岡工大)

☐ **5** When I went to talk to the manager, he told me he could only (　) me ten minutes.
　① provide　② spare　③ hear　④ save　　(慶應義塾大)

☐ **6** I owe (　).
　① what I am to my parents　② my parents to what I am
　③ what I am for my parents　④ my parents on what I am
　　(千葉工大)

設問解説

1 A moment's hesitation might (cost) a driver his life.
　訳 一瞬の躊躇で運転手は命を落とすことがある。**(答①)**

空所の後ろに目的語が2つあるのがわかりますか。二重目的語を取る動詞 **cost IO＋DO「〈本人の過失で〉IO に DO（財産・生命など）を犠牲にさせる」。活用は cost-cost-cost**。ここでの might は過去の形をしていますが，意味は現在の低い可能性を表します。なお，deprive A of B / rob A of B「A から B を奪う」にも注意しよう。

2 We must keep in mind that smoking（does）us more harm than good.
   訳 私たちは喫煙が害にこそなれ薬にならないことを心に留めておかなければならない。（答②）
   空所の後ろに比較級があるのでうっかり見逃しがちですが，目的語が2つあります。二重目的語を取る do は名詞 harm［good］を取り，**do A harm［good］「A の毒［薬］になる」**。これは頻出です。

3 I envy（you）your pleasant rooms.
   訳 私はあなたの快適な部屋がうらやましい。（答③）
   envy は，二重直接目的語を取り，I envy you. ＋ I envy your pleasant rooms. のように2つの目的語が独立して動詞に直接関係する特殊な動詞です。forgive「許す」もその仲間。

4 Will you please（explain it to me）?
   訳 どうぞそのことを私に説明してください。（答④）
   explain A（to B）「A（事柄）を B（人）に説明する」は，二重目的語が取れないので注意しよう。A が節などの場合，ふつう A を文尾に移動させ explain （to B）A の形にします。

5 When I went to talk to the manager, he told me he could only（spare）me ten minutes.
   訳 私が支配人のところに話をしに行ったとき，支配人は10分しか時間が割けないと言った。（答②）
   spare と save は共に二重目的語を取り，「IO の DO（労力など）を省く」という意味を持っていますが，**spare IO ＋ DO「IO に DO（時間など）を割く」**という意味は，save にはないので注意しよう。なお，spare の前に only を置くことで支配人の忙しい状況を強調しています。

6 I owe（what I am to my parents）.
   訳 私が現在あるのは両親のおかげだ。（答①）
   owe は「借りている」の意味では二重目的語を取りますが，**owe A to B「A に関して B のおかげをこうむる」**の意味では二重目的語を取らないので，○ I owe my success to you.「私が成功したのはあなたのおかげです」と言いますが，× I owe you my success. はダメですよ。

6 よく狙われる「伝達動詞」

「言う／話す」を表す単語をみなさんはどれくらい知っていますか。say / tell / speak / talk などが浮かびますね。でも，その語法が出題されると案外ミスをするんです。

内容を伝達する動詞：say

「伝達内容」を目的語に取り，「伝達する相手」を to A で表します。文脈からそれとわかる場合には to A の部分を省略できます。

- say（to A〈人〉）{ B　　　　「（A に）B〈言葉など〉を言う」
　　　　　　　　　 that 節　「（A に）…だと言う」／wh- 節「（A に）…かを言う」

命令を表す動詞：tell

間接目的語に「伝達する相手」と直接目的語に「伝達内容」を取ります。また that 節と to do を取る場合では，意味の違いに要注意です。

- tell A〈人〉{ B　　　　　「A に B〈嘘など〉を言う」　　➡ B が a lie などでは A の省略可。
　　　　　　　 about B　「A に B について話す」
　　　　　　　 to do　　　「A に 〜 するように言う」　➡ to do は〈命令〉を表す。
　　　　　　　 that 節　　「A に…だと言う」／wh- 節「A に…かを言う」

伝達の行為を表す動詞：talk/speak

「伝達行為」を表しますが，that 節を取らないため，「内容」を伝えることはできません。前置詞を用いれば「話題」に触れることはできます。

- talk
- speak　　}（+ to[with] A〈人〉）（+ about[of] B）「（A と）（B〈話題〉について）話す」

問題

次の各英文の空所に入る最も適当なものを①〜④から選びなさい。

□ **1** "Do you know that Jean has got a new job?"
"No, she (　　) us nothing about it."
① said　② spoke　③ talked　④ told　　　　（センター試験）

□ **2** I listened, but I had no idea what they were (　　) about.
① saying　② talking　③ telling　④ discussing　　　　（松山大）

□ **3** I was (　　) by my father that I would not be allowed to go abroad by myself.
① told　② said　③ spoken　④ talked　　　　（南山大）

☐ 4　The catalog (　　) that this year's model is slightly cheaper than last year's.
　　① says　② speaks　③ talks　④ tells　　　（センター試験）

> [!設問解説]

① "Do you know that Jean has got a new job?" "No, she (told) us nothing about it."
　訳 「ジーンが新しい仕事に就いたって知っている？」「いいえ，彼女は私たちにそのことについては何も言ってなかったわ」（答④）
　　空所の後ろを見ると，us ≠ nothing about it なので目的語が２つあることがわかりますね。二重目的語を取る動詞 tell が入ります。

② I listened, but I had no idea what they were (talking) about.
　訳 私は聞こうと耳を傾けたが，彼らが何について話しているのかさっぱりわからなかった。（答②）
　　まず，空所の後ろの about に注目します。次に空所の前方にある **have no idea + wh- 節「…さっぱりわからない」** を把握し，about の目的語が疑問代名詞 what であることから，talk about ～ を導きます。

③ I was (told) by my father that I would not be allowed to go abroad by myself.
　訳 私は父からひとりで外国に行ってはいけないと言われた。（答①）
　　空所の前後を見ると was と by my father がありますね。受動態かなと気づきましたか。tell A that 節の受動態（A is told by ～ that 節）なのです。受験生に英語を書かせると ✕ I was said that 節とやってしまうミスが頻発します。

④ The catalog (says) that this year's model is slightly cheaper than last year's.
　訳 カタログには今年のモデルは昨年のものよりわずかに安いと書いてある。（答①）
　　空所の後ろの that 節から，**S say that 節「（書物・紙面などに）…と書いてある」** だと気づきましたね。これは受身にはできませんが，「伝聞・風評」を表す It is said that 節（= S is said to *do*）はふつう受身で用います。

●7　類義語動詞と意外な意味の多義語動詞

　だれもがやっかいに感じている類義語動詞と多義語動詞についての話です。でも，入試で狙われる動詞は限られています。まずは頻出のものを押さえましょう。

「貸し借り」を表す類義語動詞

- borrow A from B「B から A を（無料で）借りる」
- lend IO + DO [DO to IO]「IO に DO を貸す」　➡ 二重目的語を取る。
- rent A from B「A を B から賃借する」／ rent A to B「B に A を賃貸する」
- let A to B「A〈土地・家など〉を B〈人〉に貸す［賃貸する］」

　　　　　　　　　　　　　　　　　　　　　➡ おもにイギリス英語で用いる。

「似合う」を表す類義語動詞

- suit A 　「(服装・色などが) A〈人・物〉に似合う」
  　　　　「(食物・気候などが) A〈事・物〉に合う」
- match A ／ go with A「(物) が A〈物〉に調和する」　➡ 目的語に人は取れない。
- fit A「(大きさ・型などが) A〈人〉に合う」

意外な意味を持つ多義語動詞

- cover A「A〈損失など〉を償う」
- meet A「A〈要求・期待など〉を満たす)」(= satisfy)
- see A「S〈時代など〉が A を目撃する」(= witness)

問題

次の各英文の空所に入る最も適当なものを①〜④から選びなさい。

☐ **1** If you're looking for a place to eat downtown, you may want to (　) this restaurant guide.
　　① borrow　② issue　③ lend　④ return　　　（センター試験）

☐ **2** If you (　) a place to somebody, you let them use it as long as they regularly pay you a certain amount of money.
　　① borrow　② give　③ lend　④ rent　　　（センター試験）

☐ **3** I don't think that blue dress (　) her.
　　① agrees　② suits　③ matches　④ meets　　　（中央大）

☐ **4** It's only a small house but it (　) my needs perfectly.
　　① agrees　② meets　③ replies　④ responds　　　（センター試験）

☐ **5** The early nineteenth century (　) the rapid industrial and agricultural development of the United States.
　　① gave　② watched　③ saw　④ occurred　　　（京都外国語大）

▶ 設問解説

1 If you're looking for a place to eat downtown, you may want to (borrow) this restaurant guide.

　訳 もし繁華街で食事をする場所を探しているなら，このレストランガイドを借りたくなるかもしれません。(答①)

　まず，前半の意味内容を押さえます。それから空所の後ろを見ると目的語（this restaurant guide）に気づきますね。そうすると他動詞 **borrow A「A を借りる」**が入ります。lend A「A を貸す」と混同している人は注意。**issue A「A〈新聞・通貨〉を発行する」**も重要です。

2 If you (rent) a place to somebody, you let them use it as long as they regularly pay you a certain amount of money.

　訳 誰かにある場所を賃貸するとは，その人がある一定の金額を貸し主に定期的に支払う限り，その場所を使うことが許されるということである。(答④)

　後半の意味内容から「お金が絡んでいる」ことをつかみ，**rent A to B「B に A を賃貸する」**に気づきましたね。rent は **rental「賃貸［借］料」**に関連づけて押さえましょう。

3 I don't think that blue dress (suits) her.

　訳 あの青色のドレスは彼女には似合わないと思います。(答②)

　まず，空所の後ろを見ると目的語（her）がありますね。次に，前には that blue dress があることから，**suit A「(色が) A〈人〉に似合う」**が入ります。**suit A「A〈人〉にとって都合がよい」**の意味も重要。また，**agree with A は「(気候・食物が) A〈人〉に合う」**，match（= go with）A「〈物〉が A〈物〉に調和する」は，「ブツ（物）」と「ブツ（物）」と覚えておこう（笑）。

4 It's only a small house but it (meets) my needs perfectly.

　訳 それは小さな家に過ぎないが，私の要求を完璧に満たしている。(答②)

　空所の後ろに my needs があることで **meet A「A〈要求〉を満たす」**が浮かびましたね。

5 The early nineteenth century (saw) the rapid industrial and agricultural development of the United States.

　訳 19世紀の初頭に，アメリカ合衆国の工業と農業の急速な発展が起こった。(答③)

　空所の前の「時代」と空所の後ろの「出来事」から **S see A「S〈時代〉が A〈出来事〉を目撃する」→「S に A〈出来事〉が起こる」**を導きます。訳出に注意です。

8 動詞と結びつく前置詞

第2講の最後にあたり、前置詞との連語関係が重要となる動詞について、頻出なものを整理しておきます。

remind A of B「AにBを思い起こさせる」型

他動詞 remind は目的語の次に**「思い起こす対象」を表す前置詞 of** と結びつきます。

頻出
- inform A of B「AにBを知らせる」
- convince A of B「AにBを確信させる」

rob A of B「AからBを奪う」型

他動詞 rob は目的語の次に**「奪う対象」を表す前置詞 of** と結びつきます。

頻出
- deprive A of B「AからBを奪う」
- cure A of B「AからBを取り除いて治す」

blame [condemn] A for B「BのことでAを責める」型

blame や condemn は**「理由」を表す for** を取り、of を取るのは accuse だけです。accuse A of B「BのことでAを責める」。

頻出
- punish A for B「BのことでAを罰する」
- excuse A for B「BについてAを許す」

provide A with B「AにBを与える」型　(= provide B for A)

頻出
- supply A with B ｜
- furnish A with B ｜「AにBを供給する」

prevent A from doing「Aが～するのを妨げる」型

他動詞 prevent は目的語の次に**「制止」を表す前置詞 from** と結びつきます。

頻出
- keep [stop/hinder] A from doing「Aが～するのを妨げる」
- ban [prohibit] A from doing「Aが～するのを禁じる」
- discourage A from doing「Aに～するのをやめさせる」

問題

次の各英文の空所に入る最も適当なものを①～④から選びなさい。

☐ 1　"Do you like that song?"
"Yes, I do. It always (　　) me of my happy school days.
① recalls　② recollects　③ remembers　④ reminds

（センター試験）

☐ 2 The domestic goat provides man (a) meat, wool, and leather, transports his smaller burdens, and clears his fields (b) weeds and brush.
(a) ① of　② with　③ for　④ by
(b) ① of　② with　③ in　④ by
（上智大）

☐ 3 John tried to (　　) his father from smoking, but his father wouldn't listen.
① argue　② debate　③ persuade　④ discourage
（南山大）

設問解説

1 "Do you like that song?" "Yes, I do. It always (reminds) me of my happy school days."
　訳 「あなたはあの歌が好きなの？」「ええ，それを聞くといつも，楽しかった学生時代を思い出すんです」（答④）
　空所の後ろの目的語(me)と前置詞 of から，**remind A of B「A に B を思い起こさせる」**が浮かびましたね。

2 The domestic goat provides man (with) meat, wool, and leather, transports his smaller burdens, and clears his fields (of) weeds and brush.
　訳 家畜のヤギは人に肉，羊毛，皮革を供給し，小さな荷物を運び，そして畑から雑草や茂みに生えた草を取り除いてくれる。（答 a-②，b-①）
　空所(a)の前方に provides があるので，**provide A with B「A〈人〉に B〈物〉を供給する」**とわかりますね。空所(b)は前方にある clears から **clear A of B「A から B を取り除く」**とわかります。この文は p.5 で学んだ**「共通関係」**を含んでいますが，わかりますか。provides…, transports…, and clears… ですよ。3単現の"s"が手がかりです。

3 John tried to (discourage) his father from smoking, but his father wouldn't listen.
　訳 ジョンは父がたばこを吸うのをやめるように説得しようとしたが，父は聞く耳を持たなかった。（答④）
　空所の後ろに目的語(his father)と前置詞(from)がありますね。**discourage A from doing「A に～するのをやめさせる」**（= dissuade A from doing「A を説得して～するのをやめさせる」）です。③の **persuade A to do「A を説得して～させる」**は④と反対の意味。wouldn't は「拒絶」を表します。

第3講 時　制

●1　注意したい現在時制

　みなさんは，時制（tense）って聞くと何か難しいっていう印象を持っていませんか。おそらく時制が現実の時間（time）を表していないからなのでしょう。動詞は「現在形」や「過去形」に変化できますね。その動詞の変化が表す「時」のことを時制と言います。だから，現在の事柄は「動詞の現在形」，過去の事柄であれば「動詞の過去形」で表します。しかし，未来の事柄は現在から見た「予測」に過ぎません。なので，**すぐ先の未来であれば現在形を使って表すことができます**が，そうでない場合は，助動詞 will などの助けが必要となります。

　現在時制で押さえておきたい用法は**「現在の状態」**，**「習慣」**，**「物の性質」**，**「変わることのない真理」**，**「近い未来」**の５点です。特に**「習慣」**と**「変わることのない真理」**は**「いつもそうであること」**を示すために，**常に現在時制を用いて表します**。ここはとても大切なところですので，しっかり記憶にとどめておいてくださいね。

　また，時制ではカバーできない場合，動詞を進行形や完了形にします。**「時制」**が時間の**「点」**を表すとすれば，**進行形や完了形**は動詞の動作・状態を**「線」**で表したものとも言えます。では，図解でまとめてみましょう。

【過去 / 現在 / 未来と進行形 / 完了形】

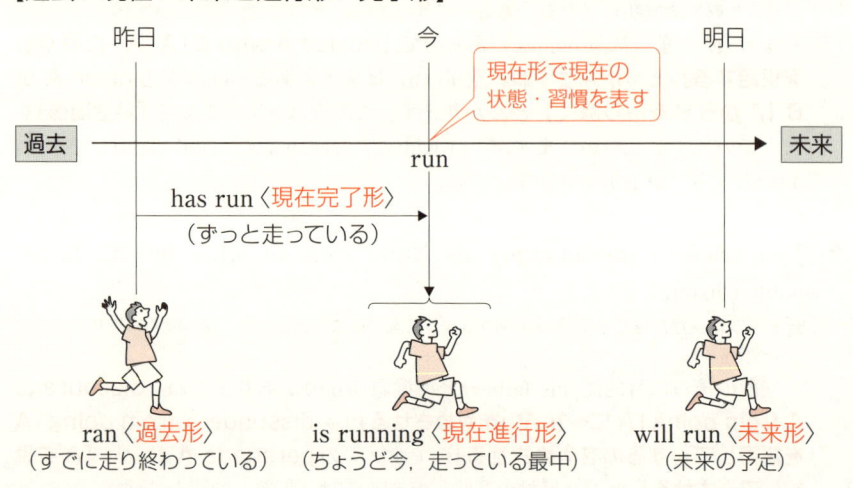

昨日　　　　　　　　　今　　　　　　　　　明日

現在形で現在の状態・習慣を表す

過去　――――――――――――――――――――――→　未来
　　　　　　　　　　　run

　　　　has run〈現在完了形〉
　　　　（ずっと走っている）

ran〈過去形〉　　　is running〈現在進行形〉　　　will run〈未来形〉
（すでに走り終わっている）　（ちょうど今，走っている最中）　（未来の予定）

問題

次の各英文の空所に入る最も適当なものを①〜④（1のみ①〜⑤）から選びなさい。

☐ **1** Every high school student (　) that water (　) at a temperature of 0 ℃.
　① is knowing ... is freezing　② knows ... freezes
　③ is known ... freeze　　　　④ knew ... was freezing
　⑤ had known ... be freezing
　　　　　　　　　　　　　　　　　　　　　　　　（上智大）

☐ **2** On my way to school each day, I generally (　) many dogs and cats.
　① were seeing　② am seeing　③ see　④ was seen
　　　　　　　　　　　　　　　　　　　　　　　　（明治大）

☐ **3** "Did you know that Albert Einstein, the famous physicist, (　) meat?"
　"Yes, if my memory serves, he became a strict vegetarian one year before he died."
　① hadn't stopped eating　② has been stopped from eating
　③ has stopped eating　　　④ stopped eating　　（センター試験）

☐ **4** The last train for London (　) at 11 p.m.
　① leaving　② is left　③ leaves　④ will be left
　　　　　　　　　　　　　　　　　　　　　　（神奈川工科大・改）

設問解説

1 Every high school student (knows) that water (freezes) at a temperature of 0 ℃.
　訳　どの高校生も水がセ氏零度で氷結することを知っている。**(答②)**
　「氷点」は，時間とは関係なく変わることない真実ですね。このように**「物の性質」は現在時制**で表します。また，**know は進行形にできない動詞**（→ p.32 参照）です。

2 On my way to school each day, I generally (see) many dogs and cats.
　訳　毎日学校に行く途中，たいてい私はたくさんの犬や猫を見かけます。**(答③)**
　空所の前に **generally** がありますね。これは「たいてい」という意味の副詞で，**動作が習慣的に繰り返されることを強調する働き**をします。**「習慣」は現在時制**で表しましたね。ふつう **see は進行形にできない動詞**（→ p.32 参照）です。

29

3 "Did you know that Albert Einstein, the famous physicist, (stopped eating) meat?" "Yes, if my memory serves, he became a strict vegetarian one year before he died."
> 訳 「有名な物理学者アルバート・アインシュタインが肉を食べるのをやめたことを知っていましたか？」「はい，私の記憶に誤りがなければ，彼は亡くなる1年前に厳格な菜食主義者になりました」(答④)
>
> 主節の動詞が過去になれば，that 節内の動詞もそれに応じて変化させますが，**過去の事実は過去形で表し，時制を故意に変化させない**ので注意しましょう。

4 The last train for London (leaves) at 11 p.m.
> 訳 ロンドン行きの最終列車は午後 11 時に出ます。(答③)
>
> leave は**「往 (go)，来 (come)，発 (start/leave)，着 (arrive)」**を表す動詞の1つで，**現在形や現在進行形で「近い未来」**を表します。また，leave は自動詞で「出発する」と言う意味なので，「受け身」の形では表現できません。

●2 進行形の用法

進行形は，「行われている最中の動作を表す」っていうことを知っていますね。何かモヤモヤっとしている人は，現在形と現在進行形を比べるとハッキリしますよ。

例えば，She plays the piano every day.「彼女は毎日ピアノを弾きます」は，every day が「日々の繰り返し」を表していますから，「習慣」ですね。「習慣」は現在形で表すことができました。

一方，She is playing the piano now.「彼女は今ピアノを弾いています」は，「今まさにピアノを弾いている最中である」ことを，現在進行形が表しています。

進行形で押さえておきたい用法は，**「(限られた期間内における) 一時的動作の継続」**，**「現在における取り決め・約束」**の2点です。では，次の(a)と(b)の違いは何でしょうか。

| (a) The man was drowning. | 訳 その男は溺れかけていた。 |
| (b) The man drowned. | 訳 その男は溺れて死んだ。 |

(a)は進行形なので，「溺れる」動作が一時的に継続していることを表し，動作が完結していないので「まだ生きている」という意味。(b)は単純な過去形なので，「溺れる」動作が完結し「実際に死んだ」という意味です。進行形は**「動作が完結していない」**ことを表します。

問題

次の各英文の空所に入る最も適当なものを①～④から選びなさい。

☐ **1** The car isn't here today because Jane (　　) it. She generally uses the bus, but the drivers are on strike.
① uses　② is using　③ used　④ was using　（東海大）

☐ **2** "That famous cherry tree (　　) because of pollution."
"Yes, we have to do something to save it."
① has death　② has died　③ is dead　④ is dying
（センター試験）

☐ **3** My mobile phone rang while I (　　) lunch.
① have been having　② have had
③ was having　④ have
（青山学院大）

☐ **4** "Have you seen Yuko recently?"
"No, but (　　) dinner with her on Sunday."
① I'm having　② I've been having
③ I'd have　④ I've had
（センター試験）

設問解説

1 The car isn't here today because Jane (is using) it. She generally uses the bus, but the drivers are on strike.

訳 ジェーンが使っているから車は今日ここにはありません。彼女はふつうバスを使っていますが，いま運転手がストをしているんです。**(答②)**

英文の内容を見てみましょう。「今日はバスがストのため，ジェーンが一時的に車を利用している」ことがわかります。**「現在の一時的動作」は現在進行形**で表すことができましたね。

2 "That famous cherry tree (is dying) because of pollution." "Yes, we have to do something to save it."

訳 「あの有名な桜の木が汚染で枯れかかっているんだ」「そうだ，その木を救うために私たちは何かしなければならないね」**(答④)**

第2文目を見てください。「桜の木はまだ枯れていない」ことがわかりますね。**現在進行形を用いて「～しかかっている」という「動作の未完」を表します**。

31

3 My mobile phone rang while I (was having) lunch.
訳 昼食を取っていると，私の携帯電話が鳴った。(答③)

まず，主節の rang から場面状況が過去であることを押さえます。次に「昼食を取り始めてから終わるまでの時間の枠」の中のどこかで「電話が鳴る」という出来事が起こったと考え，この**「時間の枠」を進行形で表します**。なお，have は「食べる」という意味では進行形にできます。

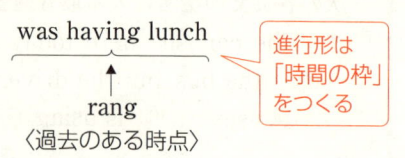

was having lunch
↑
rang
〈過去のある時点〉

進行形は「時間の枠」をつくる

4 "Have you seen Yuko recently?" "No, but (I'm having) dinner with her on Sunday."
訳 「最近，ユウコに会った？」「ううん，でも日曜日に彼女と夕食を一緒にすることになっているよ」(答①)

まず，対話の流れを変える but を押さえ，それに続く内容を考えて，**現在進行形で，「現在における取り決め・約束」**を表すことを思い出しましょう。

●3 進行形にできない動詞

すべての動詞が進行形にできるかと言えば，そうではありません。進行形は動作の一時的状態を表しましたね。だから**状態動詞は原則として進行形にする必要がありません**。

進行形にできない頻出動詞を次の4分類で押さえておきましょう。

- 所有／存在：have「持つ」／ own「所有する」／
  belong to「～に所属している」／ exist「存在する」
- 知覚／感覚：see「見える」／ hear「聞こえる」／ feel「感じる」／
  taste「味がする」／ smell「においがする」
- 思考／認識：know「知っている」／ understand「理解している」／
  believe「信じている」
- 感情／欲求：love「愛する」／ like「好む」／ prefer「好む」／
  hate「ひどく嫌う」／ wish「願う」

しかし，**一時的な状態であれば，be being ～ のように進行形にすることができます**。次の例を見てください。

(a) She is kind.　訳 彼女は生まれつき親切である。
(b) She is being kind for the moment.　訳 今に限って彼女は親切に振る舞っている。

(a)は**現在形**によって，彼女の**「性質」**を表し，一方(b)は**現在進行形**によって**「意図的な振る舞い」**を一時的にしていることを表します。また，ふつうsmellなどの「感覚動詞」は進行形にしませんが，I can smell the perfume.「香水のにおいがする」で，においを**「受動的」**に感じていることを表し，I'm smelling the perfume.「香水のにおいをかいでいるところです」で，においを**「能動的」**にかいでいることを表します。

問 題

次の各英文の空所に入る最も適当なものを①〜④から選びなさい。

☐ **1** In high school, she (　　) to the volleyball team and played in many tournaments.
　① belonged　　② was belonged
　③ was belonging　　④ had been belonging
　　　　　　　　　　　　　　　　　　　　（清泉女子大）

☐ **2** Every student (　　) that it's important to come to class on time.
　① have known　② know　③ knows　④ was knowing
　　　　　　　　　　　　　　　　　　　　（学習院女子大）

☐ **3** The wine I buy at the shop (　　) good for its price.
　① tastes　② tasting　③ is tasting　④ is tasted
　　　　　　　　　　　　　　　　　　　　（青山学院大）

☐ **4** When I was a baby, people said I (　　).
　① resembled with my father　② resembled my father
　③ was resembling my father　④ resembled to my father
　　　　　　　　　　　　　　　　　　　　（福岡大）

☐ **5** Stop it; you're (　　) ridiculous.
　① be　② been　③ being　④ to be
　　　　　　　　　　　　　　　　　　　　（桜美林大）

設問解説

1 In high school, she (belonged) to the volleyball team and played in many tournaments.
　訳 高校時代，彼女はバレーボール部に所属し，多くのトーナメントに出場しました。**(答①)**
　　自動詞 belong は，**belong to A で「A に所属する」**という意味で，**進行形にできない動詞**でしたね。押さえておいてください。

② Every student (knows) that it's important to come to class on time.
　訳 どの学生も遅刻せずに授業に来ることは大切であるとわかっている。**(答③)**
　　進行形にできない know を日本語訳に引きずられて進行形にするミスが続出です。日本語で「〜している」とあっても，いつも英語で**進行形にするわけではない**よ。②know に飛びついた人も注意。**every は単数名詞と一緒に用いて単数扱い**なので，**動詞には三単現の 's'** が必要です。

③ The wine I buy at the shop (tastes) good for its price.
　訳 私がその店で買うワインは値段の割に味がよい。**(答①)**
　　感覚動詞 taste は，ふつう**進行形にしない動詞**です。

④ When I was a baby, people said I (resembled my father).
　訳 赤ちゃんの頃，人は私が父親に似ていると言った。**(答②)**
　　resemble A「A に似ている」はふつう**進行形にできません**。ただし**状態動詞でも推移を表す語句を伴うと，進行形にできる場合があります**。He is resembling his father more and more as he grows older.「彼は年をとるにつれてだんだん父親に似てきている」。

⑤ Stop it; you're (being) ridiculous.
　訳 もうやめなさい。今やけにふざけているんだから。**(答③)**
　　冒頭の部分に注目すると，相手が**「意図的な振る舞い」**を一時的にしていることに気づきますね。人の**「性質」は現在形**で，**「一時的動作」は進行形**で表します。

●4 時・条件を表す副詞節中の時制は？

接続詞の後ろに「主語＋動詞〜」を続け，**接続詞 S'+V'〜**, S+V... ／ S+V... **接続詞 S'+V'〜**の形で，主節（接続詞がついていない方の節）を修飾する節を**副詞節**といいます。では，副詞節は次のどちらでしょう？

> (a) I don't know when he will come tomorrow.
> 　**訳** 私は彼が明日いつ来るのかわかりません。
> (b) I'll stay home when he comes tomorrow.
> 　**訳** 彼が明日来るとき，私は家にいます。

正解は(b)。(a)の when 節は**動詞 know の目的語**になっています。目的語になるのは名詞だから，**この when 節を名詞節といい，when は「いつ〜」という意味の疑問詞**で，**間接疑問**（when S+V〜）の語順となっています。一方 (b) は when 節が I'll stay home につけ加わった格好になっていますね。I'll stay home が主節，when 節が副詞節となり，この **when は「～とき」という意味の接続詞**です。

さて，(b)の when 節内には未来を表す tomorrow があるのに，現在形で未来の事柄を表現していますね。**時や条件を表す副詞節中では未来に関することは現在形**で，また**未来完了形で表す内容は現在完了形**で表します。

問題

次の各英文の空所に入る最も適当なものを①～④から選びなさい。

□1 "Is Bill still using your car?"
"Yes, I wonder when he (   ) it."
① has returned ② returned
③ returns   ④ will return　　　　　　　（センター試験）

□2 If it (   ) raining soon, shall we go out for a walk?
① stopped ② stops ③ will stop ④ would stop
　　　　　　　　　　　　　　　　　　　　　　　　（センター試験）

□3 The man decided to wait at the station until his wife (   ).
① came ② come ③ has come ④ will come
　　　　　　　　　　　　　　　　　　　　　　　　（センター試験）

□4 Ms. Bell is stuck in a traffic jam. The important meeting will have finished by the time she (   ).
① arrives   ② may arrive
③ will arrive   ④ will have arrived　　　　（センター試験）

□5 The book I am reading is so exciting! I will lend it to you as soon as I (   ) it.
① am going to finish   ② have finished
③ will finish   ④ will have finished　（日本女子大）

□6 She told me she would be here about six. Anyway, I'll tell you when she (   ).
① comes ② had come ③ will come ④ would come
　　　　　　　　　　　　　　　　　　　　　　　　（立命館大）

設問解説

1 "Is Bill still using your car?" "Yes, I wonder when he (will return) it."
訳 「ビルはまだあなたの車を使っているの?」「そうなんだよ,いつ返してくれるのかなと思っているんだ」(答④)

I wonder when ...「いつ…するだろうか」の when 節は目的語なので名詞節を表します。疑問詞 when は「時の一点」を示すので現在完了形と共には用いません(→ p.37 参照)。

2 If it (stops) raining soon, shall we go out for a walk?
訳 すぐに雨が上がれば,散歩に出かけましょう。(答②)

If 節から文が始まっていますね。If 節は条件を表す副詞節だと気づきましたか。副詞節中では未来のことも現在形で表現します。

3 The man decided to wait at the station until his wife (came).
訳 男性は妻が来るまで駅で待つことにした。(答①)

until 以下は時を表す副詞節ですが,主節にある過去時制 decided に時を一致させます。「時」を表す接続詞は when だけではありませんよ。

4 Ms. Bell is stuck in a traffic jam. The important meeting will have finished by the time she (arrives).
訳 ベルさんは交通渋滞に巻き込まれています。彼女が着く頃までには,重要な会議は終わってしまっているでしょう。(答①)

by the time が接続詞で,それ以下が時を表す副詞節であることに気づいてください。

5 The book I am reading is so exciting! I will lend it to you as soon as I (have finished) it.
訳 私が読んでいる本はとてもおもしろいよ! 読み終えたらすぐにあなたに貸してあげるね。(答②)

接続詞 as soon as も時を表す副詞節を導きます。現在形 finish も可能ですが,動作の完了の意味を強調するために,現在完了形を用います。現在完了形は「現在時制+完了形」なので,現在時制の仲間と考えていいでしょう。

6 She told me she would be here about six. Anyway, I'll tell you when she (comes).
訳 彼女は私に6時頃ここにいるって言っていました。いずれにせよ,彼女が来たらあなたに教えます。(答①)

前半の内容から「彼女がここに来る時間が6時頃とわかっている」ことを押さえると,後半の when 節が名詞節ではなく,副詞節であることに気づきますね。

●5 過去形と現在完了形

　過去形は，話をしている瞬間よりも以前に起こったり，存在したりした事柄を表すときに用います。一方，現在完了形は**「現在時制＋完了形」**から成り立っていましたね。だから，**時の中心点はあくまでも「現在」**にあり，そこから過去を見渡し，**過去において起こった事柄を現在に結びつけるとき**に用います。また，**just，already，yet，ever，for …** など，何らかの意味で現在と結びつく語句と一緒に用いて**「完了・結果・経験・継続」**を表します。

　なお，過去の時と結びついている **just now，… ago，last …，the other day，yesterday，特定の過去の一点を尋ねる when の疑問文**などは過去形と一緒に用い，現在完了形と共に用いることはできませんので注意。では，(a)と(b)ではどのように違いますか。

> (a) Gill twisted his ankle.　　訳 ジルは足首を捻挫した。
> (b) Gill has twisted his ankle.　訳 ジルは足首を捻挫した。

　いずれも日本語にすると同じになりますが，(a)の動詞は**過去形**なので，**現在との結びつきがないと考え，「足首の捻挫はすでに治っている」**と解釈できます。一方(b)は**現在完了形**なので，時制は**現在**です。**過去において起こった「足首の捻挫」を現在に結びつけることで，「足首の捻挫はまだ治っていない」**と解釈できます。

(a)【過去形】

過去　　twisted 〈過去形〉　　現在　　未来

もう治っている

(b)【現在完了形】

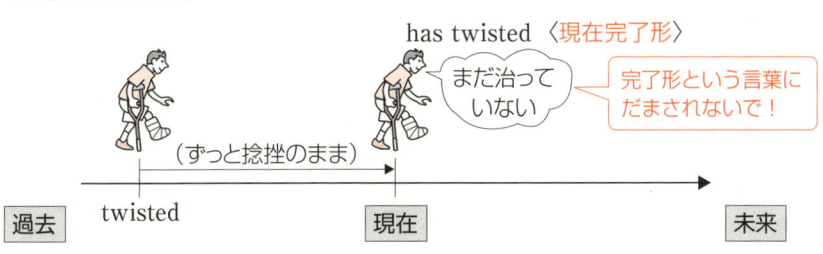

has twisted 〈現在完了形〉

まだ治っていない

完了形という言葉にだまされないで！

過去　twisted　（ずっと捻挫のまま）　現在　　未来

文法・語法

時制

問題

次の各英文の空所に入る最も適当なものを①〜④から選びなさい。

☐ **1** I am sorry I am late. The car (　　) down on my way here.
　① breaks　② broke　③ had broken　④ was broken
　　　　　　　　　　　　　　　　　　　　　　　　　　（青山学院大）

☐ **2** Last year Norman (　　) back to Canada to visit his parents, but he soon returned to his home in Tokyo.
　① has come　② comes　③ came　④ has came
　　　　　　　　　　　　　　　　　　　　　　　　　　（獨協大）

☐ **3** Ken and Mike are good friends. They (　　) each other since childhood.
　① are knowing　　　　② are known
　③ have been knowing　④ have known
　　　　　　　　　　　　　　　　　　　　　　　　　（センター試験）

☐ **4** The couple said to me last year, "We (　　) ten years."
　① have been married　② have married
　③ got married　　　　④ married
　　　　　　　　　　　　　　　　　　　　　　　　　　（名城大）

設問解説

1 I am sorry I am late. The car (broke) down on my way here.
　訳 遅くなってすみません。ここに来る途中で車が故障しました。**(答②)**
　最初の文は現在の状態を表し，2番目の文は遅刻して到着した理由を述べていますね。**車の故障は過去に起こったことで現在との結びつきがないため，故障した車はすでに直ったとも考えられるので，過去形**で表現できます。

2 Last year Norman (came) back to Canada to visit his parents, but he soon returned to his home in Tokyo.
　訳 昨年，ノーマンは両親のもとを訪れるためカナダに帰ったが，すぐに東京の自宅に戻ってきた。**(答③)**
　さて，この文の最初にある Last year を見て，ピーンときましたか。そうです。**last year は過去形**と結びつく副詞句です。

3 Ken and Mike are good friends. They (have known) each other since childhood.
　訳 ケンとマイクは親友です。二人は幼なじみです。**(答④)**
　最初の文が現在の状態を表し，2番目の文が子どもの頃を起点にして現在に至るまでの状態を表していると考えると，現在完了形で表現できます。**since**

childhood は**過去の起点**を示します。know は進行形にできない動詞（→ p.32 参照）でしたね。また，**each other は代名詞**で**「互い」**という意味です。日本語訳の「互いに」から副詞と勘違いしている人が多いですね。

[4] The couple said to me last year, "We（have been married）ten years."
訳 昨年，その夫婦は私に「私たちは結婚して10年になる」と言いました。**(答①)**

　動詞 marry は他動詞でしたね。しかし空所の後ろに目的語がありません。そこで marry が受動態 be married になったと考えます。次に，「結婚した状態が10年続いている」と考え，have been married で表します。なお，ten years は for ten years の **for が省略された形**です。

●6　過去完了形と未来完了形の用法

　現在完了形は基準点を現在に置き，動作の「完了・結果・経験・継続」を表しましたね。

　その基準点を**過去のある一点に移した場合が過去完了形**です。過去完了形は，過去のもう一つ前の時点の過去，つまり「過去の過去」を表す働きもあります。これを「大過去」と言います。なお，「大過去」は**文脈上明らかな場合は，過去形でよく代用します**。また，時の前後関係がはっきりしている場合には，**過去完了形の代わりに過去形**を用いることができます。次の例を見てください。

　(a) Alice graduated from college long before her sister did.
　(b) Alice had graduated from college long before her sister did.

　いずれも「アリスは妹よりずっと前に大学を卒業した」という意味で，訳の上で違いはありませんが，(b)は過去完了形を用いることで時間の開きが(a)より強調されています。なお，時間の開きを表す語句は，before [after] の直前に置きます。

　また，未来完了(進行)形は，will have *done*［will have been *doing*］の形を取ります。現在完了形が表す動作の「完了・結果・経験・継続」の基準点を**未来の一点に移した場合が未来完了(進行)形**です。つまり基準点を過去や未来に移動して考えればよいのです。

【過去完了形】

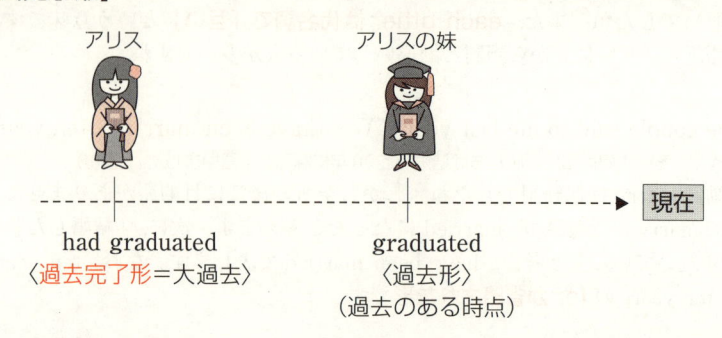

アリス　　　　アリスの妹

had graduated　　graduated　　　　　現在
〈過去完了形＝大過去〉　〈過去形〉
　　　　　　　　（過去のある時点）

【未来完了(進行)形】

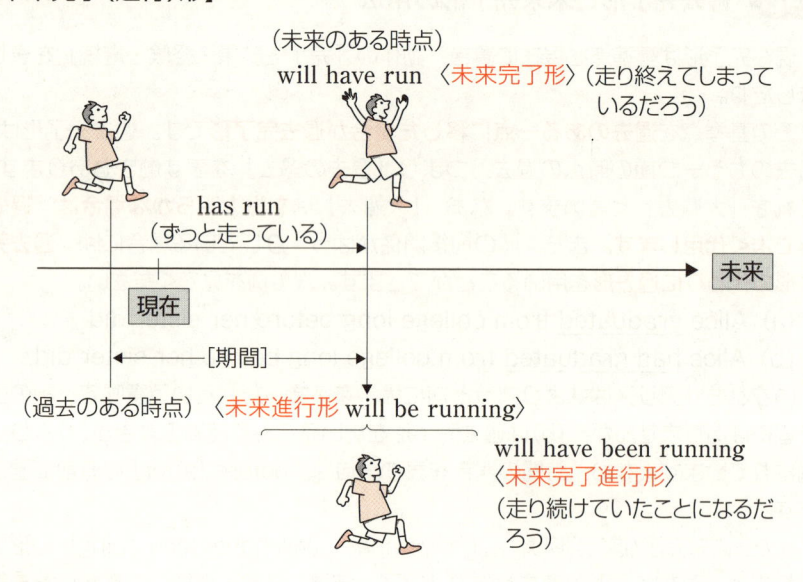

（未来のある時点）
will have run 〈未来完了形〉（走り終えてしまっているだろう）

has run
（ずっと走っている）

現在　　　　　　　　　　　　　　　　　未来

[期間]

（過去のある時点）〈未来進行形 will be running〉

will have been running
〈未来完了進行形〉
（走り続けていたことになるだろう）

問題

次の各英文の空所に入る最も適当なものを①〜④から選びなさい。

□**1** Junko has (a) joined a club. She (b) to join the brass band before she started at the new school.
　(a)　① already　② ever　③ still　④ yet
　(b)　① had decided　② has decided
　　　③ is going to decide　④ was deciding
（京都産業大）

40

□**2** The last train ( ) when I arrived at the station.
　① has already left　② already left
　③ had already left　④ was already left
　　　　　　　　　　　　　　　　　　　　（芝浦工大）

□**3** My parents ( ) before they came to live in this city.
　① didn't marry long　　② had not long been married
　③ had not married long　④ have not long been married
　　　　　　　　　　　　　　　　　　　　（玉川大）

□**4** We want to go to the beach in his car on Saturday, because our car still won't ( ).
　① fixed　　　　　② have been fixed
　③ have fixed　　④ having been fixed
　　　　　　　　　　　　　　　　　　　　（センター試験）

文法・語法

時制

▋**設問解説**

1 Junko has (already) joined a club. She (had decided) to join the brass band before she started at the new school.
　訳 ジュンコはすでにクラブに入っている。彼女は新しい学校に通い始める前にブラスバンドに入ることを決めていた。**(答 (a)-①，(b)-①)**
　　まず，空所(a)の前後を見てみましょう。現在完了形であることがわかりますね。文の意味を考えると「完了」**の意味を強調する already** が入ります。次に2番目の文にある before に着目しましょう。before は前後の順番を表す接続詞ですね。before 節よりも先に空所(b)の事柄が起こったと考えられるので，空所には**過去完了形**が入ります。

2 The last train (had already left) when I arrived at the station.
　訳 私が駅に着いたとき，最終電車はすでに出ていた。**(答③)**
　　when 節が過去の出来事を表し，それよりも前の出来事は過去完了形，つまり「大過去」で表します。

3 My parents (had not long been married) before they came to live in this city.
　訳 私の両親は結婚して間もなく，この市に住むようになった。**(答②)**
　　接続詞 before に着目し，**before 節が過去の出来事**を表していることから，**主節はそれよりも前の出来事**なので，**過去完了形**となります。marry は be married で「結婚している」状態を表し，副詞の long は期間を表し，not long で「まもなく」という意味です。

41

④ We want to go to the beach in his car on Saturday, because our car still won't (have been fixed).

> 訳 私たちは土曜日に彼の車で海辺に行きたい，なぜなら私たちの車はまだ修理が完了していないだろうから。**(答②)**
>
> 　主節の内容は土曜日の予定に対する願望ですね。because 節で，その理由を述べています。土曜日という未来の時点までに車の修理が完了していないことを表すには**未来完了形**を用います。なお，**our car が主語なので受け身**になっていることにも注意しましょう。

●7 完了進行形の用法

　一時的な動作が**ある時点まで継続**していることを表すには，用いられる動詞を完了形にした上で進行形にする必要があります。なお，live, learn, study などは，ふつうある期間続く動作を表す動詞ですので，進行形にしなくても完了形だけで文脈上「継続」を表すことができますが，sit, lie, stay, wait などは完了進行形で用います。たとえば，I had been waiting for an hour when she arrived.「彼女が到着したとき，私は1時間待っていた」は，**when she arrived が過去の基準点を表し**，そこから過去を見渡し，**ひとつ前に起こった過去の出来事から基準点の過去までの1時間の期間**を had been waiting で表現します。

【過去完了進行形】

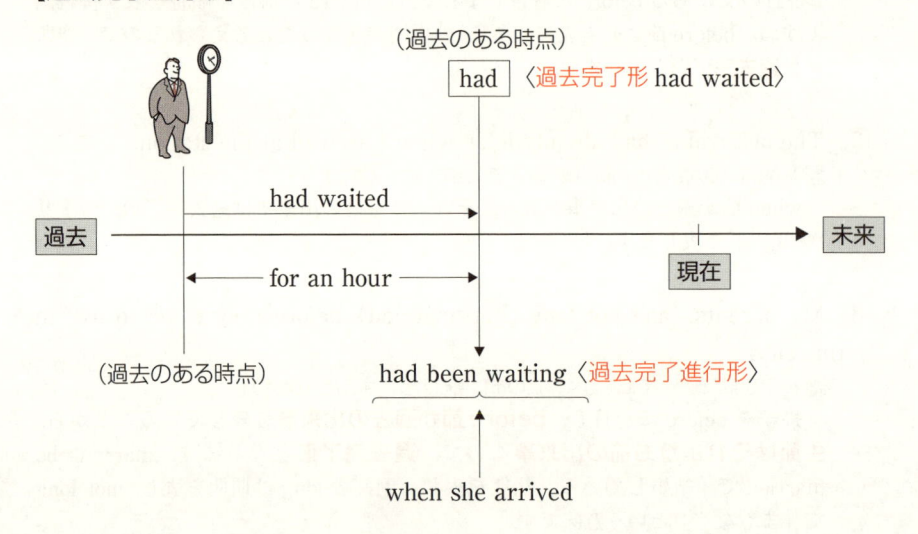

（過去のある時点）
had 〈過去完了形 had waited〉

had waited

過去　←――――――――→　未来
　　　←― for an hour ―→　現在

（過去のある時点）　　had been waiting 〈過去完了進行形〉
　　　　　　　　　　when she arrived

問題

次の各英文の空所に入る最も適当なものを①〜④から選びなさい。

☐ **1** I (　　) in China for three years when I was a child, but I can't speak Chinese at all.
　　① have been　　② have once stayed　　③ lived　　④ went
　　　　　　　　　　　　　　　　　　　　　　　　　　　　　　（センター試験）

☐ **2** I was tired after the test last Friday, because I (　　) all day long every day for a week.
　　① had been working　　② have been working
　　③ have worked　　④ was working
　　　　　　　　　　　　　　　　　　　　　　　　　　　　　　（センター試験）

☐ **3** We (　　) playing baseball for about half an hour when it started to rain very heavily.
　　① had been　　② have been　　③ might be　　④ would be
　　　　　　　　　　　　　　　　　　　　　　　　　　　　　　（センター試験）

設問解説

1 I (lived) in China for three years when I was a child, but I can't speak Chinese at all.

　訳　私は子どもの頃中国に3年間住んでいましたが、中国語は全然話せません。**(答③)**

　まず、when I was a child に着目し、過去時制と結びつく副詞節だということに気づきましたか。for three years という「期間」の表現につられてミス（過去完了形）をする受験生が続出します。**for three years は、when I was a child の中に含まれてしまう**と考えておきましょう。

　では、ここで過去形と過去完了進行形の違いを確認します。

　I lived in China for three years when I was a child. では、**when I was a child が過去の時を表し**、「子どもの頃」という意味内容から、**for three years がその中に含まれます**。つまり **for three years ＜ when I was a child** の関係が成り立つので、**過去形で表現**します。一方で、次のような例文、I had been living [had lived] in China for three years when the war ended. の場合は、**when the war ended が過去の基準点を表し**、そこから過去を見渡し、for three years は**ひとつ前に起こった過去の出来事から基準点の過去までの期間**を表しています。つまり **for three years ＞ when the war ended** が成り立つので、**過去完了(進行)形で表現**します。

　見分け方は、**when 節内の動詞が「状態」を表す be 動詞なのか、「動作」を表す動詞なのかに着目する**ことです。

2 I was tired after the test last Friday, because I (had been working) all day long every day for a week.
> 訳 先週の金曜日，テストが終わり私は疲れていました。なぜなら，1週間ずっと毎日1日中勉強をしていたからです。(答①)
>
> 主節が過去の時を表し，because 節の内容がそれまでの1週間の動作を表しているので，**過去完了進行形**で表します。

3 We (had been) playing baseball for about half an hour when it started to rain very heavily.
> 訳 私たちが30分ほど野球をしていたら，大雨が降り始めた。(答①)
>
> when 節が過去の時を示していることを押さえ，その時よりも前の出来事を表しているので**過去完了形**を用います。さらに，野球をしている最中に雨が降り始めたので，進行形で**「時間の枠」**をつくり，**過去完了進行形**にすると全体が表現できます。

●8 完了形を用いた注意すべき表現

次の表現はよく間違えるので特に注意しましょう。

① 「…して～になる」
- **It is [has been] ＋ 期間 ＋ since S ＋ 過去形**
- **期間 ＋ have passed since S ＋ 過去形**

It is [has been] ten years since my grandfather died.
> 訳 祖父が亡くなって10年になる。

= Ten years have passed since my grandfather died.
= My grandfather <u>died</u> ten years ago.
= My grandfather <u>has been dead</u> for ten years.

→ has died とは言わない。「状態」を表す be dead の現在完了形 has been dead にする。

② **This is the ＋序数詞＋ time [the ＋最上級] that S have (ever) *done***

This is the second time he has played Hamlet.
> 訳 彼がハムレットを演じるのはこれで2回目だ。

③ **recently / lately などの副詞は，ふつう現在完了形と共に用いる**。ただし，recently は過去形ともよく使われるので注意。

The number of people who drive their cars to work has decreased recently.
> 訳 自分の車を運転して仕事に行く人の数が最近減ってきた。

問題

次の各英文の空所に入る最も適当なものを①～④から選びなさい。

□ **1** It ( ) more than ten years since he left his hometown.
　① has passed　② has been　③ was　④ is passed
（桜美林大）

□ **2** Twenty years have passed since this machine ( ).
　① was being invented　② had been invented
　③ was invented　④ has invented
（清泉女子大）

□ **3** Saki, why don't you take some time off? You ( ) too hard lately.
　① would work　② had worked
　③ should have worked　④ have been working
（センター試験）

□ **4** Recently the number of bicycles left near the station ( ).
　① will decrease　② have been decreasing
　③ is decreasing　④ has decreased
（星薬科大）

次の英文の下線部①～④の中から，間違っている箇所を1つ選びなさい。

□ **5** ①Despite the cost, all iPads in the store were sold ②out, and this is the first time I've ③never seen my grandfather ④disappointed to leave an electronics store.
（立教大）

設問解説

1 It (has been) more than ten years since he left his hometown.
　訳 彼が故郷を離れて10年以上になる。（答②）
　It と since を見て，**It is ［has been］＋期間＋since S ＋過去形「…して～になる」** の形が浮かびましたか。早合点をして①has passed, ③was に飛びついてミスをしないように。

2 Twenty years have passed since this machine (was invented).
　訳 この機械が発明されてから20年が経つ。（答③）
　まず，一読して，**期間＋have passed since S ＋過去形「…して～が経つ[になる]」** の形だと気づきましたか。since 以下は「過去における出来事の起点」を表すので過去形を用います。

3 Saki, why don't you take some time off? You (have been working) too hard lately.
   訳 サキ，少し休んだら？　近ごろ働き過ぎじゃない。(答④)
   　文末にある **lately「近ごろ」は，現在完了(進行)形と共に用いる副詞**だとヒラメキましたか。

4 Recently the number of bicycles left near the station (has decreased).
   訳 最近，駅の近くの放置自転車の数が減った。(答④)
   　文頭にある **recently「最近」は現在完了(進行)形と共に用いる副詞**ですね。主語は the number で単数なので，動詞も単数で一致させます。本文は Recently the number of bicycles 〔(which are) left near the station〕 has decreased. の **which are が省略された形**です。

5 Despite the cost, all iPads in the store were sold out, and this is the first time I've <u>ever</u> seen my grandfather disappointed to leave an electronics store.
   訳 値段にもかかわらず，その店の iPad がすべて売れ切れていた。そして祖父ががっかりして家電量販店を出て行く姿を見たのは，これまででこれが初めてです。(答③ → ever)
   This is the first time S have ever *done*.「S が〜したのは，これまででこれが初めてだ」の構文です。ever を never とするミスが続出です。

第4講 助動詞

•1 can [could] / may [might] の意味と働き

　助動詞が**「話し手の判断」**を示したり，**「聞き手の気持ち」**を尋ねたりする働きがあるっていうことを，ふだん意識したことがありますか。たとえば，I can play the violin. は，「バイオリンを弾く能力」があるという「話し手の判断」を示していますね。
　まず **can/could** と **may/might** について，その意味（能力／可能性／許可）の違いを見てみましょう。

	能　力	可能性	許　可
can	「～する能力がある」	「～でありうる」	「～してもよい」
could	「～する能力を持っていた」	※確信の度合い can ＞ could	※丁寧さの度合い can ＜ could
may		「～かもしれない」	「～してもよい」
might		※確信の度合い may ＞ might	※控え目さの度合い may ＜ might

　なお，**could** と **might** は「時制の一致」で過去にする以外は，**現在の意味で用い，話し手の控えめな気持ち**を表します。また，ニュアンスの違いも下の図で押さえておいてください。

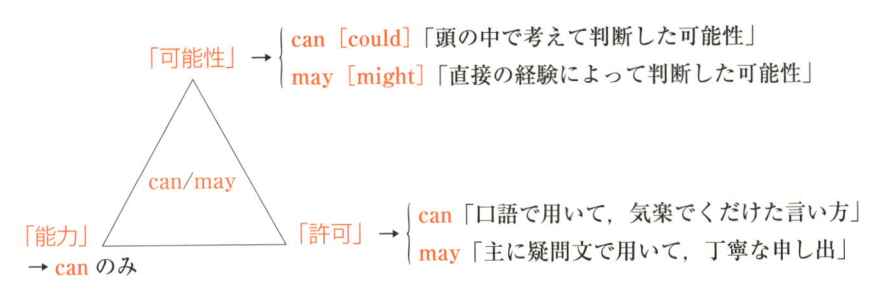

「可能性」→ { can［could］「頭の中で考えて判断した可能性」
　　　　　　may［might］「直接の経験によって判断した可能性」

　　　　　can/may

「能力」　　　　　　「許可」→ { can「口語で用いて，気楽でくだけた言い方」
→ can のみ　　　　　　　　　may「主に疑問文で用いて，丁寧な申し出」

問題

次の各英文の空所に入る最も適当なものを①～④から選びなさい。

1 John (　　) hungry because he has just eaten lunch.
① may be　② must be　③ can't be　④ should be
（桜美林大）

2 (　　) it be true that she passed the difficult examination?
① Can　② Will　③ May　④ Should　（岐阜聖徳学園大学）

3 "When you get your license, will your parents give you money to buy a car?"
"No, they said I (　　) get one if I wanted to, but they wouldn't give me the money. I have to earn it myself."
① can　② could　③ may　④ shall　（センター試験）

4 Dorothy isn't in the office; she (　　) coffee in the cafeteria.
① can be having　② can have
③ might be having　④ might have
（センター試験）

5 Don't go too far out from the shore in that small boat. (　　)
① It cannot be in danger.　② It could be dangerous.
③ You wouldn't be dangerous.　④ You'd be out of danger.
（センター試験）

設問解説

1 John (can't be) hungry because he has just eaten lunch.
訳 ジョンはたった今お昼を食べたばかりなので、お腹が空いているはずがない。**(答③)**
because 節の内容から主節にある hungry を否定する内容にすると文意が成立しますね。「可能性」を表す can の否定 **can't** を選ぶと、**It is impossible that** John is hungry because he has just eaten lunch. と同意になります。

2 (Can) it be true that she passed the difficult examination?
訳 彼女がその難しい試験に合格したのは本当であるはずがあろうか。**(答①)**
can を疑問文で用いると「強い疑念」を示し、「～であるはずがあろうか」という意味を表すため、文意が成り立ちますね。

3 "When you get your license, will your parents give you money to buy a car?" "No, they said I (could) get one if I wanted to, but they wouldn't give me the money. I have to earn it myself."
> 訳 「免許を取ったら，君の両親は車の購入費を出してくれるの？」「いや，買いたかったら買ってもいいけど，両親はお金を出さないって言ってた。自分でお金を稼がなきゃいけないんだ」**(答②)**
>
> **全体の時制が「過去」**であることを押さえ，**「許可」を表す can** を選び，時制を「過去」に一致させます。if I wanted to の後ろには get one が省略され，この to を代不定詞と言います。

4 Dorothy isn't in the office; she (might be having) coffee in the cafeteria.
> 訳 ドロシーは今，会社にいない。ひょっとすると食堂でコーヒーを飲んでるかもしれない。**(答③)**
>
> 前半の内容から，現在におけるドロシーの一時的動作を表す必要があります。それは現在進行形で表すことができましたね。次に**「話し手の経験から判断してドロシーが現実的にとる行為の可能性」を，may [might] で表す**ことができます。なお，might の形は過去形でも意味は現在を表します。後半の文を It is possible that（= Perhaps）she is having coffee in the cafeteria. と言い換えることもできます。

5 Don't go too far out from the shore in that small boat. (It could be dangerous.)
> 訳 その小さなボートで海岸からはるか沖合のほうに行きすぎてはいけません。危険かもしれません。**(答②)**
>
> 前半の意味内容から，ボートで沖に出ることの危険を述べていることを捉え，**「頭の中で考えて判断した可能性」**を表す **can [could]** を用います。なお，ここでも could の形は過去形ですが，意味は現在を表します。

•2 can / could と be able to の違い

　日本語で「(能力) ～できる」は，英語ではふつう can を用いますが，「～できた」と過去を表すときは要注意。日本語から判断して，could を使ってミスをする受験生が続出です。では，次の英文の（　）の中から正しいものを選んでください。

> The police chased the thief and they (could / was able to) catch him.

　could は「できた」という意味ではなく，**「能力を持っていた」という意味**を表すので，**過去の１回限りの実現した出来事を「できた」と表す場合，was [were] able to do や一般動詞の過去形を使います**。ただし，**否定文では**，The police chased the thief but they couldn't [weren't able to] catch him. のように，**couldn't は１回限りの出来事についても用いることができます**。ここをしっかり区別してくださいね。

　なお，**過去における継続的な能力**を表す場合，たとえば，My son could [was able to] play chess at the age of five.「息子は５歳でチェスをすることができた」のようなときは，could / was [were] able to do の両方を用いることができます。

　例題訳　警察は泥棒を追いかけ，捕まえることができた。**(答 was able to)**

問題

次の各英文の空所に入る最も適当なものを①～④から選びなさい。

☐ **1**　I went to Mexico last week, and I (　　) her then.
　① could meet　　② had met
　③ cannot meet　　④ was able to meet　　　　　　（明治大）

☐ **2**　When I went into the house, I (　　) smell something burning.
　① can　　② could　　③ may　　④ will　　　　　（札幌学院大）

☐ **3**　The fire spread through the building quickly, but everybody (　　) escape.　　　　　　　　　　　　　　　　　　（玉川大）
　① was able to　　② could　　③ will have to　　④ might

次の英文の下線部①〜④の中から，間違っている箇所を1つ選びなさい。

□ 4 ①Douglas and I both worked really hard at the factory, ②but we ③could put aside ④only a little money for our son's education.

（京都外国語大・改）

設問解説

1. I went to Mexico last week, and I (was able to meet) her then.
   訳 私は先週メキシコに行き，その時彼女に会うことができた。(答④)
   　動詞 went から全体の時制が「過去」であることを押さえます。**過去の1回限りの実現した出来事を「できた」と表す場合，was able to *do* や一般動詞の過去形**を使いましたね。

2. When I went into the house, I (could) smell something burning.
   訳 私が部屋に入ったとき，何か焦げているにおいがした。(答②)
   　When 節内の時制が「過去」であることを押さえます。進行形にしない smell は「能力」を表す can を伴い，**can smell** で「**受動的**」に，においを感じていること（→ p.33 参照）を表し，**時制を一致**させます。

3. The fire spread through the building quickly, but everybody (was able to) escape.
   訳 火がすぐに建物じゅうに燃え広がったが，みんな逃げることができた。(答①)
   　主語が The fire であり，動詞 spread に三単現の 's' がないことから，spread は「過去形」だということに気づきます。but 以下の内容も過去の意味内容であることを押さえ，過去の1回限りのことで「逃げることができた」は，どのようにして表すことができましたか。was able to escape あるいは escaped で表すことができましたね。

4. Douglas and I both worked really hard at the factory, but we were able to put aside only a little money for our son's education.
   訳 ダグラスと私の2人とも工場で本当に懸命に働いたが，私たちは息子の教育のためにほんの少しのお金しか蓄えることができなかった。(答③→ were able to)
   　動詞 worked から全体の時制が「過去」であることを押さえ，過去の1回限りの実現した出来事を「できた」と表す場合，ここでは **were able to** を使って表現します。なお，both A and B「A も B も両方とも」は，A and B both と表現できます。put aside A for B は「B のために A を蓄えておく」の意味です。

●3 must と have to の類似点と相違点

　must と have to についてその意味の違いを考えてみましょう。みなさんは must と have to がまったく同じ意味だと思っていませんでしたか。実は少し違いがあります。次の一覧で確認してください。

	意　味	判　断	ポイント
must	義務・必要「～しなければならない」 必然性「～にちがいない」	話し手自身	「～しなければならない」の意味では命令的になる。 「～にちがいない」の意味では主観的な判断になる。 　※ can/ may より話し手の確信度が非常に高い。
			否定形：must not「～してはいけない」（強い禁止）
			必然性「～にちがいない」の否定形は cannnot「～のはずがない」で代用する。
			過去形「～しなければならなかった」は had to で代用する。 （※ must には過去形がないので注意） 過去形「～したにちがいない」は must have done で表す。
			未来の「～しなければならないでしょう」は will have to で表す。
have to		周囲の状況に基づく	「～しなければならない」の意味では must より柔らかい。 「～にちがいない」の意味では must より客観的。
			否定形：don't have to「～する必要はない」「不必要」を表す。

問題

次の各英文の空所に入る最も適当なものを①〜④から選びなさい。

☐ **1** Now that you have become a section chief, you (　) behave as a leader. 　　　　　　　　　　　　　　　　　　　　　　(広島工大)
① must ② may not ③ will have ④ shall not

☐ **2** I'm sorry, but you (　) leave your bicycle here. If you do, you'll get a parking ticket. The parking area is over there.
① don't have to ② haven't got to
③ mustn't ④ needn't 　　　　　　　　　　　　　(青山学院大)

☐ **3** Jennifer has been working hard all day, so she (　) be tired.
① can't ② must ③ mustn't ④ wouldn't 　　(京都学園大)

☐ **4** He (　) be over sixty; he must still be in his forties.
① can't ② may ③ must ④ shall 　　　　　　(関西学院大)

☐ **5** I (　) work overtime every day last week.
① might ② must ③ had to ④ ought to 　　(亜細亜大)

☐ **6** Thirty years ago, we (　) separate our garbage, but now it's compulsory almost everywhere.
① mustn't have ② didn't have to
③ shouldn't ④ couldn't 　　　　　　　　　　　(神奈川工科大)

設問解説

1 Now that you have become a section chief, you (must) behave as a leader.
　訳 今やあなたは課長になったのだから,リーダーとして振る舞わなければなりません。**(答①)**
　Now that ... は「今や…なので」の意味で,「理由」を示す表現です。すると空所には**「話者自身の判断」**による**「義務」**を表す must が入ることになりますね。

2 I'm sorry, but you (mustn't) leave your bicycle here. If you do, you'll get a parking ticket. The parking area is over there.
　訳 すみませんが,ここに自転車を放置してはいけません。もし放置しますと,駐禁で切符を切られますよ。駐輪場は向こうです。**(答③)**
　文意から判断して,**「禁止」**を表す **mustn't** が浮かんだかどうか。なお,② **haven't got to** は「〜する必要がない」(= don't have to)という意味です。

3 Jennifer has been working hard all day, so she (must) be tired.
   訳 ジェニファーは1日中一生懸命働いたので，疲れているにちがいない。(答②)
   前半の意味内容から**「必然性」**を表す **must** を選ぶと文意が成り立ちますね。

4 He (can't) be over sixty; he must still be in his forties.
   訳 彼は60歳を超えているはずがない。彼はまだ40代にちがいない。(答①)
   must 「(必然性)〜にちがいない」の**否定形**は，**cannot「〜のはずがない」**で代用するんでしたね。

5 I (had to) work overtime every day last week.
   訳 先週，私は毎日残業をしました。(答③)
   last week から，空所には過去形が入ると気づきましたね。must の**過去形**は **had to** で代用です。

6 Thirty years ago, we (didn't have to) separate our garbage, but now it's compulsory almost everywhere.
   訳 30年前だと，私たちはゴミを分別する必要がなかったが，今はほとんどどこでもそれは強制になっている。(答②)
   but から過去と現在の対比を読み取り，compulsory「強制的な」の反対の意味から**「不必要」**の意味の **didn't have to** を選びます。

•4 注意したい助動詞 need / dare / had better

うっかり引っかかりやすい助動詞 need，dare，had better の3つを一覧にまとめましたので，しっかり頭に入れましょう。

	ポイント
need	おもに否定文（S don't [doesn't] need *do* ～）で用いる
	疑問文（Need S *do* ～?）「～する必要はあるか」〈話し手が「その必要はないでしょう」という答えを期待〉
	肯定文では have to で代用
	否定文では don't have to がくだけた表現で好まれる
need（一般動詞）	need to *do* ～のように「to 不定詞」を取る
dare	How dare S + V ～ ? 「よくもまあ～するな」「よくも～できるね」 ※疑問文でも「S + V」の語順！
	疑問文・否定文で用いられ，「強い非難」や「とがめる気持ち」を表す
had better	意味：「～したほうがよい」
	「勧告」や「強い勧め」を意味し，親しい間柄で用いる表現
	否定文：had better not *do* ～　※ not の位置に注意！

問題

次の各英文の空所に入る最も適当なものを①～④から選びなさい。

□**1** You (　　) come if you don't want to.
　　① haven't　　② may　　③ needn't　　④ would　　（工学院大）

□**2** We (　　) go to school this Tuesday.
　　① don't need　　② not need
　　③ need not to　　④ don't need to　　（成城大）

□**3** If you don't want to get in trouble, you (　　) other people about it.
　　① didn't have better to tell　　② had better not tell
　　③ have not better to tell　　④ had not better tell　　（福岡大）

☐ 4　How (　) say such a rude thing in public?
　　① dare you　　　② you daring to
　　③ are you dare　④ are you in dare to　　　　　　　（日本大）

☐ 5　White lions are regarded as sacred by the villagers and they would (　) a finger on them.
　　① dare never lay　② dare never lie
　　③ never dare lay　④ never dare lie　　　　　　　　（中央大）

設問解説

1 You (**needn't**) come if you don't want to.
訳 来たくなければ，来る必要はない。**(答①)**
　まず，空所の後ろを見てください。動詞 come がありますね。次に if 節内は want to で終わっています。この to の後ろに何かが省略されていることに気づきましたか。そう，**繰り返しを避けるために come が省略された**のです。これで構造が把握できました。あとは if 節の意味内容から，**助動詞 needn't** を選びます。

2 We (**don't need to**) go to school this Tuesday.
訳 今度の火曜は学校に行かなくてよい。**(答④)**
　選択肢を見ますと need の語法が問われていますね。②，③は need not なら正解です。**not の位置**に引っかからないように。ここは，一般動詞として用いた④を選びます。

3 If you don't want to get in trouble, you (**had better not tell**) other people about it.
訳 困ったことになりたくなければ，それについて他の人に言わないほうがいいよ。**(答②)**
　選択肢を見て，**助動詞 had better** の用法がポイントであることに気づきましたか。その**否定**は had better not *do* でしたね。**親しい間柄**でのみ用いる表現です。

4 How (**dare you**) say such a rude thing in public?
訳 よくも公然とそんな失礼なことが言えるね。**(答①)**
　How dare S+V ～？「よくも～できるね」の表現が思い浮かびましたか。How dare に続く **S+V の語順**に注意しましょう。

5 White lions are regarded as sacred by the villagers and they would (**never dare lay**) a finger on them.
訳 ホワイトライオンは村人に聖なるものとされているので，彼らはあえてホワイトライオンに

手を出すことは決してしなかった。**(答③)**

空所の前に助動詞 would があるので**一般動詞 dare「あえて〜する」の用法**と，**lay a finger on A「A に手を出す」**の他動詞 lay（→ p.12 参照）を押さえましょう。

●5 未来の意味の表し方

未来を表すときに will や shall を使いますね。will と shall がゴチャゴチャになっている人をよく見かけますが，**Shall I [we] 〜？「〜しましょうか」以外は，すべて will で間に合う**と考えて結構です。

また，**will** は単純な未来を表すほかに，**「意志・願望，拒絶，習慣，傾向・習性」を表す**ことができます。たとえば，If you won't listen to my proposal, I'll have to put it to your boss directly.「あなたが私の提案を聞くつもりがないなら，上司にそれを直接伝えなければなりません」の won't は**「意志」**を表すので，「条件を表す副詞節中で will を用いないこと」（→ p.34-5 参照）の例外と言えます。

また，**be going to で未来を表す**ことができますね。今の状況を基に判断して，近いあるいは遠い未来の出来事を予想する，すなわち**「因果関係」**を含んでいる場合に用います。では，次の(a)と(b)の意味の違いは？

(a) She's going to have twins.
　訳 彼女には双子が産まれます。
(b) She will have twins.
　訳 彼女には双子が産まれるでしょう。

(a)は「検査を受け，双子であるとわかっている」ことから，**「因果関係」**を示しています。(b)は**「占い師の予言」**のようなもので，ふつうは用いません。また be *doing*（→ p.30 参照）や **be about to *do*「〈差し迫った未来〉今にも〜しかけている」**も押さえてください。

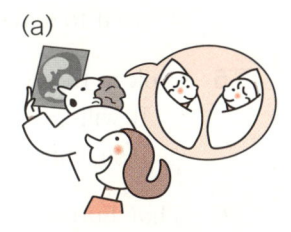

問題

次の各英文の空所に入る最も適当なものを①〜④から選びなさい。

☐ **1** "( ) I take you to the Hibiya Library?"
"Thank you, please do."
① Must ② Do ③ Shall ④ Will (東京工芸大)

☐ **2** We tried everything we could think of, but the car just ( ) start last night. We ( ) go by taxi. (京都産業大)
① can't ② couldn't ③ won't ④ wouldn't
① had to ② may ③ must ④ were going to

☐ **3** "Jane won't be able to attend the party tonight? Why not?"
"She says her son's caught a cold and she ( ) care of him."
① must be taking ② must have taken
③ will be taking ④ will have been taking (センター試験)

☐ **4** I ( ) for America tomorrow morning.
① am leaving ② have left
③ used to leave ④ am about to leaving (東京理科大)

☐ **5** Look at those black clouds up there. ( ) rain.
① It will ② It's going to
③ It's coming to ④ It's been (倉敷芸術科学大・改)

☐ **6** That button on your shirt is about to ( ). Shall I fix it for you?
① leave off ② put off ③ take off ④ come off (南山大)

設問解説

1 "(Shall) I take you to the Hibiya Library?" "Thank you, please do."
訳 「日比谷図書館まで連れて行きましょうか？」「ありがとう。ぜひお願いします」**(答③)**
空所の後ろの一人称の I とその応答から、「申し出や提案」を表す **Shall I 〜?**「〜しましょうか」が浮かびましたか。**Please do.「ぜひお願いします」**も押さえましょう。

2 We tried everything we could think of, but the car just (wouldn't) start last night. We (had to) go by taxi.
訳 私たちは思いつくあらゆることを試したが、昨夜自動車のエンジンがどうしてもかからなかっ

58

た。私たちはタクシーで行かなければならなかった。**(答④, ①)**

まず，全体の時が「過去」であることを押さえ，but で文の流れが変わったことを理解し，最初の空所には「拒絶」を表す **wouldn't** が入ります。次の空所には，「必要」を表す must の過去形として **had to** を代用すると文意が成立します（→ p.52 参照）。

3. "Jane won't be able to attend the party tonight? Why not?" "She says her son's caught a cold and she (will be taking) care of him."

   訳 「ジェーンが今夜のパーティーに出席できないって？ どうしてダメなの？」「彼女，息子が風邪をひいたので世話をすることになっているって言ってたよ」**(答③)**

   will be *do*ing で「〜しているだろう，〜することになっている」の意味を表すので押さえておこう。なお，her son's caught ... は her son has caught ... のこと。

4. I (am leaving) for America tomorrow morning.

   訳 私は明日の朝，アメリカに向かって出発します。**(答①)**

   「往 (go)，来 (come)，発 (start/leave)，着 (arrive)」を表す動詞の1つで，現在形や現在進行形で「近い未来」を表します（→ p.30 設問解説4参照）。

5. Look at those black clouds up there. (It's going to) rain.

   訳 あそこのあの黒い雲を見て。雨が降り出しそうだ。**(答②)**

   前半の内容にある「黒い雲」が「原因」を表し，後半の意味内容「雨が降る」が結果を表すので，「因果関係」を **be going to** を用いて表現します。

6. That button on your shirt is about to (come off). Shall I fix it for you?

   訳 あなたのシャツのあのボタン，取れかかっているよ。あなたの代わりに付けておきましょうか。**(答④)**

   be about to *do* で「〈差し迫った未来〉今にも〜しかけている」の意味を表します。

•6 used to do と would do はどう違うの？

used to（発音はつなげて［júːstə＋子音 / júːstu＋母音］）と would の区別ができていない受験生を多く見かけます。最近の入試問題では，細かな用法まで問う場合があるので，注意してください。

	意　味	ポイント
used to	過去の習慣 過去の状況	動作動詞（do など）や状態動詞（be など）の両方に結びつく。現在と対比された文脈の中で使用する。
would	過去の習慣	動作動詞としか結びつかない。

used to は「漠然とした過去」を表すため，**具体的な期間・回数を示す副詞句と一緒に用いることはできません**。
　（×）I used to live in New York for eight years.〈具体的な期間〉
　（○）I lived in New York for eight years.
とするのが原則です。**used to be ＝ was［were］once「（漠然と）かつて～であった」**と言い換えることができると考えれば，わかりやすいでしょう。なお，次の区別が出題されるとミスをする受験生が続出します。

used to *do*	「～したものだった」
be used to *do*	「～するのに使われる」
be used to *doing*［名詞(句)］	「～するのに慣れている」

問　題

次の各英文の空所に入る最も適当なものを①～④から選びなさい。

□1 She (　) to church regularly, but now she never goes.
　① was used to go　② used to go
　③ used to going　④ is used to go　　　　　　（法政大）

□2 I remember that whenever my parents went out in the evening, I (　) the job of looking after my younger sister.
　① must have got　② ought to get
　③ have got　④ would get　　　　　　（センター試験）

□3 My uncle doesn't smoke at all, but he (　) a heavy smoker.
　① used to be　② was used to be
　③ would be　④ would have been　　　　　　（明星大）

☐ 4　Mary got her driving license in Japan, so she is used to (　　) on the left.　　　　　　　　　　　　　　　　　　　　　(立教大)
　　① be driving　　② drive　　③ driving　　④ have driven

☐ 5　I couldn't understand what the people were saying because I (　　) their accent.
　　① didn't use to　　② never used to
　　③ wasn't use to　　④ wasn't used to　　　　　　(名古屋女子大)

設問解説

1　She (used to go) to church regularly, but now she never goes.
　　訳 以前，彼女は定期的に教会に通っていたが，今はまったく行っていない。**(答②)**
　　まず，英文後半の but 以下の現在時制が「習慣」を表していることを押さえましょう。すると前半は **used to を用いると現在との対比を強調した内容を表す**ことができますね。①の was used to go は「行くために使われた」という意味です。

2　I remember that whenever my parents went out in the evening, I (would get) the job of looking after my younger sister.
　　訳 夕方に両親が出かけるときはいつも，妹の面倒を見る仕事をしたことを覚えている。**(答④)**
　　前半にある whenever「～するときはいつでも」が，ここでは過去の「習慣」を表しています。空所には**「過去の習慣」を表す would「よく～したものだった」**を選ぶと文意が成立します。

3　My uncle doesn't smoke at all, but he (used to be) a heavy smoker.
　　訳 叔父はまったくタバコを吸いませんが，以前はヘビースモーカーでした。**(答①)**
　　空所の前にある but から，現在との対比を強調した内容であることを捉えると「過去の習慣」を表す①used to be か③would be に絞ることができますね。さあ，どちらでしょう？　**would が「過去の習慣」を表す場合は，常に動作動詞と共に用います。be 動詞ではダメ**です。

4　Mary got her driving license in Japan, so she is used to (driving) on the left.
　　訳 メアリーは日本で運転免許を取ったので，左側通行に慣れています。**(答③)**
　　意味内容から考えて，**be used to doing「～するのに慣れている」**が浮かびましたか。

⑤ I couldn't understand what the people were saying because I (wasn't used to) their accent.

> 訳 私は彼らの話す方言に慣れていなかったので，そこの人たちが言っていることが理解できなかった。(答④)

「～するのに慣れている」は be used to で表しますね。**to は前置詞なので，動名詞（doing）だけでなく名詞（句）も取る**ことに注意しましょう。

●7 助動詞＋ have *done*

これまでの学習で，助動詞の過去形を使っても，それが必ずしも「過去」の意味を表すわけではないということを理解しましたね。**過去に起こったことの可能性を現在から推量して，助動詞＋ have *done* の形で表すことができます。**次の表を見てください。

<u>must</u> have *done* 「～したにちがいない」	→ It is certain that S＋*did* ～
<u>may</u>［<u>might</u>］have *done* 「～したかもしれない」	→ It is possible that S＋*did* ～
<u>can't</u>［<u>couldn't</u>］have *done* 「～したはずがない」	→ It is not possible that S＋*did* ～

must, may［might］は肯定で用い，can't［couldn't］は否定で用いられます（→ p.52 参照）。話し手の確信度は，could ＜ might ＜ can ＜ may（約50％）＜ should ＜ ought to ＜ would ＜ will ＜ must（90％以上）の順に強くなります。また，次の形も押さえておいてください。

should have *done* （＝ ought to have *done*）	「〈義務〉～するべきだった（のにそうしなかった）」 「〈当然〉～したはずだ［もう～しているはずだ］」
should <u>not</u> have *done* （＝ ought <u>not</u> to have *done*）	「～するべきでなかった（のにそうした）」 ※ not の位置に注意！
needn't have *done*	「～する必要がなかった（のに～した）」

なお，**didn't need to *do*** は「～する必要がなかった」の意味で，結果について述べていない表現なので，**「実際には～した」場合にも，まれに「実際に～しなかった」場合にも**用いられます。

問題

次の各英文の空所に入る最も適当なものを①〜④から選びなさい。

□ **1** Katherine lost her purse yesterday. She (　) it on the bus.
① must drop　　　② must be dropping
③ must have dropped　　④ must have been dropping　（上智大）

□ **2** "I don't see Tom. I wonder why he's late."
"Well, he (　) his train, or maybe he overslept."
① might have missed　　② might miss
③ should have missed　　④ should miss　（センター試験）

□ **3** "I saw Mr Yamada at Shinjuku Station this morning."
"You (　) have. He's still on vacation in Hawaii."
①couldn't　②didn't　③might　④should　（センター試験）

□ **4** I (　) have watered the flowers. Just after I finished, it started raining.　（日本大）
① cannot　② must not　③ need not　④ might not

□ **5** My mother (　) here by now; she took the early train.
① can arrive　　② may arrive
③ must arrive　　④ ought to have arrived　（関東学院大）

□ **6** I (　) her this morning, but I forgot.
① should phone　　② should have phoned
③ will phone　　　④ will have phoned　（関西学院大）

設問解説

1 Katherine lost her purse yesterday. She (must have dropped) it on the bus.
　訳 昨日，キャサリンは財布をなくした。バスでそれを落としたにちがいない。**(答③)**
　前半の内容が過去を表していますね。そして，後半が**現在から過去の出来事を推量**していますから，その内容は，**助動詞＋ have done** で表現できます。

2. "I don't see Tom. I wonder why he's late." "Well, he (might have missed) his train, or maybe he overslept."
> 訳 「トムを見ていないよ。彼、遅刻なのかな」「そうね。彼、電車に乗り遅れたかもしれないし、あるいはひょっとして寝坊したかもね」(答①)

「姿が見えないトム」のことを推量している文脈ですので，**may [might] have *done*「～したかもしれない」**で表すことができます。この might には過去の意味がないので注意。

3. "I saw Mr Yamada at Shinjuku Station this morning." "You (couldn't) have. He's still on vacation in Hawaii."
> 訳 「新宿駅で山田さんを見たよ」「そんなはずはないよ。彼，まだハワイで休暇中だよ」(答①)

後半の意味内容から **can't [couldn't] have *done*「～したはずがない」**を用いると文意が成立しますね。なお，**同じ語句の繰り返しは避ける**ので，couldn't have の後ろの seen Mr Yamada at Shinjuku Station this morning が省略されています。

4. I (need not) have watered the flowers. Just after I finished, it started raining.
> 訳 私は花に水をやる必要はなかったのに。やり終えたらすぐに，雨が降り始めた。(答③)

意味内容から **needn't have *done*「～する必要がなかった（のに～した）」**が適切。

5. My mother (ought to have arrived) here by now; she took the early train.
> 訳 母はもうここに着いているはずだ。早い電車に乗ったのだから。(答④)

ought to have *done* で「〈当然〉～したはずだ［もう～しているはずだ］」という意味が表せます。

6. I (should have phoned) her this morning, but I forgot.
> 訳 今朝，私は彼女に電話をかけるべきだったのだが，忘れていた。(答②)

should have *done* では「〈義務〉～するべきだったのに（そうしなかった）」の意味を表します。

•8 should の特殊用法

英文を読んでいるとしばしば should に出くわしますね。should は次の3パターンに整理できます。

① It is + 形容詞(natural など) [名詞 (a pity など)] + that S (should) *do*
「判断」や「感情」を表す文の that 節の中で用いられ、話し手の独りよがりな感情を強く表す。
事実を客観的に述べる場合は、should を省略します。

② S + 動詞 + that S (should) *do* ／ It is 名詞(句) [形容詞] + that S (should) *do*
「要求・提案・決定・命令・主張」などを表す動詞や類似の意味の名詞、また、「重要・必要」などを表す形容詞に続く that 節の中で用いられ、話し手の心の中の想定を表す。

　　動詞(demand/require「要求する」, suggest/propose「提案する」,
　　　　decide「決定する」, order「命令する」, insist「要求する」,
　　　　recommend「勧める」)
　　名詞(demand「要求」, suggestion「提案」,
　　　　recommendation「勧告, 提案」)
　　形容詞(essential/important「重要な」, imperative「必須の」,
　　　　necessary「必要な」)

この場合の should も省略可。

③ Wh- 疑問文 + should
「驚き・意外」な気持ちを表す：「いったい～だろうか」
　（例）Why should she want to be alone?「彼女はなぜ一人でいたいのだろう」

問題

次の各英文の下線部①～④の中から、間違っている箇所をそれぞれ1つ選びなさい。

☐ **1** It is essential that ①we all ②will listen to ③what our coach ④has to say about the big game.　　　　　　　　　　　　　　　　（早稲田大）

☐ **2** He requested that she ①updated the file ②on the experiment ③every ④two weeks.　　　　　　　　　　　　　　　　　　　　　（早稲田大）

☐ **3** The doctor suggested ①that I ②took a short ③walk ④every morning.　　　　　　　　　　　　　　　　　　　　　　　　　　（佛教大）

☐ 4 ①The dark clouds suggested that ②the weather ③did not improve since ④the day before.　（早稲田大）

☐ 5 His proposal ①that the president ②is changing the policy ③is ④out of the question.　（青山学院大・改）

設問解説

1 It is essential that we all (should) listen to what our coach has to say about the big game.

　訳 私たちは皆, 重要な試合についてコーチの意見に耳を傾けることが絶対に必要だ。
　（答②→ (should) listen to）

　It is essential that ... は S (should) do の形を取りましたね。この **should は省略でき, 動詞の原形のみでも可能**です。

2 He requested that she (should) update the file on the experiment every two weeks.

　訳 彼は彼女が2週間ごとに実験に関するファイルを更新するように頼んだ。（答①→ (should) update）

　request は「要求」を表す動詞なので S (should) do を取ります。

3 The doctor suggested that I (should) take a short walk every morning.

　訳 医者は私が毎朝ちょっと散歩するように提案した。（答②→ (should) take）

　suggest は that 節内に S(should)do を取ります。**suggest (that) S (should) do の suggest は「提案する」という意味**。

4 The dark clouds suggested that the weather (had not improved) since the day before.

　訳 天気が前の日から良くなってきていないことが暗雲からそれとなくわかった。（答③→ had not improved）

　suggest が that 節内に should のない動詞を用いると,「暗示する, 示唆する」という意味を表します。これは, **that 節内の内容が事実を述べている**と判断できる場合に起こります。例を挙げると, This coffin suggests that there is something important in it.「その棺は, その中に何か重要なものがあることを暗に示している」となります。**3**との違いに注意してください。

5 His proposal that the president (should) change the policy is out of the question.

> 訳 社長が方針を変更すべきだという彼の提案は問題外だ。**(答②→ (should) change)**
>
> 問題文を図解すると次のようになります。
>
> [His proposal] [that the president <u>should change</u> the policy] is … .
>   └─ = ─┘
>   （同格）　　※ proposal に導かれた that 節内は propose that S +(should) *do* に相当

●9 助動詞の注意すべき表現

最後に may や can を用いた表現を考えてみましょう。この講の冒頭で助動詞は**「話し手の判断」**を示し，助動詞によって**「話し手の確信度」**が違うことを学びましたね（→ p.47 参照）。may，can を使った注意すべき表現をまとめましたので参考にしてください。

	ポイント
may	may well *do*（＝be very likely to *do*）「たぶん～するだろう」 might well [could well] *do*（＝have every [good] reason to *do*） 「～するのももっともだ」 ※話し手がある行為に対して「well（道理にかなっている）」という確信をもった判断を表している。 may [might] as well *do*「～するほうがいい」 may [might] as well X as Y「Y するくらいなら X するほうがましだ」 ※ X＝Y の含みを持って，「Y するのは X するようなものだ」ともなる。
can	cannot ～ too ...「いくら～してもしすぎではない」 ※ cannot ～ enough [sufficiently]／cannot over ＋動詞も同様の意味。

問題

次の各英文の空所に入る最も適当なものを①～④から選びなさい。

☐ 1 She will never listen; you (　　) as well talk to the wall.
　　① can　　② might　　③ shall　　④ will　　　　　（金城学院大）

☐ 2 You (　a　) expect the earth to stay still (　b　) her of your innocence.　　　　　（國學院大）

(a) ① had better not　　② might as well
　　③ might not　　　　 ④ were to
(b) ① as hope to convince　　② as hoping to convince
　　③ as to hope convincing　④ than hope to convince

☐ 3　No one (　　) in handling radioactive wastes.
　　① should be careful　　　　② cannot be so careful
　　③ ought to be more careful　④ can be too careful　　(明治大)

☐ 4　The potential impact of this hypothesis on the field of medicine
　　(　　).　　　　　　　　　　　　　　　　　　　　　(杏林大・改)
　　① should overestimate　　　② might overestimate
　　③ cannot be overestimated　④ cannot have overestimated

設問解説

[1] She will never listen; you (might) as well talk to the wall.
　訳 彼女は絶対に耳を貸そうとはしない。壁に向かって話すのと同じだ。(答②)
　　空所の後ろに as well があるので，S might as well do X (as S' do Y)「(S'が Y するのは) S が X するのと同じだ」と考え，前半の意味内容から as 以下を補うと might as well talk to the wall (as you talk to her) となります。そこで **might as well do** を用いると文意が成立します。

[2] You (might as well) expect the earth to stay still (as hope to convince) her of your innocence.
　訳 あなたが彼女に自分の潔白を確信させることを望むのは，地球が動かないでとどまっていることを期待するようなものだ。(答 (a)-②，(b)-①)
　　2つの空所と選択肢から **might as well X as Y** の形が想定できますね。これは **X=Y** の関係を持ち，X の部分に expect the earth to stay still が与えられているので，Y にも同じ原形動詞から始まる形が入ります。なお，convince は **convince A of B「A に B を確信させる」**の形にも注意しましょう。

[3] No one (can be too careful) in handling radioactive wastes.
　訳 放射性廃棄物を処理するのにいくら注意してもしすぎることはない。(答④)
　　選択肢と意味内容から④ **cannot ~ too ...「いくら~してもしすぎではない」**が浮かんだかと思いますが，**主語の No one は否定の意味を含んでいる**ことに注意してください。慌てて②を選んではいけません。

[4] The potential impact of this hypothesis on the field of medicine (cannot be overestimated).

訳 この仮説が医学の分野に与える潜在的な影響はいくら高く評価してもしすぎることはない。
(答③)

　空所の後ろに目的語がないので，空所には**自動詞**か**他動詞の受動態**が入ると考えられます。**overestimate** は「〜を過大評価する」という意味の他動詞なので受動態の形が入ることになります。意味内容から cannot over＋動詞「いくら〜してもしすぎることはない」の受動態を選びます。

第5講 仮定法

●1 仮定法とは何か？

仮定法はどんな場面で使われるのでしょうか。たとえば，試験の後で「もっと勉強していたらなあ」のように，**話し手が現実とは違う場面を仮想して，実際にはあり得ないが，「もし～ならば，…だろう」と仮定して述べるときに使う表現方法**ですね。

たとえば，「すぐに雨が上がれば，散歩に出かけましょうか」を英語では，If it stops raining soon, shall we go out for a walk? といいますが，If 節の内容は**現実に起こる可能性のある**ことなので，これは仮定法ではありません。

では，仮定法といえば，If I were a bird, I would fly to you.「もしも私が鳥だったら，あなたのもとへと飛んで行くのに」——これはよく知られた例文ですね。「私が鳥であれば」は**現在の内容なのに**，現在形の am ではなく，**過去形の were を使っています**。なぜでしょう？　それは「私が鳥である」という状況が**現実にはあり得ない**からです。

仮定法の場合 be 動詞は人称に関係なく were を使います。それは**決まった表現**だからです。if 節があるから仮定法というのではなく，**話し手の気持ちを示す助動詞の過去形 would〔should, could, might〕を伴うことで仮定法**が表現できるのです。

問 題

次の各英文の空所に入る最も適当なものを①～④から選びなさい。

☐ **1** If it (　　) rain, we will have an outdoor party.
　　① wouldn't　② wasn't　③ doesn't　④ weren't
　　　　　　　　　　　　　　　　　　　　　　　　（西南学院大）

☐ **2** If you (　　) me, what would you do in my situation?
　　① are　② be　③ was　④ were
　　　　　　　　　　　　　　　　　　　　　　　　（共立女子大）

☐ **3** If you (　　) the book you ordered by tomorrow, please let us know.
　　① wouldn't receive　② haven't received
　　③ won't receive　④ didn't receive
　　　　　　　　　　　　　　　　　　　　　　　　（センター試験）

☐ 4 If I were a little younger, I (　　) you in climbing the mountain.
　　① have joined　② join　③ will join　④ would join
（センター試験）

☐ 5 Jim (　　). Even if he hadn't practiced, he still would have won.
　　① didn't win the race　② lost badly
　　③ should win　④ won the race easily　（センター試験）

設問解説

1 If it (doesn't) rain, we will have an outdoor party.
訳 もし雨が降らなければ，屋外パーティーを開きます。（答③）
　まず，主節を見て気づきましたね。助動詞 will が用いられているので，ふつうの条件を表す副詞節で表現できます。主節が未来の意味内容を表していますが，**時・条件を表す副詞節中では未来に関することは現在形**で表しました（→ p.34〜35 参照）。

2 If you (were) me, what would you do in my situation?
訳 もしあなたが私だとしたら，私の置かれた立場であなたはどうするだろうか。（答④）
　主節に would があるので，仮定法と考えてみましょう。すると If 節の空所のところに仮定法過去を表す were を用いると「あなたが私であるならば」という定型表現ができあがります。これで**現実にはあり得ないことを仮定**し，意味が成立します。

3 If you (haven't received) the book you ordered by tomorrow, please let us know.
訳 注文した本を明日までに受け取れなかったら，お知らせください。（答②）
　If 節がふつうの条件を表す副詞節で，主節が命令文であることを押さえます。If 節には未来を表す by tomorrow があるのですが，**条件を表す副詞節中では，現在（完了）で未来（完了）**を表しましたね。

4 If I were a little younger, I (would join) you in climbing the mountain.
訳 私がもう少し若ければ，あなたが山登りに行くのに加わるのだが。（答④）
　If 節中の **were** から**仮定法過去**を読み取り，文意から主節もその時に合わせ，仮定法過去を用います。

5 Jim (won the race easily). Even if he hadn't practiced, he still would have won.

訳 ジムはそのレースに楽勝した。たとえ彼が練習をしなかったとしても, やはり勝ったであろう。
(答④)

まず, 空所の後ろの文は**仮定法過去完了**で, **過去の事実に反する仮定**を表していることに気づきましたか。Even if ～は「たとえ～でも」という譲歩の意味を表していることに注目します。そうすると, 空所には仮定法ではなく, 「楽勝した」という**過去の事実を表すふつうの文**が入ります。仮定法かどうかは, **助動詞と動詞の形**で決めるのです。

●2 仮定法過去と仮定法過去完了

たとえば, 好きな人から「あなたのことが好きだった」と過去形で書いたメールをもらったらどう思いますか。おそらく「**今はもう僕のことが好きじゃないんだ**」と思うでしょう（笑）。だから, If 節中に動詞の過去形を用いた**仮定法過去**の文は, **現在の事実に反する仮定**を表すことになりますが, 実は**現在や未来のあり得ることの仮定**としても表現できます。ただし, それは, **実現性が極めて低いと話し手が判断した場合**や, **控えめな提案を表す場合**です。動詞の過去形を使うので「仮定法過去」と名付けられていますが, **現在から未来の時を指し示している**ことに注意してください。条件節（if 節）で**過去形**を用い, それに対する帰結節は, 話し手の気持ちを表す助動詞 would [could, might など] do で表します。

```
                        現在
----------------------- | ----------------------▶ 未来
```

仮定法過去〈**過去形なのに指し示す時は現在～未来**〉 ➡ 意味内容は, ①非現実, ②低い実現性, ③控えめな提案

If S' + *did* ... , S + would [could, might など] *do* ... .

一方, 仮定法過去完了は, **過去の事実に反する仮定**を表します。条件節には**過去完了形**を用い, 帰結節は would [could, might など] have *done* で表します。

```
                                     現在
過去 ◀----------------------------- | -----------------
```

仮定法過去完了〈**過去完了形なのに指し示す時は過去**〉 ➡ 意味内容は「非現実」

If S' + had *done* ... , S + would [could, might など] have *done* ... .

問題

次の各英文の空所に入る最も適当なものを①～④から選びなさい。

☐ 1 "I like my job, but I wish I made more money."
　　　"Me too. If I (　　), I could buy a new car."
　　　① did　　② do　　③ had　　④ have　　　　　（センター試験）

☐ 2　David was badly injured in the accident. If only he had left home five minutes earlier, he (　　) involved in it.
　① was　　　　　　　② was not
　③ would have been　④ would not have been　　（センター試験）

☐ 3　"Was Jack at the party?"
"I don't think so. If he had been, I (　　) him."
　① had seen　　　　　② saw
　③ would have seen　④ would see　　（センター試験）

次の各英文の下線部①〜④の中から，間違っている箇所をそれぞれ1つ選びなさい。

☐ 4　①If I had more time ②to read the novel, I ③would have found it ④more interesting.　　（上智大）

☐ 5　If I ①have gone to Japan this summer, I ②would be teaching English ③at a summer camp ④for children.　　（横浜市立大）

設問解説

1　"I like my job, but I wish I made more money." "Me too. If I (did), I could buy a new car."
　訳 「今の仕事は気に入っているけど，もっとお金が稼げたらなあ」「僕もだよ。もっとお金が稼げたら，新車を買うことができるのに」(答①)
　　最初の文の冒頭が現在時制で，but の後ろの文が **I wish＋仮定法過去**で「**現在の実現できない願望**」を表しています（→ p.85 参照）。2番目の文の主節が**仮定法過去**で「**未来における実現性の低い仮定**」を表しているので，空所には仮定法過去を用います。did は made more money を受ける**代動詞**です。

2　David was badly injured in the accident. If only he had left home five minutes earlier, he (would not have been) involved in it.
　訳 ディビッドは事故でひどいけがをしたが，5分早く家を出さえしていたら，事故に巻き込まれなかったであろう。(答④)
　　最初の文で過去時制を押さえ，If 節の内容から**過去の事実に反する仮定を表す仮定法過去完了**を選びます。

3　"Was Jack at the party?" "I don't think so. If he had been, I (would have seen) him."
　訳 「ジャックはパーティーにいた？」「いなかったと思う。いたなら，彼を見かけたでしょう。」(答③)

最初の文とそれに続く応答から「ジャックがいなかった」という過去の事実を押さえ，この文脈では If 節の If he had been（at the party）に合わせて，主節も**仮定法過去完了**にします。

4 <u>If I had had</u> more time to read the novel, I would have found it more interesting.

訳 その小説を読む時間がもっとあったら，それがもっとおもしろいとわかったであろう。
（答①→ If I had had）
過去の事実に反する仮定は仮定法過去完了で表します。**過去形 had の過去完了形は had had** と即答できるようにしましょう。

5 If I <u>went</u> to Japan this summer, I would be teaching English at a summer camp for children.

訳 もし私が今年の夏に日本に行くことになれば，子どものためのサマーキャンプで英語を教えることになるだろう。（答①→ went［were to go］）
文意より，ここでの**仮定法過去は未来のあり得る仮定で，控えめな提案**を表しています。なお，別解に用いた were to は客観的にはあり得る事柄にも，あり得ない事柄にも使われます。

●3 条件節と帰結節の時のズレ

みなさんの中には，条件節（if 節）と帰結節がいつも同じ時を示すと思っている人がいるかもしれませんが，そうではありません。**時のズレ**が起こる場合があるのです。**条件節に仮定法過去完了を用いて過去の事実に反する仮定を示しても，その結果が現在の事実に反する仮定を示すのであれば，帰結節に仮定法過去**を用います。実際には，条件節に現在の事実と反対の仮定を表す仮定法過去，帰結節は過去の結果を表す仮定法過去完了の組み合わせ，If S'＋動詞の過去形，S＋ would［could, might など］have done もあります。このような時のズレを見抜くには，それぞれの**節内の意味内容**であったり，now, still など**時を示す目印**を見落とさないようにしたりすることが大切です。

ここで，仮定法の定型表現を押さえておきましょう。

・If it were not for ～　「もし～がなければ」➡現在から未来の内容は仮定法過去！
・If it had not been for ～　「もし～がなかったなら」➡過去の内容なら，仮定法過去完了！

※どちらも，without［but for］＋ 名詞（句） で言い換え可。

問題

次の各英文の空所に入る最も適当なものを①〜④（5のみ①〜⑤）から選びなさい。

☐ **1** I'm sorry to hear about your problem. But if you had taken my advice, you (　　) in such trouble now.
① haven't been　② would be
③ would have been　④ wouldn't be
（センター試験）

☐ **2** If I (　　) you, I would not have said such a nonsense.
① am　② have been　③ were　④ will be
（成城大）

☐ **3** If I (　　) a computer last year, I'd still be using my old typewriter.
① hadn't bought　② haven't bought
③ shouldn't buy　④ wouldn't buy
（センター試験）

☐ **4** If it were not for the rain, we (　　) hiking today.
① can go　② would go
③ may well go　④ were able to go
（センター試験）

☐ **5** If it had not been for his help, I (　　) a happy life now.
① cannot have had　② can have　③ couldn't have had
④ couldn't have　⑤ could have had
（兵庫医療大）

設問解説

1 I'm sorry to hear about your problem. But if you had taken my advice, you (wouldn't be) in such trouble now.
訳 私は君の抱えている問題を聞いて気の毒に思います。だけど，もし君が私の助言に従っていたら，今ごろそんなに困ってはいないだろうに。**(答④)**
But 以下で話の流れが変わることを押さえ，if 節が仮定法過去完了で過去の事実と反対の仮定を表し，主節にある now が現在の時を表していることから，**現在の事実**に反する結果，つまり「今ごろそんなに困ってはいないだろう」の意味を**仮定法過去**で表します。なお，advice「助言」は役に立つことを前提とするので，選択肢②は不可ですよ。

2 If I (were) you, I would not have said such a nonsense.
訳 私があなたなら，そんなナンセンスなことは言わなかったでしょう。**(答③)**
まず，主節は過去の事実に反する仮定を表し，仮定法過去完了で表現してい

75

ますね。しかし，条件節では「私があなたであること」は**現実にはあり得ないこと**なので，「私があなたなら」は仮定法過去で表します。

3 If I (hadn't bought) a computer last year, I'd still be using my old typewriter.
> 訳 もし私が去年コンピューターを買わなかったら，今もなお古いタイプライターを使っていることだろう。(答①)
> 条件節に**過去の時を表す** last year があるので**仮定法過去完了**を用い，主節には**現在の時を表す** still「今もなお」があるので**仮定法過去**で表します。

4 If it were not for the rain, we (would go) hiking today.
> 訳 雨が降らなければ，今日ハイキングに行くのに。(答②)
> 条件節は仮定法過去の定型表現 If it were not for ～「もし～がなければ」で，主節も条件節に合わせて仮定法過去で表現するオーソドックスな問題です。

5 If it had not been for his help, I (couldn't have) a happy life now.
> 訳 彼の助けがなかったら，いま幸福な生活は送れていないだろうに。(答④)
> 条件節は仮定法過去完了の定型表現 If it had not been for ～「もし～がなかったなら」で，主節は現在の時を表す now があるので仮定法過去を用います。選択肢が紛らわしいので注意。couldn't have を仮定法過去完了と勘違いしないようにね。

●4 if 節が表現されない仮定法

仮定法には，条件節としての if 節がない場合があります。それをマスターするのが今回の学習目標です。

【if 節が表現されない仮定法】

if 節にあたる表現
without ～「～がなければ［なかったなら］」
with ～「～があれば［あったなら］」
otherwise「そうでなければ［なかったなら］」
to 不定詞，分詞，関係詞節，助動詞（could/might），名詞（句），主語 など

上記のケースに，if 節にあたる表現が潜伏していることがあり，その場合，仮定法のマーカーとして，**助動詞の過去形 would［could/might など］**を含み，**仮定法過去［過去完了］**とともに用いることができる点に注意してください。

では，次の英文で，if 節に相当する表現はどれでしょうか。

> I'm so hungry that I could eat a horse.
> 訳 私はとてもお腹が空いているので，馬一頭でも食べられるくらいだ。

that 節中に**仮定法のマーカー**である助動詞 **could** がありますね。答えは could です。p.47 で**助動詞 can/could は「頭の中で考えて判断した可能性」**ということをやりました。覚えていますか。すなわち，この **could には「やろうと思えばできる」という気持ちを含む条件が潜んでいる**のです。

問題

次の各英文の空所に入る最も適当なものを①〜④から選びなさい。

□1 (　) his advice, we would never have finished the work on time.
　　① Accepted　② Excluding　③ Not for　④ Without
　　　　　　　　　　　　　　　　　　　　　　　　　　　（センター試験）

□2 I had to work late last night, (　) I would have gone to your party.
　　① although　② because　③ otherwise　④ unless
　　　　　　　　　　　　　　　　　　　　　　　　　　　（獨協大）

□3 Forty seconds earlier, (　) we could have caught the last train.
　　① but　② and　③ or　④ otherwise
　　　　　　　　　　　　　　　　　　　　　　　　　　　（駒澤大）

□4 (　) a little more patience, you would have succeeded.
　　① What　② But　③ With　④ If
　　　　　　　　　　　　　　　　　　　　　　　　　　　（福島大）

□5 I (　) happy to see him, but I didn't have time.
　　① will have been　② would be
　　③ will be　　　　④ would have been
　　　　　　　　　　　　　　　　　　　　　　　　　　　（慶應義塾大）

□6 Jim had a skiing accident yesterday, but he's all right. He's lucky, because he (　) hurt himself badly.
　　① could have　② might　③ should　④ will have
　　　　　　　　　　　　　　　　　　　　　　　　　　　（センター試験）

設問解説

1 (Without) his advice, we would never have finished the work on time.
   訳 彼の助言がなかったら，私たちは決して時間通りに仕事を終えられなかったであろう。(答④)
   主節から仮定法過去完了を読み取り，**Without ～**「**～がなかったならば**」に条件の意味が潜伏していると考えます。Without ～は，**If it had not been for** ～で言い換えができます。

2 I had to work late last night, (otherwise) I would have gone to your party.
   訳 私は昨夜遅くまで仕事をしなければならなかった。そうでなかったなら，あなたのパーティーに行ったのに。(答③)
   前半が過去の事実を述べたふつうの文で，後半が仮定法過去完了であることを押さえ，過去の事実に反する条件を **otherwise**（→ other「別の」＋ way「方法」）「**そうでなかったなら**」で表します。if I hadn't had to (work late last night) で言い換えができます。

3 Forty seconds earlier, (and) we could have caught the last train.
   訳 40秒早かったら，私たちは終電に間に合ったのに。(答②)
   空所の前の副詞句と空所の後ろの仮定法から，「**副詞句［名詞句］，and＋仮定法**」「**…すれば，～**」(and に肯定の条件を含む) で表します。

4 (With) a little more patience, you would have succeeded.
   訳 もう少し辛抱していたら，あなたは成功していただろう。(答③)
   主節の仮定法から，**with ～**「**～があれば**」が条件の意味を表し，If you had had a little more patience, で言い換えができます。

5 I (would have been) happy to see him, but I didn't have time.
   訳 私は彼に会えたらうれしかったのだが，時間がなかった。(答④)
   but 以下が過去の事実を表しているので，前半は仮定法過去完了を用います。**to 不定詞**に条件の意味が潜伏し，if I had seen him を表現。

6 Jim had a skiing accident yesterday, but he's all right. He's lucky, because he (could have) hurt himself badly.
   訳 ジムは昨日のスキーで事故にあったが，大丈夫だ。彼は運がいいよ。大けがをしかねないところだったからね。(答①)
   could に条件の意味が潜伏し，… if he hadn't been lucky, he could have hurt himself badly. を表します。

5 If S' were to do ... と If S' should do ...

If S' **were to** do ... の形の**仮定法過去**は，**未来についての仮定**を表し，**起こり得ない仮定だけでなく，起こり得る仮定**にも用いますが，帰結節は仮定法過去の形を用います。一方，If S' **should** do ... の形を用いると**「万が一～すれば」**の意味を表し，**帰結節には仮定法過去の形やふつうの文を用いますが，命令文**が続くこともよくあります。ただし，これは**起こり得ない仮定には用いません。主語の人称に関係なくいつも should を用いるのが特徴です**。「万が一」の should とつぶやいてください（笑）。

- If S' were to do ... , S would ［could, might など］do ... . ⇒未来についての仮定
- If S' should do ... , S ｛ would ［could, might など］do ... .
                          will ［can, may など］do ... . ⇒未来の起こり得る仮定「万が一～すれば」
                       命令文

問題

次の各英文の空所に入る最も適当なものを①～④から選びなさい。

□**1** If you were to fall from that bridge, it (　　) almost impossible to rescue you.
　　① is　　② was　　③ would be　　④ would have been
(センター試験)

□**2** If you (　　) have any questions after the meeting, don't hesitate to e-mail me.
　　① can　　② may　　③ should　　④ will
(南山大)

□**3** What would happen to your family if you (　　) be transferred abroad for work?
　　① will　　② might　　③ were to　　④ shall
(関西学院大)

□**4** If the bus (　　) delayed tomorrow, I'll take a taxi instead.
　　① has　　② was　　③ should be　　④ had been
(東北福祉大)

□**5** Suppose I (　　) John's mother about his ambition to become a musician, what would she say?
　　① could have told　　② should have told
　　③ used to tell　　④ were to tell
(近畿大)

> 設問解説

1. If you were to fall from that bridge, it (would be) almost impossible to rescue you.
   > 訳 もしも君があの橋から落ちたら，君を助けることはほとんど不可能であろう。(答③)
   　条件節は **If S' were to do ...** の形で**未来についての仮定**を表していますね。**起こり得ない仮定だけでなく，起こり得る仮定**にも用いられ，**帰結節は仮定法過去の形**を取ります。

2. If you (should) have any questions after the meeting, don't hesitate to e-mail me.
   > 訳 万が一会議の後で質問があれば，遠慮せずに私にメールをください。(答③)
   　帰結節に命令文を用いていることから，主節には，さっそく「万が一」の **If S' should do ...** の形が来ます。この形は**起こり得ない仮定には用いません**ので注意してください。

3. What would happen to your family if you (were to) be transferred abroad for work?
   > 訳 もし海外に転勤になると，あなたの家族はどうなるだろうか。(答③)
   　主節が仮定法過去で未来の意味内容を表していますね。条件節に **if S' were to do ...** の形を用いると**未来についての仮定**を表すことができましたね。

4. If the bus (should be) delayed tomorrow, I'll take a taxi instead.
   > 訳 万が一あすバスが遅れたら，その代わりにタクシーに乗りましょう。(答③)
   　主節がふつうの文で未来を表しているので，条件節に**未来の起こり得る仮定**を表す **If S' should do ...** の形で「**万が一～すれば**」を用います。

5. Suppose I (were to tell) John's mother about his ambition to become a musician, what would she say?
   > 訳 もし私がジョンのお母さんにミュージシャンになるという彼の夢について話せば，彼女は何て言うだろうか。(答④)
   　主節が仮定法過去を表しているので，条件節に **If S' were to do ...** の形で**未来についての仮定**を表すと文意が成立します。**Suppose (that) S' + V' ～**「**もし～としたら**」で，ふつう**文頭**で用いて **If** と同様の意味を表すことを押さえておきましょう。

●6 if の省略

仮定法では条件節の if がしばしば省略されます。**条件節の if を省略すると，それに続く主語と（助）動詞（were, had, should）の語順が逆転**，つまり**倒置**を起こします。if を省略し，倒置を起こす場合には制限があり，仮定法過去完了（had *done*）は常に可能ですが，**仮定法過去の場合は，were（was は不可）**のときに限られます。

(1) 仮定法過去

　　　If S' were ..., S + would［could, might など］*do* ....
　　↓
　　　φ Were S' ..., S + would［could, might など］*do* ....

　（省略）〈**倒置**〉

(2) 仮定法過去完了

　　　If S' had (not) *done* ..., S + would［could, might など］have *done* ....
　　↓
　　　φ Had S' (not) *done* ..., S + would［could, might など］have *done* ....
　　　　　　〈**not の位置に注意**〉

(3) If S' should *do* ...

　　　If S' should *do* ..., S + will［would など］*do* ... ／命令文
　　↓
　　　φ Should S' *do* ..., S + will［would など］*do* ... ／命令文

問題

次の各英文の空所に入る最も適当なものを①～④（2のみ①～⑤）から選びなさい。

□**1** (　　) called me, I would have missed the meeting.
　① If you haven't　　② Not to have
　③ Except when you　④ Had you not　　　　　　　（岩手医科大）

□**2** (　　) a child swallow one of these pills, call the doctor at once.
　① Were　　② Were it not for　　③ Should
　④ Had　　⑤ Had been　　　　　　　　　　　　　（北里大）

☐ 3　He would still be alive (　　) he refused to go to the battlefield then.
　　① if　　② had　　③ provided　　④ unless　　（京都外国語大）

☐ 4　The extraordinary spread of English around the world would never have begun, (　　) English a difficult language to learn.
　　① although　　② is　　③ whereas　　④ were　　（東京農大）

次の英文の下線部①～④の中から，間違っている箇所を1つ選びなさい。

☐ 5　Were ①schools increase ②their number of offered courses, students ③would benefit from the wider selection ④and smaller classes.　　（獨協大）

設問解説

1　(Had you not) called me, I would have missed the meeting.
　訳 もしあなたが電話をしてくれなかったら，私は会議をすっぽかしていただろうに。（答④）
　主節が仮定法過去完了であることを押さえ，条件節も仮定法過去完了で表します。あわてて仮定法過去完了の形ではない①に飛びつかないように。**If が省略され，主語と助動詞 had が倒置**を起こしていますね。If で表すと，If you had not called me になります。

2　(Should) a child swallow one of these pills, call the doctor at once.
　訳 万が一お子さんがこれらの錠剤を一錠でも飲み込んだ場合，すぐに医師に連絡してください。（答③）
　主節が命令文であることを押さえ，条件節は **If S' should do ...** の形で，**If が省略され倒置**が起こっています。If を用いて表すと，If a child should swallow one of these pills ですね。

3　He would still be alive (had) he refused to go to the battlefield then.
　訳 もし彼があのとき戦場に行くのを拒んでいたら，今でも彼は生きているだろうに。（答②）
　would を見て，仮定法だと思い①に飛びつかないように。この文の前半は主節で，**still** があるので**仮定法過去**を表し，空所の後ろには過去を表す **then** があるので，**仮定法過去完了**だと考えます。**if he had refused ... の if の省略による倒置**を見抜いてください。

4　The extraordinary spread of English around the world would never have begun, (were) English a difficult language to learn.
　訳 もし英語が学習しづらい言語であれば，英語が世界中に途方もなく普及し始めることは決してなかったであろう。（答④）

主節が仮定法過去完了で，**条件節には if の省略による倒置**が起こっていることを見抜きます。条件節は英語の性質について述べていますね。p.28 で「性質」は動詞の現在形で表すことを学びました。現在のことを仮定法で表すと仮定法過去になることを押さえておきましょう。

⑤ Were <u>schools to increase</u> their number of offered courses, students would benefit from the wider selection and smaller classes.

　訳 もし学校が提供する講座数を増やすなら，学生は今より選択の幅が広がり，少人数クラスとなることで恩恵にあずかれるであろう。(答①→ schools to increase)
　主節が仮定法過去であることを押さえ，条件節において **If が省略され，主語と動詞が倒置**になっていることを見抜くことができましたか。

●7　仮定法 as if [though] について

　仮定法 as if [though]「まるで～かのようである」が，その後に仮定法過去［過去完了］を続けることができることは知っていますね。一見簡単そうに見えても，ミスをする受験生が結構います。では，次の英文の（　）の中から正しいものを選んでみてください。

> They stared at him as if he (were / had been) crazy, but he wasn't.

　間違えた受験生の多くは，冒頭の動詞が過去形（stared）なので，仮定法過去完了（had been）に飛びついています。気をつけてください。実はこの英語には省略があり，They stared at him as (*they would stare at him*) **if he were crazy**, but he wasn't (*crazy*).
　これがそもそもの形です。全体が仮定法ではなく，赤色の箇所が仮定法であることがわかりますね。そうすると，**仮定法は時制の一致を起こさないので，**主節が現在形（stare）であろうと過去形（stared）であろうと，as if 節内は時制の影響を受けません。**as if 以下は，この文のように主節（They stared at him）が示す時と同時に起こっている事柄を表す場合がほとんどで，仮定法過去を用いて表します。主節よりも前の時を表す場合は仮定法過去完了を用います。**as if [though] の問題で引っかかったら，**主節の動詞の時制に関係なく，まずは仮定法過去を用いて，主節の時制と as if 節内で起きている事柄との同時性を考える**と簡単に理解できますよ。
　なお，S＋V＋as if [though] の形で V（動詞）が be, act, appear, behave, feel, look, seem, sound などの場合は，仮定法ではなく，ふつうの動詞も使われます。as if [though] の用法は，ちょっとやっかいです。

　　例題訳 まるで彼が正気でないかのように彼らは彼をじっと見たが，彼は正気だった。(**答** were)

問題

次の各英文の空所に入る最も適当なものを①〜④から選びなさい。

1 He is crying as if he (　　) a little baby.
① can be　② has been　③ were　④ will be
（フェリス女学院大）

2 When Mary came back, she looked pale as if she (　　) a ghost.
① saw　② has seen　③ had seen　④ sees
（相模女子大）

3 I remember how it happened as well (　　) it were yesterday.
① as　② as if　③ if　④ though
（國學院大）

4 He opened his mouth (　　) to say "No," but he didn't.
① as far　② as if　③ as much　④ what if
（センター試験）

5 He spoke (　　) he knew all about our plans when in fact he knew nothing about them.
① that　② as though　③ even though　④ although
（慶應義塾大）

設問解説

1 He is crying as if he (were) a little baby.
訳 彼はまるで小さな赤ちゃんのように泣いている。(答③)
　as if 以下が主節の動詞（is crying）が示す時と同時を表すので仮定法過去を用いて表現します。

2 When Mary came back, she looked pale as if she (had seen) a ghost.
訳 メアリーが戻ってきたとき、彼女は幽霊でも見たかのように青白い顔つきをしていた。(答③)
　冒頭より、メアリーが戻ってきたときには彼女はすでに幽霊を見たかのような顔つきをしていたことから、as if 以下は主節の動詞（looked）よりも前の時を表すので仮定法過去完了を用います。

3 I remember how it happened as well (as if) it were yesterday.
訳 私はそれがどのように起こったか、まるで昨日のようにはっきり覚えている。(答②)
　空所の前の as well から、as if を選びます。なお、省略部分を補ったこの文の根底の形は、I remember how it happened as well as (I would remember how it happened) if it were yesterday. です。

84

4. He opened his mouth (as if) to say "No," but he didn't.
   訳 彼はまるで「いいえ」と言うかのように口を開いたが，言わなかった。(答②)
   　　as if [though] には to 不定詞 [分詞句，前置詞句など] が続くことがあります。これは**「主語＋be 動詞」が省略**された形です。He opened his mouth as if (**he were**) to say "No," but he didn't (say).

5. He spoke (as though) he knew all about our plans when in fact he knew nothing about them.
   訳 彼は我々の計画について実際は何も知らなかったくせに，まるですべてを知っているかのように話した。(答②)
   　　as though は as if と同じように用いられます。**主節の動詞 (spoke) が示す時と as though 節中の動詞 (knew) が同時**，すなわち「話したときの口ぶりがすべてを知っているかのようであった」ことを表していると捉えます。

●8 その他注意すべき表現

S wish S'＋仮定法過去［過去完了］〜

① S wish (that) S'＋仮定法過去 〜 「〜であればいいのに」
・現在の実現できない願望を表す ⟷ 実現的願望は hope で表す
・実現不可能な感じを薄めるため，wish 節の後に could/would を用いる ➡丁寧さや依頼の気持ちを表す
・that はふつう省略する
② S wish (that) S'＋仮定法過去完了 〜 「〜であればよかったのに」
・過去の実現できなかった願望や残念な気持ちを表す
③ If only / How I wish 〜！ 「〜でありさえすれば」
・I wish より強い表現

(注) × I wish I would 〜 のように**主語が同じ場合は，would を用いることはしません**。

It is (about/high) time S'＋仮定法過去 〜

　It is (about/high) time S'＋仮定法過去 〜 「もう（そろそろ／とっくに）〜してもよいころだ」は，**節内に仮定法過去**を用いることで，これから取る行動に対し「やや手遅れ気味なニュアンス」を含んでいます。節内は仮定法過去を取るので，be 動詞は人称に関係なく基本的には過去形 were を用います。

　それに対して，It is time for A to do 〜 の場合は「A が〜するのはまさにその時間だ」の気持ちを表します。

S would rather S' + 仮定法 ～

　would rather (that) S' + 仮定法 ～「～してもらいたい」は，that はふつう省略し，that 節内に仮定法を用います。

問題

次の各英文の空所に入る最も適当なものを①～④から選びなさい。

□1　"He's a good skier, isn't he?"
　　"Yes, he really is. I wish I (　　) like him."
　　① can ski　② could ski　③ ski　④ will ski
（センター試験）

□2　Kenji told me his trip to London was wonderful. I wish I (　　) in that program.
　　① had participated　② have participated
　　③ participate　④ will participate
（センター試験）

□3　If only I (　　) allowed to have a dog. The problem is my father hates dogs!
　　① were　② must be　③ will be　④ should be
（日本大）

□4　How I wish I (　　) for the program before I chose the job I am doing now!
　　① had applied　② have applied
　　③ would apply　④ can apply
（関西学院大）

□5　It's already eleven. It's high time you (　　) in bed.
　　① have been　② are　③ were　④ will be
（センター試験）

□6　No doubt Mary is wrong, but I would rather (　　) too much, since nobody is perfect.
　　① you not to pick on her　② you didn't pick on her
　　③ you not picking on her　④ you don't pick on her
（慶應義塾大）

設問解説

1 "He's a good skier, isn't he?" "Yes, he really is. I wish I (could ski) like him."
 訳 「彼はスキーが上手い」「本当にそうだね。僕も彼のようにスキーができればなあ」(答②)
 I wish に仮定法過去を続けると，**現在の実現できない願望**を表すことができますね。

2 Kenji told me his trip to London was wonderful. I wish I (had participated) in that program.
 訳 ケンジは私にロンドン旅行はすばらしかったと言った。私もあのプログラムに参加すればよかったなあ。(答①)
 前半が過去の事実を表し，後半の過去の実現できなかったことに対する**残念な気持ち**を表すために，**I wish＋仮定法過去完了**を用います。

3 If only I (were) allowed to have a dog. The problem is my father hates dogs!
 訳 僕が犬を飼うのを許してくれたらなあ。問題は父が犬嫌いなことだ！ (答①)
 If only＋S＋仮定法過去〔過去完了〕は I wish＋仮定法より話し手の願望を強く表現します。

4 How I wish I (had applied) for the program before I chose the job I am doing now!
 訳 私は今やっている仕事を選ぶ前に，そのプログラムに応募しておけばよかったのになあ。(答①)
 How I wish＋S＋仮定法過去〔過去完了〕は I wish ～より強い願望を表します。before 以下が過去の事実を表しているので，仮定法過去完了で表現します。

5 It's already eleven. It's high time you (were) in bed.
 訳 もう11時だ。もうとっくに寝ている時間だよ。(答③)
 It is high time (that) S'＋仮定法過去 ～ で「もうとっくに～しているころだ」の意味を表現できます。

6 No doubt Mary is wrong, but I would rather (you didn't pick on her) too much, since nobody is perfect.
 訳 確かに，メアリーは間違っているけど，完璧な人なんて誰もいないんだから，彼女をあまりいじめないでもらいたい。(答②)
 would rather (that) S'＋仮定法過去〔過去完了〕「～してもらいたい」を表します。pick on A「Aをいじめる」。

第6講 不定詞

●1 不定詞の名詞用法について

　不定詞についてなにかモヤモヤっとしているところがあれば，ここでしっかり確認しましょう。まず，不定詞には「to 不定詞」と「to のない不定詞」があります。「to のない不定詞」のことを「原形不定詞」と言ったりします。不定詞とは基本的には**「to ＋動詞の原形」**のことで，**主語の人称・数や動詞の時制が何であってもその形は変わりません**。そもそも動詞から成り立っているので，**動詞の性質を持ちながら名詞・形容詞・副詞の働き**をします。

　では，to 不定詞が**「～すること」**の意味で**名詞の働き**をする場合を考えてみましょう。**名詞**は，文の**主語**，**補語**，**目的語**として用いられましたね。また，主語やS＋V＋O＋Cの目的語としての to 不定詞は，文のバランスをとるために 'it' を先に立てて to 不定詞を後方に置くことがあります。まず，はじめに，次の英文の（　）の中から正しいものを選んでください。

> She found (that / it) impossible to get to the theater before the play began.

　to 不定詞が before S'＋V'を伴い，やや複雑な構造で名詞の働きをしているため，'it' を先に立て to 不定詞を後方に置いているんです。

　She found it impossible to get to the theater before the play began.
　　S　　V　　O　　C

例題訳 彼女は芝居が始まる前に劇場に着くことは無理だとわかった。（答 it）

問 題

次の各英文の空所に入る最も適当なものを①～④から選びなさい。

☐ **1** Some people find (　　) difficult to economize on mobile phone costs even when times are hard.
　　① everything　　② it　　③ that　　④ things　　（センター試験）

☐ **2** Cash machines (　　) for banks to dispense money 24 hours a day.
　　① make it possible　　② possibly make
　　③ make possible　　④ that they make possible　　（青山学院大）

☐ 3 All you have to do (　　) to take a rest. You look a bit tired.
　　① is　　② being　　③ enough　　④ as　　　　　　　　（杏林大）

☐ 4 Angela's (　　) is to become a world-famous singer.
　　① want　　② drive　　③ ambition　　④ dedication　　（南山大）

設問解説

1 Some people find (it) difficult to economize on mobile phone costs even when times are hard.
　訳 不景気のときでも，携帯電話の費用を節約することが難しいと思っている人がいる。（答②）
　　空所の前後にある語から，**find it difficult to do** の形が浮かびましたか。形式目的語 it を用いて，to 不定詞を後ろに置いている構造です。

2 Cash machines (make it possible) for banks to dispense money 24 hours a day.
　訳 現金自動支払い機のおかげで，銀行は1日24時間お金を扱うことができる。（答①）
　　空所の後ろにある for banks to dispense money … と選択肢にある動詞 make から思いつく形は，**make it possible for A to do** で，**for A は to do の意味上の主語**となります。

3 All you have to do (is) to take a rest. You look a bit tired.
　訳 あなたは休憩を取りさえすればよいです。少し疲れているように見えます。（答①）
　　All S have to do is (to) do は「S は～しさえすればよい」という意味の**定型表現**。このように is の直前に **do** を用いた場合，to take の to は省略できます。なお，You have only to take a rest. で同じ意味が表せます。

4 Angela's (ambition) is to become a world-famous singer.
　訳 アンジェラの夢は世界的に有名な歌手になることです。（答③）
　　空所の後ろにある is to become … の to 不定詞が補語の働きをしていますね。補語に to 不定詞を取る場合，主語の位置にくる名詞はある程度決まっているのです。**S is to do の構文**で用いられる名詞として，**ambition「願望」**のほかに，**aim「目的」，purpose「目的」，hope「希望」，intention「意図」，plan「計画」**などがあります。

●2　to 不定詞を目的語にとる動詞／be to 不定詞

　to 不定詞が「動詞＋to 不定詞」の形で用いられる場合を考えてみましょう。実は，to 不定詞の to とは，もとは「方向」を意味する前置詞で，それが変化し

文法・語法

不定詞

たものなのです。たとえば，decide to do は「～する方向に決める →～することにする」となったのです。だから，**to 不定詞を目的語に取る動詞**は，**「to ＋動詞の原形」で示された動作の実現に積極的な含みを持つ「意図，願望」**を表す動詞が中心です。to 不定詞を目的語に取る頻出動詞は次のとおりです。

- hope to *do*「～することを望む」
- intend to *do*「～するつもりである」
- manage to *do*「どうにか～する」
- pretend to *do*「～するふりをする」
- refuse to *do*「～するのを拒む」

次に，be to 不定詞について考えてみましょう。助動詞 can を用いて ×to can とすることはできませんね。それを埋め合わせる形が to be able to *do* です。**be to *do*** が **「予定，義務，可能，運命」** などの意味を表すのは，次の表の（　）内の語が脱落したと考えられるからです。

- be (going) to *do*「(予定) ～するつもりなら」「(意図)(条件節で) ～したいと思うなら」(= intend to *do*)
- be (obliged) to *do*「(義務) ～することを義務づけられている」
- be (able) to *do*「(可能)(否定語 + to be *done* の形で) ～できる」
- be (destined) to *do*「(運命) ～する運命になっている」

問題

次の各英文の空所に入る最も適当なものを①～④から選びなさい。

☐ 1　After a lot of problems she (　　) to learn to drive a car.
　　① gave up　② managed　③ put off　④ succeeded
　　　　　　　　　　　　　　　　　　　　　　　　（センター試験）

☐ 2　We (　　) in May but had to postpone the marriage until June.
　　① are married　　　　　② were married
　　③ were to be married　　④ will be married　　　（金城学院大）

☐ 3　We looked everywhere but the thief was nowhere (　　).
　　① having seen　② seeing　③ to be seen　④ to seen
　　　　　　　　　　　　　　　　　　　　　　　　　　（大谷大）

☐ 4 I'd rather be honest about my shortcomings than (　) something I'm not.
　　① pretend to be　　② be in denial
　　③ requested about　　④ just always lie
（慶應義塾大）

設問解説

1 After a lot of problems she (managed) to learn to drive a car.
　訳 いろいろ問題があった挙げ句に，彼女はなんとか車の運転を覚えた。(答②)
　　まず，空所の後ろに to 不定詞がありますね。②**managed** だけが **to 不定詞を取る**ことができます。①give up「やめる」と③put off「延期する」は動名詞（〜ing）を取りますね。④の succeed は，**succeed in 〜ing「〜に成功する」／succeed to A (名詞)「Aのあとを継ぐ」**という意味で，**この in/to は前置詞なので(動)名詞を取ります**。×succeed to do の形はありません。うっかり間違ってしまうので気をつけましょう。

2 We (were to be married) in May but had to postpone the marriage until June.
　訳 私たちは5月に結婚することになっていたが，6月まで結婚を延期しなければならなかった。(答③)
　　まず，全体の時制が過去であることを押さえます。次に but 以下から前半の意味が「結婚する予定だった」という意味になります。**marry は他動詞**でしたね（→ p.15 設問解説④参照）。**空所の後ろに名詞がないときはどうするんでしたか？ marry を受動態にし，「予定」を表す be to 不定詞の過去形**を使うんでしたね。

3 We looked everywhere but the thief was nowhere (to be seen).
　訳 私たちはあちこち捜したが，泥棒は見つからなかった。(答③)
　　まず**「否定語＋to be done」の形で「可能」を表す be to 不定詞**を用いて，the thief was not (~~able~~) to be seen anywhere. となり，次に **not ＋ anywhere ＝ nowhere**（副詞）の形を用いて ... the thief was **nowhere** to be seen. となります。

4 I'd rather be honest about my shortcomings than (pretend to be) something I'm not.
　訳 私は自分ではないもののふりをするより自分の欠点に率直でありたい。(答①)
　　would rather do 〜 than do ...「…よりむしろ〜したい」の形から空所には be honest 〜の反対の意味を表す動詞の原形 **pretend to do「〜するふりをする」**が入ります。なお，後の「関係詞」の講で扱いますが，something (that) I'm not は補語の関係代名詞（that）の省略です。

●3 不定詞の形容詞用法について

　to 不定詞が形容詞と同じ働きをして「名詞を修飾する場合」を見てみましょう。to 不定詞が名詞の直後に置かれ，その名詞を修飾するとき，**「～するための」**という意味を表します。そして修飾される**名詞(句)**が，**to 不定詞**の**「意味上の主語」**あるいは**「意味上の目的語」**の関係になることを押さえることがとても大切です。次の意味はどう違うでしょうか。

> (a) The old man has no one to take care of him.
> (b) The old man has someone to take care of.

　(a) は **no one が to take care of him の意味上の主語**〈**no one takes care of him**〉**の働き**をし，「その老人には面倒を見てくれる人（身内など）が誰もいない」という意味になります。(b) は to take care of の後ろに目的語がないので，**someone が to take care of の意味上の目的語**〈(~~for the old man~~) **to take care of someone**〉**の働き**をし，「その老人には面倒を見なければならない人がいる」という意味になります。

　ところで，この文の意味上の主語は何でしょうか。**不定詞の意味上の主語**が文の主語 (the old man) と一致しているため省略されているんです。この辺をおろそかにするといつまでも力がついてきませんので，しっかり理解しましょう。

　また，形容詞用法には**「同格」の働きがあり，「能力 (ability)，願望 (ambition / desire)，権利 (right)，理由 (reason)」**などの名詞と結びつき，「to 不定詞」が**直前の名詞の内容を補足的に説明**します。

問題

次の各英文の空所に入る最も適当なものを①～④から選びなさい。

☐ **1** Susan gave up her job, so she has a lot of time to (　　).
① keep　② lose　③ save　④ spare　　　　　（センター試験）

☐ **2** If they are to find a partner (　　) in their age group, they should find someone who is financially stable.
① married　② to be married
③ to marry　④ to marry with　　　　　（金城学院大）

☐ **3** The question (　　) at today's meeting is whether we should postpone the plan till next month.
① discussing　② is discussed
③ to be discussed　④ to be discussing　　　　　（センター試験）

次の日本文に合うように，空所にそれぞれ①〜⑥の適当な語句を入れ，英文を完成させなさい。

□4　私は，役に立ちそうにない練習に参加したいとは思わなかった。
　　I had (　)(　)(　)(　)(　) a useless training session.
　　① attend　　② desire　　③ might be
　　④ no　　　　⑤ to　　　　⑥ what
（近畿大）

設問解説

1. Susan gave up her job, so she has a lot of time to (spare).
   訳 スーザンは仕事を辞めたので，割ける時間がたくさんある。**(答④)**
   前半の意味内容を押さえ，a lot of time と空所に入る語の関係を考えます。そこで **spare A「A（時間）を割く」** を用いると **a lot of time が to spare の意味上の目的語**の働きをしていることに気づきましたね。「意味上の」という言葉に慣れてきましたか。

2. If they are to find a partner (to be married) in their age group, they should find someone who is financially stable.
   訳 彼らが同じ年齢層の中から結婚する相手を見つけたいと思うなら，経済的に安定している人を見つけるべきです。**(答②)**
   まず，a partner と空所の関係を考えます。また登場しました他動詞 marry。空所の後ろに名詞がないので受動態を用いると，**a partner が to be married の意味上の主語**であることに気づきますね。関係詞節と be to 不定詞で書き換えると **a partner [(who is) to be married ...]** となります。

3. The question (to be discussed) at today's meeting is whether we should postpone the plan till next month.
   訳 今日の会議で討論される予定の問題は，その計画を来月まで延期すべきかどうかということである。**(答③)**
   whether 以下の時制と意味内容から **at today's meeting がこれから先の事柄**を表していることがわかります。空所の後ろに名詞がないので**受動態**を用い，**「予定」を be（going）to do で表し**，関係詞節で書き換えると，
   　The question [(which is (going) to be discussed) at today's meeting]
   　　　　　　　〈関係代名詞（主格）+be 動詞の省略〉　〈これから先の事柄〉
   　→〈「予定」の be（going）to do〉

   is whether we should ... .
   The question は to be discussed の意味上の主語です。at today's meeting に要注意。

④ I had (no desire to attend what might be) a useless training session.
(答え④-②-⑤-①-⑥-③)
　　desire to do は「～したいという願望」という意味で「同格」を表します。

●4 不定詞の副詞用法について

　副詞が動詞だけでなく，形容詞，副詞，名詞，前置詞句や文全体をも修飾することは知っていましたか。「to 不定詞の副詞用法」は，主動詞が示す動作の**目的**を表して「～**するために**」という意味を表し，副詞（ad**verb**）と同じ働きをして，主動詞（main verb）を修飾します。その働きをより明確にする場合は，**in order to** *do* ／ **so as to** *do* を用います。

　また，to 不定詞が「…して～」，「…したが～」のように「**結果**」を表したり，be glad to *do*「～してうれしい」のように感情を表す形容詞（glad）の後ろに to 不定詞を用いて「**感情の原因**」を表したり，「**評価を表す**」wise「**賢明な**」／ a fool「**愚か者**」のような語の後で「**判断の根拠**」を示します。

　さらに，to 不定詞が「**難易・(不)快**」を表す形容詞と結びつき，It is ＋形容詞＋ (for A) to *do* ～. の to *do* の**目的語が主語の位置に繰り上がり**，～ is ＋形容詞＋ (for A) to *do*. と変化したりします。tough「難しい」の類の語を用いるので，**tough（タフ）構文**とも言われます。この構文を図解してみます。

It is hard to please John.「ジョンは気むずかしい」

John is hard to please. ➡ hard があることにより，to 不定詞の目的語が主語に移動可能。

touth 構文で用いることのできる「難易・(不)快」の形容詞は次のとおりです。

- **difficult/hard**「難しい」
- **impossible**「不可能な」
- **safe**「安全な」
- **comfortable**「快適な」
- **easy**「やさしい」
- **dangerous**「危険な」
- **(un)interesting**「おもしろい [くない]」
- **(un)pleasant**「(不)愉快な」

問題

次の各英文の空所に入る最も適当なものを①～④から選びなさい。

□ **1** This river is dangerous to (　　) in July.
　① being swum　② swim in　③ swim it　④ swimming
(センター試験)

☐ **2** I am glad (　　) whenever you need me.
　① helping you　　　　② of helping you
　③ to have helped you　④ to help you
　　　　　　　　　　　　　　　　　　（センター試験）

☐ **3** My grandmother went all the way to see the doctor, (　　) find him absent.
　① only to　② about to　③ in order to　④ enough to
　　　　　　　　　　　　　　　　　　（桜美林大）

☐ **4** The books which are on that list will be difficult to (　　).
　① read them in an hour or so　② obtain in Japan
　③ sleep while reading　　　　　④ write a review
　　　　　　　　　　　　　　　　　　（慶應義塾大）

設問解説

1 This river is dangerous to (swim in) in July.
　訳 7月にこの川で泳ぐのは危険だ。**(答②)**
　dangerous に着目すると **S is ＋形容詞＋ (for A) to do.** の形が浮かびましたか。そうすると空所の前の to は「to ＋動詞の原形」の to だと判断でき，下の図解のように **to 不定詞の目的語が主語の位置に移動した**と考えます。**前置詞(in) が重なっているところがちょっとした引っかけ**になっています。

　It is dangerous to swim in │this river│ in July.
　　　　　　　　　　　　　　　↓
　│This river│ is dangerous to swim in in July.

2 I am glad (to help you) whenever you need me.
　訳 あなたが私を必要とするときはいつでも喜んでお助けしますよ。**(答④)**
　be glad to *do* は「〜してうれしい → 喜んで〜する」の意味で**「感情の原因」**を表す to 不定詞の副詞用法です。

3 My grandmother went all the way to see the doctor, (only to) find him absent.
　訳 祖母ははるばる医者に診てもらいに行ったが，医者は不在だとわかった。**(答①)**
　only to *do* の中に「努力が無駄に終わった」という意味を含み，**逆接の「結果」**を表します。逆接の but を用いて言い換えれば，..., but she found him absent. となり，... but she ×only found ... とは言わない点に注意。

4 The books which are on that list will be difficult to (obtain in Japan).
   訳 その表にある本は日本で入手するのは困難でしょう。(答②)

difficult から S is ＋ 形容詞 ＋ (for A) to do. の形を思い浮かべてください。下の図解のように to 不定詞の目的語が主語の位置に移動するということは、to 不定詞の目的語が欠落しているかどうかを見極めればよいということです。慣れましたか。

It will be difficult to obtain the books which are on that list in Japan.

The books which are on that list will be difficult to obtain in Japan.
〈他の選択肢〉　　　　　　　　　　　　　　➡目的語が主語に移動している
①read them in an hour or so.　➡目的語の them が余分なので×
③sleep× while reading.　➡自動詞 sleep は目的語を取らないので×
④write a review of.　➡目的語を取るには前置詞（of）が必要なので×

●5 形式主語の it と意味上の主語

It is ＋形容詞＋ for [of] A to do ～ の構文はおなじみですね。この構文に使われている形容詞が表す意味の違いを考えてみましょう。

It is ＋形容詞＋ for A to do ～ 「Aが～することは形容詞だ」

「行為の評価」を表す形容詞を用いて，for A to do が表す行為について評価します。この場合はAを主語の位置に繰り上げ，×A is ＋形容詞＋ to do. と書き換えることはできません。また，to 不定詞の意味上の主語Aは，ふつう for A to do の形でS＋Vを表します。大切ですよ。

It is ＋形容詞＋ of A to do ～ 「～するとはAは形容詞だ」

Aの「人柄・性質を評価」する形容詞を用いて，Aのした「行為」と，その行為をしたAの「人柄・性質」を二重に「評価」する構文です。この場合はAを主語の位置に繰り上げ，○A is ＋形容詞＋ to do. という書き換えができます。

It is kind of you to help me.（＝ You are kind to help me.）で用いる形容詞は次のとおりです。どれも「人柄や性質」を表す用語です。

・clever「利口な」　・kind「親切な」　・careful「注意深い」
・considerate「思いやりがある」　・polite「礼儀正しい」
・rude「失礼な」　・stupid「愚かな」　・wise「賢明な」など

要するに，It is ＋形容詞＋ for A to do [of A to do] の構文では，of A to do のときにA is ＋形容詞＋ to do の形にできるということです。

問題

次の各英文の空所に入る最も適当なものを①～④（1のみ①～⑤）から選びなさい。

□ 1 （　　）swim across the river.
　① You are easy that　② It is easy for you to
　③ You are easy to　　④ It is easy to you
　⑤ It is easy to you to
　　　　　　　　　　　　　　　　　　　　　　　（昭和大）

□ 2　It was careless（　　）you to make such a mistake.
　① of　② with　③ to　④ by
　　　　　　　　　　　　　　　　　　　　　　　（九州国際大）

□ 3　"I heard you were invited to the President's party."
　"Yes. I was surprised at how easy the President was（　　）."
　① for talking　② talking to　③ to talk　④ to talk to
　　　　　　　　　　　　　　　　　　　　　　　（センター試験）

□ 4　The guide is using a microphone（　　）her better.
　① our hearing　② of us to hear
　③ for us to hear　④ in order to hear
　　　　　　　　　　　　　　　　　　　　　　　（京都産業大）

設問解説

[1]　(It is easy for you to) swim across the river.
　訳　その川を泳いで渡るのは，あなたにとって容易です。(答②)
　　形容詞 easy があるので，形式主語を用いると，It is easy for you to swim across the river. となり，形容詞が easy であるので，to 不定詞の目的語を主語の位置に移動させると The river is easy for you to swim across. となります。for you なので，to 不定詞の意味上の主語を構造上の主語にして，×You are easy to ...とはできませんでしたね。

[2]　It was careless (of) you to make such a mistake.
　訳　そのような間違いをするなんて，君は軽率だった。(答①)
　　「人柄・性質」を表す形容詞 careless「不注意な」から It is ＋ 形容詞 ＋ of A to do ～「～するとは A は形容詞だ」の形を思い出しましたか。to 不定詞の意味上の主語が of you なので，You were careless to make such a mistake. と書き換えができます。

[3]　"I heard you were invited to the President's party." "Yes. I was surprised at how easy the President was (to talk to)."

訳「聞いたよ，大統領のパーティーに招待されたんだってね」「そうだよ。大統領はとても話しやすくて驚いたよ」(答④)

　まず，形容詞 easy から It was very easy to talk to the President. の形を考え，次に to 不定詞の目的語を文頭に移動させ，The President was very easy to talk to. をつくります。次に very easy の箇所を How easy に置き換え，**How easy the President was to talk to! の感嘆文**をつくり，最後に，I was surprised at how easy the President was to talk to. のように組み込みます。この一連の書き換えをガッチリ身につけましょう。パッと忘れないように！（笑）

[4] The guide is using a microphone (for us to hear) her better.
　　訳 ガイドは私たちが彼女の声がもっとよく聞こえるようにマイクを使っている。(答③)
　to 不定詞の意味上の主語は，ふつう **for A to do** の形で表します。そこには「**S＋V**」**の関係**を読み取ることができます。④は in order for us to hear なら正解ですが，たとえば似たような意味を表す **so as to do** の場合，so as for us to hear のように**意味上の主語（for us）を** to do **の前に置くことはできません**。否定形は in order [so as] **not** to do で，**文頭では in order to do** がしばしば用いられます。

●6　S+V+O+(to) do について

　ここまでの学習で **to 不定詞の意味上の主語**を **for A to do** で表しましたね。また，**S＋V＋O＋to do の構文**では，ふつう **O が to do の意味上の主語**になり，**S＋V の関係**が成立します。なお，否定は to 不定詞の前に not を置いて **not to do** で表します。では，頻出動詞をチェック。

> ・**advise**「忠告する」　　・**ask, beg, request**「頼む」
> ・**require**「要求する」　　・**allow**「させておく」　・**cause**「させる」
> ・**enable**「可能にさせる」　・**encourage**「励ます」

▶ S ＋ 使役動詞 ＋ O ＋ (to) do
「人が人や物にあることをさせる」という意味をもつ使役動詞の頻出 4 語は，
① **make ＋ O ＋ do**「（むりやり）O に〜させる」
② **let ＋ O ＋ do**「（望むから）O に〜させておく［O が〜するのを許す］」
③ **have ＋ O ＋ do**「（金銭関係や上下関係の含みがある）O に〜させる［してもらう］」
④ **get ＋ O ＋ to do**「（説得して）O に〜させる［してもらう］」
です。
　make [let/have] O do は，to のある不定詞の to が脱落して「to のない不

定詞」(do)となったと考えられる一方で，get＋O＋to do の get はいまだに to do の形を取ります。

▶ S ＋ 知覚動詞 ＋ O ＋ do

知覚動詞には，see「見える」，watch「じっと見ている」，look at「見る」，hear「聞こえる」，listen to「聴く」，feel「感じる」，notice「気づく」，observe「気づく」があり，S＋V＋O＋do の構文を取ります。

受動態にすると，脱落して表面上なくなっていた to が現れ，be seen to do のようになったと考えるとわかりやすいでしょう。

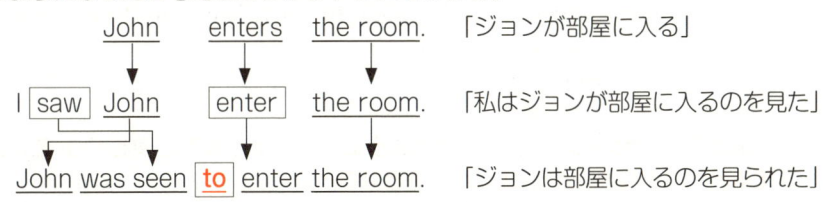

John   enters   the room.   「ジョンが部屋に入る」

I saw John enter the room. 「私はジョンが部屋に入るのを見た」

John was seen to enter the room. 「ジョンは部屋に入るのを見られた」

問題

次の各英文の空所に入る最も適当なものを①～④から選びなさい。

☐ **1** His mother (　) to be more careful in his choice of words.
　① advised him　② said him
　③ suggested him　④ warned to him　　　　（センター試験）

☐ **2** John's mother wanted to go shopping, so she asked him (　) his little brother while she was out.
　① if he looked after　② he would look after
　③ looking after　④ to look after　　　　（センター試験）

☐ **3** You should not let your personal emotions (　) in the way of making that important decision.
　① stand　② standing　③ to be stood　④ to stand
　　　　（センター試験）

☐ **4** This suit of mine looks too old. I must get my tailor (　) a new one.
　① made　② to make　③ make　④ making　　（玉川大）

☐ **5** He was seen (　) out of the room.
　① go　② gone　③ having gone　④ to go　　（東京理科大）

> **設問解説**

[1] His mother (advised him) to be more careful in his choice of words.
　訳 彼の母は彼にもっと気をつけて言葉を選ぶように忠告した。(答①)
　　advise O to do「O（人）に〜するように忠告する」は，to 不定詞を that 節に換えて，His mother advised him that he should be …. となります。このパターンの動詞は，tell「言う」，persuade「説得する」，remind「気づかせる」，teach「教える」，warn「警告する」，promise「約束する」が頻出です。

[2] John's mother wanted to go shopping, so she asked him (to look after) his little brother while she was out.
　訳 ジョンのお母さんは買い物に行きたかったので，自分が外出しているあいだ弟の面倒を見るようにジョンに頼んだ。(答④)
　　ask O to do「O（人）に〜するように頼む」は，**to 不定詞を that 節に換えると O「目的語」が that 節の主語となり**，She asked that he (should) look after …. となります。このパターンの動詞は，beg「頼む」，request「頼む」，order「命令する」，recommend「勧める」，require「要求する」などが頻出です。

[3] You should not let your personal emotions (stand) in the way of making that important decision.
　訳 自分の個人的な感情がその重要な決定をする妨げになるのを許すべきではない。(答①)
　　let + O + do「（望むから）O に〜させておく [O が〜するのを許す]」は **O と do の間に能動関係「…が〜する」が成立**。stand in the way of A は「A の邪魔になる」という意味。

[4] This suit of mine looks too old. I must get my tailor (to make) a new one.
　訳 私のこのスーツはあまりにも古びて見える。仕立屋に新しいスーツを作ってもらわなければならない。(答②)
　　my tailor と空所の間には能動関係「…が〜する」が成立し，**get O to do** を用いて表します。

[5] He was seen (to go) out of the room.
　訳 彼が部屋から出るのが見えた。(答④)
　　知覚動詞 see + O + do の受動態は to のない不定詞に to が現れて，**be seen to do** となりましたね。

●7 完了不定詞と注意すべき書き換え

不定詞で時のズレを表すには，どのようにすればよかったでしょうか。**文の主**

動詞の時制より to 不定詞の示す時制がそれ以前の時を示す場合，**完了不定詞（to have done）** を用います。たとえば，S seems to do ～ を It seems that S do ～ に書き換えた場合，完了不定詞に対応する that 節内の時制が，過去のほか，現在［過去］完了のどれに対応するかは，文脈によって決めるしかありません。では，次の文の（ ）を補って2文を同じ意味にしてみましょう。

{ John seems that he was a great athlete.
{ John seems （ ）（ ）（ ） a great athlete.

主動詞（seems）の時制は現在で，that 節内の動詞（was）の時制は過去です。ここに**時のズレ**が生じていますので，**この過去を to 不定詞で表すと to have done** でしたね。be 動詞の過去分詞は been です。だから，空所は to have been となります。では，その他の書き換え頻出パターンを整理しておきます。

- in order（for A）to *do*［so as to *do*］
  = in order that A can［will, may］*do* /
    so that A can［will, may］*do*「～するために，～するように」
- so ... as to *do* = so ... that A（can）*do*
  「（程度）～するほど…」「（結果）とても…なので～する」
  （= ... enough (for A) to *do*「（A が）～するのに十分な（だけの）…」）
- too ...（for A）to *do* = so ... that A（can）not *do*
  「あまりに…しすぎて（A は）～しない［できない］」

例題訳 ジョンは大選手だったらしい。（答 to, have, been）

問題

次の各英文の空所に入る最も適当なものを①～④から選びなさい。

□ **1** He seems （　） poor when he was a young man.
　① to be　② being　③ having been　④ to have been
　　　　　　　　　　　　　　　　　　　　　　　　（大阪大谷大）

□ **2** The wind was not （　） to prevent us from sky-diving.
　① as strong　② as strong as
　③ so strong　④ so strong as　　　　　　　　　　（センター試験）

□ **3** John is only thirteen. He is （　） to get a driver's license.
　① not old enough　② not too young
　③ too old　④ young enough　　　　　　　　　　（センター試験）

☐ **4** The window was (　　) to see through.
　① dirty enough　　　　② barely dirty
　③ hardly dirty enough　④ not too dirty
　　　　　　　　　　　　　　　　　　　　　　　　　（明治大）

設問解説

1 He seems (to have been) poor when he was a young man.
訳 若い頃，彼は貧しかったように思える。**(答④)**
　まず，**主動詞（seems）の時は「現在」**を表し，**when 以下の時は「過去」**ですから，**時のズレ**が生じています。これを It seems that … で書き換えてみると，It **seems** that he **was** poor when he was a young man. となり，時のズレが確認できましたね。そこで，to 不定詞で表現すると He seems **to have been** poor … となります。

2 The wind was not (so strong as) to prevent us from sky-diving.
訳 私たちがスカイダイビングを中止するほど風は強くなかった。**(答④)**
　空所の後ろにある to 不定詞と選択肢から **so … as to *do*** ～ということが頭に浮かびましたか。ここではその**否定形で not so … as to *do* ～「（程度）～するほど…ではない」**を表します。

3 John is only thirteen. He is (not old enough) to get a driver's license.
訳 ジョンはほんの 13 歳だ。彼は運転免許を取ることのできるのに十分な年齢ではない。**(答①)**
　まず，前半の意味内容を押さえ，①not old enough to *do* ～「～できるのに十分な年齢ではない」を用いると文意が成り立ちますね。②はどうでしょう。これは否定語（not）がどこまでかかっているのかがポイントです。He is not ［too young to get a driver's license］. のように to 不定詞が程度を表す too young にかかり，**not が文末まで支配**しているため，後ろから訳し上げると簡単に理解できます。「彼は運転免許を取るには若すぎるわけではない」という意味で，前半の内容と矛盾しますね。③は「彼は年を取りすぎているので運転免許を取ることができない」も前半の内容と矛盾します。④は「彼は運転免許を取ることができるほど十分に若い」では文意が成り立ちませんね。

4 The window was (not too dirty) to see through.
訳 その窓は外が見えないほど汚れてはいなかった。**(答④)**
　まず，空所の後ろの to see through には目的語として the window があったと考え，その目的語（the window）が主語に移動していることを押さえます。④は **not が文末まで支配**していると考え，The window was not ［too dirty to see through］. は「程度」で解釈します。後ろから訳し上げて「その窓は**外が見えないほど**汚れているわけではない」とすると否定が文末までかかっている訳し方ができます。

102

●8 疑問詞＋to 不定詞 ／ 独立不定詞

　疑問詞が to 不定詞と結びつくことは知っていても，**動詞（decide, know, understand など）あるいは前置詞の目的語で用いられる**ことは意外に弱点のようです。ただし，**疑問副詞 why は用いることができません。**

　また，疑問形容詞を用いて what［which］＋名詞＋ to *do*，例外的に接続詞 whether は to *do* を伴い **whether to *do*** 「～すべきかどうか」となります。

　そして疑問詞（whether を含む）＋ to *do* は，**疑問詞（whether を含む）＋ S + should *do*** で書き換えることができます。なかなかやっかいですね。

　なお，同じ動詞の重複を避けるため to 不定詞の動詞は省略し，to だけを代わりとして用いたものを**「代不定詞」**と言います。ただし，**主動詞が be 動詞の場合は to be とし，be は省略しません**。練習問題を解きながら，コツをつかんでいってください。

　頻出の「独立不定詞」は次のとおりです。

> ・to tell the truth 「実を言えば」
> ・to be frank with you 「率直に言うと」
> ・needless to say 「言うまでもなく」
> ・to make matters worse 「さらに悪いことに」

問題

次の各英文の空所に入る最も適当なものを①～④（2のみ①～⑤）から選びなさい。

□**1**　(　　) is more important than when to do it.
　① Doing it how　　② Do it how
　③ How do we do it　④ How to do it
　　　　　　　　　　　　　　　　　　　　　　　（東海大）

□**2**　I haven't decided (　　) his birthday.
　① how I can give Mike in　　② how I can give to Mike on
　③ how to give it to Mike in　④ what to give for Mike on
　⑤ what to give Mike for
　　　　　　　　　　　　　　　　　　　　　　　（日本大）

□**3**　The boy opened the window, although his mother told him (　　).
　① don't do　② not do it　③ not to　④ to not
　　　　　　　　　　　　　　　　　　　　　　（センター試験）

- ☐ 4 John failed many of his classes last year. (　　) to say, he should study harder. 　　　　　　　　　　　　　　(南山大)
  ① Needed　　② Needless　　③ Necessary　　④ Necessity
- ☐ 5 To (　　), your proposal for a new type of car wasn't so convincing.
  ① my frankness　　② be frank
  ③ frankly　　④ be speaking frankly 　　　　　　　　　(近畿大)

設問解説

1 (How to do it) is more important than when to do it.
　訳 それをどのようにするかのほうが，それをいつするかより重要だ。(答④)
　　この文が比較を表しているため，**主語と比較対象を表す than 以下の形を揃える**必要があります。than 以下が「疑問詞 + to *do*」で表現されているため，主語も同じ形で表現します。

2 I haven't decided (what to give Mike for) his birthday.
　訳 私はマイクの誕生日のために何をあげるのかまだ決めていない。(答⑤)
　　空所の前に decided があるため，空所にはその目的語がくると考えます。選択肢から**二重目的語が取れる〈give + IO + DO〉**が共通して用いられています。そこで，give の目的語の働きができる疑問代名詞 what を用いて「疑問詞 + to 不定詞」で表すと **what to give Mike** となり，**Mike が IO，what が DO** を表します。なお，文末の his birthday は，on [for] his birthday で「誕生日に [のために]」を表します。

3 The boy opened the window, although his mother told him (not to).
　訳 母親に窓を開けないように言われたが，その少年は開けた。(答③)
　　空所の前にある told him と選択肢から **tell A not to *do*** の形が浮かびましたか。もとの形は told him not to open the window で，主節と重複している箇所を省略すると told him not to. となります。なお，**否定語 (not) の位置にも注意**してください。

4 John failed many of his classes last year. (Needless) to say, he should study harder. 　　　　　　　　　　　　　　　　　　　　　(答②)
　訳 昨年，ジョンは授業の多くを落とした。言うまでもなく，彼はもっと一生懸命に勉強すべきだ。
　　needless to say「言うまでもなく」は独立不定詞で，**It goes without saying that 節**「…なのは言うまでもない」と同じ意味を表します。

5 To (be frank), your proposal for a new type of car wasn't so convincing.
　訳 率直に言って新しいタイプの車に関してのあなたの提案はそれほど説得力がなかった。(答②)
　　to be frank with you「率直に言うと」は独立不定詞で，with you は省略可。

第7講 動名詞

●1 動名詞の用法

動名詞は**「動詞+ing」**の形で**「～すること」**という意味を表しますね。動名詞は動詞が名詞化してできたため，**名詞と同じ働き**をし，**主語**や**補語**，**動詞**や**前置詞の目的語**になったりします。また，ふつうの名詞とは違って，**動詞的な性質を保っている**ので，**補語**や**目的語**を取ったり，**受動態**になったり，**副詞で修飾**されたりします。この点で，不定詞の名詞用法に比べて，名詞の色がぐっと濃いのです。では，問題です。動名詞はどちらでしょうか。

(a) She is <u>collecting</u> stamps.
(b) Her hobby is <u>collecting</u> stamps.

(a) の is collecting は主語（She）の一時的動作を表す現在進行形で「彼女は切手を集めている」という意味ですね。一方, (b) は主語が Her hobby なので，**collecting stamps** は彼女の趣味の具体的な内容を示す**動名詞句**で「彼女の趣味は切手収集です」という意味になります。

また，動名詞は現在分詞と同じ形をしているので注意が必要です。**動名詞を名詞に直接つけて，目的・用途「…するための」**という意味を表します。a <u>sleeping</u> car は，「寝ている車」では意味が通じませんね。動名詞（sleeping）が目的を表し，a car **for sleeping**「寝るための車」つまり**「寝台車」**という意味です。a <u>sleeping</u> baby では，現在分詞（sleeping）が名詞 baby を修飾し，a baby **[who is sleeping]**「眠っている赤ちゃん」という意味を表します。

問題

次の各英文の空所に入る最も適当なものを①～④（3のみ①～⑤）から選びなさい。

☐ 1 (　) a train can be dangerous.
  ① Rush for catch　② Rush to catch
  ③ Rushed for catch　④ Rushing to catch
  （青山学院大）

☐ 2 His hobbies are (　).
  ① playing the guitar and sing
  ② to play the guitar and singing
  ③ play the guitar and sing
  ④ playing the guitar and singing
  （桜美林大）

☐ 3 One of the first things a foreigner has to get used to here is
(　) stared at.
① to have　　② being　　③ be
④ having been　⑤ for being
(姫路獨協大)

☐ 4 "What's your favorite sport?" "(　)."
① Playing ski　② Ski　③ Skiing　④ To ski
(センター試験)

☐ 5 次の日本文に合うように，空所にそれぞれ①〜⑧の適当な語句を入れ，英文を完成させなさい。
生活費を両親に依存している若者が増えている。
An increasing (　)(　)(　)(　)(　)(　)(　)
(　) expenses.
① young people　② depend　③ for　④ of
⑤ number　⑥ their parents　⑦ living　⑧ on　(摂南大)

設問解説

1 (Rushing to catch) a train can be dangerous.
訳 急いで電車に乗ると，危険なことがある。(答④)
動名詞句は名詞句と同様に文の主語の働きをすることができます。

2 His hobbies are (playing the guitar and singing).
訳 彼の趣味はギターを弾いて歌うことです。(答④)
動名詞は be 動詞（are）のすぐ後ろに置いて補語の働きをします。and が結ぶものは，共通関係として文法的に同じ形（ここでは，動名詞が共通です）のものを用います。

His hobbies are { *playing* the guitar / and / *singing*. }　〈動名詞の共通関係〉

3 One of the first things a foreigner has to get used to here is (being) stared at.
訳 まず最初に外国の人がここで慣れなければならないことの1つは，じろじろ見られることです。(答②)
まず，空所の前に be 動詞（is）があることから，主語は文頭にある One だとわかります。次に空所の後ろにある stared at から，目的語がないので受動態にします。動詞が is なので being stared at は動名詞句で補語の働きをしています。

では，図解してみましょう。

<u>One</u> [of the first things [(that) a foreigner has to <u>get used to</u> ∧ here]]
S　　　　　　　　　　　　　　〈関係代名詞目的格省略〉　「〜に慣れるようになる」
<u>is</u> <u>being stared at</u>.
V　　C

4　"What's your favorite sport?" "(Skiing)."
　訳「一番好きなスポーツは何ですか？」「スキーです」**(答③)**
　スポーツとしての「スキー」は skiing で表します。名詞の ski は「スキー板」のこと。

5　An increasing (number of young people depend on their parents for living) expenses. **(答⑤-④-①-②-⑧-⑥-③-⑦)**
　depend on A for B「BについてAに頼る」の形がパッと頭に浮かびましたね。
　living expenses (= expenses for living) は動名詞を名詞につけて**「生活費」**という意味を表します。

●2　動名詞を目的語に取る動詞

　動名詞が特定の動詞の目的語となり，「動詞＋動名詞（doing）」の形で用いられる場合を考えてみましょう。**動名詞は時間とは無関係の一般的な事柄**を表しますが，**過去の事柄も表すことができます**。**avoid doing「〜するのを避ける」**や **put off doing「〜するのを延期する」(= postpone doing)** などは，動名詞を目的語に取り，**動名詞で示された動作の実現に消極的な含み**を持つのが特徴です。動名詞を目的語に取る頻出動詞を確認しましょう。

> ・**m**ind「いやだと思う」(= object)　　・**m**iss「免れる」
> ・**e**njoy「楽しむ」　・**g**ive up「やめる」　・**a**ppreciate「有り難く思う」
> ・**f**inish「終える」　・**e**scape「免れる」　・**p**ractice「練習する」
> ・**s**top「やめる」(= cease)　・**s**uggest「提案する」

　みなさんの中には，先生から，頭文字をつなげて megafeps（メガフェプス）と教わった人もいるでしょう。私も中学生の頃に教わりました。意味のない言葉ですが，今でも覚えています（笑）。ちなみに，**stop to do** は「目的」を表す副詞用法の不定詞で，「立ち止まって〜する」の意味だけでなく，「わざわざ〜する，改めて〜する」などの意味もあります。

問題

次の各英文の空所に入る最も適当なものを①〜④から選びなさい。

☐ **1** Would you mind (　　) an eye on my luggage while I make a phone call?
　① to keep　　　② if you will keep
　③ that you keep　④ keeping　　　　　　　　　　（センター試験）

☐ **2** When you (　　) the cupboard, please tell me.
　① finished to move　　② will finish to move
　③ will finish moving　④ finish moving　　　　　（桜美林大）

☐ **3** "Do you still plan to go to Hawaii this winter vacation?"
　"Yes, and I wish you'd consider (　　) with me."
　① go　② going　③ to go　④ to going　　　　（センター試験）

☐ **4** "How did you do on the test?"
　"I don't know. For some reason, they've put off (　　) the results until the end of the month."
　① announce　　　② announcement
　③ announcing　　④ to announce　　　　　　　（センター試験）

☐ **5** In case of emergency, don't stop (　　) your personal goods.
　① collecting　② to collect　③ collected　④ collection
　　　　　　　　　　　　　　　　　　　　　　　　（駒澤大）

設問解説

1 Would you mind (**keeping**) an eye on my luggage while I make a phone call?

　訳 私が電話をかけているあいだ，私の手荷物を見ていてくれませんか。（答④）
　　mind は動名詞を目的語に取りましたね。Would you mind *do*ing? は丁寧な依頼・許可のときの最も一般的な表現です。②の **if 節は条件の副詞節を表すので，will は用いません**。

2 When you (**finish moving**) the cupboard, please tell me.

　訳 食器戸棚を動かし終えたら，私に教えてください。（答④）
　　finish は動名詞を目的語に取りましたね。空所を含む When 節は時を表す副詞節なので，will を用いず，現在形／現在完了形で表現します。

108

③ "Do you still plan to go to Hawaii this winter vacation?" "Yes, and I wish you'd consider (going) with me."
> 訳 「相変わらずこの冬休みもハワイへ行くつもりなの？」「そうだよ，それに君が僕と一緒に行くことを考えてくれるといいんだが」(答②)

consider *doing*「〜を考える」も動名詞を目的語に取ります。you'd consider は you would consider のことで，ここでの I wish 〜 は仮定法過去で「願望」を表現します。

④ "How did you do on the test?" "I don't know. For some reason, they've put off (announcing) the results until the end of the month."
> 訳 「試験はどうだった？」「わからないんだ。どういうわけか，今月末まで結果を発表するのを延期したんだって」(答③)

put off (＝postpone) *doing*「〜するのを延期する」も動名詞を目的語に取る動詞です。OK だね。

⑤ In case of emergency, don't stop (to collect) your personal goods.
> 訳 緊急時には，私物は置いて行ってください。(答②)

「緊急時の取るべき行動」として don't stop to collect 〜「わざわざ〜を集めるな」だと文意に合いますが，①では「〜を集めるのをやめるな」となり文意に矛盾します。いいですか。

●3 目的語に動名詞と不定詞を取った場合で意味が異なる動詞

動名詞には「過去に〜した」といった過去の経験を示す性質があり，不定詞には「これから〜する」といった未来の行為を示す性質があります。動詞が目的語に動名詞と不定詞を取った場合，それぞれの性質に基づいて意味の違いを押さえましょう。

remember *doing*	「（過去に）〜したのを覚えている」
remember to *do*	「忘れずに〜する」
forget *doing*	「（過去に）〜したのを忘れる」
forget to *do*	「（うっかり）〜するのを忘れる」
regret *doing*	「〜したのを残念に思う」
regret to *do*	「残念ながら〜する」
try *doing*	「試しに〜してみる」
try to *do*	「〜しようとする」

なお，need は動名詞と不定詞を目的語に取りますが，**動名詞を取ると need doing「～される必要がある」のように受動の意味を表し**，不定詞を続けると **need to be *done* のように不定詞の受動態の形で同じ意味**を表します。なので，need being *done* のミスが多いですよ。なお，**want *doing* / require *doing* の形では，need *doing* と同じく「～される必要がある」という意味**を表します。

問題

次の各英文の空所に入る最も適当なものを①～④から選びなさい。

□**1** "I'd better call our neighbor to ask her to check the door of our apartment."
"You don't have to do that. I remember (　) it when we left."
① lock　② locking　③ to be locked　④ to lock
(センター試験)

□**2** Remember (　) your bag when you leave.
① taking　② take　③ to take　④ to taking
(成城大)

□**3** I will never forget (　) such a beautiful scene on my last trip.
① see　② to see　③ seeing　④ to have seen
(玉川大)

□**4** I don't regret (　) her what I thought, even if it upset her.
① of telling　② tell　③ telling
④ to tell　⑤ to telling
(東京医科大)

□**5** I tried (　) a letter in English by myself, but after an hour I gave up.
① having written　② to have written
③ to write　④ to writing
(センター試験)

□**6** My work clothes need (　), but I don't have time to do the laundry now.
① wash　② washing　③ be washed　④ to wash
(センター試験)

設問解説

1 "I'd better call our neighbor to ask her to check the door of our apartment." "You don't have to do that. I remember (locking) it when we left."

訳 「隣の人に電話をしてアパートのドアを確認してもらうように頼んだほうがいいわよ」「そんな必要ないさ。出かけるときにドアにカギを掛けたのを覚えているよ」(答②)

文末にある **when we left が過去の事柄**を示しているので，**動名詞で過去の内容を表す**ことができます。

2 Remember (to take) your bag when you leave.

訳 出発するときは鞄を持って行くのを忘れないように。(答③)

文末にある **when 節は時を表す副詞節**です。**未来の事柄も現在時制で表す**ため，**remember to do**「忘れずに〜する」を用います。

3 I will never forget (seeing) such a beautiful scene on my last trip.

訳 私はこの前の旅行であんな美しい景色を見たのを決して忘れないでしょう。(答③)

on my last trip が**過去の事柄**を示していますね。なので，**動名詞を用いると過去の内容を表す**ことができます。

4 I don't regret (telling) her what I thought, even if it upset her.

訳 たとえそのことが彼女を動揺させたとしても，私は思っていることを彼女に言ったことを後悔していません。(答③)

even if 節にある upset (upset-upset-upset) は過去形ですね。過去の事柄について述べているので，**regret doing**「〜したのを残念に思う」がパッと浮かびましたね。

5 I tried (to write) a letter in English by myself, but after an hour I gave up.

訳 英語で手紙を書こうとしたが，1時間もすると私はあきらめた。(答③)

後半の but 以下で結果を示していることから，**try to do**「〜しようとする」を用いると文意が成立しますね。

6 My work clothes need (washing), but I don't have time to do the laundry now.

訳 私の仕事着は洗濯する必要があるが，今は洗濯物を洗う時間がない。(答②)

S＋need doing「Sは〜される必要がある」は，… wash my work clothes の**目的語が主語に移動**した形。

●4 動名詞の意味上の主語と否定

動名詞の前に代名詞の所有格[目的格]を入れると，その代名詞が動名詞の意味上の主語（文の主語と区別するための表現です）になります。口語では目的格をよく使いますが，文の主語で動名詞が用いられる場合は，-'s で表します（→ Man's first landing on the moon was ...「人類の最初の月面着陸は…」）。それ以外は，-'s で意味上の主語を表すことをしないのがふつうです。動名詞を否定する not は動名詞の直前に置きます。では，板書で整理してみましょう。

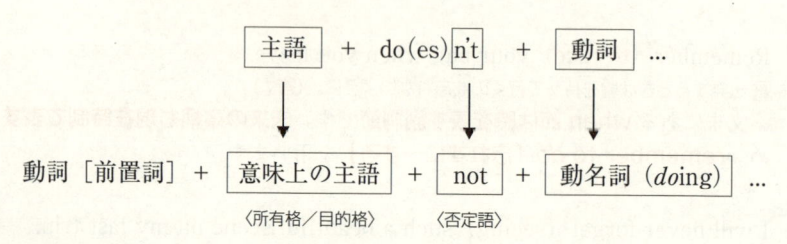

主語 + do(es)n't + 動詞 ...

動詞［前置詞］+ 意味上の主語 + not + 動名詞（*doing*）...
　　　　　　　　〈所有格／目的格〉　〈否定語〉

問題

次の各英文の空所に入る最も適当なものを①〜④から選びなさい。

□**1** My sister insisted (　　) the problem by myself.
　① me to solve　　② on me to solve
　③ on my solving　④ that I should be solved　（センター試験）

□**2** She complained about the room (　　) too small for her family.
　① be　② been　③ being　④ to being　（東京理科大）

□**3** (　　) as the winner of the four final candidate cities for the 2016 Olympics was a disappointing loss to most Japanese last year.
　① Choosing to be not　② Having not selected
　③ Not being selected　④ Having been chosen　（北里大）

□**4** I cannot listen to that song without (　　) of my high school days.
　① remembering　　② being remembered
　③ reminding　　　④ being reminded　（鳥取環境大）

設問解説

① My sister insisted (on my solving) the problem by myself.
訳 姉は私が自分でその問題を解決するように強く要求した。(答③)
　insist on A('s) doing「Aが～することを強く主張[要求]する」の形を押さえ，前置詞 (on) の後ろに意味上の主語 (所有格／目的格) を置き，動名詞を続けます。なお，insist that S' (should) do「～するように要求する」(→ My sister insisted that I (should) solve the problem by myself.) で書き換えることもできます。④は that 節内の動詞が受動態になっているのでダメ。

② She complained about the room (being) too small for her family.
訳 彼女はその部屋は自分の家族にとっては狭すぎると文句を言った。(答③)
　前置詞の後ろに意味上の主語を置く際，**the room は名詞なので，このままの形**で用い，動名詞を続けます。×... about being the room too small ... のミスをよく見かけますよ。

③ (Not being selected) as the winner of the four final candidate cities for the 2016 Olympics was a disappointing loss to most Japanese last year.
訳 昨年，2016年のオリンピック開催候補の最後の4都市の中で開催地として選ばれなかったことは，大部分の日本人にとって期待はずれの敗北だった。(答③)
　まず，文頭に空所があり，後ろに目的語がないので受動態の形になることを押さえます。次に動詞 (was) 以下のマイナスの内容から，**Not being done ～の形で主語の働きをする動名詞句**を選ぶと文意が成立します。

④ I cannot listen to that song without (being reminded) of my high school days.
訳 あの歌を聴けば必ず高校時代を思い出す。(答④)
　まず，空所の前に前置詞 (without) があることから，直後に (動) 名詞が続くことを押さえます。次に，空所の後ろの of から **remind A of B「AにBを思い出させる」の受動態 (→ A be reminded of B)** であると推測できます。この受動態は I am reminded of my high school days. であり，主語 (I) が共通しているので意味上の主語が明示されず，**前置詞 (without) に being reminded of ～の動名詞句が直接続く**と考えます。

●5 完了形の動名詞

　動名詞が表す「時」について考えて見ましょう。動名詞には，次の表のような単純形と完了形があり，受動態の動名詞はそれぞれ being done [having been done] の形で表します。

	能動態	受動態	動名詞が指し示す時
単純形	*doing*	being *done*	主動詞と「同じ時」か「未来の時」
完了形	having *done*	having been *done*	主動詞よりも「前の時」

単純形の動名詞（*doing*）は，ふつう**主動詞が表す「時」と「同じ時」**を表します。また，単純形の動名詞は，主動詞が表す「時」よりも**「未来の時」**を表すこともありますので注意してください。

完了形の動名詞（having *done*）は，ふつう**主動詞が表す「時」よりも「前の時」**を表し，「時」のズレを表現します。ただし，主動詞が持っている意味から**「時」の前後関係がはっきりわかる場合**には，わざわざ完了形にしなくても**単純形で時のズレを表す**ことができます。

問題

次の各英文の空所に入る最も適当なものを①〜④から選びなさい。

□ **1** Her parents are proud of their daughter (　　) an astronaut.
　① is　② as　③ being　④ be
（松山大）

□ **2** I'm sure of your son (　　) well soon.
　① get　② gets　③ getting　④ will get
（日本大）

□ **3** John refused a job offer from the bank, but now he regrets (　　) it.
　① not having accepted　② not having to accept
　③ not to have accepted　④ to have not accepted
（武庫川女子大）

□ **4** "Haven't we met somewhere before?"
"Yes, I remember (　　) you at the party last week."
　① meeting　② of meeting　③ to meet　④ to meeting
（センター試験）

□ **5** I was astonished at my father (　　) without any notice.
　① having been made to retire　② having been unemployed
　③ having been employed　④ having been retiring
（駒澤大）

□ **6** Mr. Tanaka was upset by (　　) him the truth.
　① our not having told　② us not to tell
　③ we didn't tell　④ our no telling
　　　　　　　　　　　　　　　　　　　　　　（立教大）

設問解説

1 Her parents are proud of their daughter (being) an astronaut.
　訳 彼女の両親は自分たちの娘が宇宙飛行士であることを誇りにしている。**(答③)**
　前置詞（of）以下は，**主動詞（are）が表す「時」と同じ時**を表しているので**単純形の動名詞**を用います。

2 I'm sure of your son (getting) well soon.
　訳 あなたの息子がすぐによくなることを確信しています。**(答③)**
　前置詞（of）以下は，**主動詞（am）が表す「時」よりも「未来の時」**を表していますが，**単純形の動名詞**で表現することができましたね。

3 John refused a job offer from the bank, but now he regrets (not having accepted) it.
　訳 ジョンは銀行からの仕事の申し入れを断ったが，今では彼はそれを受けなかったことを後悔している。**(答①)**
　主動詞（regrets）が表す「時」よりも「前の時」を表しているので，**「時」のズレを表すのに完了形の動名詞**を用います。**否定語（not）は動名詞の直前**に置くことを忘れずに。

4 "Haven't we met somewhere before?" "Yes, I remember (meeting) you at the party last week."
　訳 「以前，どこかでお会いしませんでしたか？」「ええ，先週，パーティーでお会いしたのを覚えています」**(答①)**
　最初の文と2番目の文の last week から**過去の事柄**が話題になっているので，**remember doing「（過去に）〜したのを覚えている」**で表現できます。

5 I was astonished at my father (having been made to retire) without any notice.
　訳 私は父が何の通告もなしに辞めさせられたことに驚いた。**(答①)**
　主動詞（was）が示す「時」よりも「前の時」を表し，「時」のズレを表すために完了形の動名詞を用います。**make A do の受動態は，A is made to do で表現**できましたね。

6 Mr. Tanaka was upset by (our not having told) him the truth.

訳 田中さんは私たちが彼に本当のことを話さなかったので怒った。(答①)

　空所の前に前置詞があるので動名詞が続きますね。by 以下と was upset の関係から，主動詞（was）が示す「時」より「前の時」を表すため，完了形の動名詞を用いると，**前置詞(by)＋A('s)＋not＋having *done* の形**となります。

•6 紛らわしい「前置詞＋動名詞」

　動名詞の使い方に慣れてきましたか。この辺で，意識してもらいたいのが，**「前置詞（to）＋ *doing*」の形**です。ついうっかりすると to 不定詞と間違える受験生を多く目にします。では問題。正しいものを選んでください。

> Most people look forward to (spend / spending) the summer vacation with their family or friends.

look forward to *doing* 「〜を楽しみに待つ」の to は前置詞なので，その後ろには**名詞あるいは動名詞**が続きます。このパターンで頻出の語句を押さえておきましょう。

- be［get］used to *doing*「〜するのに慣れている［慣れる］」
- object to *doing*「〜することに反対する」
- have no objection to *doing*「〜するのに異議はない」
- What do you say to *doing*?「〜するのはいかがですか」
- devote *one*self to［be devoted to］*doing*「〜に専念する」

例題訳 ほとんどの人は家族や友達と夏休みを過ごすのを楽しみに待つ。(答 spending)

問題

次の各英文の空所に入る最も適当なものを①〜④から選びなさい。

□**1** "Our trip to Tokyo was fun, wasn't it?"
"Yes, it was great! I'm really looking forward (　) there again sometime."
　① go　② going　③ to go　④ to going　（センター試験）

□**2** "Doesn't this climate bother you?"
"A little, but after a while one gets used (　) hot."
　① be　② for being　③ to be　④ to being
　　　　　　　　　　　　　　　　　　　（センター試験）

☐ 3 I have a strong objection ( ) treated like this.
　　① to be　　　　② to being
　　③ whether I am　④ whether I should be　　（センター試験）

☐ 4 Most of their time was probably devoted to ( ) food.
　　① collect　② collection　③ collects　④ collecting
　　　　　　　　　　　　　　　　　　　　　　（青山学院大）

設問解説

[1] "Our trip to Tokyo was fun, wasn't it?" "Yes, it was great! I'm really looking forward (to going) there again sometime."
　訳 「東京への旅行は楽しかったね」「うん，すごくよかったね。いつかまたそこに行くのを本当に楽しみにしているよ」（答④）

　looking forward to doing は，この手の定番です。でも，ついうっかり②going に飛びついた人はいませんか。look forward to doing の to が大切ですよ。

[2] "Doesn't this climate bother you?" "A little, but after a while one gets used (to being) hot."
　訳 「この気候に困っていませんか？」「ちょっと，でもしばらくすれば暑いのに慣れますよ」（答④）
　空所の前にある gets used から，to doing が口をついて出てきましたね。**get used to doing は動作を表し「～するのに慣れる」**ですが，**be used to doing は状態を表し「～するのに慣れている」**という意味です。復習ですが，be used to do は「～するために使われる」でしたね。

[3] I have a strong objection (to being) treated like this.
　訳 私はこのように扱われることに強く反対します。（答②）
　空所の前の objection から to doing が続きます。うっかり to do としないように注意しましょう。**have a strong objection to doing は「～するのに強く反対する」**という意味です。

[4] Most of their time was probably devoted to (collecting) food.
　訳 おそらく彼らの時間のほとんどが食物を集めるのに充てられたかもしれない。（答④）
　空所の前にある was probably devoted to の to が前置詞で，to 不定詞の to ではないことが見抜けましたか。前置詞だとわかれば，動名詞（doing）あるいは名詞が続きますね。**be devoted to doing で「～にあてる」**という意味を表します。

7 動名詞を用いた表現の書き換え

　動名詞は動詞が名詞化してできたため，**「主語＋動詞」の節**を**「意味上の主語＋動名詞」の句**を使って書き換えることができます。では，チェックです。(a)と(b)がほぼ同じ意味になるように，（　）に適当な語を入れましょう。

> (a) Bob is proud that he was chosen chairman.
> (b) Bob is proud of (　　) (　　) chosen chairman.

　(a)では**主節の動詞が is で従属節の動詞が was なので，時のズレを完了形の動名詞（having been）を用いて表現**します。このとき文の主語である Bob がそのまま動名詞の意味上の主語になり，省略されるため，前置詞に動名詞が直接続くことになります。

　では，書き換え頻出パターンは次のとおりです。

> ・cannot［never］… without *doing*
> 　　　　　　　　＝whenever S＋V …「…すれば必ず〜する」
> ・cannot help *doing*＝cannot but *do* 〜「〜せざるをえない」
> ・feel like *doing*＝want to *do*［feel inclined to *do*］〜「〜したい気がする」
> ・on *doing*＝as soon as S＋V 〜「S が〜するとすぐに」
> ・There is no *doing*＝It is impossible to *do* 〜「〜することができない」

その他に動名詞を含む頻出表現を押さえておこう。

> ・spend＋A＋（in［on］）*doing*
> 　「A（時間・お金など）を〜することに費やす」
> ・S is worth *doing*「S は〜する価値がある」

※ spend＋A＋*doing*（現在分詞）については，p.126 参照。

　例題訳 ボブは自分が議長に選ばれたことを誇りに思っている。(**答 having, been**)

問 題

　次の各文を，ほぼ同じ意味になるように書き換えた場合，それぞれの空所に入れるのに最も適切な語を書きなさい。

□ 1　Whenever she comes to Hakodate, she visits this church.
　　　She never comes to Hakodate (　　) visiting this church.

（東京理科大）

☐2 We cannot predict what may happen.
　　（　　）is（　　）predicting what may happen.
　　　　　　　　　　　　　　　　　　　　　　（岡山理科大）

☐3 As soon as he saw his daughter, he smiled and run up to her.
　　（　　）（　　）his daughter, he smiled and ran up to her.
　　　　　　　　　　　　　　　　　　　　　　（北海学園大）

次の各英文の空所に入る最も適当なものを①〜④から選びなさい。

☐4 "What would you like to do today?" "I feel like（　　）for a drive."
　　① going　　② I go　　③ I'm going　　④ to go　　（センター試験）

☐5 This symphony is a real masterpiece. I think it's worth（　　）over and over again.
　　① be listened to　　② listening to
　　③ to be listened to　　④ to listen to　　（センター試験）

☐6 I don't think we can come up with a solution to the problem, however long we spend（　　）it.
　　① discussing　　② talking　　③ to discuss　　④ to talk
　　　　　　　　　　　　　　　　　　　　　　（センター試験）

設問解説

1 Whenever she comes to Hakodate, she visits this church.
　＝ She never comes to Hakodate (without) visiting this church.
　訳 彼女は北海道に来ると必ずこの教会を訪れる。(答 without)
　　cannot［never］... without doing「…すれば必ず〜する」は cannot を用いると「因果関係」, never を用いると「習慣」に焦点をあてた表現となります。

2 We cannot predict what may happen.
　＝(There) is (no) predicting what may happen.
　訳 何が起こるか予測することはできない。(答 There, no)
　　cannot do は, It is impossible to do に書き換えられるので, **There is no doing** が使えますね。

3 As soon as he saw his daughter, he smiled and run up to her.
　＝(On)(seeing) his daughter, he smiled and ran up to her.

119

訳 彼は娘を見るとすぐに，微笑み，娘のところへ駆け寄った。(答 On, seeing)
　　On *doing*「～するとすぐに」の on は「接触」を表します。また，「接触」の on が名詞と結びついて，たとえば，on arrival で「到着するとすぐに」という意味になります。

4　"What would you like to do today?" "I feel like (going) for a drive."
　　訳「今日は何をしたい？」「ドライブしたい」(答①)
　　feel like *do*ing「～したい気がする」は一時的気分を表します。

5　This symphony is a real masterpiece. I think it's worth (listening to) over and over again.
　　訳 この交響曲は本当に傑作だ。それは何度でも聴く価値があると思う。(答②)
　　S Is worth *doing*「S は～する価値がある」。この worth は前置詞で後ろに名詞か他動詞の動名詞が続き，目的語としてあったものが S に移動，つまり listen to it の it が S（主語）に移動したと考えます。

6　I don't think we can come up with a solution to the problem, however long we spend (discussing) it.
　　訳 どんなに長くその問題を議論しても，その解決策を思いつくことはできないと思う。(答①)
　　spend + A + (in [on]) *doing*「A（時間など）を～することに費やす」の A は，however long で表されています。

# 第8講 分詞

•1 分詞の修飾

まずは現在分詞と過去分詞の働きから整理してみましょう。分詞の頭についている「現在」や「過去」は「時制」を意味しているわけではありません。気をつけましょう。現在分詞は動詞に -ing をつけて表します。**動名詞と同じ形ですが，働きと意味はまったく異なります。**

現在分詞（*do*ing）	進行形（be + *do*ing）／名詞を修飾
過去分詞（*done*）	完了形（have + *done*）／受動態（be + *done*）／名詞を修飾

分詞が1語で名詞を修飾する場合，ふつう名詞のすぐ前に置かれることから**前置修飾**と言います。また，「主語＋動詞」の構造をもたない複数の語が，かたまりとなって名詞を修飾する場合，名詞のすぐ後ろに置かれることから**後置修飾**と呼ばれます。この場合，**現在分詞や自動詞の過去分詞は修飾する名詞と能動関係（…が〜する）**，一方**他動詞の過去分詞は受動関係（…が〜される）**を表し，関係詞節と同じ働きをします。では，問題です。正しいものを選んでください。

The book (reading / read) most in the world is the Bible.

まず，The book が主語で is が動詞であることを押さえ，空所から in the world までが The book を**後置修飾**していることがわかれば，The book と他動詞の過去分詞（read）の間には**受動関係**が読み取れます。これを関係詞節で表してみましょう。

The book [(which is) read most in the world] is the Bible.

例題訳 世界で最も読まれている本は聖書である。（**答** read）

問題

次の各英文の空所に入る最も適当なものを①〜④から選びなさい。

□**1** Bob hurt (a) playing football, but his (b) leg should be better in a few weeks.

(a) ① he ② he's ③ himself ④ his
(b) ① injure ② injured ③ injury ④ was injured

（京都産業大）

☐ **2** The ( ) to the students were very difficult.
　① given tests　② giving tests
　③ tests given　④ tests giving
（センター試験）

☐ **3** Did you know Nebraska is a state whose name comes from an Indian word ( ) "river in the flatness"?
　① means　② the meaning of　③ meaning　④ in meant
（広島修道大）

☐ **4** There is ( ) that recovery from this disease can occur partially or completely through natural healing.
　① a large amount of evidences　② growing evidence
　③ grown evidence　④ plenty of evidences
（早稲田大）

設問解説

1 Bob hurt (himself) playing football, but his (injured) leg should be better in a few weeks.

　訳　ボブはフットボールをしているときに怪我をしたが，怪我した脚は数週間すればよくなるはずだ。(答 (a)-③, (b)-②)

　まず，他動詞 hurt の後ろに空所があるので，**hurt** *one***self「怪我する」**となり，その後ろの **playing football は分詞構文の働きをし，(while he was) playing football と書き換え**ることができます。また，もう1つの空所は，his leg と injured の間には受動関係が成り立ち，関係詞を用いて表すと his leg [that was injured] となりますね。関係詞節は形容詞節のことなので，injured を形容詞的に用いて，**his injured leg** とすることができます。ここでの **injured は過去分詞の前置修飾の働き**をしています。

2 The (tests given) to the students were very difficult.

　訳　生徒に課された試験はとても難しかった。(答③)

　まず，空所の箇所が主語で，were が動詞であることを押さえます。次に選択肢から **tests と given の間に受動関係**を読み取り，関係詞を用いて表すと，The tests [(which were) given to the students] となり，which were を省略すると given to the students の語句が**過去分詞の後置修飾の働き**をしていることがわかりますね。

3 Did you know Nebraska is a state whose name comes from an Indian word (meaning) "river in the flatness"?

> 訳 ネブラスカは，その名前が「平らな川」という意味のアメリカンインディアンの言葉に由来する州だということを知っていましたか？ **(答③)**

空所の後ろに名詞句があるため，**an Indian word と空所の間には能動関係が成立**しているので，meaning "river in the flatness" が an Indian word を修飾する**現在分詞の後置修飾の働き**をしていることを捉えます。

④ There is (growing evidence) that recovery from this disease can occur partially or completely through natural healing.

> 訳 この病気からの回復は部分的にあるいは完全に自然治癒によって起こりうるという証拠が増えている。**(答②)**

まず，**There is ～ 構文**であるので空所の部分が意味上の主語となり，**動詞は is で一致**していることを押さえると，空所には単数名詞の evidence「(不可算名詞) 証拠」が入ることに気づきます。自動詞 grow と evidence の間の関係を関係詞で表すと evidence that is growing となることから，growing evidence が成立し，growing が**現在分詞の前置修飾の働き**をしています。なお，evidence と that 節は**同格**の関係を表します。

●2　have＋O＋*do*/*done*（使役・被害・完了）

では，使役動詞 have と get について比較し，その特徴を掘り下げてみます。

have＋O＋*do* / get＋O＋to *do*	使役「O を～させる／O を～してもらう」
have [get]＋O＋*done*	使役「O を～させる／O を～してもらう」 被害「O が～される」 完了「O を～してしまう」

have を例に取りましょう。**have ＋ O ＋ *do* は O と *do* の間に能動関係（…が～する）**があり，一方 **have ＋ O ＋ *done* は O と *done* の間に受動関係（…が～される）**があります。

では，問題です。下の英文が「トムの両親はトムを説得して髪を切らせようとした」という意味になるように語(句)を並べかえてください。

Tom's parents (cut / get / have / him / his hair / tried / to / to).

まず，「トムを説得して～させる」は，**get ＋ O ＋ to *do*** で表すことができます。**使役（get）には「（説得して）～させる」**という意味がありましたね。「髪を切らせる」は **have ＋ O ＋ *done*** で表し，この場合の **have には「金銭・上下関係」の意味**が含まれています。では，この英文の構造を図解してみましょう。

                                          His hair is cut ➡受動態
                                    ┌──────↑────────↑──┐
                                He has his hair cut   ➡his hair と cut
                                ↓   ↓   ↓   ↓   の間には受動関係
(答　Tom's parents tried to get him to have his hair cut.)➡him と to have
                                                            の間には能動関係

問題

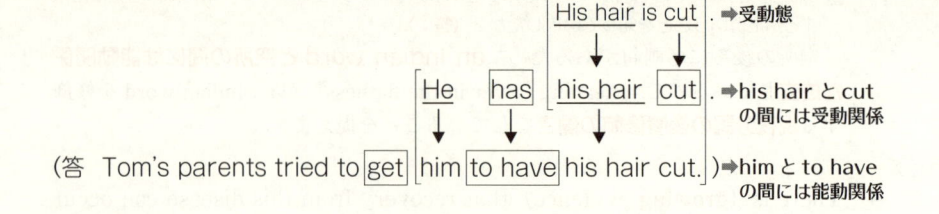

次の各英文の空所に入る最も適当なものを①〜④から選びなさい。

☐**1** If the pain in your throat becomes worse, have it (　　) at once.
　　① check　　② checking　　③ to check　　④ checked
〈センター試験〉

☐**2** Akiko had her bag (　　) and lost all her money.
　　① steal　　② stole　　③ stealing　　④ stolen
〈センター試験〉

☐**3** You must get this homework (　　) by the day after tomorrow.
　　① will finish　　　　② finished
　　③ will be finished　　④ finishing
〈道都大〉

☐**4** He realizes that he has a lot of (　　) by this weekend.
　　① work being done　　② work done
　　③ work to do　　　　 ④ work doing
〈芝浦工大・改〉

設問解説

1 If the pain in your throat becomes worse, have it (checked) at once.
訳 もし喉の痛みが悪化するようなら，すぐに診てもらいなさい。**(答④)**
　まず，空所の前の it が your throat を指していることを押さえ，空所の後ろに名詞がないことから，**it と空所には受動関係**があると推測します。次に，It is checked at once. を have + O + *done* に埋め込むと have it checked at once が得られます。**代名詞 it の理解が大切**ですね。

2 Akiko had her bag (stolen) and lost all her money.
訳 アキコはバッグを盗まれ，すべてのお金を失った。**(答④)**
　空所の前の her bag と空所の後ろに名詞がないことから，**her bag と空所の**

間には**受動関係**が成立し，**have + O + *done* で「被害」**を表していることが理解できましたね。得意になってください。

3 You must get this homework (finished) by the day after tomorrow.
　訳 あなたはこの宿題を明後日までに終えてしまわなければならない。**(答②)**
　まず，**空所の前の this homework と空所の間には受動関係が成立**していることを読み取ります。by the day after tomorrow の by が行為の完了の点を表しているので，**get + O + *done* は「完了」**を表していることがわかりますね。

4 He realizes that he has a lot of (work to do) by this weekend.
　訳 彼は今週末までにしなければいけない仕事がたくさんあることがわかっている。**(答③)**
　この問題は一見すると have + O + *done* の形に思えますが，文意から考えて，未来を表す by this weekend があるため，has を must have などにしないと，have + O + *done* のもつ「使役」，「完了」の用法は使えません。by this weekend がもつ未来の意味は to 不定詞によって表すことができるため，**to 不定詞の形容詞用法**を用いて表すと has a lot of work〔(which he is) to do by this weekend〕という構造になることに気づきましたか（→ p.93 設問解説3参照）。have + O + *done* の形は，意味をよく考えることが大切です。あえてここで，have + O + *done* と見せかけて，実は to 不定詞の形容詞用法が正解となる問題を第6講の復習を兼ねて扱ってみました。少し，いじわるだったかな（笑）。

●3　知覚動詞＋目的語＋分詞

さて，分詞を取る動詞には，see, hear, feel などの知覚・感覚動詞があります。形としては see＋O＋*do*(ing)［*done*］を取り，**原形不定詞（*do*）は動作の一部始終**を表します。**現在分詞（*doing*）で表した場合，動作の一部始終か一時的動作かは文脈で判断**します。なお，**受動態は S is seen to *do*［*doing*］**となります。

ちなみに，S＋catch＋O＋*doing* では，*doing* には **S（主語）にとって好ましくない動作**を表す語(stealing など)がきます。leave/keep＋O＋*doing*［*done*］では，**主語の意図がない場合は leave，意図がある場合は keep** を用います。

ここで，「動詞＋目的語＋分詞」などの形を取る主なものをまとめておきます。

see/hear/feel など＋O＋*do*(ing)［*done*］「O が～する［している，される］のを見る［聞く，感じる］」	
find＋O＋*doing*［*done*］「O が～している［される］ところを見つける」〈原形不定詞は取らない〉	
leave/keep＋O＋*doing*［*done*］「O を～させ続けておく［されたままにしておく］」〈意図がある場合は keep〉	

catch＋O＋*do*ing「Oが〜しているところを（不意に）見つける」

次に「spend / waste / go / be busy ＋現在分詞」の形をまとめておきます。

spend［waste］＋お金［時間］＋*do*ing「〜して（お金［時間］）を費やす［無駄にする］」
go *do*ing「〜しに行く」（*do*ingにはスポーツを表すskiingやshoppingなどがくる）
be busy *do*ing「〜するのに忙しい」

＊表中の３つの*do*ingは本来「動名詞」でしたが，たとえば，spend ＋ O ＋ in *do*ingにおいて，前置詞inが省略され，現在分詞とみなされています。

問題

次の各英文の空所に入る最も適当なものを①〜④（5のみ①〜⑤）から選びなさい。

□**1** You can enter the theater without me. I don't want to keep you (　　) so long outside the theater.
　　① wait　　② to wait　　③ waiting　　④ waited　　（玉川大）

□**2** As for me, I'd like to change our plan. Please keep me (　　) about your idea.
　　① informed　　② inform　　③ to inform　　④ informing
　　（青山学院大）

□**3** The thief was caught (　　) a television from the hotel.
　　① stealing　　② to steal　　③ stolen　　④ stole　　（センター試験）

□**4** She was seen (　　) into the theater with her boyfriend.
　　① go　　② going　　③ gone　　④ went　　（センター試験）

□**5** John turned around, because he heard his name (　　) while walking along the street.
　　① call　　② called　　③ calling
　　④ to be calling　　⑤ to have called　　（東京医科大）

設問解説

1. You can enter the theater without me. I don't want to keep you (waiting) so long outside the theater.

   訳 私がいなくても映画館に入っていていいよ。私はあなたを映画館の外でそんなに長く待たせたくないのです。(答③)

   空所の後ろに名詞がなく，前にある keep you から **keep＋O＋doing** の形がパッと浮かぶように（笑）。**you と waiting の間には能動関係（…が〜する）**が成立していますね。

2. As for me, I'd like to change our plan. Please keep me (informed) about your idea.

   訳 私はどうかと言えば，計画を変更したい。あなたの考えを逐一私にお知らせください。(答①)

   選択肢は他動詞（inform）ですが，空所の後ろに名詞がないことから，**空所の前の me と空所の間には受動関係（…が〜される）があるため，keep＋O＋done** の中に I am informed … を埋め込みます。では，図解してみましょう。

   You inform me about your idea.　〈能動態〉

   I am informed about your idea.　〈受動態〉

   Please keep me informed about your idea.　〈**keep＋O＋done**〉

3. The thief was caught (stealing) a television from the hotel.

   訳 泥棒はホテルからテレビを盗んでいるところを目撃された。(答①)

   空所の前にある was caught から **catch＋O＋doing の受動態**で，*do*ing には好ましくない行為を表す stealing がきていることにも注意。

4. She was seen (going) into the theater with her boyfriend.

   訳 彼女はボーイフレンドと一緒に映画館に入っていくのを見られた。(答②)

   空所の前にある was seen から**知覚動詞 see＋O＋*do*(ing)** が浮かびましたね。***do* と *do*ing の違いは，一部始終を目撃した *do* と一時的に目撃した *do*ing** にあり，その受動態なので be seen to *do* / be seen *do*ing となります。

5. John turned around, because he heard his name (called) while walking along the street.

   訳 ジョンは振り向いた。というのも通りを歩いていたとき自分の名前が呼ばれたのを耳にしたからだ。(答②)

   空所の後ろに名詞がないので，空所の前にある **his name と空所は受動関係**が成立していると考え，**知覚動詞 hear＋O＋*done*** を用います。

●4 分詞構文の基本形

「分詞構文」とは，**分詞が接続詞と動詞の働きを兼ねて副詞の役割**をすることで，構文を簡潔に表現するものです。分詞構文を使って，「時・理由・条件・譲歩・付帯状況など」を表します。**否定語（not）は分詞の前に置き**ますが，never の場合は，*Never* having *done* / Having *never done* の両方が可能です。**完了形の分詞は主節の動詞の時より前の出来事を示し「時のズレ」**を表します。では，正しいものを選ぶ問題です。

> (Not finished / Not having finished) his work, he couldn't go to the party.

主語が主節の主語と一致しているため省略。「時のズレ」から**完了形の分詞構文**を用います。「理由」を表す接続詞は省略し，否定語（not）は分詞の前に置きます。なお，Not finished を用いると ×Because he was not finished … となるためダメですね。

Because he had not finished his work, he couldn't go to the party.
 ↓   ↓   ↓
 φ   φ Not having finished his work, he couldn't go to the party.

- 接続詞 → 省略（「理由」を表す接続詞以外は残すこともある）
- 主語 → 省略（主節の主語と一致する場合は省略）
- 動詞が能動関係の場合（*do*ing）／受動関係の場合（being）*do*ne
  〈ふつう being は省略〉

例題訳 仕事が終わっていなかったので，彼はパーティーに行けなかった。
（**答** Not having finished）

問題

次の各英文の空所に入る最も適当なものを①～④から選びなさい。

□**1** (　　) that he had a talent for languages, he decided to train as an interpreter.
　　① Being realized　　② Realize
　　③ Realizing　　　　④ To realize　　　　　　　（センター試験）

□**2** (　　) from the plane, the beautiful landscape was really fascinating.　　　　　　　　　　　　　　　　　　　（清泉女子大）
　　① Seeing　　② Seen　　③ To see　　④ Having seen

☐ 3 Not (　　) which course to take, I decided to ask for advice.
　　① being known　② to know　③ known　④ knowing
（センター試験）

☐ 4 Tom, (　　) he had done, could at first say nothing.
　　① horrified at what　　② horrifying at that
　　③ horrifying at what　　④ being horrified at that
（東海大）

☐ 5 I failed to recognize her at first, not (　　) her for ten years or so.
　　① seeing　② to see　③ having seen　④ saw
（上智大）

設問解説

1 (Realizing) that he had a talent for languages, he decided to train as an interpreter.
訳 彼は語学の才能があると実感していたので，通訳としての訓練を受けることにした。**(答③)**
　前半の文の主語が主節の主語 (he) と一致しているため，**省略**されていますね。次に，**主語 (he) と空所の関係は能動関係 (…が〜する)** にあるので，**現在分詞で分詞構文**を表します。

2 (Seen) from the plane, the beautiful landscape was really fascinating.
訳 飛行機から見ると，その美しい景色は本当にすばらしかった。**(答②)**
　まず，空所の後ろに名詞がないので，**受動態 (be seen)** が入ることを押さえます。次に，前半の文の主語が主節の主語 (the beautiful landscape) と一致しているため，省略されています。分詞構文は現在分詞を用いて表すので，**(Being) seen from the plane** となり，そして受動態の場合は **Being はふつう省略**します。

3 Not (knowing) which course to take, I decided to ask for advice.
訳 どのコースを取るべきかわからなかったので，私は助言を求めることにした。**(答④)**
　まず，前半の文の主語が主節の主語 (I) と一致しているため，省略されていることを押さえます。空所の後ろの疑問詞 + to 不定詞 (→ p.103 参照) が目的語の働きをし，**主語 (I) と空所に入る (know) との間には能動関係 (…が〜する)** が成立，**否定語 (not) は分詞の直前に置くので，Not knowing ... の語順**となります。

4 Tom, (horrified at what) he had done, could at first say nothing.
訳 トムは，自分がしたことにショックを受けていたので，初めは何も言えなかった。**(答①)**
　分詞構文が文中で用いられ，主語の後ろに置かれていることを押さえます。

129

主語（Tom）と動詞（horrify）との間には受動関係（…が〜される）が成立していることを見抜き，分詞構文で表すと，being horrified となります。この forrified は過去分詞が形容詞化したものと考え，being を省略することができます。また, what he had done の what は先行詞を含む関係代名詞で the thing(s) which に相当し，「〜こと」という意味を表します。

⑤ I failed to recognize her at first, not (having seen) her for ten years or so.

訳 最初は彼女とはわからなかった。もう10何年も会っていなかったんだ。**(答③)**

　まず，後半の文の主語が主節の主語（I）と一致し，省略されていることを押さえます。空所の後ろに名詞があるため，主語と空所には能動関係（…が〜する）が成立。主節よりも以前の時を示しているので，完了形の分詞構文で，否定語は分詞の前に置きます。なお, fail to do「〜しない」という意味。

●5 分詞構文における意味と特徴

　では，分詞構文の位置と意味，そして省略について一歩掘り下げて考えていきましょう。分詞構文は「時・理由・条件・譲歩・付帯状況など」の意味を表しますが，あくまで分詞を含む文脈からの意味であり，分詞自体にこのような意味があるわけではありません。しかし，分詞が置かれる位置とその用い方によって表される意味はおおよそ決まります。また，意味を明確にしたいときには「理由」を表す接続詞以外の接続詞を分詞の前に置くことがあります。分詞構文の「意味」と「特徴」をまとめてみましょう。

意　味	分詞構文の特徴
「時」	「時」の意味を明確にするため分詞の前に when/while を置くことができる。
「理由」	Being / Having been 〜 で始まる分詞構文で，Being / Having been はよく省略される。
「条件」	「条件」を表す場合，過去分詞で始める場合が多い。
「譲歩」	分詞の前に while/though を置くのがふつう。
「付帯状況」	…, *do*ing 〜, … ／ …, *do*ing 〜 の形で主文の後ろに置き，「〜しながら」の意味。
「動作の連続」	…, *do*ing 〜 の形で主文の後ろに置き，「そして〜」の意味。

　さらに，分詞構文を強調して分詞（*do*ing）の直後に as S do(es)［did］を付け加え，「このとおり実際に〜だから」という意味を表します。（例）Living <u>as he does</u> in the country, he seldom comes up to town.「このとおり田舎に

住んでいるので，彼はめったに町に出て来ない」において，この does は live の代動詞で，as の代わりに the way も用いることができます。

問題

次の各英文の空所に入る最も適当なものを①～④から選びなさい。

☐ **1** While ( ) in front of the bookstore, I had been vaguely aware of someone beside me.
　　① standing　② having stood　③ stood　④ has stood
　　　　　　　　　　　　　　　　　　　　　　　　　　（京都外国語大）

☐ **2** ( ) for a quick decision, the chairman called for a vote.
　　① His being anxious　② Anxious
　　③ He is anxious　　　④ With being anxious　（龍谷大）

☐ **3** Though ( ) no Spanish, she was able to communicate with the other students.
　　① understood　　　② understands
　　③ understanding　　④ being understood　（日本大）

☐ **4** He walked along the street, ( ) an old Beatles' song.
　　① singing　② and singing　③ with singing　④ sang
　　　　　　　　　　　　　　　　　　　　　　　　　　（東京女子大）

☐ **5** ( ) children the way she does, Sue should become a teacher.
　　① Like　② Liked　③ Liking　④ To like　（センター試験）

設問解説

1 While (standing) in front of the bookstore, I had been vaguely aware of someone beside me.
　　訳 私が本屋の前に立っていたとき，何となく誰かが私のそばにいる感じがしていた。**(答①)**

　　前半の文の主語が主節の主語（I）と一致しているため，省略されていますね。空所の後ろに名詞がないので，**主語（I）と動詞（stand）の間には能動関係（…が～する）が成立**。when, while を用いた節で書き換えると，While I had been standing...となります。**「時」を明確に表したいときは分詞の前に when や while を置き，While standing ... で表現**します。

② (Anxious) for a quick decision, the chairman called for a vote.
> **訳** 議長は素早い決定を強く望んでいたので，投票を求めた。**(答②)**

Because を用いた節に書き換えると，

Because he was anxious for a quick decision, the chairman called for a vote.
　↓　　↓　↓　　↓
　φ　　φ　(Being) anxious for a quick decision, the chairman called for a vote.
〈前文と主語が一致〉

Being〔Having been〕で始まる分詞構文は，ふつう「理由」を表すので接続詞は分詞の前に置きません。さらに，**Being〔Having been〕はよく省略**されるので注意しましょう。

③ Though (understanding) no Spanish, she was able to communicate with the other students.
> **訳** 彼女はスペイン語がまったくわからなかったが，他の学生と意思疎通することができた。**(答③)**

主語 (she) が一致し，**空所の後ろに名詞があるので能動関係（…が～する）が成立。「譲歩」を表す though〔while〕を分詞の前に置いて意味を明確にします。**

④ He walked along the street, (singing) an old Beatles' song.
> **訳** 彼は懐かしいビートルズの歌を歌いながら，通りを歩いていた。**(答①)**

ここでは，**主文の後ろに置かれた分詞構文が「付帯状況」を表し**，…, while he was singing an old Beatles' song. と書き換えることができます。**進行形 was singing は being singing ではなく，singing の形になります。**また，付帯状況を表す前置詞 with を用いた③with singing のミスが続出です。

⑤ (Liking) children the way she does, Sue should become a teacher.
> **訳** スーはこのとおり本当に子どもが好きなので，彼女は先生になるべきだ。**(答③)**

現在分詞を用いた分詞構文が文頭で用いられ，**the way (= as) she does で分詞構文を強調**しています。ここでの **does は代動詞で likes のこと**です。

●6 独立分詞構文と慣用表現

分詞の意味上の主語が主節の主語と一致しない場合にはどうすればよいのでしょうか。その場合は，**分詞の前に意味上の主語を置いて明示する**必要があります。この形を**独立分詞構文**と言います。この形は堅い表現なので頻繁には用いません。また，独立分詞構文で，**意味上の主語が「一般の人びと」の場合，意味上の主語を省略して慣用表現になったもの**や，意味上の主語が明示されているもの

がいくつかあります。その中で頻出のものを押さえておきましょう。

- generally speaking「一般的に言えば」
- strictly speaking「厳密に言えば」
- talking [speaking] of A「Aと言えば」
- judging from A「Aから判断すると」
- granting [granted] (that) ...「仮に…だとしても」
- given (that) ... / given A
  「…[A] を考慮に入れると / …[A] と仮定すると」
- compared with A「Aと比較すれば」
- considering A「Aを考慮に入れると」
- all things considered「あらゆることを考慮に入れると」
- that [this / (時に) such] being the case「こういう事情なので」
- weather permitting「天気がよければ」

問題

次の各英文の空所に入る最も適当なものを①〜④から選びなさい。

□**1** (　) his looks, he is well over sixty.
　① Seen from　② Judging from
　③ Decided from　④ Thinking from
　　　　　　　　　　　　　　　　　　　　　　（北里大）

□**2** All things (　), he is a fairly good student.
　① consider　② considers
　③ considered　④ considering
　　　　　　　　　　　　　　　　　　　　　　（京都女子大）

□**3** (　) the role Jane played, we should have seen her more often.
　① Considered　② Given　③ Thanking　④ What
　　　　　　　　　　　　　　　　　　　　　　（上智大）

□**4** They'll launch the space shuttle as previously planned, (　).
　① weather permitted　② weather as permitting
　③ weather permit　④ weather permitting
　　　　　　　　　　　　　　　　　　　　　　（関西学院大）

□**5** Other things (　) equal, an optimistic person is superior to a pessimistic person as a teacher.
　① are　② being　③ should be　④ were
　　　　　　　　　　　　　　　　　　　　　　（明治学院大）

□ 6　This is certainly not the best way to solve the problem, but the circumstances (　　), I don't see another choice.
　　① being that they are　　② are that they are
　　③ being what they are　　④ are what they are　　　（杏林大）

設問解説

1　(Judging from) his looks, he is well over sixty.
訳　彼の外見から判断すると，彼は60歳を優に超えている。(答②)
主節の意味内容から，慣用的な独立分詞構文 **Judging from A「Aから判断すると」**がパッと頭に浮かびましたか。

2　All things (considered), he is a fairly good student.
訳　あらゆることを考慮に入れると，彼はかなり良い生徒だ。(答③)
分詞構文が「条件」の意味を表す場合，過去分詞を用いた慣用表現が多く見られます。If all things are considered → All things considered「あらゆることを考慮に入れると」もその1つです。押さえておきましょう。

3　(Given) the role Jane played, we should have seen her more often.
訳　ジェーンが果たした役割を考慮に入れると，私たちはもっと頻繁に彼女に会うべきだった。(答②)
given A「Aを考慮に入れると」の given は直後に that 節と名詞(句)を取ります。なお，① が Considering ～「～であることを考えれば」であれば可能ですね。

4　They'll launch the space shuttle as previously planned, (weather permitting).
訳　天気がよければ，以前に予定していた通り，スペースシャトルの打ち上げを行います。(答④)
weather permitting は文字通り訳せば，「天気が許せば」という意味です。「天気がよければ」という日本語に相当します。おもしろい表現ですね。

5　Other things (being) equal, an optimistic person is superior to a pessimistic person as a teacher.
訳　他の条件が同じならば，楽天的な人のほうが悲観的な人よりも教師としてはすぐれている。(答②)
主語が異なる場合に用いる独立分詞構文で，**Other [All] things being equal「他の[すべての]条件が同じならば」**という意味の慣用表現です。

6　This is certainly not the best way to solve the problem, but the circumstances (being what they are), I don't see another choice.

134

訳 なるほどこれはその問題を解決する最善の方法ではないが，状況は現状あるとおりなので，他に選択肢が見あたらない。(答③)

主語を異にする独立分詞構文 the circumstances being what they are「状況は現状あるとおりなので」という意味で，what S is「現在のSの姿」という意味も押さえておこう。

●7 付帯状況の「with＋O＋分詞」

「付帯状況」って聞くと何やら難しそうですね。付帯状況とは「〜した状態で／〜しながら」といった意味のことです。**with ＋ O ＋分詞（現在分詞／過去分詞）**で「**O を〜した状態で［しながら］**」といった意味を表します。ここでもやはり，**O と現在分詞は能動関係（…が〜する），O と過去分詞は受動関係（…が〜される）**を表します。これを文頭で用いると，「〜なので」と「理由」の意味を表すことがあります。

付帯状況の with＋O＋	①現在分詞（*doing*） ②過去分詞（*done*）

① A girl was running along the beach with her hair streaming in the wind.
　「髪を風になびかせながら少女が浜辺に沿って走っていた」
② She was sitting there with her eyes closed.
　「彼女は目を閉じてそこに座っていた」

問題

次の各英文の空所に入る最も適当なものを①〜④から選びなさい。

☐ **1**　The girl dashed to her mother with tears (　　) down her cheeks.
　① being run　② run　③ running　④ to run　　　（京都女子大）

☐ **2**　How can I feel relaxed, with (　　) me like that?
　① your watching　② you to watch
　③ you watching　④ you watch　　　（慶應義塾大）

☐ **3**　He lay on the sofa with his (　　) and soon fell asleep.
　① arms folded　② arms folding
　③ fold arms　④ folding arms　　　（センター試験）

☐ 4　You can use a large plastic bottle, (　　) cut off, as a pot to grow young plants in.
　　① the top is　　② the top of which
　　③ whose top　　④ with its top

(センター試験)

☐ 5　With his ankle (　　), Hideki couldn't take part in Sunday's baseball game.
　　① injured　　② injuring　　③ to be injured　　④ to injure

(中京大)

設問解説

[1]　The girl dashed to her mother with tears (running) down her cheeks.
訳 その少女は涙を流しながらお母さんのほうへ駆けて行った。(答③)
　　まず，この with が付帯状況を表しているかどうかを考えます。空所の前の tears と自動詞 run の間にある能動関係を読み取れば，この with は付帯状況で「with＋O＋現在分詞」の形を取ることがわかりますね。

[2]　How can I feel relaxed, with (you watching) me like that?
訳 あなたがそのように私を見ていると，私はどのようにしてくつろぐことができるの？(答③)
　　文意から空所の前の with が付帯状況であると考え，空所の後ろの me から you と watch の間に能動関係を読み取り「with＋O＋現在分詞」の形を用います。ここでの O は目的格の you を用いることに注意してください。①のミスが案外多いですよ。How can I feel ～? は答えを求めない疑問文で，修辞疑問文といい，反語を表します。平叙文にすると I can't feel relaxed, ～. となります。

[3]　He lay on the sofa with his (arms folded) and soon fell asleep.
訳 彼は腕を組んだままソファーに横になり，まもなく寝入ってしまった。(答①)
　　his arms と folded の間にある受動関係（his arms were folded）を読み取り，「with＋O＋過去分詞」を用います。

[4]　You can use a large plastic bottle, (with its top) cut off, as a pot to grow young plants in.
訳 大きなペットボトルは，上部を切り落として，苗木を育てるための鉢として使うことができる。(答④)
　　まず，この英文を use A as B の構造であると捉え，A ≒ B の関係を読み取ります。B の部分を基にして A の部分の内容を考えると，「a large plastic bottle と空所を含む部分」≒「苗木を育てる鉢」という関係がわかりますね。そうすると①は接続詞がないのでダメですね。②と③は be 動詞が欠落しているのでダ

メですが，②が the top of which is cut off，③が whose top is cut off なら可となります。したがって，④は付帯状況の with を用いて，**空所と cut off の間に受動関係（its top is cut off）を読み取り，「with＋O＋過去分詞」**を用います。

5 With his ankle (injured), Hideki couldn't take part in Sunday's baseball game.
  訳 足首を痛めたので，ヒデキは日曜日の野球の試合に参加できなかった。(答①)
  his ankle と空所には受動関係があるため，**付帯状況の「with＋O＋過去分詞」**を用いると文意が成立します。**文頭で用いると理由の意味を表す**ことがあります。

•8 補語として用いられる分詞

さて，みなさんは S＋V＋C／S＋V＋O＋C 構文は大丈夫ですね。この C（補語）の位置には形容詞的な分詞が来ます。この場合の動詞は，**be 動詞のほかに keep，get，look，feel などが頻出**です。
主語あるいは目的語と現在分詞（doing）の間には能動関係（…が～する），主語あるいは目的語と過去分詞（done）の間には受動関係（…が～される）が成立している点は，分詞が名詞を修飾する場合と同じです。
また，**come doing [done]** のように自動詞に分詞がすぐ続くものもこの仲間です。下に形容詞的分詞の例を挙げておきます。

・自動詞 （例：fall）	*doing*「進行」 *falling* leaves「落ちている葉っぱ」 *done*「完了」 *fallen* leaves「落葉」
・他動詞 （例：interest）	*doing*「（能動）〜を与える」〈物［人］— *doing*〉 The book is *interesting*. 「その本は興味を与える→その本はおもしろい」 The man is *interesting*.「その人はおもしろい」 *done*「（受動）〜を受ける」〈人— *done*〉 He is *interested* in the book.「彼はその本に興味を受けている → 彼はその本に興味がある」

問題

次の各英文の空所に入る最も適当なものを①～④（5のみ①～⑤）から選びなさい。

☐ **1** No topic is (　　) if you are not interested.
① interest　　② interested
③ interesting　　④ interestingly
（センター試験）

☐ **2** I feel (　　) and sleepy in Mr. Brown's lessons, since he is always using the same material.
① bored　　② boring　　③ interested　　④ interesting
（センター試験）

☐ **3** When I told Misako the news, she seemed (　　).
① surprising　　② to have surprised
③ to surprise　　④ surprised
（センター試験）

☐ **4** It (　　) for Mary to learn that her bike had been stolen.
① has shocked　　② shocked
③ was shocked　　④ was shocking
（センター試験）

☐ **5** The student was sure he did well on the exam. He came home (　　).
① with confident　　② very exciting　　③ quite satisfied
④ confidentially　　⑤ full with satisfaction
（東京経大）

設問解説

1 No topic is (interesting) if you are not interested.
訳 興味がなければ，どんな話題でもおもしろくない。（答③）
　　interest は「～に関心を持たせる」という意味の他動詞で，分詞形にすると形容詞として用いることができましたね。**空所の主語（No topic）が「物」なので，現在分詞（interesting）を形容詞として用います**。ちなみに，if 節中の主語（you）は「人」なので，過去分詞（interested）を形容詞として用います。

2 I feel (bored) and sleepy in Mr. Brown's lessons, since he is always using the same material.
訳 ブラウン先生はいつも同じ資料を使っているので，私は先生の授業では退屈で眠くなる。（答①）
　　since 以下の意味内容から **bore「～を退屈させる」という意味の他動詞で，**

138

かつ主語（I）が「人」なので，過去分詞（bored）を形容詞として用います。

3 When I told Misako the news, she seemed (surprised).
   訳 私がミサコにそのニュースを話したら，彼女は驚いた様子だった。(答④)
   　surprise「〜を驚かす」という意味の他動詞で，主語（she）が「人」なので，過去分詞（surprised）を形容詞として用います。seemed で戸惑ったら，was に置き換えて考えるとわかりやすいよ。

4 It (was shocking) for Mary to learn that her bike had been stolen.
   訳 メアリーは自分の自転車が盗まれたことを知ってショックだった。(答④)
   　shock は「〜にショックを与える」という意味の他動詞で，主語（It）が for Mary to learn 以下の内容「自転車が盗まれたのを知ったこと」を表すので，現在分詞（shocking）を形容詞として用います。

5 The student was sure he did well on the exam. He came home (quite satisfied).
   訳 その学生は試験をうまくこなしたと確信していた。彼はすっかり満足して帰宅した。(答③)
   　まず，動詞 came と空所の結びつきを考えます。ここでもやはり主語（He）と空所には受動関係が成立していることを読み取り，come home＋過去分詞「〜した状態で帰宅する」の形を用いて表現します。なお，選択肢にある confident は「（形）自信がある」，confidentially は「（副）内密に」という意味です。

第9講 関係詞

●1 関係代名詞の基本用法

　関係代名詞の前提になるのが疑問代名詞です。中学レベルの知識ですが，簡単に復習しておきましょう。

　まず，疑問代名詞を用いた質問と応答は，例えば，**Who** walked on the moon first? —— **Neil Armstrong** did.「最初に月面を歩いた人は誰でしたか。——ニール・アームストロングでした」ですね。これを（a）「接続詞と代名詞」を用いて書き換え，（b）「関係代名詞」で表現してみましょう。

(a) Neil Armstrong was an astronaut ｜and｜｜he｜ walked on the moon first.
〈先行詞が「人」で主格だから who〉　〈he は主格〉

(b) Neil Armstrong was the astronaut ｜who｜ walked on the moon first.
〈先行詞〉　〈who は主格〉

（＝to walk on the moon first.）
〈第 6 講の復習「不定詞の形容詞用法」〉

(b)の訳「ニール・アームストロングは，最初に月面を歩いた宇宙飛行士でした」

　(b)の who は，前にある名詞を受ける代名詞の働きをするのと同時に，それに節を結びつける接続詞の働きをしていますね。つまり，**関係代名詞の働き＝代名詞の働き＋接続詞の働き**なのです。関係代名詞が成立するには，主節と関係詞節に同じものを指す名詞が必要になります。

　関係代名詞が代名詞の働きをすることから，関係代名詞はその節内では**主語・目的語・補語**になったり，**所有格としてその節中の名詞を修飾**したりします。また，関係詞節によって修飾される（代）名詞を**先行詞**と呼び，**先行詞が表す種類と関係詞節中における働きによって，関係代名詞を使い分けます**。では，次の表で確認してください。

先行詞＼格	主格	所有格	目的格
人	who	whose	whom 〈口語では who〉
動物・もの	which	of which / whose	which
人・動物・もの	that	—	that

問 題

次の各英文の空所に入る最も適当なものを①～④から選びなさい。

□ **1** Charles Dickens is a writer （　　） our teacher likes best.
　　① whom　　② whose　　③ which　　④ what　　　　（中京大）

□ **2** She comes from a country （　　） political situation is unstable.
　　① that　　② which　　③ its　　④ whose　　　　（中央大）

□ **3** Tom mentioned a book （　　） I have forgotten.
　　① which title　　　　② to the title which
　　③ the title of which　　④ in which the title　　（跡見学園女子大）

設問解説

1 Charles Dickens is a writer （whom） our teacher likes best.
　訳 チャールズ・ディケンズは私たちの先生が一番好きな作家です。（答①）

　空所の前にある a writer と 空所の後ろの our teacher likes best から，a writer「人」を先行詞とする関係代名詞節が続くことに気づきましたね。空所の後ろの他動詞（like）の目的語がないので，空所には**「人」を先行詞とする目的格の関係代名詞（whom/that）**が入ります。なお，**口語では whom の代わりにしばしば who** を用います。また，**目的格の関係代名詞（whom）は省略することができます**。

2 She comes from a country （whose） political situation is unstable.
　訳 彼女は政治情勢が不安定な国の出身です。（答④）

　空所の前にある a country と，後ろの名詞句（political situation）に冠詞がないことに注目しましょう。... a country and its (→ whose) political situation is unstable と考え，**a country「もの」を先行詞とする関係代名詞（whose）**を用いて表します。空所の後ろにある「無冠詞の名詞」がヒントですね。

3 Tom mentioned a book （the title of which） I have forgotten.
　訳 トムが言っていた本の書名を私は忘れてしまった。（答③）

　空所の後ろの節が含んでいる動詞（have forgotten）には目的語がありませんね。選択肢の the title を用いて**「接続詞と代名詞」**で結びつけて目的語を表すと，Tom mentioned a book and I have forgotten the title of it. となります。次に**この２つの文に共通した名詞（book）「もの」を先行詞にして関係代名詞で書き換えます**。and に続く文の of it を関係代名詞（of which）にして，the title と結びつけ，the title of which の形で後半の文の前に移動させます。では，図解してみましょう。

Tom mentioned a book **and** I have forgotten *the title* **of it**.　〈接続詞＋the＋名詞＋of 代名詞〉

Tom mentioned a book *the title* **of which** I have forgotten ∧.　〈the＋名詞＋of which〉

〈先行詞〉　　　　　〈目的語が前方へ移動〉

Tom mentioned a book **of which** *the title* I have forgotten ∧.　〈of which＋the＋名詞〉
→やや古い文語表現

Tom mentioned a book **whose** ~~the~~ title I have forgotten ∧.　〈whose＋無冠詞の名詞〉

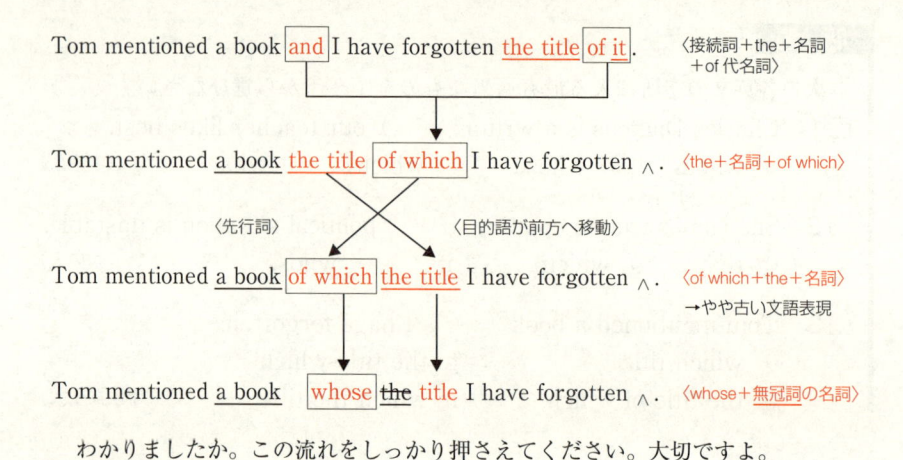

　わかりましたか。この流れをしっかり押さえてください。大切ですよ。

●2　前置詞＋関係代名詞

　疑問代名詞を用いた質問と応答から確認しましょう。例えば，Who were you talking to?（口語）／ To whom were you talking?（文語）── I was talking to a teacher.「あなたは誰と話していたのですか」「先生と話していました」を，(a)「接続詞＋代名詞」を用いて書き換え，(b)「関係代名詞」で表現すると，

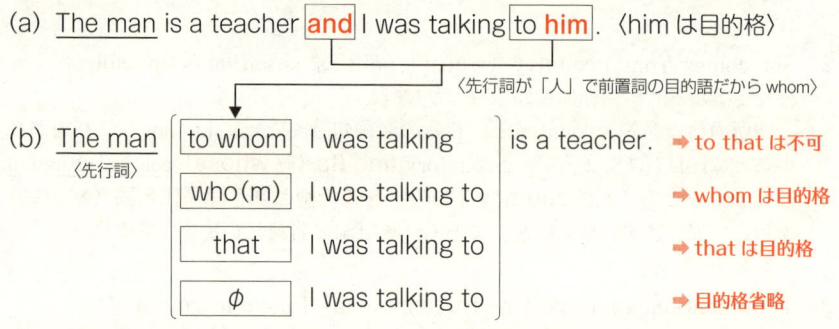

(a) The man is a teacher **and** I was talking **to him**.　〈him は目的格〉

〈先行詞が「人」で前置詞の目的語だから whom〉

(b) The man 〈先行詞〉

to whom	I was talking	is a teacher.	➡ to that は不可
who(m)	I was talking to		➡ whom は目的格
that	I was talking to		➡ that は目的格
φ	I was talking to		➡ 目的格省略

(b) の訳「私が話していた人は先生です」

　目的格の関係代名詞（whom, which, that）が前置詞の目的語の働きをすることがあります。この場合，前置詞は関係詞節の最後に置くと口語的な言い方になり，関係代名詞の前に置いて「**前置詞＋関係代名詞（whom/which）**」にすると文語的な言い方になります。関係代名詞の直前にコンマがなければ，前置詞を後ろに回して目的格の関係代名詞を省略することがよくあります。なお，×「**前置詞＋関係代名詞（that）**」の形はダメです。要注意ですよ。

142

問題

次の各英文の空所に入る最も適当なものを①〜④から選びなさい。

☐ **1** Is Dr. Brown the person (　) you wish to speak?
　① that　② to that　③ to whom　④ whom　　（青山学院大）

☐ **2** The professor sternly told the student, "Read the passage (　) I referred in my lecture."　　（センター試験）
　① that　② to that　③ to which　④ which

☐ **3** That was the meeting (　).
　① which I kept falling asleep during
　② during which I kept falling asleep
　③ I kept falling asleep during
　④ I kept fall asleep　　（京都外国語大）

☐ **4** The ease (　) she repeated the melody amazed the audience.
　① through which　② to which
　③ with which　④ of which　　（北里大）

設問解説

1 Is Dr. Brown the person (to whom) you wish to speak?
　訳 ブラウン博士はあなたが話をしたい方ですか。（答③）
　空所の前の the person から「人」を先行詞とし，空所の後ろにある動詞 (speak) から **speak to A「Aと話す」**が浮かびましたね。**speak to A の to** は関係詞節の最後に置くことも，関係代名詞の前に置くこともできます。

Is Dr. Brown the person [who(m) you wish to speak to ∧]?　〈目的格省略可〉
　　　　　　　　〈先行詞〉　　　〈先行詞が「人」で前置詞の目的語だから whom〉

Is Dr. Brown the person [to whom you wish to speak ∧]?
　　　　　　　　　　　　〈前置詞＋関係代名詞〉

2 The professor sternly told the student, "Read the passage (to which) I referred in my lecture."
　訳 教授はその学生に「私が講義で参照した箇所を読みなさい」と厳しく言った。（答③）
　空所の前にある the passage が先行詞となります。関係詞節内の referred は to と結びつき，**refer to A「Aに言及する，Aを参照する」**の to は関係詞節の最後に置くことも，関係代名詞の前に置くこともできます。

③ That was the meeting (during which I kept falling asleep).
　訳 あの会議中，私はずっと居眠りをしていました。(答②)
　　空所の前の the meeting が先行詞となり，関係詞節内の前置詞 during は，kept falling asleep より先行詞の the meeting との結びつきが強いので，関係詞節の最後に置くことはできず，関係代名詞の前に置きます。

> 前置詞が (a)round, besides, between, beyond, during, except, opposite, outside, toward などの場合は，「前置詞＋関係代名詞」の形を用います。

④ The ease (with which) she repeated the melody amazed the audience.
　訳 彼女がメロディーをいとも簡単に繰り返す姿は観客を驚かせた。(答③)
　　空所の前にある ease から，with ＋抽象名詞（ease）＝副詞（easily）で1つの副詞句を形成しているので，これを分離したり，関係詞節の最後に置いて，関係代名詞を省略したりすることはできません。

●3 関係副詞の用法

　疑問副詞を用いた疑問文とその応答から確認しましょう。Where do you live? の応答は，I live in New York. のようになりますね。これを「関係副詞」を用いて表してみましょう。

　New York is a city where I live.
＝New York is a city in which I live. ⇒ 前置詞＋ which ＝関係副詞
　関係副詞とは，接続詞と副詞の2つの働きをする語で，when, where, why, how の4種類です。

　なお，the way は極めて特殊な語法で，×the way how とは言わないので注意。the way in which ［that／φ〈省略が最も口語的〉］などと表します。

　また，when, where, why の代わりに that を用いることもできますが，when の場合に that を用いることが最も多く，また where には (at ［to］ the place) where S ＋ V ... のように「前置詞＋ the place」が省略され，where S ＋ V ... となった接続詞用法もあります。では，表にまとめてみましょう。

先行詞になる語句	関係副詞
「時」 the time［day］など	when［that］(＝on/in which)
「場所」the place など	where (＝at/in which) ／ (at［to］the place) where
「理由」the reason	why (＝ for which)
「方法」the way	(in which ／ that ／ φ)〈how の場合は先行詞なしで用いる〉

では，正しいものを選んでください。

> That was the town (which / where) I have lived for a long time.

空所の後ろの live は自動詞なので，先行詞 the town との関係は live **in** the town となり，**前置詞が必要**になります。

That was <u>the town</u>.
〈先行詞〉

[(which/that) I have lived **in** for a long time]
〈live in the town と考える〉

[**in** which   I have lived   for a long time]
〈前置詞を前に出し in which〉

[**where**   I have lived   for a long time]
〈先行詞が「場所」→ in which ＝ where〉

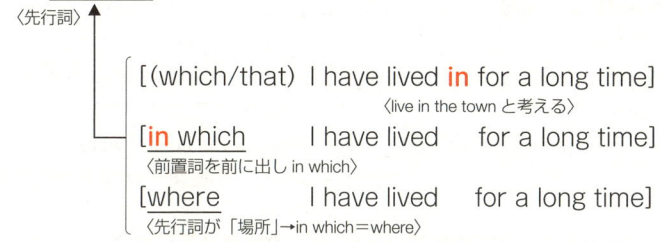

|例題訳| そこは私が長い間住んでいた町です。(**答** where)

問 題

次の各英文の空所に入る最も適当なものを①〜④（4のみ①〜⑤）から選びなさい。

□**1** The firemen had trouble getting to the street (   ) the houses were on fire.
　① how　② that　③ where　④ which　　（センター試験）

□**2** The time will come (   ) you will understand what I am saying.
　① where　② which　③ when　④ whether　　（亜細亜大）

□**3** It's amazing! Have you noticed the way (   ) he spins the ball?
　① by which　② in which　③ how　④ of that　　（杏林大）

□**4** You may use my room, but you must leave my books (   ) they are.
　① that　② where　③ which　④ there　⑤ what
　　　　　　　　　　　　　　　　　　　　　　　　　（法政大）

□**5** Michael works very hard. That's (   ) I respect him.
　① how　② the person　③ the thing　④ why
　　　　　　　　　　　　　　　　　　　　　　　　　（センター試験）

145

設問解説

1 The firemen had trouble getting to the street (where) the houses were on fire.
   訳 消防士は家が燃えている通りにたどり着くのに苦労した。(答③)

   まず，空所の後ろ (the houses were on fire) が**節として成立している**ので，これに空所の前にある **the street を結びつけるには，前置詞を用いて副詞句 (on the street) にします**。では，図解して見ましょう。

   The firemen had trouble getting to the street. + The houses were on fire on the street.

   The firemen had trouble getting to the street on which the houses were on fire.
   〈先行詞〉(＝ where)〈前置詞＋ which ＝関係副詞〉

   なお，② that による関係副詞（where）の代用は不可です。

2 The time will come (when) you will understand what I am saying.
   訳 私が言っていることがわかる時が来ますよ。(答③)

   空所の後ろは**節として成立**していることを押さえ，空所の直前に名詞がないため，さらに前を見ると，文頭にある (The time) が先行詞で「時」を表しているので，**関係副詞 when** を用います。**先行詞と関係詞の分離**に注意ですよ。

3 It's amazing! Have you noticed the way (in which) he spins the ball?
   訳 すごいね！ 彼がボールにスピンをかけるやり方に気づいた？ (答②)

   空所の後ろが**節として成立**していることを押さえ，空所の前にある the way を先行詞として，in the way となることから **the way in which の形**を用います。×**the way how の形は不可**なので注意してください。

4 You may use my room, but you must leave my books (where) they are.
   訳 私の部屋を使っても構いませんが，私の本はそのままにしておきなさい。(答②)

   関係副詞（where）には，前置詞と先行詞を省略した **(at the place) where S ＋ V ... の用法**と副詞節を導く**接続詞用法（where S ＋ V ...）**があります。この問題は，接続詞用法と考えるとスッキリしますね。

5 Michael works very hard. That's (why) I respect him.
   訳 マイケルは非常に一生懸命に働きます。だから私は彼を尊敬しています。(答④)

   前半の意味内容を，空所の前にある **That が「理由」**を，空所の後ろの節が**「結果」**を表しています。**That's why ...**「そういうわけで／だから」の意味で，why 以下が「結果」を表しているところがポイントですね。

> 理由．This [That] is why 結果 「理由である。こう [そう] いうわけで 結果 である」
> 結果．This [That] is because 理由．「結果 である。それ [これ] は 理由 だからである」
> 方法．This [That] is how [= the way (in which)] 結果
> 　　「方法 である。こう [そう] やって 結果 である」

●4 関係代名詞か関係副詞か？

　関係代名詞と関係副詞の用法の区別ができない人の多くは，the reason だから why のように先行詞のみで区別する癖がついている人です。**暗記に走ってはダメ。「関係副詞＝前置詞＋関係代名詞（which）」であることをしっかり押さえ，先行詞を見ただけで判断するのではなく，関係詞節内の構造を読むことが大切**です。

　中学レベルのように見える知識でも，入試で次のように出題されるとミスをする受験生が続出です。正しいものを選ぶ問題です。

> That was the reason (which / why) he gave for being late for class.

　空所の前に the reason があるから why だと考えませんでしたか。空所の後ろの構造を見ると，give は二重目的語を取る他動詞だとピンときましたか（→ p.19 参照）。ただ，この関係詞節内では目的語は 1 つですね。give A(人) + B(物) の give B(物) (+ to A(人)) の形です。

That was the reason.
　　　〈先行詞〉
　　　　　[(which / that) he gave ___ for being late for class]
　　　　　　　　　　　　　 S　 V　 O
　　　　　　　　　　〈先行詞が「もの」で gave の目的語→which/that〉

例題訳 それは彼が授業に遅刻したことに対して述べた理由だった。(**答 which**)

問題

次の各英文の空所に入る最も適当なものを①〜④から選びなさい。

□ **1** India is a country (　　) I have always wanted to visit since my childhood.
　　① that　　② where　　③ wherever　　④ whose　　　　（駒澤大）

☐ 2　This is the house （　　）.
　　① the poet lived in in his childhood
　　② which the poet lived when a child
　　③ where the poet lived in as a child
　　④ in that the poet lived when he was a child　　（埼玉医科大）

設問解説

1 India is a country (that) I have always wanted to visit since my childhood.
　訳 インドは私が子どもの頃からずっと訪れたいと思っていた国です。**(答①)**
　　まず，空所の前にある a country と，その後ろの I have always wanted to visit since my childhood. から，空所の後ろは a country「もの」を先行詞とする関係詞節だと気づきましたね。関係詞節内にある **visit は他動詞**の働きをしますが，目的語が見あたりません。そこで**先行詞の a country が目的語の働きをする（visit a country）**ように関係代名詞（which/that）を用いると関係詞節が成立します。**先行詞が a country「場所」を表しているからと言って関係副詞（where）に飛びつかないように注意**しましょう。

2 This is the house (the poet lived in in his childhood).
　訳 これはその詩人が子どもの頃に住んでいた家です。**(答①)**
　　空所の前にある the house と選択肢から，the house を先行詞とする関係詞節を考えます。選択肢にある **lived が自動詞**であることを押さえ，**先行詞（the house）に結びつけるには前置詞が必要**ですね。②は前置詞がありません。③の where は，ここでは in which の書き換えが可能なので，lived の後ろの in が不要です。④は**前置詞と関係代名詞（that）は結びつきません**。①は関係代名詞の目的格（which/that）の省略した形なので関係詞節が成立します。文末の … lived **in** in his childhood の … lived **in** がくせ者ですね。では，図解してみましょう。

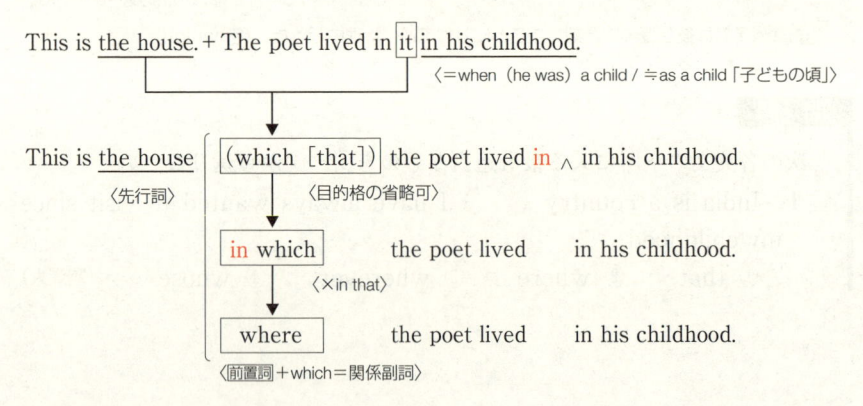

This is the house. + The poet lived in it in his childhood.
　　　　　　　　　　　　　　　　　〈＝when (he was) a child ≒ as a child「子どもの頃」〉

This is the house　(which [that])　the poet lived in ∧ in his childhood.
　〈先行詞〉　　　〈目的格の省略可〉

　　　　　　　　　in which　　　the poet lived　in his childhood.
　　　　　　　　　　　〈×in that〉

　　　　　　　　　where　　　　the poet lived　in his childhood.
　　　　〈前置詞＋which＝関係副詞〉

●5　関係詞の非制限用法

関係代名詞には関係詞節によって先行詞が限定される**制限用法**と先行詞に情報を付け加える**非制限用法**（または継続用法）があります。非制限用法がある関係詞は who, which, when, where の4語だけです。その特徴をまとめると次のようになります。

制限用法	後ろから先行詞を修飾する働き	コンマなし
非制限用法	先行詞について補足説明をする場合や先行詞が固有名詞の場合は非制限用法	コンマあり（省略／, that は不可）

制限用法では, She has *three daughters* who live in New York.「彼女にはニューヨークに住んでいる3人の娘がいる」── who live in New York が後ろから three daughters を限定しているので，ニューヨーク以外に住んでいる娘がいる可能性があります。よって，**娘の数は3人以上いるかもしれない**という解釈が成り立ちます。

非制限用法では，She has *three daughters*, who live in New York.「彼女には3人の娘がいて，その3人がニューヨークに住んでいる」── 先行詞である three daughters について「この3人の娘はニューヨークに住んでいる」という補足説明をしているだけなので，この英文から読み取れる情報は**娘の数は3人だけ**ということになります。

問題

次の各英文の空所に入る最も適当なものを①〜④（4と6は①〜⑤）から選びなさい。

□**1**　There are few places downtown for parking, (　　) is really a problem.
　　① what　　② where　　③ which　　④ who　　（センター試験）

□**2**　John (　　) really likes this place.
　　① who is from New York　　② , that is from New York,
　　③ that is from New York　　④ , who is from New York,
　　　　　　　　　　　　　　　　　　　　　　　　　（関西外国語大）

□**3**　He said he couldn't speak Russian, (　　) was not true.
　　① which　　② what　　③ why　　④ where for　　（上智大）

☐ 4　He looked like a lawyer, (　　) he was.
　　① what　② which　③ who　④ whom　⑤ whose
　　　　　　　　　　　　　　　　　　　　　　　（明治学院大）

☐ 5　Flip lives in a house on Malbone Street, (　　) his grandfather was born.
　　① when　② which　③ that　④ where　　（亜細亜大）

☐ 6　The hospital has two spare beds on the second floor, (　　) has been used for years.　You are welcome to use either one of them.
　　① both of which　② one of which　③ all of which
　　④ neither of which　⑤ either of which
　　　　　　　　　　　　　　　　　　　　　　　（京都外国語大）

設問解説

① There are few places downtown for parking, (which) is really a problem.
　訳 町の中心街には駐車する場所がほとんどない。それは本当に問題である。**（答③）**
　　空所の後ろにある動詞（is）から空所には主語の働きをして，単数名詞を指す関係詞を考えます。意味内容から，**前文内容全部を先行詞とする関係代名詞（which）の非制限用法**で表します。

② John (, who is from New York,) really likes this place.
　訳 ジョンは，ニューヨークの出身で，この場所が本当に好きです。**（答④）**
　　空所の前に固有名詞（John）があることに注意。**固有名詞は唯一存在する人・事物を表すので，関係詞は非制限用法**となります。なお，②の関係代名詞（that）の非制限用法〈, that〉は不可なので注意しましょう。

③ He said he couldn't speak Russian, (which) was not true.
　訳 彼はロシア語が話せないと言ったが，それは本当ではなかった。**（答①）**
　　空所の後ろの意味内容から「本当でない」部分を空所の前の内容から読み取ります。He said の行為は「事実」であり，(that) he couldn't speak Russian の部分が「本当でない」部分に相当し，それが先行詞となるため，関係代名詞（which）の非制限用法〈, which〉を用います。

④ He looked like a lawyer, (which) he was.
　訳 彼は弁護士のように見え，また事実そうだった。**（答②）**
　　空所の前にある a lawyer は「人」を表していますね。しかし，**「人」が先行詞**

でも，性格，職業，地位などを表す場合は，which を用います。引っかかりませんでしたか。この場合，which が補語の働き，つまり **「, which ＋ S ＋ be 動詞」** となる関係代名詞節の形で使われます。なお，補語の働きをする場合は that も用います。（→ p.157 設問解説 2 参照）。ただし〈, that〉の用法はダメですよ。

5　Flip lives in a house on Malbone Street, (where) his grandfather was born.
　訳　フリップはマルボーン通りに面した家に住んでいて，そこで祖父は生まれました。**(答④)**
　　空所の後ろが節として成立していることを押さえ，空所の前の「前置詞＋名詞」（on Malbone Street）の「場所」を表す副詞句に **where の非制限用法**を用います。ここでの〈, where〉は **, and there** を表します。

6　The hospital has two spare beds on the second floor, (neither of which) has been used for years. You are welcome to use either one of them.
　訳　病院の2階に予備のベッドが2つありますが，そのどちらもここ数年使われていません。どちらでも自由に使ってください。**(答④)**
　　空所の後ろにある has been used から，三人称単数の主語を先行詞にすることがわかりますね。空所の直前にある the second floor を先行詞にすると意味が成立しません。そこで，もう1つ前の **two spare beds を先行詞**にすると意味は成立しますが，複数名詞です。選択肢から**単数で受けられる代名詞は，either か neither** ですね。後半の意味内容が決め手となり，**neither「どちらも～ない」を用いると成立**します。図解してみましょう。

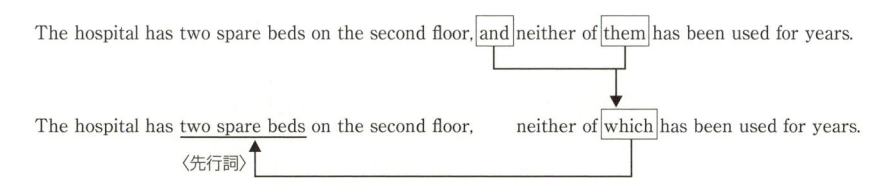

The hospital has two spare beds on the second floor, and neither of them has been used for years.

The hospital has two spare beds on the second floor,　　neither of which has been used for years.
〈先行詞〉

●6　関係代名詞 what の用法と慣用表現

what には疑問代名詞と関係代名詞の働きがあり，この区別は前後関係で判断します。

さて，関係代名詞ですが，what はその中に**先行詞を含み**，「**～すること［もの］**」(the thing(s) which ...) という意味を表します。**先行詞が見あたらない場合は，まず what かなと考える**ことをお勧めしますよ。また，what は関係詞節内で**主語**，**目的語**，**補語の働き**をします。

- <u>What he said</u> is true. 「彼が言ったことは本当です」
  〈主語ではふつう三人称単数として扱う〉
- I believe <u>what he said</u>. 「私は彼が言ったことを信じる」〈目的語〉
- That's <u>what he wants to say</u>. 「それは彼が言いたいことです」
  〈補語〉

● what の慣用表現

- what he is「今の彼／彼の人格」
- what he used to be = what he was「昔の彼」
- what is more「その上」
- what is worse「さらに悪いことに」
- what is called A = what we［you/they］call A「いわゆる A」
- A is to B what C is to D「A と B の関係は C と D の関係と同じだ」
- what with A, and（what with）B「A やら B やらで」
  〈ここでの what は本来 something という意味〉

問題

次の各英文の空所に入る最も適当なものを①〜④から選びなさい。

□ **1** Remember (　) I've just told you. It'll be very important when you grow up.
　① as　② that　③ what　④ which　（センター試験）

□ **2** (　) seems easy at first often turns out to be difficult.
　① It　② That　③ What　④ Which　（センター試験）

□ **3** A large proportion of (　) English-speaking people watch on TV is of American origin.
　① that　② what　③ where　④ which　（センター試験）

□ **4** She is (　) is called a genius.
　① how　② what　③ when　④ which　（甲南女子大）

□ **5** It is often said that rice is to Asians (　) wheat is to Europeans.
　① how　② that　③ what　④ which　（センター試験）

☐ 6　The world is not (　　) it used to be before the invention of the airplane.
　　① why　　② what　　③ that　　④ when　　　　　　　（東洋大）

設問解説

1　Remember (what) I've just told you. It'll be very important when you grow up.
訳　私がたった今あなたに言ったことを忘れないように。あなたが大人になったときに、それはとても大切になるでしょう。(答③)
　空所の前にある**動詞（Remember）の目的語の役割**と、空所の後ろにある**二重目的語をとる動詞（told）の直接目的語の役割**を、空所が担っていることに気づきましたか。**先行詞が見あたらない場合は、まず what かな？ と考えてみましょう。**

2　(What) seems easy at first often turns out to be difficult.
訳　最初は簡単に思えることでも、あとで難しいとわかることがよくある。(答③)
　空所の後ろにある動詞（seems）と、さらに後方にある2つ目の動詞（turns out）から、空所が主語の役割を担っていることを押さえ、空所から at first までを関係詞節として**先行詞を含む関係代名詞 what** を考えます。

| What (= The thing which) seems easy at first | often | turns out to be | difficult. |
| S〈関係詞節〉 | 〈副詞〉 | V | C |

3　A large proportion of (what) English-speaking people watch on TV is of American origin.
訳　英語圏の人たちがテレビで見るものの大部分は、元はアメリカで制作されたものである。(答②)
　空所の前には A large proportion of があり、後ろには他動詞（watch）がありますが、目的語が見あたりません。空所は前置詞 of の目的語としての役割と同時に watch の目的語の役割を担うため、**先行詞を含む関係代名詞 what** を考えます。

4　She is (what) is called a genius.
訳　彼女はいわゆる天才だ。(答②)
　空所の後ろに is called があるので、**what is called「いわゆる」**という意味の慣用表現だとピーンときましたか。

5　It is often said that rice is to Asians (what) wheat is to Europeans.
訳　米とアジア人の関係は小麦とヨーロッパ人の関係と同じだとよく言われる。(答③)
　空所の前後にある is to から決まり文句、**A is to B what C is to D「AとB**

の関係はＣとＤの関係と同じだ」が浮かびましたね。思い出せなかった人は，声に出して英文を何回も繰り返しましょう（笑）。

[6] The world is not (what) it used to be before the invention of the airplane.
　　訳 今の世界は飛行機が発明される前の世界とは違う。(答②)
　　空所の後ろにある it used to be から，what S used to be「昔のS」を連想できましたね。なお，it は the world を指します。

▶7　関係形容詞

　what や which は名詞の前について形容詞的に働きます。「疑問形容詞を用いた疑問文と応答」で振り返ってみましょう。
　(a) What university did you go to?「あなたはどの大学に行きましたか」
　(b) Which university did you go to?「あなたはどちらの大学に行きましたか」
　(a) what は幅広い選択肢を念頭に置いた漠然とした質問である一方で，(b) which は限られた選択肢で，おそらくは２つの大学のどちらかの可能性が高いといった絞った質問です。

●関係形容詞 what は，what ＋(little/few)＋名詞 ... ＝ all the (little/few) ＋名詞＋ that ... 「わずかながら…すべての～」という意味です。これは頻出なので押さえておきましょう。では，ほぼ同じ意味になるように（　）に適語を入れる問題です。

> I will give you all the little money that I have.
> ＝ I will give you (　) little money that I have.

all the little money that ＝ what little money「わずかばかりのお金すべて」です。
　　例題訳 私は持っているわずかばかりのお金すべてをあなたにあげますよ。(答 what)

●関係形容詞 which は，「コンマ＋前置詞＋ which ＋名詞」の形でよく用います。

> ・... , in which case （＝ and in that case）　　「その場合は」
> ・... , during which time （＝ and during that time）　「その間に」
> ・... , at which point （＝ and at that point）　　「その点で」

154

問題

次の各英文の空所に入る最も適当なものを①〜④から選びなさい。

□**1** Today, (　) little fossil ivory remains comes from Alaska.
① what　　② which　　③ there is　　④ where　　（青山学院大）

□**2** I may have to ask you some questions, (　) I'll call you.
① by which　　② from which
③ in which case　　④ by that time　　（拓殖大）

設問解説

1 Today, (what) little fossil ivory remains comes from Alaska.

訳　今日、わずかながら現存している牙の化石はすべてアラスカから出土している。**(答①)**

空所の後ろが複雑な構造に見えますね。ここでは、**little を手がかり**にすると構造が見えてきますよ。まず、不可算名詞と結びつく little は、名詞句 fossil ivory と結びつき、その後ろの remains が動詞となります。ここで、**little と結びつく関係形容詞 what が all the little ＋不可算名詞＋ that の形**だとパッと頭に浮かべば、comes が主動詞だと気づきますね。なお、little は省略されることもあるので要注意です。では、図解してみます。

Today, [all the (little) fossil ivory that remains] comes from Alaska.
　　　　　S　　　　　　　　　　　〈関係代名詞〉　　　　　V

Today, [what (little) fossil ivory　　　 remains] comes from Alaska.
　　　　　S〈関係形容詞〉　　　　　　　　　　　　　　　V

2 I may have to ask you some questions, (in which case) I'll call you.

訳　私はあなたに少し質問をしなければならないかもしれません。その場合にはあなたに電話をかけます。**(答③)**

まず、空所の前後で**それぞれの文が成立している**ことを押さえます。前後を結びつけるために接続詞を用いて表現すると、S ＋ V … **and in that case** S'＋V'… となり、that が前文の内容全部を指すので、関係形容詞で言い換えると **S ＋ V … , in which case S'＋ V'…** となります。

●8 関係代名詞 that と省略

関係代名詞 that を用いる傾向の強い場合と、使えない場合は次の表の通りです。

関係代名詞 that	使用条件
○ (that をよく使用)	先行詞が最上級, the only, the first, the last, the same, the very「まさにその」, all, any, no,「人と動物」の場合
× (that が使えません)	コンマの後（×, that），前置詞の直後（×前置詞＋that）

● 関係代名詞の省略

① 制限用法の関係代名詞は**目的格の場合は省略**できる。

② 関係代名詞が **be 動詞の補語**になっている場合は **that が好まれる**。ただし、関係代名詞（that）は、**省略**されるほうがふつう。

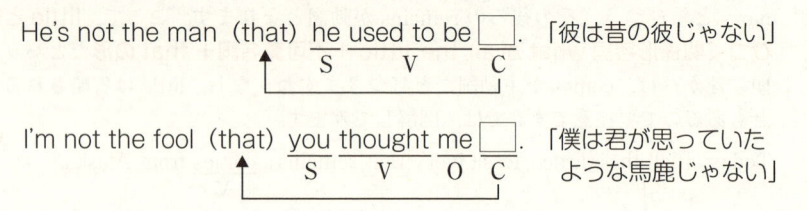

He's not the man (that) he used to be ☐. 「彼は昔の彼じゃない」
　　　　　　　　　　　　　S　　V　　　C

I'm not the fool (that) you thought me ☐. 「僕は君が思っていた
　　　　　　　　　　　　S　　V　　O　C 　　ような馬鹿じゃない」

③ There is ＋名詞＋ (that) ＋ V ＋ ... の場合，関係代名詞は**主格であっても省略**されます。

　　There is somebody (that/who) wants to talk to you.
　　「どなたかあなたと話をしたがっている人がいます」

④ 関係代名詞節内に S think [say] などが埋め込まれたように見える形があります。その場合，便宜上 S think [say] を取り去り，関係代名詞と節内の動詞との関係を読み取ると簡単です。

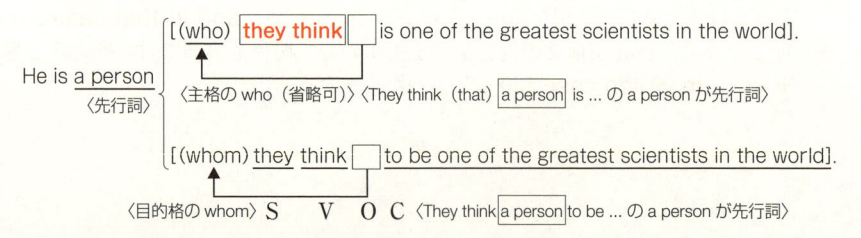

He is a person 　[(who) they think ☐ is one of the greatest scientists in the world].
　〈先行詞〉　　　　〈主格の who（省略可）〉〈They think (that) a person is ... の a person が先行詞〉

　　　　　　　　　[(whom) they think ☐ to be one of the greatest scientists in the world].
　　　　　　　〈目的格の whom〉 S　　V　　O　C 〈They think a person to be ... の a person が先行詞〉

「彼は世界で最も偉大な科学者のひとりだと考えられている人です」
ここでの **who は主格であるが省略**することができます。

問題

次の各英文の空所に入る最も適当なものを①〜④から選びなさい。

□**1** The man (　) at the party used to be a member of our tennis club.
　① spoke to you　　② you spoke to
　③ who you spoke　④ whom did you speak to　　　　（東京経済大）

□**2** He is not the coward (　) he was ten years ago.
　① that　② who　③ when　④ whom　　　　（慶應義塾大）

□**3** Many of them thought he was a coward, (　) he was not.
　① that　② which　③ what　④ who　　　　（杏林大）

□**4** The man (　) I thought was your brother turned out to be a total stranger.
　① who　② whom　③ what　④ which　　　　（桜美林大）

□**5** Many people criticized me, but I did what (　).
　① I thought I was right　　② I thought it was right
　③ I thought was right　　　④ I was thought right
　　　　（センター試験）

設問解説

1 The man (you spoke to) at the party used to be a member of our tennis club.
　訳 あなたがパーティーで話しかけた人は，以前私たちのテニスクラブのメンバーでした。**(答②)**
　空所の前にある The man と選択肢にある speak to A「A に話しかける」を押さえて，「人」を先行詞とする関係詞節を考えます。**関係代名詞の目的格は省略可**でしたね。

2 He is not the coward (that) he was ten years ago.
　訳 彼は，10年前の臆病者の彼ではない。**(答①)**
　空所の前にある the coward と空所の後ろにある he was から，the coward が先行詞で，he was の後ろの補語の位置にあったものが関係代名詞となり節を形成していることがわかります。**関係代名詞は that で補語を表し，ふつう省略します。関係詞節中の be 動詞**に注意しよう。なお，**先行詞が「人」の性格や地位などを表す場合は which** で表し，関係詞が補語の働きをする場合には that も使えるんでしたね（→ p.150 設問解説 4 参照）。

③ Many of them thought he was a coward, (which) he was not.
　訳 彼らの多くは彼が臆病者だと思っていたが，そうではなかった。(答②)
　　空所の前にある a coward が先行詞ですね。空所の後ろの he was not から，補語を表す関係代名詞として that を用いますが，空所の前にコンマ（×, that）があるため，**先行詞が「人」でも，その性格は〈, which〉で表します。**

④ The man (who) I thought was your brother turned out to be a total stranger.
　訳 あなたのお兄さんだと思っていた人はまったくの他人であるとわかった。(答①)
　　空所の前に The man があり，後ろに I thought was ... があるので，便宜上 I thought を取り除いて考えて見ると The man [who (I thought)　　 was ...] turned out ... の形が見えてきましたね。

⑤ Many people criticized me, but I did what (I thought was right).
　訳 多くの人が私を批判したが，私は自分が正しいと思うことをした。(答③)
　　空所の前にある what (= the thing which) は先行詞を含む関係代名詞と考え，I thought (that) the thing was right. の the thing が what の中に組み込まれたものと考えます。では，図解してみましょう。

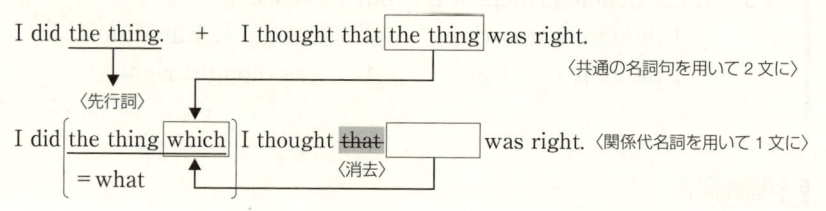

I did the thing. ＋ I thought that the thing was right.
〈先行詞〉　　　　　　　　　　　　　　　　　〈共通の名詞句を用いて2文に〉

I did the thing which I thought that was right. 〈関係代名詞を用いて1文に〉
　　　= what　　　　　　　〈消去〉

●9 関係代名詞の注意すべき用法

関係代名詞の理解が深まってきたところで，**同一の先行詞を2つの関係詞節によって重複して修飾する場合**を見ていきます。

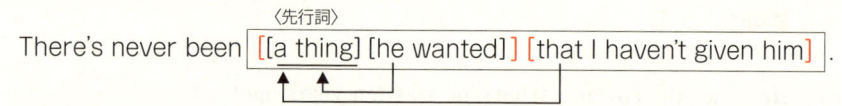

　　　　　　　　　　　〈先行詞〉
There's never been [[a thing] [he wanted]] [that I haven't given him].

先行詞（a thing）が，2つの関係詞節によって**「二重制限」**を受けていますね。なお，最初の関係代名詞は省略されることもあります。訳出する際は「彼が望んだもので私が彼に与えなかったものは何一つない」のように，**最初の修飾部分を「〜で」と訳すことがコツ**です。

次に「二重制限」に似ていますが異なる形として，**2つの関係詞節が並列的に1つの先行詞を限定**している場合があります。では，正しいものを選んでくださ

い。

> The boy (of whom he spoke / that he spoke of) and recommended to me has turned out a failure.

The boy [that he | spoke of ∧
and
recommended ∧ to me |] has turned out a failure.

同一の先行詞が 2 つの関係詞節によって同時に修飾されていますね。この場合の関係代名詞は**共通の格（ここでは目的格）**でなければなりません。

例題訳 彼が話してくれて，私に推薦してくれた少年は結局うまくいかなかった。
（答 that he spoke of）

問題

次の各英文の空所に入る最も適当なものを①〜④から選びなさい。

1 Food you eat (　　) you don't like will not digest well.
① what　② which　③ whom　④ of which　（京都学園大）

2 Is there anything you've done in your past that you now wish you (　　)?
① didn't do　② should have done
③ haven't done　④ hadn't done　（東邦大）

3 次の日本文に合うように，空所にそれぞれ①〜⑧の適当な語句を入れ，英文を完成させなさい。
私の知り合いで君ほど有能な人はいない。
There is (　)(　)(　)(　)(　)(　)(　)(　).
① efficient　② as　③ know　④ I
⑤ is　⑥ that　⑦ as you　⑧ nobody　（東海大）

設問解説

1 Food you eat (**which**) you don't like will not digest well.
  訳 あなたが食べるもので，好きでないものはよく消化しない。（答②）
　空所の前にある Food you eat を見てください。you eat が関係詞節として先行詞（Food）を修飾していることに気づきましたか。さらに，空所の後ろを見ると you don't like の目的語がありませんね。では，目的語に相当する名詞を探すと文頭の Food であることがわかります。you don't like が関係詞節として先行詞（Food you eat）を修飾していることになります。**先行詞（Food）が二重に修飾されたので「二重制限［限定］」と呼ばれます。**では，図解で確認しましょう。

159

⟨先行詞⟩
[[Food] [you eat]] [which you don't like] will not digest well.

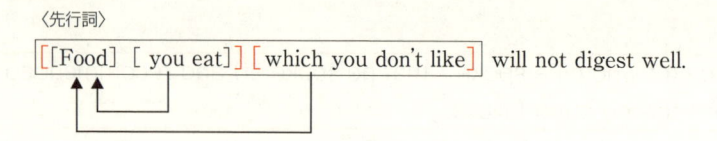

2 Is there anything you've done in your past that you now wish you (hadn't done)?

　　訳 あなたが過去にしたことで，しなかったらよかったと今更ながら思うことは何かありますか？
　　(答④)
　　　焦点は**仮定法**ですが，構造を読み取る過程で**関係代名詞の「二重制限」**が入っている問題です。anything を先行詞とし，you've done in your past が目的格の関係代名詞を省略した関係詞節で anything を修飾。さらに that you now wish you hadn't done が関係詞節で，anything を修飾した関係代名詞の**「二重制限」**であると捉え，空所の前の wish より仮定法を導きます。その時制は，前半の関係詞節内の **in your past** が**「過去」**における行為について表しているので，**仮定法過去完了**を用いることになります。では，図解してみましょう。

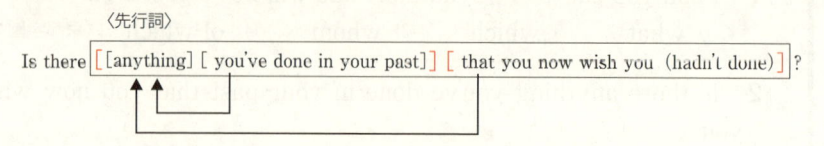

⟨先行詞⟩
Is there [[anything] [you've done in your past]] [that you now wish you (hadn't done)] ?

3 There is (nobody I know that is as efficient as you).
　　(答⑧-④-③-⑥-⑤-②-①-⑦)
　　　まず，There is の後ろには名詞が必要なので，nobody を置きます（→ p.297 参照）。次に目的格の関係代名詞を省略した関係詞節［(whom) I know］で nobody を修飾し，さらに that is as efficient as you で nobody I know をもう一度修飾します。先行詞 (nobody) が２つの関係詞節によって二重に修飾される「二重制限」の構造を用いて表現します。

•10 複合関係代名詞［形容詞］の用法

　whoever, whichever, whatever は先行詞を含む複合関係代名詞として名詞節を導いたり，譲歩の副詞節を導いたりします。さらに，whatever, whichever は複合関係形容詞として形容詞の働きもします。

whoever ...	= anyone who ...	「…する人は誰でも」〈名詞節〉
	= no matter who ...	「誰が…しようとも」〈譲歩の副詞節〉
whatever ...	= anything that ...	「…するものは何でも」〈名詞節〉
	= no matter what ...	「何が…しようとも」〈譲歩の副詞節〉
whatever + 名詞 ...	= any + 名詞 + that ...	「…するどんな〈名詞〉でも」〈名詞節〉
	= no matter what + 名詞 ...	「どんな〈名詞〉が…しようとも」〈譲歩の副詞節〉
whichever ...	= any one that ...	「…するものはどちらでも」〈名詞節〉
	= no matter which	「どちらが…しようとも」〈譲歩の副詞節〉
whichever + 名詞 ...	= any + 名詞 + that ...	「…するどんな〈名詞〉でも」〈名詞節〉
	= no matter which + 名詞 ...	「どんな〈名詞〉が…しようとも」〈譲歩の副詞節〉

no matter + 疑問詞は，although it doesn't matter + 疑問詞「…はどうでもいいが」が基とも言われています。what（漠然的）と which（限定的）の違いは p.154 で述べたとおりです。

問題

次の各英文の空所に入る最も適当なものを①～④（5 のみ①～⑤）から選びなさい。

☐ 1 It's not only her friends that Ms. Kinoshita is kind to. She helps ( ) needs her help.
　① those　② whatever　③ whoever　④ whom
　　　　　　　　　　　　　　　　　　　　　　　　（センター試験）

☐ 2 You should vote for ( ) you like, no matter what other people say.
　① that　② whose　③ which　④ whoever
　　　　　　　　　　　　　　　　　　　　　　　　（専修大）

☐ 3 When you're older I think you're better equipped mentally to cope with ( ) happens.
　① whatever　② whenever　③ however　④ whichever
　　　　　　　　　　　　　　　　　　　　　　　　（甲南大）

☐ 4 This work is very difficult for us to finish, so we would appreciate (　　) you can give.
　① if any help　② help that
　③ whatever help　④ of which help
（神奈川大）

☐ 5 There really isn't much choice in this case; just take (　　) you think will last longer.
　① it　② that　③ however　④ which　⑤ whichever
（愛知工大）

☐ 6 (　　) way you look, the view is wonderful.
　① That　② Wherever　③ Whichever　④ Whose
（日本大）

設問解説

1 It's not only her friends that Ms. Kinoshita is kind to. She helps (whoever) needs her help.
　訳 木下さんが親切なのは彼女の友だちに対してだけではありません。彼女は自分の助けを必要としている人なら誰にでも手を差し伸べます。**(答③)**
　空所の直前に helps があるので目的語となる who(m)ever を選びがちですが、それは考え方が違うので注意してください。空所の後ろの needs を見ると、主語が必要ですね。**-ever のついた複合関係代名詞は先行詞を含んでいます**ね。whoever（= anyone who）needs her help と考え、名詞節を導きます。なお、①those だと those（= those people）who ×needs となり、数が一致しません。ちなみに、前半の文は、It is ～ that ... の強調構文（→ p.290 参照）です。

2 You should vote for (whoever) you like, no matter what other people say.
　訳 他の人が何と言おうが、あなたが好きな人なら誰であれその人に投票すべきです。**(答④)**
　空所の後ろにある you like には目的語がありませんね。**先行詞を含む（anyone who(m) / any people who(m)）複合関係代名詞 who(m)ever** を用いて anyone who(m) you like と考えます。**whomever は whoever の形で用いる**のがふつうです。

3 When you're older I think you're better equipped mentally to cope with (whatever) happens.
　訳 人は年をとると、起こるどんなものにも精神的に対処する力がよりよく備わっていると思います。**(答①)**

162

　　　　まず，空所の前の ... cope with の目的語となり，後ろの happens の主語として働く構造（anything that happens）を考えます。**先行詞（anything）を含む複合関係代名詞で名詞節を導く whatever** を用いて表現します。なお，④whichever は「限定的なものからの選択」に用いるので，happen「（偶然に）起こる」と共に用いると矛盾が生じます。

4　This work is very difficult for us to finish, so we would appreciate (whatever help) you can give.
　　訳 私たちがこの仕事を終えるのは非常に難しい。だから与えてくれる援助ならどんな援助でもありがたく思います。(答③)
　　　空所の前にある動詞（appreciate）と後ろの you can give と選択肢の名詞（help）から，名詞節を導く**複合関係形容詞（whatever）を用いて，whatever help（= any help that）you can give とする**と，文意が成立します。

5　There really isn't much choice in this case; just take (whichever) you think will last longer.
　　訳 この場合，選択の余地は実際にあまりない。どれでも長続きすると思うものをともかく取りなさい。(答⑤)
　　　空所の前に take があり，後ろに you think will last longer があるので，**先行詞を含む（any one that）複合関係代名詞のうち，will last longer の主語として働くことのできる whichever** を用いて，**whichever（= any one that）you think will last longer** と考えます。you think が埋め込まれた形。last は「（自）続く」の意味です。なお，any one「どれも，だれでも」と anyone「だれでも」にも注意しよう。

6　(Whichever) way you look, the view is wonderful.
　　訳 どちらを見ても，景色はすばらしい。(答③)
　　　まず，2つの文から成り立っているので，冒頭に空所のある前半の文が副詞節を表していると考えます。空所の後ろに名詞（way）があるので，**限定的意味の複合関係形容詞（whichever）を用いて「譲歩の副詞節」を表す**と，文意が成立します。

●11　複合関係副詞の用法

　複合関係副詞には however, wherever, whenever があり，×whyever の形はありません。Where ever ...? のように2語で綴ると ever は疑問詞の強意語句 in the world / on earth と同じ意味を表し，複合関係副詞とはまったく異なりますので注意してください。
　-ever が譲歩の副詞節を導く場合は，「no matter + who/what/which/how/where/when」に置き換えることができます。名詞節を導く whoever/

whatever/whichever は，置き換えることができません。また，**wherever**「…するところはどこでも」，**whenever**「…するときはいつでも」の意味になるときは，接続詞的な働きのため置き換えることはできません。

however + 形容詞［副詞］+ S + V ...「(程度) どんなに…しようとも」〈譲歩の副詞節〉
however S + V ...「(方法) どんなやり方で…しようとも」〈譲歩の副詞節〉
wherever S + V ... = no matter where S + V ...「どこへ［で］…しようとも」〈譲歩の副詞節〉
= to any place where S + V ...「…するところはどこでも」〈副詞節〉
whenever S + V ... = no matter when S + V ...「いつ…しようとも」〈譲歩の副詞節〉
= at any time when S + V ...「…するときはいつでも」〈副詞節〉

問題

次の各英文の空所に入る最も適当なものを①〜④（3のみ①〜⑤）から選びなさい。

☐ **1** Keep on with your studies, (　　) hard it sometimes seems.
　① however　② no matter what　③ so　④ whatever
　　　　　　　　　　　　　　　　　　　　　　　　　　（センター試験）

☐ **2** (　　) we go to the island, we stay at the same hotel and relax ourselves.
　① Whatever　② Whenever　③ Wherever　④ Whoever
　　　　　　　　　　　　　　　　　　　　　　　　　　（大妻女子大）

☐ **3** (　　) you go, you have to remember that your credit card is usable.
　① Wherever　② Whatever　③ Whichever
　④ That　⑤ How
　　　　　　　　　　　　　　　　　　　　　　　　　　（大東文化大）

設問解説

1 Keep on with your studies, (however) hard it sometimes seems.
　訳 時にどんなにつらく思えても，勉強を続けなさい。**(答①)**
　　まず，2つの文から成り立っているので，空所のある後半の文が副詞節を表し

ていると考えます。空所の後ろに**副詞（hard）があるので，譲歩の副詞節を導く「however ＋副詞＋ S ＋ V ...」を用いる**と文意が成立しますね。

② （Whenever）we go to the island, we stay at the same hotel and relax ourselves.
　　訳 私たちがその島に行くときはいつでも，同じホテルに滞在して，のんびりします。**(答②)**
　　　2つの文から成り立っているので，空所のある前半の文が副詞節を表していると考えます。前半の内容から**「…するときはいつでも」の意味を表す副詞節「whenever S ＋ V ...」**を用います。「譲歩」の意味ではないので，no matter when S ＋ V ... の書き換えはできません。

③ （Wherever）you go, you have to remember that your credit card is usable.
　　訳 どこに行っても，自分のクレジットカードが使えることを覚えておきなさい。**(答①)**
　　　2つの文から成り立っているので，空所のある前半の文が副詞節を表していると考えます。前半の内容から**「どこへ［で］…しようとも」の意味を表す譲歩の副詞節「wherever S ＋ V ...」**を用います。「譲歩」の意味なので，no matter where S ＋ V ... で書き換えることができます。

•12 関係詞の特殊な用法

as，than，but を見ると接続詞か前置詞だと思いますね。でも実は，文語的な表現ですが，接続詞的な関係代名詞として用いることができます。

as	〈相関語句と共に使われる場合〉**as [so], such, the same ... as** （例）I have the same cellphone as you have. 　　　「私はあなたと同じ携帯電話を持っています」 〈単独で使われる場合〉**as の直後に be 動詞を続けること**が原則で，which と同じように文の内容を受ける。文頭，文中，文末のいずれにも置ける。 （例）As is often the case with him, he was not in the office. 　　　「彼にはよくあることだが，彼は会社にいなかった」
than	**比較級＋ than ＋ V ...** （例）There's more to this than meets the eyes. 　　　「これには見かけ以上のものがある」
but	〈否定文で〉**but = that ... not** （例）There is no rule but has some exceptions（that does not have any exceptions）. 　　　「例外のないルールはない」

また，p.103の「疑問詞＋to 不定詞」に関係代名詞を用いた形が，**「前置詞＋関係代名詞＋ to 不定詞」の構文**です。次の例で押さえておきましょう。

He is looking for an apartment **in which to live** (= to live in).「彼は住む（ための）アパートを探している」。

問題

次の各英文の空所に入る最も適当なものを①～④（2, 4は①～⑤）から選びなさい。

☐ 1　She would not accept more money（　　）she really needed.
　　① than　　② that　　③ what　　④ whom　　　　　　（法政大）

☐ 2　Grandpa,（　　）was usual with him, took the dog out for a walk.
　　① it　　② as　　③ what　　④ who　　⑤ although　　（早稲田大）

☐ 3　There is no worker（　　）appreciates a pay raise.
　　① whose　　② those　　③ but　　④ he　　　　　　（福山平成大）

☐ 4　I was looking for a knife（　　）to cut up some cardboard boxes.
　　① to which　　② which　　　　　③ in which
　　④ at which　　⑤ with which　　　　　　　　　　　　（大東文化大）

☐ 5　As a child, Derek was exposed to an ideal environment（　　）.
　　① in which foreign languages to be learnt
　　② in which to learn foreign languages
　　③ learning foreign languages in
　　④ which to learn foreign languages in　　　　　　　（慶應義塾大）

設問解説

[1] She would not accept more money (**than**) she really needed.
　訳 彼女は本当に必要とする以上のお金を受け取ろうとはしなかった。**(答①)**
　　まず，more ... than ～の関係を押さえます。先行詞に比較級を伴うと，関係代名詞は than になることを押さえましょう。would not は「拒絶」を表します（→p.57参照）。

2. Grandpa, (as) was usual with him, took the dog out for a walk.
   訳 おじいちゃんは，いつものことだが，犬を散歩に連れて行った。**(答②)**
   　この as も，who was usual with him のように関係代名詞 who を用いると形は成り立ちますが，意味が成立しません。as is usual with ～「～にはいつものことだが」を押さえましょう。

3. There is no worker (but) appreciates a pay raise.
   訳 賃上げをありがたく思わない労働者はいない。**(答③)**
   　There is no worker と appreciates a pay raise の意味内容から，後半の内容を否定する構造にするため，**否定語を含む関係詞 but(＝ that ... not)** を用いると There is no worker **that does not** appreciate a pay raise. となり，文意が成立しますね。

4. I was looking for a knife (with which) to cut up some cardboard boxes.
   訳 私は段ボール箱を細かく切るナイフを捜している。**(答⑤)**
   　「道具」の with を用いて，**「前置詞＋関係代名詞＋ to 不定詞」の構文**で表現すると，with which to cut up some cardboard boxes となります。前置詞 with を文末に置くと関係代名詞 which が消去され，to cut up some cardboard boxes with となります。

5. As a child, Derek was exposed to an ideal environment (in which to learn foreign languages).
   訳 子どもの頃，デレクは外国語を学ぶ理想的な環境に触れることができた。**(答②)**
   「前置詞＋関係代名詞＋ to 不定詞」の構文を用いて表現すると次の通りです。
   　which he was (able) to learn foreign languages in.
   　〈関係代名詞〉
   　~~which he was (able)~~ to learn foreign languages in.
   　〈to 不定詞（形容詞用法）〉
   　in which he was (able) to learn foreign languages.
   　〈前置詞＋関係代名詞〉
   　in which ~~he was (able)~~ to learn foreign languages.
   　〈前置詞＋関係代名詞＋ to 不定詞〉

第10講 接続詞

●1 名詞節を導く that

　接続詞は語(句)と語(句)や節と節などをつなぐ**接着剤の働き**をしますね。接続詞の位置に注意し，節と節の結びつきを図解してみましょう。

S + V...(,)	接続詞+S' + V'...	⇔	接続詞+S' + V'...(,)	S + V...
「主節」	「従(属)節」		「従(属)節」	「主節」

　主節に対して従属節の関係を結ぶタイプの接続詞に that があります。この **that 節は名詞節となり，文の主語・目的語・補語の働き**をし，**「～ということ」**と訳出します。文体上，It is +形容詞+ that 節／S + V + it + C + that 節のように**形式主語や形式目的語の it** によって置き換えられることがよくあります。

　受験生が特に苦手としているのが，接続詞 that と関係代名詞 what の判別です。では，次の英文の正しいものを選んでください。

> (What / That) there is a difficulty in the plan is obvious.

　空所から plan までが完全な節構造を取っているので，接続詞（that）を用い，[That there is a difficulty in the plan] is obvious. となります。英語は主語に節構造を用いることを嫌うため，It is obvious that there is a difficulty in the plan. とすることがよくあります。

　その他に，名詞節を導く that 節に前置詞はつかないのが原則ですが，例外として，**in that [except] S + V ...** は「**…という点で [...を除けば]**」という意味で，また in that ... は「理由」の意味としても用います。

　例題訳 その計画に困難な点があることは明らかだ。（答 that）

問題

次の各英文の空所に入る最も適当なものを①～④から選びなさい。

□**1** (　　) Prime Ministers of Japan come and go very often is now well known around the world.
　① That　② What　③ Which　④ Because　　　　（杏林大）

□**2** (　　) I really want is for them to stop arguing.
　① That　② Those　③ What　④ Which　　　　（青山学院大）

□3　The reason he was absent was (　) he had a severe headache.
　　① one　　② that　　③ how　　④ why　　　　　　（千葉工大）

□4　His new movie is different from his last one, (　) it's based on a true story.
　　① in that　　② for that　　③ of which　　④ with which
　　　　　　　　　　　　　　　　　　　　　　　　　　　（法政大）

設問解説

1 (That) Prime Ministers of Japan come and go very often is now well known around the world.

訳　日本の首相がかなり頻繁に入れ替わることは今では世界中によく知られている。**(答①)**

　まず，この文の動詞を押さえましょう。文頭から順に読んでいくと動詞（come and go）に出くわします。これは複数形の主語（Prime Ministers）と一致していますね。次に目にとまった動詞（is）は，三人称単数の主語と一致することから，**空所から very often までが主語のかたまりを形成**していることに気づきましたか。It で言い換えると **It** is now well known around the world **that Prime Ministers of Japan come and go very often**. となりますね。副詞（often）は動作を表す動詞と関係しますから，ここでは come and go を修飾していますよ。

2 (What) I really want is for them to stop arguing.

訳　私が本当に望むことは，彼らが言い争いを止めることです。**(答③)**

　空所の後ろにある他動詞（want）の目的語が見あたりません。そこで**「先行詞がないときは what を考えろ！」**という鉄則から，What（= The thing which）I really want とすると意味が成立しますね。問題1との区別がポイントです。

3 The reason he was absent was (that) he had a severe headache.

訳　彼が欠席した理由は，ひどい頭痛がしたからだった。**(答②)**

　文頭にある **The reason の後ろに関係副詞（why）が省略**された形で関係詞節が続き，空所の直前にある動詞（was）の主語が The reason であることに気づきましたね。次に，空所の後ろにある節が完全な形をしているので，**動詞(was) に対して補語の働きをする名詞節 that** を用います。

4 His new movie is different from his last one, (in that) it's based on a true story.
   訳 彼の新作映画は，実話に基づいているという点で前回の映画とは違う。(答①)

　　空所の後ろの節は完全な形をしていることから接続詞を考えます。空所の前にある different から **be different in A「A の点で異なる」**という形を浮かべば，**in that S + V ...「…という点で」**を用いることができます。なお，**in that 節は「理由」の because 節で置き換える**ことができます。

•2 同格関係をつくる that 節

「同格」って何でしょう？ 説明を必要とする**抽象的な意味の名詞に that 節を続けることで，具体的な説明を加える**ことができます。そのとき，名詞と that 節は同格の関係にあると言い，**「～という」**と訳します。ほかに，of 名詞(句)，to 不定詞，名詞(句) も同格の関係をとりますので，ここですべてのパターンを整理しておきましょう。

〈抽象的な語〉　〈具体的に説明する言葉〉

名詞(句) ＝
- that 節　　（例）*the fact* that the earth moves around the sun
　　　　　　　　　　＝
　　　　　　「地球が太陽の周りを回るという事実」
- of 名詞(句)　（例）*the pleasure* of meeting you
　　　　　　　　　　＝
　　　　　　「あなたに会うという喜び」
- to 不定詞　（例）*a chance* to talk to the actor
　　　　　　　　　　＝
　　　　　　「その俳優と話をする機会」
- 名詞(句)　　（例）*the Great Bear*, seven stars in the shape of a plow
　　　　　　　　　　＝
　　　　　　「大熊座，つまり鋤の形をした 7 つの星」

同格の that 節をつなげることのできる主な名詞は次のとおりです。**意味に注意。**

> ＊抽象的な語
> fact「事実」，news「知らせ」，belief「信念」，claim「主張」，feeling「気持ち」，idea「考え」，chance「機会」，evidence「証拠」，suggestion「提案」，rumor「うわさ」
> ---
> ＊同格の that 節を取れない名詞（具体的な感情を表す表現の多くは同格の that 節が取れないので注意）
> anger「怒り」，pleasure「喜び」，advice「忠告」，dream「夢」，experience「経験」，intention「意図」，memory「記憶」，necessary「必要性」

問題

次の各英文の空所に入る最も適当なものを①〜④から選びなさい。

□**1** We are surprised at the fact (　　) women are not allowed to drive in Saudi Arabia.
　　① of　　② that　　③ whether　　④ which　　（広島工大）

□**2** The thought flashed through her mind (　　) she was going to die.
　　① that　　② which　　③ whose　　④ what　　（福岡大）

□**3** I don't have the courage (　　) my boss to lend me his car.
　　① asking　　② for asking　　③ to ask　　④ which I ask
　　　　　　　　　　　　　　　　　　　　　　　　　　（センター試験）

□**4** Social science, (　　) in 1998, is no longer taught at this college.
　　① studying the subject　　② having studied
　　③ the subject I studied　　④ I have studied　　（センター試験）

設問解説

1 We are surprised at the fact (that) women are not allowed to drive in Saudi Arabia.
訳　サウジアラビアでは女性は車の運転をしてはいけないという事実に私たちは驚いている。**(答②)**
　空所の後ろの節が完全な形で，空所の前にある the fact の具体的な説明をしているので，that を用いて名詞節を導き **The fact と同格の関係**をつくります。

2 The thought flashed through her mind (that) she was going to die.
訳　自分は死にかけているんだという思いがさっと彼女の心をよぎった。**(答①)**
　まず，空所の後ろの節が完全な形をしていることを押さえます。文頭にある The thought が文の主語で，空所以下の内容がその具体的な説明をしていることに気づきましたか。**The thought と that 節が分離した状態で同格関係を形成**しているところを見抜くことがポイントです。

3 I don't have the courage (to ask) my boss to lend me his car.
訳　私には上司に車を貸してくださいとお願いするだけの勇気がない。**(答③)**
　空所の前にある語句から **have the courage to do「〜するだけの勇気がある」**という形に気づきましたか。この **to 不定詞は形容詞用法**で，直前の the courage の具体的内容を表す**同格**を示しています。

171

4 Social science, (the subject I studied) in 1998, is no longer taught at this college.

 訳 社会学は，1998 年に私が勉強した科目ですが，この大学ではもはや教えられていません。
 (答③)
  空所の前にある Social science を空所が具体的に説明していると捉えると，**名詞句と名詞句による同格関係**であるとわかりますね。

●3 接続詞 if の用法

if は副詞節を導き「もし〜ならば」という条件の意味を表しますね。

●if ... と if 〜 not ... の**強調形**は，それぞれ **provided [providing] (that) ... と unless ...** で「**絶対条件**」を表し，仮定法では用いません。そして，**unless の節内ではふつう肯定文**を用います。

> If ... 「もし…ならば」　　⇔　If 〜 not ... 「もし…でないなら」
> ↓（強調）　　　　　　　　　　↓（強調）
> Provided (that) ... 「…する限り」⇔ Unless ...「…しない限り」
> = Providing (that) ...　　　　　　　　　　　　　　　　　　　「絶対条件」

Suppose [Supposing] (that) ... は文頭で用いて「もし…としたら」の意味を表し，ふつう疑問文が続き，仮定法でも用いることができます。

●as long as と as far as は long「時間的長さ」と far「距離」の点から違いを考えます。

> ・as long as 　「（前置詞で）〈期間〉〜の間」
> 　　　　　　　　「（接続詞で）〈時間の限界〉〜するあいだは（= while）」／
> 　　　　　　　　「〈条件〉〜さえすれば（= only if）」ふつう仮定法不可。
> ・as far as 　「（前置詞）〈場所〉〜まで」
> 　　　　　　　「（接続詞）〈程度や範囲の限界〉〜に関する限りでは」
> →as far as S be concerned「S に関する限り」，as far as S know「S の知る限り」，not that I know of「私の知る限りそうではない」（= not so far as I know）の定型表現で押さえる。

● if が動詞の目的語として名詞節を導くと「…かどうか」という意味を表します。この点では whether と同じですが，whether 節は後続に or not を取り **whether (...) or not**，不定詞を取り **whether to** *do*，さらに「**譲歩**」の副詞節を導き「〜であろうと…でなかろうと」という意味を表すことができます。

●「**命令文，and**（＝ if you do so）...」は**肯定の条件** ／「**命令文，or**（＝ if you don't）...」は**否定の条件**を表します。

文法・語法　接続詞

問題

次の各英文の空所に入る最も適当なものを①〜④から選びなさい。

☐ **1** (　　) it's not too windy tomorrow, there's no problem in having a picnic near Lake Mendota.
　　① Unless　　② As soon as　　③ Instead　　④ Provided
（北里大）

☐ **2** Don't believe any shocking news you come across on the Internet (　　) you find a reliable source.　　（青山学院大）
　　① as　　② otherwise　　③ unless　　④ whether

☐ **3** I'll be surprised (　　) an accident. He drives too fast.
　　① if Tom doesn't have　　② if Tom has
　　③ unless Tom doesn't have　　④ unless Tom has
（センター試験）

☐ **4** This machine will provide quality service to the user (　　) maintenance checks are performed regularly.
　　① unless　　② as long as　　③ although　　④ whereas
（愛知大）

☐ **5** As (　　) as I'm concerned, the project is on schedule.
　　① far　　② near　　③ much　　④ many
（芝浦工大）

設問解説

1 (**Provided**) it's not too windy tomorrow, there's no problem in having a picnic near Lake Mendota.
　　訳 明日，風が強すぎることがない限り，メンドタ湖近くでピクニックをしてもまったく問題はない。(**答**④)

173

まず，この文が 2 つの節からできているので，空所には**節同士を結びつける接続詞**が必要ですね。主節の内容が成立するための**絶対条件**として前半の従属節があると考え，**provided (that) S + V ～「～する限り」**を用います。

[2] Don't believe any shocking news you come across on the Internet (unless) you find a reliable source.
　訳 信頼できる筋でない限り，インターネットであなたが見つけるどんな衝撃的なニュースも信じてはいけません。(答③)
　　空所の前後に完全な 2 つの節があることを押さえ，**前半**が「信じるな」という**マイナス [－] の意味内容**，**後半**が「信頼できる筋」という**プラス [＋] の意味内容**から，空所に**接続詞 unless …「…でない限り」**を用いると文意が成立しますね。

[3] I'll be surprised (if Tom doesn't have) an accident. He drives too fast.
　訳 トムが事故に遭わないのが不思議だ。彼，スピードの出しすぎだよ。(答①)
　　文意と選択肢から if ～ not … と unless … の用法を識別する問題です。さて，みなさんは，「うれしい」という感情をどんなときに抱きますか。志望校に合格するとうれしいですね，好きな人にプロポーズされると…（笑）。人それぞれですね。同様に，空所の前にある be surprised も感情表現の一種であり，感情を 1 つの条件によって規定できないので，絶対条件を表す unless を用いることはできません。そこで，否定の条件 if ～ not … を用います。**「感情表現に絶対条件 (provided/providing ⇔ unless) を用いない」は鉄則**ですよ！

[4] This machine will provide quality service to the user (as long as) maintenance checks are performed regularly.
　訳 整備点検が定期的に行われさえすれば，この機械は利用者に対して良質のサービスを提供します。(答②)
　　この文は 2 つの節から成り立っていて，後半の意味内容が条件を示していると捉え，節同士を結びつける接続詞 **as long as「～さえすれば」**を入れると正解ですね。

[5] As (far) as I'm concerned, the project is on schedule.
　訳 私に関する限り，計画は予定通りです。(答①)
　　空所の前後から **as far as S is concerned「S に関する限り」**が頭に浮かびましたか。これは決まった表現ですよ。

●4 「譲歩」を表す接続詞

譲歩は主節と従属節との間に〈[＋], [－]／[－], [＋]〉の関係が存在します。例えば，Though I was tired, I worked hard. のように Though が導く従属節の意味は [－] で，主節の意味は [＋] となります。

though/although の間には大した違いはありませんが，**although は though の強調形**なのでその分だけ用法に制限があります。では，「譲歩」の though を even で強めた even though ... と，「条件」の if を even で強調した even if ... の違いを見てみましょう。

- even though ... 「(実際そうなのだが) たとえ…であっても」
- even if ... 「(実際はどうであれ) 仮に…だとしても」

if が「譲歩」の意味を表すのは，**古くは though ＝ if** であったことに由来します。次のような対照を表す〈 ... , if ＋形容詞〜, 〉「〜だが…」／〈 ... , if ＋ not ＋形容詞 , 〜〉「〜ではないが…」（p.177 設問解説⑥参照）にも though の意味が含まれています。

形容詞・副詞＋as [though] S ＋ V 「(譲歩)(とても) 〜だけれども」

この表現には，as 自体に譲歩の意味があるのではなく，as 〜 as S ＋ V ... の最初の as が省略され，〜 as S ＋ V ... となり，文脈から「譲歩」の意味になったり，時には「理由」（＝ because）の意味になったりもします。**... though S ＋ V 〜 は「譲歩」の意味のみ**を表し，この場合 **though の代わりに although を用いることはできません**。

問題

次の各英文の空所に入る最も適当なものを①〜④から選びなさい。

□ 1 (　　) we do not know how many insect species actually exist, some researchers believe that it may reach 10 to 30 million.
① That　② Whether　③ However　④ Though
（日本大）

□ 2 (　　) you give me a free ticket, I still won't go to the concert because I don't like rock music.
① Even　② Even so　③ Even if　④ Even with
（南山大）

☐ 3　These people are being treated as criminals (　　) they are victims.
　　① even though　② as if　③ only if　④ just because
(中央大)

☐ 4　Young (　　) she is, she has been admitted to a law school.
　　① despite　② when　③ but　④ as
(東洋大)

☐ 5　(　　) I wanted to go to the movie, I decided to stay home to study.
　　① As long as　② As much as
　　③ As far as　④ As soon as
(南山大)

☐ 6　My brother loves baseball. He's an enthusiastic, (　　) not a gifted, player.
　　① as　② if　③ or　④ so
(センター試験)

設問解説

1　(Though) we do not know how many insect species actually exist, some researchers believe that it may reach 10 to 30 million.
　　訳 私たちはどれくらいの数の昆虫種が実際に存在しているのか知らないが、一部の研究者はそれは1千万から3千万に達するかもしれないと思っている。**(答④)**
　　従属節が [−] の意味で、主節が [＋] の意味だと考え、「譲歩」の接続詞 **(Though)** を用いると文意が成立します。

2　(Even if) you give me a free ticket, I still won't go to the concert because I don't like rock music.
　　訳 仮にあなたが私に無料チケットをくれたとしても、それでも私はロックが好きではないのでコンサートには行かない。**(答③)**
　　従属節が [＋] の意味で、主節が [−] の意味と考え、「譲歩」の接続詞 even if … 「仮に…だとしても」を用います。

3　These people are being treated as criminals (even though) they are victims.
　　訳 これらの人たちは被害者なのに犯罪者のように扱われている。**(答①)**
　　空所の前にある criminals「犯罪者」と文末の victims「犠牲者」から、「譲歩」の接続詞 even though … 「たとえ…であっても」を用いると文意が通ります。

④ Young (as) she is, she has been admitted to a law school.
　　訳 彼女は年は若いが，法科大学院への入学が認められた。(答④)
　　　空所の前後から〈形容詞＋ as ＋ S ＋ V〉「～だけれども」の譲歩構文を用いると正解ですね。

⑤ (As much as) I wanted to go to the movie, I decided to stay home to study.
　　訳 私は映画に行きたかったが，勉強するために家にいることに決めた。(答②)
　　　従属節が［＋］の意味で，主節が［－］の意味と考え，「譲歩」の意味「(とても)～だけれども」を表す as much as を用いると文意が成立します。
　　Though I wanted to go to the movie very much, より譲歩の気持ちの強い表現。

⑥ My brother loves baseball. He's an enthusiastic, (if) not a gifted, player.
　　訳 私の弟は野球が大好きです。彼は才能があるわけではないが，熱心な選手です。(答②)
　　　空所の前の an enthusiastic ～と，後ろの not a gifted ～ が対照関係を示す「if not ＋形容詞」を用いると「譲歩」の意味を表し，自然な流れとなります。

●5 目的・結果を表す接続詞

「目的」を表す接続詞では，so that … / in case … などが口語的な表現で，lest S should などは文語的な表現ですが，今でも入試には登場しています。また，「目的」から転じて「結果」を表すようになった接続詞に so that … ／ so ～ that … などがあります。では，まとめてみましょう。

so that S will［can］ *do* ～ ｛「(目的) ～するために」(may を用いるとやや堅い表現)／「(結果) それで～」(ふつう so の前にコンマを置く)｝
in order that S may［will, can］ *do* ～「(目的) ～するために」(やや堅い表現)
in case S *do*［should *do*］～「(主節の後に置いて)～の場合に備えて，～するといけないから」〈should の代わりに will や would は不可／文頭で「もし～ならば (＝if)」〉
for fear (that) S might［may, should, will, would］ *do* ～「～を恐れて，～するといけないから」
lest S (should/might/may) *do* ～「～するといけないから」(文語的な表現)
so ＋形容詞［副詞］＋ that S ＋ V ～ ｝「(程度) ～のほどの…」／ such a ＋形容詞＋名詞＋ that S ＋ V ～ ｝「(結果) たいへん…なので～」
S is ＋ such (＝so great) that S' ＋ V' …「S は (程度が) あまりにもはなはだしいので…」／Such (＝so great) を文頭に移動させ ⇒ Such (＝So great) is S that S' ＋ V' …（倒置を起こす）

問題

次の各英文の空所に入る最も適当なものを①～④から選びなさい。

☐ **1** Let's take an express train (　　) we can get there 20 minutes earlier.
　　① in order　　② so that　　③ such as　　④ while
（センター試験）

☐ **2** You should write down Satsuki's number (　　) you forget it.
　　① in case　　② in the case　　③ so far as　　④ so long as
（センター試験）

☐ **3** She hid the picture (　　) he should see it.
　　① during　　② except　　③ lest　　④ without　　（甲南女子大）

☐ **4** When travelers came into her house, little Elizabeth used to lock herself into her own room (　　) they might take her away out into the unknown world.
　　① for fear　　② hoping　　③ to care　　④ so that　　（上智大）

☐ **5** (　　) was his eloquence that everybody was moved to tears.
　　① Hardly　　② What　　③ When　　④ Such　　（関東学院大）

設問解説

1 Let's take an express train (so that) we can get there 20 minutes earlier.
　訳 20分早くそこに着けるように急行に乗りましょう。(答②)
　まず、空所の後ろにある助動詞 (can) を押さえ、意味内容から空所の後ろの節が空所の前の節に対して「**目的**」を表していると判断し、**so that S can do** ～「S が～できるように」を用いると文意が成立しますね。

2 You should write down Satsuki's number (in case) you forget it.
　訳 忘れるといけないからサツキの番号を書き留めておいたほうがいいよ。(答①)
　空所の後ろの意味内容が**予測される事態の予防**を表しているので、**in case S ＋ V「～するといけないから」**を用います。なお、the の有無に注意しよう。
　②は in the case of A で「A の場合には」という意味です。

3 She hid the picture (lest) he should see it.
　訳 彼女は彼がその写真を見るといけないから隠した。(答③)
　空所の後ろにある should を押さえ、空所の前の意味内容から「写真を隠す理由」

を表すようにすると，**lest S should *do*「〜するといけないから」**を用いるとピッタリですね。なお，lest の後の節は**仮定法現在（動詞の原形）**を用いることが多いです。

4　When travelers came into her house, little Elizabeth used to lock herself into her own room（for fear）they might take her away out into the unknown world.
　　訳　旅人が家の中に入ってくると，知らない世界へ連れて行かれることを恐れて，幼いエリザベスは自分の部屋に閉じこもったものだった。（答①）
　　　空所の後ろにある might を押さえ，**「恐れ」を表す意味内容**であると捉えて，**for fear that S might *do*「S が〜するのを恐れて」**を用いると自然な流れとなります。

5　（Such）was his eloquence that everybody was moved to tears.
　　訳　彼の雄弁さはたいへんなものだったので，誰もが感動して涙を誘われた。（答④）
　　　文頭に空所があり，その後ろに was his eloquence の倒置があることから，His eloquence was such that ... の形が浮かびましたね。**such（= so great）が強調で文頭に出て，倒置（疑問文の語順）**となっています。倒置は第 15 講で詳しく学びますので心配しないでください。

●6　理由を表す接続詞

「理由」を表す接続詞と聞いて，どんなものが頭に浮かびますか。because, since, as などですか。for も知っていますか。このあたりを整理してみましょう。

> ・since［as］節「（ふつう文頭で）〜だから」
> 　〈すでにわかっている理由（旧情報）を導く〉
> ・because 節「（文頭で）〜だから」／「（主節の後ろで）というのは」
> 　〈新情報を導く〉
> ・for 節「（前にコンマを置き必ず後ろで）というわけは〜だから」
> 　〈補足的に新情報を導く〉

　because は理由を最も強く表し，**強調構文**（→ p.290 参照）**で用いる**のは It is［×since［as］／○because／×for］〜 that ... で，**because 節のみ**です。また，because のもう 1 つ重要な表現として，**not 〜 just［simply］because ...「…だからといって〜にはならない」**があります。この表現の because の代わりに since, as を用いることはできません。また，次の他動詞（mean）と自動詞（follow）を用いたときの違いに注意してください。

① Just because ..., it [this] doesn't necessarily mean that~
　▶他動詞（mean）は that 節を目的語に取り，it [this] は Just because ... を指します。

② Just because ..., it [×this] doesn't necessarily follow that~
　▶自動詞（follow）は目的語を取らないので，主語に形式主語 it を用いて表します。it は that 節を指すので，this を用いることはできません。

③ Just because ... doesn't mean that~
　▶it が脱落して Just because ... が主語になった最近の英語です。

now (that) S + V ...「（理由）今や…だから」（≒ because）
〈that は省略されることがある〉

問題

次の各英文の空所に入る最も適当なものを①〜④から選びなさい。

☐1　(　　) our teacher is ill, we shall have to study by ourselves.
　① Even if　　② Though　　③ Now that　　④ However
　　　　　　　　　　　　　　　　　　　　　　　　　（成城大）

☐2　A book is not always a good book just (　　) it is written by a famous writer.
　① because　　② for　　③ since　　④ though　　（センター試験）

☐3　Just because a person is poor it does not necessarily (　　) that he or she is unhappy.
　① come　　② go　　③ follow　　④ take　　　　　（杏林大）

☐4　Just (　　) she is good at mathematics does not mean that she is logical.
　① why　　② so　　③ as　　④ because　　　　　　（東洋大）

☐5　次の英文の下線部①〜④の中から，間違っている箇所を１つ選びなさい。

　　①Just because a bird does not breed one year, this does not ②follow that it will fail ③to do so ④the next.
　　　　　　　　　　　　　　　　　　　　　　　　（上智大・改）

設問解説

1 (Now that) our teacher is ill, we shall have to study by ourselves.
訳 先生が病気なのだから，私たちは自習をしなければならない。**(答③)**
　まず，この文は2つの節からできているので，空所には**節同士を結びつける接続詞**が必要ですね。主節の意味内容から従属節が**「理由」を表す now (that) S+V ...「今や…だから」**を用いると正解ですね。

2 A book is not always a good book just (because) it is written by a famous writer.
訳 有名な作家が書いたからといって必ずしも良い本だとは限らない。**(答①)**
　まず，空所の直前にある just を押さえ，さらに先にある部分否定（not always）が，文末まで支配していると考えると，**not 〜 just because ...「…だからといって〜にはならない」の構文**が浮かびましたね。**否定語（not）が文末まで影響**を与えていることをしっかり押さえましょう。

3 Just because a person is poor it does not necessarily (follow) that he or she is unhappy.
訳 人は貧しいからといって必ずしも不幸だとは限らない。**(答③)**
　not 〜 just because ... の **Just because ... が文頭に移動した形**で，空所の前方に it があり，後ろに that 節があることを押さえ，選択肢から**自動詞 follow「結果として〜になる」**を用いると，**it（= that 節）does not necessarily follow** となり，文構造が成立します。

4 Just (because) she is good at mathematics does not mean that she is logical.
訳 彼女は数学が得意だからといって，彼女が論理的であることにはならない。**(答④)**
　Just because ... **it** does not mean that 〜 の **it が脱落**して，**Just because 節が主語の働き**となっていることに注意しましょう。

5 Just because a bird does not breed one year, this does not <u>mean</u> that it will fail to do so the next.
訳 鳥がある年卵を産まないからといって，その次の年に卵を産まないということにはならない。**(答②→ mean)**
　Just because ... 構文ですね。ここの意味では follow は自動詞なので that 節を目的語に取りませんね。this は Just because 節を指すので，follow に続く that 節が余分になります。そこで，**that 節を目的語に取る mean を用いて，mean that 節を用いる**と文構造が成立します。なお，その節中にある **fail to do** は **fail to breed** のことです。follow の語法はくせ者ですよ！ なお，this とコンマを取り除いて Just because a bird does not breed one year does not

mean that it will fail to do so the next. のように，Just because 節を主語にすることは可能です。

●7 「～するとすぐに」などの様々な表現

「～するとすぐに」の意味で最もよく用いられる表現は，as soon as S + V で，どの時制でも用いることができますが，as soon as 節は副詞節なので，節内では will［would］は用いることはできません。では，同じ意味の表現をまとめてみましょう。

the moment ［minute/instant］ S' + V'～, S + V …
hardly［scarcely］～ when［before］…
⇒ Hardly［Scarcely］V' + S' ～ when［before］…（倒置）
no sooner ～ than …　⇒ No sooner V + S ～ than …（倒置）

hardly［scarcely］/ no sooner を文頭に出すと，倒置（疑問文の語順）が起こるので注意しましょう。

次に，接続詞 until … や by the time … などの違いをみてみましょう。

until［till］…「…まで」〈肯定文の場合は wait などの「継続」表す動詞を伴うが，否定文では動詞の制限は特にない〉
by the time …「…する時までには」〈「期限」を表すので主節はふつう完了形を用いる〉
before …「…する前に」〈「…する前に～⇒…しないうちに～⇒…して～する」などの訳出に注意〉
once …「いったん…すると」

問題

次の各英文の空所に入る最も適当なものを①～④から選びなさい。

□1　Hardly had the door opened（　　）I noticed a strange smell.
　　① because　② that　③ if　④ when　　　　　　（専修大）

□2　（　　）I saw the cute puppy at the shop, I decided to buy it as my pet.
　　① The moment　② By the moment
　　③ To the moment　④ For the moment　　　（名古屋工大）

☐ 3 No sooner had Mary come home (　　) she began feeding the cat.
　　① where　　② than　　③ before　　④ more　　（関西学院大）

☐ 4 (　　) I become a university student, I will have grown four more inches.
　　① By the time　　② Until　　③ Even if　　④ As long as
　　　　　　　　　　　　　　　　　　　　　　　　　　（駒澤大）

☐ 5 (　　) it began raining heavily, the coaches decided to cancel the practice.
　　① If　　② Unless　　③ Once　　④ Even though　　（工学院大）

設問解説

1 Hardly had the door opened (when) I noticed a strange smell.
　訳 ドアが開くとすぐに変な臭いがした。(答④)
　空所の前にある構造が **Hardly ＋ V ＋ S 〜 の構造**をしているので，**接続詞は when か before** だと気づきましたね。

2 (The moment) I saw the cute puppy at the shop, I decided to buy it as my pet.
　訳 ペットショップでかわいい子犬を見るとすぐに，それをペットとして飼うことに決めた。(答①)
　2つの節からできているので，空所には**節同士を結びつける接続詞**が必要ですね。意味内容と選択肢から，接続詞 **The moment**「〜するとすぐに…」を用いると OK ですね。

3 No sooner had Mary come home (than) she began feeding the cat.
　訳 メアリーは帰宅するとすぐに，ネコに餌をやり始めた。(答②)
　空所の前にある構造が **No sooner ＋ V ＋ S 〜 の構造**をしているので，**接続詞は than** を用いますね。

4 (By the time) I become a university student, I will have grown four more inches.
　訳 私は大学生になる頃までには，もう4インチ背が伸びているでしょう。(答①)
　まず，文全体を見て主節が未来完了形であることを押さえます。従属節が「期限」を表していると考え，**by the time ...「…する時までには」**を用いると文意が通じます。

5 (Once) it began raining heavily, the coaches decided to cancel the practice.

訳 いったん雨が激しく降り始めると，コーチ陣は練習の中止を決めた。(答③)

　この文は2つの節からできているので，空所には節同士を結びつける接続詞が必要ですね。従属節の意味内容が主節の「理由」になると考え，接続詞 once「いったん〜すると」を用いるとつながりますね。

•8 接続詞 as/while の用法

　as/while の用法は一見中学レベルの知識に思えるかもしれませんが，入試で次のような用法が出題されるとミスが目立ちます。

● as の用法は次の6点です。

①（時）「〜する時（に）」〈when より「同時性」が強い〉
②（比例）「〜するにつれて」 〈become［grow, get］＋比較級の形でよく用いられる〉
③（様態）「〜ように」 〈the way で置き換えることができ，アメリカ英語では like を使う〉
④（理由）「〜なので」〈この意味では，ふつうは because などを用いる〉
⑤（名詞限定）直前の名詞を修飾して「〜のような A（名詞）」 例：［Without light］life［as we know it］would be impossible. 　　「もし光がなければ，私たちが知っているような生活は不可能だろう」
⑥（分詞構文の強調）as ＋ be［do(es)］＋ S「また同様に」は，現在分詞を用いた分詞構文が文頭で用いられ，現在分詞＋ as（＝ the way）S ＋ do／過去分詞＋ as S ＋ be 動詞 のように分詞構文を強調（→ p.130 参照）。 例：Living as［the way］he does in the country, he seldom comes up to town. 　　「このとおり田舎に住んでいるので，彼はめったに町に出て来ない」

● while の用法は次の4点を押さえましょう。

①（期間）「…している間」
②（時点）「…と同時に」
③（譲歩）「…だけれど」(＝ though)
④（対照）「一方では…」(コンマを打って while を置くと「一方で」／「その上」という意味となり，while ≒ and／whereas ≒ but というイメージを持つとわかりやすい)

問題

次の各英文の空所に入る最も適当なものを①〜④（3のみ①〜⑤）から選びなさい。

1 We do not necessarily grow wiser (　) we grow older.
① as　② before　③ than　④ that　　　　　　（東京理科大）

2 Mary prepared the corn (　) he likes it.　　　（南山大）
① however　② the way　③ in which　④ until

3 Literature (　) we understand it should be interesting to anyone.
① as　② but　③ that　④ what　⑤ which
（東京理科大）

4 (　) scientists know why earthquakes happen, they are still not able to predict them.
① While　② When　③ So　④ What　　　　　　（亜細亜大）

5 Human behavior is mostly a product of learning, (　) the behavior of an animal depends mainly on instinct.
① whereas　② so　③ unless　④ what　　　　　　（清泉女子大）

設問解説

1 We do not necessarily grow wiser (as) we grow older.
訳 私たちは年を取るにつれて必ずしも賢くなるとは限らない。（答①）
　空所の後ろの節に動詞（grow）と比較級（older）があり，さらに空所の前の節にも動詞（grow）＋比較級（wiser）があることから，「比例」を表す接続詞 as を用いるとピッタリですね。

2 Mary prepared the corn (the way) he likes it.
訳 メアリーは彼が好むようにトウモロコシを調理した。（答②）
　空所の後ろにある he likes it から「様態」を表す the way（＝ as）を用いると文意が成り立ちますね。

3 Literature (as) we understand it should be interesting to anyone.
訳 私たちが理解している文学は誰にとってもおもしろいはずだ。（答①）
　まず，空所の前にある名詞（Literature）を押さえます。次に空所の後ろにある節を注意して読み取ります。×Literature〔(　) we understand〕it should

be ... と読むとダメですよ。Literature と it が結びつきませんね。○Literature [(　) we understand it] should be interesting to anyone. と読むと we understand it (= literature) が空所の前の literature を限定し，「私たちが理解しているような文学」という意味となり，**名詞限定の as** を用いる文構造が成り立ちます。

4　(While) scientists know why earthquakes happen, they are still not able to predict them.
　　訳　科学者はなぜ地震が起こるのかについてわかっていますが，いまだに地震を予知することはできません。(答①)
　　従属節が [＋] の意味で，主節が [－] の意味と考え，「譲歩」の意味を表す while (= though) を用いるとよろしいですね。

5　Human behavior is mostly a product of learning, (whereas) the behavior of an animal depends mainly on instinct.
　　訳　人間行動の大部分は学習の成果である一方，動物の行動は主として本能に依存している。(答①)
　　まず，この文が2つの節から成り立ち，前半の節が「人間」で，後半の節が「動物」で**対比**されていることを捉えると，**whereas (≒ but)** で節を結びつけると自然な流れとなりますね。

第11講 前置詞

●1 「場所と時」を表す at, on, in

前置詞〈preposition ⇒ pre（前に）＋ posi-tion（置く－こと）〉が文字通り名詞の前に置かれ，**「前置詞＋名詞」**のかたまりで，**形容詞句や副詞句の働きをする**ことは知っていますね。しかし，前置詞には細かい用法がたくさんあり，ただそれを丸暗記するだけでは使いこなせません。前置詞が「動詞」や「時制」などと関連している場合があるので，前置詞の根本となるイメージをつかんでおくことが大切です。では，頻出の前置詞を見ていきましょう。

まず，よく間違える「場所」を表す at, on, in の用法から始めましょう。

次のピラミッドの **at は「場所の1点」**，**on は「線，表面，狭い平面（に接触）」**，**in は「広い平面や立体的に囲まれたもの」**といったイメージです。これを「時」に応用すると，**at は「時の1点（時刻・年齢など）」**，**on は「特定の日（日付，曜日，特定の日の午前［後］など）」**，**in は「範囲のある比較的長い期間（年月，季節，年代など）」**に拡張します。イメージがつかみやすいように，ピラミッドの右側に例をあげておきました。

	「場所」	「時」
at	⇒ at university	⇒ at seven 〈○at night ／ ×at morning〉
on	⇒ on the ceiling	⇒ on Wednesday 〈○on the morning of April 1〉
in	⇒ in a country	⇒ in September 〈○in the morning ／ ×in this morning〉

なお，at はまた「期間」にも用いることができるので **at Christmas「クリスマス（の期間中に）」**のようになり，on なら「特定の日」なので，**on Christmas Day「クリスマスの日に」**となります。

さらに，**this, last, next は話し手が「現在」を基準にして考えている**ので，○this morning「今朝」となり，×<u>in</u> this morning のように前置詞をつけませんが，○in <u>the</u> morning「午前中に」なら前置詞が必要です。

問題

次の各英文の空所に入る最も適当なものを①〜④から選びなさい。

☐ **1** You can find the store you're looking for (　) 213 Bush Road.
　① at　② by　③ in　④ nearby　　　　　　　　　　（京都産業大）

☐ **2** I visited my hometown for the first time (　) three years.
　① on　② at　③ in　④ to　　　　　　　　　　　　（杏林大）

☐ **3** They went fishing (　) the river.
　① over　② under　③ in　④ to　　　　　　　　　　（関西学院大）

☐ **4** The next committee meeting will be held (　) the 7th of January.
　① at　② of　③ on　④ in　　　　　　　　　　　　（北里大）

☐ **5** 次の英文の下線部①〜④の中から，間違っている箇所を1つ選びなさい。

　Neither my sister ①<u>nor</u> I knew about the incident ②<u>which</u> ③<u>happened</u> ④<u>in</u> the evening of a snowy day in February.
　　　　　　　　　　　　　　　　　　　　　　　　　　　（中央大・改）

設問解説

1 You can find the store you're looking for (at) 213 Bush Road.
　訳 あなたが探している店はブッシュ通り213番地にあります。**(答①)**
　まず，空所の前にある you're looking for は関係詞節でその前にある the store を先行詞とし，for の目的語である目的格の関係代名詞（which/that）が省略されていることに気づきましたか。空所の後ろにある**「番地」213は場所の1点と考え at** を用いますが，**Bush Road** だけなら「通り」はふつう両側の建物などに囲まれた**立体感をイメージして in**，単なる**狭い平面領域と考えれば on** を用います。

2 I visited my hometown for the first time (in) three years.
　訳 私は3年ぶりに故郷を訪れた。**(答③)**
　for the first time in 〜 years「〜年ぶりに」の in は比較的長い期間を表します。イギリス英語では for を用いた for the first time for 〜 years の表現もよく使われます。

3. They went fishing (in) the river.
   訳 彼らは川に釣りに行った。(答③)
   　川の中に入って釣りをしているイメージから前置詞 in を用います。なお，at であれば地図上の 1 点，on であれば川の表面と考え，比較的大きな川にボートを浮かべて釣りをするイメージです。

4. The next committee meeting will be held (on) the 7th of January.
   訳 次の委員会の会合は 1 月 7 日に開かれる予定です。(答③)
   　空所の後ろの「特定の日」から on を用います。

5. Neither my sister nor I knew about the incident which happened <u>on</u> the evening of a snowy day in February.
   訳 姉も私も 2 月の雪の降る日の夕方に起こった出来事については知らなかった。(答④→ on)
   　in the evening は「夕方に」という意味ですが，the evening of a snowy day in February が「特定の日」を示しているので on を用います。

•2　前置詞 in の頻出用法

次に，広く用いられる**前置詞 in「〜の中で」**の基本用法を押さえましょう。

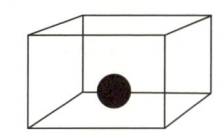

- in は立体的なものに囲まれたイメージでしたね。たとえば，in the station と言えば，駅舎を立体的に捉えたイメージで，at the station と言えば，地図の上での 1 点といったイメージです。

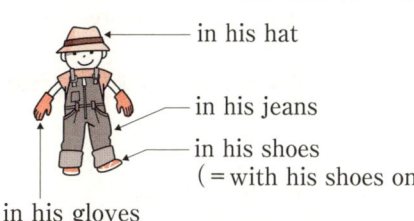

in his hat
in his jeans
in his shoes (＝with his shoes on)
in his gloves

- **「服装」の in** は，「〜を身につけて」という意味を表します。衣服だけでなく，帽子，ズボン，靴など**「〜の中」にスッポリ入って包まれているイメージ**を持つものなら広く使えます。

- **「経過時間」の in** は，**「〜たてば，(今から)〜後に」**という意味を表します。**現在を基準に未来に対する時間の経過の終点**を表します。主に**未来**のことに用いますが，注意点は，**動作の完了を表す場面**では過去形の文でも in を用いることができるということです。(例) John couldn't finish his job in two days.「ジョンは仕事を 2 日で終えることはできなかった」。

〈現在〉　　　　　　　　　　〈未来〉
　　　　　　　　　　　　　　in 〜「〜後に」

問題

次の各英文の空所に入る最も適当なものを①〜④（1のみ①〜⑤）から選びなさい。

□**1** She usually wears a T-shirt and jeans. But today she looks wonderful (　) that new suit.
　① about　② at　③ from　④ in　⑤ of　　　（中央大）

□**2** They've just become seniors, so they'll graduate (　) one more year.
　① for　② from　③ in　④ since　　　（センター試験）

□**3** Fans (　) their teens and early 20s rushed toward the stage.
　① at　② in　③ of　④ on　　　（早稲田大）

設問解説

1 She usually wears a T-shirt and jeans. But today she looks wonderful (**in**) that new suit.
　訳 彼女はいつもTシャツにジーンズをはいている。しかし，今日，彼女は例の新しいスーツを着てすばらしく見える。**(答④)**
　空所の後ろにある that new suit から**「服装」を表す in** を用いる。in は「〜の中に」という意味から，中に入って包まれているイメージを表します。

2 They've just become seniors, so they'll graduate (**in**) one more year.
　訳 彼らは最上級生なので，あと1年で卒業です。**(答③)**
　空所の後ろにある one more year から現在を基準として始点を置き，**経過時間の in を用いて「(今から)〜後に」**という意味を表します。

3 Fans (**in**) their teens and early 20s rushed toward the stage.
　訳 10代と20代前半のファンがステージの方へ突進してきた。**(答②)**
　空所の後ろにある their teens and early 20s から in one's teens「10代」, in their early 20s (= twenties)「20代前半」の in を押さえましょう。図解すると，

　　Fans in their { teens / early 20s } rushed …

のように**共通関係**になっていることを理解しましょう。
　なお，**toward は「〜の方へ」という意味で，方向のみを表し到着点を意味しない**ので，動作の完結を表さない進行形と共に用いることがよくあります。

●3 「方向・到着点」を表す前置詞

「方向・到着点」を表す前置詞には at, to, for, on などがあります。単に方向だけを表しているのか，それとも到着点まで含んでいるのかがポイントです。**前置詞はその後ろに続く名詞だけでなく，動詞の形や時制などとも関連をもつので注意**しましょう。

at	「（地図などで）場所の1点」を表すイメージ
	「概念としての場」のイメージ （例）at school「学校［授業中］で」
to	「方向」を表し，**到着点までを含む**。go, come などの動詞と共に用いられる。
for	「行き先」を表す。「出発」を表す leave などの動詞と共に用いられる。
toward	「方向」を表すだけで，**到着点を含まない**。時間的接近「～ごろ」。

toward は，動作が完結していないことを表す進行形と共に用いることがあります。（例）John was walking toward the station.「ジョンが駅の方へ歩いていた」は，上の表とも一致しますね。また，「方向」を表すものに **in the direction of A「Aの方向に」**があります。

「方向」を表す to は動詞から派生した名詞（walk など）の前では for を用いて go for a walk のように表します。また，「目標」を表す at や「対象」を示す on なども，**aim at A「Aをねらう」**や **spend A on B「AをBに使う」**といった決まった表現を用います。

問題

次の各英文の空所に入る最も適当なものを①～④から選びなさい。

□ **1** She got angry and threw a bottle (　　) him. Luckily it just missed him.
　　① at　　② in　　③ on　　④ to　　　　　　　　　　（早稲田大）

□ **2** Paul threw the ball (　　) his teammate.
　　① in　　② until　　③ to　　④ between　　　　　　（東海大）

□ **3** (　　) noon the mist began to lift, and the sun appeared.
　　① On　　② Over　　③ To　　④ Toward　　　　　（名古屋女子大）

□ **4** Hi! It's me. I'm sorry I'm late. I'm running (　　) the direction of the ticket gate. I'll be with you in a minute.
　　① in　　② of　　③ to　　④ within　　　　　　（センター試験）

☐ 5 I spent 123,000 yen (　　) this computer.
　　① to　　② down　　③ on　　④ or　　　　　　　　　　（流通科学大）

☐ 6 I'll take the express train bound (　　) Atami.
　　① to　　② of　　③ for　　④ in　　　　　　　　　　　（淑徳大）

設問解説

1 She got angry and threw a bottle (at) him. Luckily it just missed him.
訳 彼女は怒り，瓶を彼に目がけて投げた。幸いにも，それはほんのわずかなところで逸れた。（答①）
　前半の内容から「彼に目がけて投げる」意図が読み取れます。空所の前方にある動詞（threw）から**「目標の１点」を表す at** を用います。④to だと「〜の方に」という意味で，「目がけて」の意味が出ませんね。

2 Paul threw the ball (to) his teammate.
訳 ポールはボールをチームメートに投げた。（答③）
　空所の前方にある動詞（threw）から **throw A to B「A を B に投げる」**を捉え，**到着点を含む to** を用いる。at を用いると「A を B に目がけて投げる」の意味になります。

3 (Toward) noon the mist began to lift, and the sun appeared.
訳 昼ごろ霧が晴れはじめ，太陽が姿を現した。（答④）
　空所の後ろにある noon から**時間的接近**を表す **toward「〜ごろ」**を用います。

4 Hi! It's me. I'm sorry I'm late. I'm running (in) the direction of the ticket gate. I'll be with you in a minute.
訳 もしもし！ 僕なんだけど。遅れてゴメン。改札口の方に走っているところなんだ。すぐに着くよ。（答①）
　空所の後ろにある the direction から **in the direction of A「A の方向に」**がパッと浮かびましたか。入試でこのように出題されると頭の中で日本語訳を考え，「改札の方に」の「に」に引きずられて to を選ぶミスをする受験生が多いですよ。The examination begins at nine in the morning.「その試験は午前９時から始まります」なども日本語に引きずられて ×from にする典型的な例です。注意しましょう。

5 I spent 123,000 yen (on) this computer.
訳 私はこのコンピューターに 12 万 3 千円支払った。（答③）
　空所の前方の動詞から，spend［金額］on A「［金額］を A に使う」の**［金額］を「使う対象」を表す on** を用います。

6 I'll take the express train bound (for) Atami.
　　訳 私は熱海行きの急行列車に乗るつもりです。(**答③**)
　　　空所の前にある bound から **bound for A「A 行きの」** が浮かびましたか。ここは関係詞を補い the express train [(which is) bound for Atami] と考えると理解しやすいですよ。

◆4 「時の起点・継続・期間」を表す前置詞

よく間違える until（短く till と書くが今では until がふつう）と by の区別から入りましょう。みなさんはこの違いはよくわかっていますね。**until は「～まで（ずっと）」**という意味で，**ある動作がある時まで継続**することを表します。継続した動作を表すには状態動詞や動作動詞の進行形を用いたり，たとえ動作動詞であっても否定文であれば until と共に用いたりすることができます。

一方，**by は「～までに」**という意味で，**ある動作がある時までに完了**することを表します。では，図解してみましょう。

(a) John was working here **until** 5 o'clock.「ジョンは5時**まで**ここで仕事をしていた」

　　　　　　　　　　　　　5　6　7　〈時間〉
　　　　　　　　was working〈継続の終点は5時〉

(b) John has to finish the work **by** 5 o'clock.「ジョンは5時**までに**その仕事を終えなければならない」

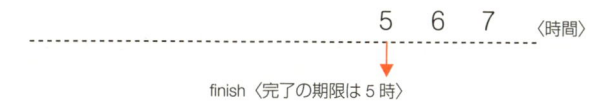

　　　　　　　　　　　　　5　6　7　〈時間〉
　　　　　　　　finish〈完了の期限は5時〉

● 「時の起点・期間」を表す前置詞

since	「～以来」〈ふつう完了形と共に用いる〉
from	from A to B「A から B まで」，B を含む場合は through にすると明確になる。
before	「～の前に」⇔ after「～の後に」
during	「〈（夏休みなどの）特定の期間について〉～の間（ずっと）」(= while S + V ...)
for	「〈時間や期間の長さについて〉～年［月，週，日］間」

問題

次の各英文の空所に入る最も適当なものを①〜④から選びなさい。

☐ **1** The deadline is 6 p.m. I must finish this work (　　) that time.
　　① till　② by　③ to　④ in　　　　　　　　　（青山学院大）

☐ **2** Is it possible for you to postpone today's meeting (　　) next Wednesday?
　　① by　② in　③ on　④ until　　　　　　　　（センター試験）

☐ **3** The doctor will not give the patient the test results (　　) next week.
　　① on　② until　③ toward　④ at　　　　　　（東邦大）

☐ **4** I'd like to finish this job (　　) lunch because I'll be out all afternoon.
　　① after　② before　③ until　④ while　　　（センター試験）

☐ **5** (　　) four years in Greece, Taro longed for the familiar sights of Kyoto.
　　① After　② As　③ By　④ Since　　　　　（センター試験）

☐ **6** The heavy rainfall has caused vegetable prices to rise daily (　　) the last two months.
　　① by　② for　③ since　④ with　　　　　　（センター試験）

☐ **7** Robin suddenly began to feel nervous (　　) the interview.
　　① during　② by　③ while　④ until　　　　（センター試験）

設問解説

1 The deadline is 6 p.m. I must finish this work (**by**) that time.
　訳 締め切りは午後6時です。その時刻までにこの仕事を終えなければならない。**(答②)**
　空所の前にある finish this work から、仕事を終えることは動作の完了なので、**完了の期限を表す前置詞 by 〜「〜までに」**を用います。

2 Is it possible for you to postpone today's meeting (**until**) next Wednesday?
　訳 今日の会議を来週の水曜日まで延期することは可能でしょうか？ **(答④)**
　空所の前方にある **postpone** today's meeting から、会議を延期することは状

態の継続なので，継続の終点を表す前置詞 until ～「～まで（ずっと）」を用います。

3. The doctor will not give the patient the test results (until) next week.
   訳 来週になれば医者は患者に検査結果を伝えるつもりだ。(答②)
   空所の前の方に動作動詞（give）がありますね。動作動詞でも否定であれば前置詞（until）と結びつくことができます。**not ... until ～「～まで…ない」は「～してはじめて…だ」**という意味になります。

4. I'd like to finish this job (before) lunch because I'll be out all afternoon.
   訳 午後はずっと外出するつもりなので，昼食前にこの仕事を終えたい。(答②)
   空所の後ろの名詞と because 節の意味内容から，**前置詞 before ～「～の前に」**を用いると文意が成り立ちます。

5. (After) four years in Greece, Taro longed for the familiar sights of Kyoto.
   訳 ギリシャに来て4年が経ち，タロウは京都の懐かしい景色を恋しく思った。(答①)
   空所の後ろの意味内容から，**前置詞 after「～の後で」**を用いると自然な流れとなります。

6. The heavy rainfall has caused vegetable prices to rise daily (for) the last two months.
   訳 ここ2ヵ月，大雨のせいで野菜の価格が日ごとに上がっている。(答②)
   for は完了形を伴い，**for the last ～ months で「(期間の長さ)ここ～カ月間」**という意味を表します。

7. Robin suddenly began to feel nervous (during) the interview.
   訳 ロビンは面接中に突然，おどおどし始めた。(答①)
   空所の後ろに**「特定の期間」**についての名詞があるので，**前置詞 during ～「～の間（ずっと）」**を用います。

●5 「方向」と「上下の位置」を表す前置詞

前置詞には本来の意味とそこから派生し拡張した意味があります。**前置詞の複雑さはこの意味の拡張**にあります。だから，前置詞に対する基本的なイメージが大切なのです。「方向」の to，「～の中へ」の into，「上方へ」の above，「真上に」の over，「真下に」の under について整理してみましょう。まずは，図解を見てください。

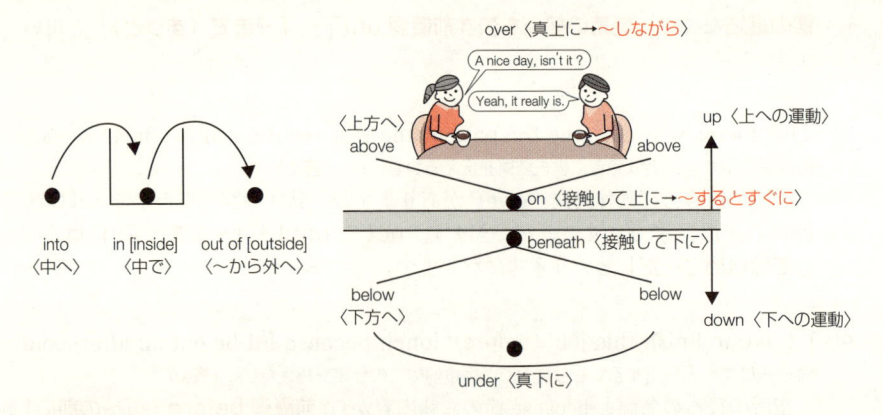

前置詞の拡張した意味を整理してみましょう。

to「方向」	⇒「(結果)〜と感じることには」〈to *one's*+感情を表す名詞の形で〉
	「(適合・一致)〜に一致する，〜に合わせて」
into「〜の中へ」	⇒「(質的変化)〜になるように」
	「(活動・従事)〜に」〈go into business「実業界に入る」〉
on「面への接触」	⇒「(根拠・依存)〜に基づいて」「(時間的接触)〜するとすぐに」
above「上方へ」	⇒「(超越)〜を超越している」〈above A「A には理解できない」〉
≒beyond「〜向こうに」	⇒「〜を越えて」〈beyond the reach of A「A の手の届かない」〉
over「真上に」	⇒「(従事)〜しながら」〈〜の上に身をかがめる姿から派生〉
under「真下に」	⇒「(支配)〜のもとで」〈under the law「法の下で」〉
	「(数量)〜未満で」〈under 8 では 8 は含まないので注意〉

問題

次の各英文の空所に入る最も適当なものを①〜④から選びなさい。

☐ **1** "Have you finished the preparation for your social studies debate?"

"Yes, I talked about it with our group members (　　) lunch."

① across　② on　③ over　④ with　　　　　（センター試験）

☐ **2** (　　) my great surprise, the teacher suddenly fell to the ground.

① At　② In　③ On　④ To　　　　　（鳥取環境大）

- [ ] 3　They sang a song （　　） the accompaniment of the piano.
　　① in　② for　③ on　④ to　　　　　　　　　　　　（青山学院大）

- [ ] 4　The grief that I underwent was （　　） description.
　　① over　② beyond　③ above　④ across　　　　　（関西学院大）

- [ ] 5　The president was greeted by the queen （　　） arrival at the palace.
　　① at　② by　③ in　④ on　　　　　　　　　　　　　（早稲田大）

設問解説

1　"Have you finished the preparation for your social studies debate?" "Yes, I talked about it with our group members (over) lunch."
　訳 「社会科のディベートの準備は終わった？」「うん，昼食をとりながらグループのメンバーとそれについて話したんだ」（答③）
　over A で「A をしながら，A を飲み [食べ] ながら」という意味を表します。

2　(To) my great surprise, the teacher suddenly fell to the ground.
　訳 たいへん驚いたことに，先生が突然地面に倒れた。（答④）
　to A's ＋感情を表す名詞（joy, delight, regret など）は「A が～したことには」という意味で，**to** は「結果」を表します。To my <u>great</u> surprise の great を用いると感情を表す名詞を強調した形となり，much を用いて前置詞句（to my surprise）を強調した <u>Much</u> to my surprise と同意になります。

3　They sang a song (to) the accompaniment of the piano.
　訳 彼らはピアノの伴奏に合わせて歌を歌った。（答④）
　to は「（一致）～に合わせて」という意味。

4　The grief that I underwent was (beyond) description.
　訳 私が経験した悲しみは言葉では言い尽くせなかった。（答②）
　beyond は「～を越えて」という意味で，**beyond description「言葉では言い表せない(ほど)」**は頻出表現なので，ぜひ押さえておきましょう。

5　The president was greeted by the queen (on) arrival at the palace.
　訳 大統領が宮殿に到着するとすぐに女王によって迎えられた。（答④）
　「接触」を表す on が時間に応用され，on arrival at the palace で <u>as soon as he arrived</u> at the palace の意味を表します。

6 「横断・貫通」を表す前置詞

「横断」や「貫通」を表す前置詞として, along ~「~に沿って」, across ~「~を横切って」, through ~「~を通り抜けて」などがあります。along「~に沿って」は walk along the river「川に沿って歩く」, sail along the river「川を航行する」のように動詞によって日本語の訳出が変化するので注意が必要です。**across from ~「(位置)~の反対[向かい]側に」**は, across (the road [street]) from ~ の短縮形で, opposite ~ と同じ意味を表します。**through は「(手段・原因) ~を通じて, ~によって」**という意味を表します。

along「沿って」
across「横切って」
through「通り抜けて」

● 「近接」を表す前置詞

by「~のそばに」⇒「(差異の程度) ~の差で」
beside「~のそばに, ~と並んで」は by よりも接近感が強いが, **位置関係が左右に限定**される。〈besides「~に加えて, ~のほかに」と混同しないように注意〉

問 題

次の各英文の空所に入る最も適当なものを①~④(6のみ①~⑤)から選びなさい。

☐ 1　Manchester City Bank is across (　) the convenience store.
　　① to　② on　③ from　④ of
　　　　　　　　　　　　　　　　　　　　　　　　　　(東海大)

☐ 2　"Have you handed in the English assignment?"
　　"No, but I'm halfway (　) it."
　　① across　② around　③ over　④ through
　　　　　　　　　　　　　　　　　　　　　　　　　(センター試験)

☐ 3　Customers are welcome to use free samples at the new store located (　) the park.
　　① with　② between　③ from　④ beside
　　　　　　　　　　　　　　　　　　　　　　　　　　(杏林大)

☐ 4 (　　) their native language, Japanese students should also have a good command of English.
　① In addition　② Moreover　③ As well　④ Besides
（東京経済大）

☐ 5 The exhibition will be held from March 5 (　　) March 21.
　① on　② as far as　③ through　④ by
（東京国際大）

☐ 6 Average temperatures may increase (　　) 2.5 degrees over the next two decades.
　① by　② in　③ per　④ toward　⑤ with
（慶應義塾大）

設問解説

1 Manchester City Bank is across (from) the convenience store.
訳 マンチェスター・シティー銀行は，コンビニエンスストアの向かい側にあります。(答③)
　空所の前にある across から **across from A「Aの向かい側」** が浮かびましたか。

2 "Have you handed in the English assignment?" "No, but I'm halfway (through) it."
訳 「英語の宿題，提出した？」「いや，でも途中まで終わっているよ」(答④)
　be halfway through A で「途中まで終わっている」 という意味。**be halfway between A and B「AとBの中間にある」** も押さえておきましょう。

3 Customers are welcome to use free samples at the new store located (beside) the park.
訳 公園のそばに位置する新しい店では，客は無料サンプルを自由に使ってもよい。(答④)
　空所の後ろの the park と前にある located から **beside「～のそばに」** を用います。なお，located … はその直前にある the new store にかかる過去分詞の後置修飾。

4 (Besides) their native language, Japanese students should also have a good command of English.
訳 母語に加えて，日本人の学生は英語も自由に使いこなせるべきだ。(答④)
　besides A「Aに加えて」 という意味の前置詞で，beside「～のそばに」と混同しないように注意。①は In addition **to** であれば前置詞になり，正解になります。なお，**have a good command of A「Aを自由に使いこなせる」** も押さえておきましょう。

⑤ The exhibition will be held from March 5 (through) March 21.
　　訳 展示会は3月5日から3月21日まで開かれる予定です。**(答③)**
　　through は p.193 でも触れました。from A to B は「A から B まで」を意味し，B を含むかどうか明確にする場合は**「貫通」**を表す through を用います。

⑥ Average temperatures may increase (by) 2.5 degrees over the next two decades.
　　訳 今後20年にわたって平均気温が2.5度上昇するかもしれません。**(答①)**
　　空所の後ろにある 2.5 degrees から**「差」を表す by** を用いると OK です。

•7 「対」になる前置詞と「付帯状況」の with

　前置詞にも反意語があることは p.195-6 などでも見てきました。そのように対(つい)になる前置詞は，「接触」，「分離」，「上下」，「賛否」などを表す場合に見られます。では，まとめてみましょう。

with 「(同伴)～といっしょに」「(携帯)～を身につけて」 ⇔	without 「～なしで」
on 「(接触)～の上に」 ⇔ of [off]	「(分離・距離)～離れて」
for 「(賛成・支持)～に賛成[味方]して」 ⇔ against	「(対立)～に反対して」
	「(背景)～を背景にして」
over 「(位置)～の上に」〈真上〉 ⇔ under	「(位置)～の下に」「～未満で」〈真下〉
like 「～と同じように」 ⇔ unlike	「～と違って」
between「(場所・空間)間に」〈通例2者間〉 ⇒ among	「(位置・場所)間に」〈3者以上〉

　p.135 で**「付帯状況」の with** に触れましたね。他のパターンを扱います。

付帯状況の with ＋ O ＋ { ①形容詞 ②副詞 ③前置詞句 }

① Don't speak with your mouth full.
　(口にものを入れたままでしゃべってはいけない。)
② I would often fall asleep with the TV set on.
　(テレビをつけたままよく眠り込んでしまったものだ。)
③ He was standing there with his hands in his pockets.
　(手をポケットに突っ込んで彼はそこに立っていた。)

●関係代名詞の**所有格 whose は前置詞 with を用いて表現**することができます。

　{ They lived in a house whose walls were made of glass.
　 They lived in a house with glass walls.
　　「彼らは壁がガラスでできている家に住んでいた」

問題

次の各英文の空所に入る最も適当なものを①〜④から選びなさい。

☐ **1** Are you (　) or against the plan?
　① from　② out of　③ of　④ for　　　　（東京工芸大）

☐ **2** The movie depicted the lives of two young people (　) the background of the French Revolution.
　① against　② at　③ in　④ towards　　（立教大）

☐ **3** No child (　) the age of sixteen will be admitted to the theater.
　① down　② except　③ under　④ until　　（センター試験）

☐ **4** (　) his brothers, who both play the piano, Rick has no musical talent at all.
　① Unlike　② Because of　③ Between　④ As to
　　　　　　　　　　　　　　　　　　　　　（センター試験）

☐ **5** "I haven't seen Rob for a long time. Has he moved to another branch?"
　"Oh, you didn't know? He's no longer (　) our company."
　① against　② for　③ to　④ with　　（センター試験）

☐ **6** The children were walking in a line with one teacher (　) and one behind.
　① front　② front of　③ in front　④ in front of
　　　　　　　　　　　　　　　　　　　　　（センター試験）

設問解説

1 Are you (for) or against the plan?
　訳 あなたはその計画に賛成ですか，それとも反対ですか。**(答④)**
　空所の後ろにある or against から **for**「〜に賛成して」を用います。

2 The movie depicted the lives of two young people (against) the background of the French Revolution.
　訳 その映画はフランス革命を背景にした2人の若者の生涯を描いていた。**(答①)**
　空所の後ろの the background から「背景」という意味を表す **against** を用

います。なお，**against the background of ~** を「~を背景にして」と訳します。

3. No child (under) the age of sixteen will be admitted to the theater.
   訳 16歳未満の子どもはその劇場には入れません。(答③)
   　空所の後ろにある「年齢」から，**under「~未満で」**を表す前置詞を用います。なお，p.196でも触れたように，**under the age of sixteen では16歳は含まないので注意！** リスニング問題でもよく狙われますよ。

4. (Unlike) his brothers, who both play the piano, Rick has no musical talent at all.
   訳 ピアノが弾ける2人のお兄さんたちとは違って，リックは音楽の才能が全くない。(答①)
   　比較可能なもの同士でその相違を表現する **unlike「~と異なって」**を用います。

5. "I haven't seen Rob for a long time. Has he moved to another branch?"
   "Oh, you didn't know? He's no longer (with) our company."
   訳「私は長い間ロブを見かけていないな。彼は別の支店に転勤したの？」「あら，知らなかったの。彼はもうこの会社に勤めていないわ」(答④)
   　空所の後ろにある our company から**前置詞 with**「~と一緒に」の意味が拡張し，**「(所属)~で勤務して」**という意味となったもの。

6. The children were walking in a line with one teacher (in front) and one behind.
   訳 子どもたちは，先生が前後に1人ずつついて，1列になって歩いていました。(答③)
   　空所の前の with one teacher から，**付帯状況の「with + O + 前置詞句」**の表現だとピンときましたか。図解してみましょう。**共通関係**に注意してください。

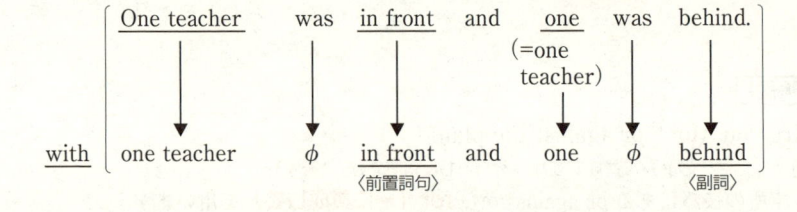

```
          One teacher   was   in front   and   one        was   behind.
              ↓          ↓        ↓             (=one            ↓
              ↓          ↓        ↓            teacher)          ↓
              ↓          ↓        ↓              ↓        ↓      ↓
   with    one teacher   φ    in front   and    one       φ    behind
                              〈前置詞句〉                        〈副詞〉
```

●8　前置詞の特殊用法

　前置詞の後ろには名詞がきます。実は，この名詞がくせ者で，動名詞は動詞が名詞化したものなので容易にイメージできますが，たとえば，in particular は「前置詞＋形容詞」，from abroad は「前置詞＋副詞」，except that SV ... も前置詞＋名詞節で，前置詞に続けることができます。いわゆる「なりすまし名詞」になって前置詞の後ろに置かれるのです。では，from behind the curtain はどうでしょう。これは**「前置詞＋前置詞句」**となり**二重前置詞**と呼ばれます。

● 「除外」を表す前置詞 **except / but「～を除いて」**の用法は次の2点。

> ① **all, every, each, no** などのつく**同種類の全体を表す名詞が前**にあって，その語を修飾。（例）Everyone seems to understand except John.「ジョンを除いて，みんなわかっているようだ」
>
> ② **文頭では用いない。**〈except for ～「～を除いて」は文頭か文末で用いて全体を修飾。（例）Except for John, everyone seems to understand.「ジョンを除いて，みんなわかっているようだ」〉

● 前置詞の中で最頻出な of の基本的用法の1つである同格は p.170 で扱いましたが，その他の重要な用法を考えてみましょう。**「of ＋名詞」の部分に着目**します。

〈主語 – 述語関係の of〉

> the rise of a hot-air balloon「熱気球の上昇」は，名詞（rise）を動詞に変換すると自動詞（rise）になります。自動詞は目的語を取らないので，of a hot-air balloon は rise に対して**主語-述語関係**⇒ A hot-air balloon rises.「熱気球が上がる」となります。

〈所有関係の of〉

> the gravity of the earth「地球の重力」は，gravity には動詞形がなく両者の関係に所有の関係を読み取ることができますね。of the earth は the gravity に対して**所有関係**⇒ The earth has gravity「地球には重力がある」となります。

〈目的語関係の of〉

> the examination of the patient「患者の診察」は，名詞（examination）を動詞に変換すると他動詞（examine）になります。他動詞は目的語を必要とするので，of the patient は examination に対して**目的語関係**⇒ ... examine the patient「患者を診察する」となります。

問題

次の各英文の空所に入る最も適当なものを①〜④から選びなさい。

☐ **1** Three of my friends, (　　) me, were admitted to the bar.
① along　② besides　③ except　④ save for
（明治学院大）

☐ **2** Let's have dinner together. I'm free every day this week (　　) Tuesday.
① except　② on　③ not　④ for
（工学院大）

☐ **3** I liked the house so much, (　　) it faces the busy road.
① except which　② except for
③ except that　④ except from
（福岡大）

☐ **4** Unfortunately, her fame as a painter did not come (　　) her death.
① following to　② later than
③ unless before　④ until after
（立教大）

次の(a)と(b)がほぼ同じ意味になるように，空所に適当な語を入れなさい。

☐ **5** (a) Her grandmother died suddenly and the news shocked her greatly.
(b) The news of her grandmother's (　　) (　　) was a great shock to her.
（産業能率大）

☐ **6** (a) We cannot guarantee that the train will arrive punctually in this foggy weather.
(b) We cannot guarantee the (　　) (　　) (　　) the train in this foggy weather.
（松山東雲女子大）

設問解説

1 Three of my friends, (besides) me, were admitted to the bar.
訳 私のほかに友だち3人が弁護士の資格を得た。**(答②)**
　　besides は肯定文で「〜のほかに」，否定・疑問文で「〜を除いて」という意味です。③except は日本語に訳すと意味が通ったように思えるので注意しましょう。**except** を用いると空所の前に**全体(all/none など)を表す内容が必要**です。なお，ここでの bar は「弁護士の職」という意味で，酒場の「バー」ではないですよ（笑）。

204

② Let's have dinner together. I'm free every day this week (except) Tuesday.
> 訳 一緒に夕食をとりましょう。今週は火曜日以外いつでも空いています。(答①)
>
> 空所の前方に**全体を表す every day** があるので，**except** を用いると every day にかかり，文意が通りますね。

③ I liked the house so much, (except that) it faces the busy road.
> 訳 その家が交通量の多い道路に面していることを除けば，私はその家をとても気に入っている。(答③)
>
> 前半は家に対するプラスの意味を表し，空所の後ろは完全な節で，家の立地に対してマイナスの評価であることを読み取って，「前置詞＋名詞節」が結びついた **except that ～「～を除けば」** を入れると文意が成り立ちます。

④ Unfortunately, her fame as a painter did not come (until after) her death.
> 訳 不運にも，画家としての彼女の名声は彼女の死後ずっと高まることはなかった。(答④)
>
> まず，空所の後ろにある名詞句 (her death) から前置詞 (after) を結びつけます。前置詞 (until) が前置詞句 (after her death) を伴い，**二重前置詞 until after で「～後まで（ずっと）」**の意味を表します。

⑤ (a) Her grandmother died suddenly and the news shocked her greatly.
　(b) The news of her grandmother's (sudden)(death) was a great shock to her.
> 訳 祖母が突然亡くなったという知らせは，彼女には大きなショックであった。
> (答 sudden, death)
>
> まず，空所の該当箇所が (a) の died suddenly であることを押さえます。(a) の前半にある Her grandmother died は「主語＋動詞」の関係を表しているので，自動詞 (die) の名詞形 (death) にすると (b) の her grandmother's は death に対して主語－述語関係となります。**副詞→形容詞，動詞→名詞に変換**して (→ p.9 参照)，her grandmother's sudden death の名詞句をつくり，**The news of ～** に繋げます。なお，この **of は同格関係**を表しています。

⑥ (a) We cannot guarantee that the train will arrive punctually in this foggy weather.
　(b) We cannot guarantee the (punctual)(arrival)(of) the train in this foggy weather.
> 訳 こんなに霧のかかった天気で電車が時間通りに到着することを私たちは保証できません。
> (答 punctual, arrival, of)
>
> まず，空所の該当箇所が (a) の the train will arrive punctually で「主語＋動

詞＋副詞」の形であることを押さえます。ふつうは「人」's／of＋「もの」の形を用いて名詞句をつくります。**arrive は自動詞**なので，arrival **of the train** で **of the train** は **arrival** に対して**主語−述語関係の of** となり，副詞 punctually を形容詞に変換し，punctual arrival of をつくります。このように節を句に転換すると時制の表現は不要となります。

●9 間違いやすい群前置詞

前置詞には**複数の語のかたまり**で前置詞の働きをする**群前置詞**があります。そのほとんどが名詞を含んでいるので，名詞の意味が理解の手がかりになります。たとえば，with［for］all A「Aにもかかわらず」（＝ in spite of A）は，そのほかに① with ＋［all ＋ A］「すべてのAと共に」，② for ＋［all ＋ A］「すべてのAのために」と解釈できるので，with［for］all Aだけを丸暗記してもダメですね。文脈を読み取って考える必要があります。だから英作文のときはこのような曖昧な表現は避けることですね。では，群前置詞を整理してみましょう。

> ・because of A ＝ on account of A ＝ owing to A ＝ due to A「(理由)Aのために」
> ・for the purpose of A ＝ with a view to *do*ing［A］「(目的)Aのために」
> ・for the sake of A ＝ for the benefit of A ＝ on［in］behalf of A「(利益)Aのために」
> ・in addition to A「Aに加えて」＝ besides A
> ・as of A「Aの時点で」
> ・as far as A「Aまで」
> ・regardless of A「Aに関係なく」＝ irrespective of A
> ・in the company of A「Aと一緒に」
> ・at the cost of A「Aを犠牲にして」＝ at the expense of A
> ・at the risk of A「Aの危険を冒して」
> ・on the verge of A「〈好ましくないことに用いて〉Aの寸前で」
> ・contrary to A「Aに反して」
> ・at the mercy of A「Aのなすがままになって」
> ・in terms of A「Aの観点から，Aによって」

なお，*do*ing の形で前置詞の働きをするものには，regarding（＝ concerning）「〜に関して」，considering「〜であることを考慮すれば，〜であるわりには」などがあります。

問題

次の各英文の空所に入る最も適当なものを①〜④から選びなさい。

□**1** Dr. Miller was unable to give his speech (　) the late arrival of his plane.
① according to　② due to　③ in place of　④ in case of
（センター試験）

□**2** He argues that the tax cut will benefit the rich at the (　) of the poor.　（学習院大）
① expense　② help　③ mercy　④ suspense

□**3** (　) of all the participants, I would like to thank the conference organizers for their hard work.　（関西学院大）
① In case　② Instead　③ On top　④ On behalf

□**4** "Lots of people criticize her for working too slowly at the office."
"I know, but (　) what people say about her, she always finishes her work before the deadline."　（センター試験）
① against　② away from　③ compared to　④ contrary to

□**5** (　) his injured foot, he managed to walk to the bridge.
① By way of　② In addition
③ In spite of　④ Instead of
（センター試験）

□**6** 次の英文の下線部①〜④の中から，間違っている箇所を１つ選びなさい。　（杏林大）
Terry stayed ①in his cottage ②all day ③instead going ④to work.

設問解説

1 Dr. Miller was unable to give his speech (due to) the late arrival of his plane.

訳　ミラー博士は搭乗していた飛行機の到着が遅れたため，スピーチをすることができなかった。
（答②）

空所の後ろの内容が前の内容の理由となっていることから，**due to A「Aのために」**を用います。

2 He argues that the tax cut will benefit the rich at the (expense) of the poor.
> 訳 彼は減税は貧しい者を犠牲にして金持ちに利益を与えると主張した。(答①)

at the expense of A (= at the cost of A) は「**A を犠牲にして**」。③の mercy は「慈悲」という意味ですが，**at the mercy of A** で「**A のなすがままになって**」という意味になります。

3 (On behalf) of all the participants, I would like to thank the conference organizers for their hard work.
> 訳 すべての参加者に代わって，会議主催者のご苦労に対してお礼を言いたい。(答④)

on [in] behalf of A は，「**A のために**」という意味のほかに，「**A に代わって，A の代理として**」という意味もあるので注意しよう。

4 "Lots of people criticize her for working too slowly at the office."
"I know, but (contrary to) what people say about her, she always finishes her work before the deadline."
> 訳 「会社での彼女の仕事ぶりが遅すぎると非難する人が多いね」「知っていますが，人が彼女のことを言うのとは逆に，彼女はいつも締め切り前に仕事を終えていますよ」(答④)

空所の前にある **but を手がかり**に，**contrary to A「A に反して」**を用いると文意が成立します。また，**contrary to popular belief「一般に信じられていることとは反対に」**は頻出表現なので，押さえておきましょう。

5 (In spite of) his injured foot, he managed to walk to the bridge.
> 訳 彼は足を怪我していたにもかかわらず，なんとか橋まで歩いた。(答③)

前半が [−] の意味，後半が [＋] の意味と捉え，**「譲歩」を表す in spite of A「A にもかかわらず」**を用いて表現すると，自然な流れとなります。なお，despite のほうが in spite of よりやや堅い語です。

6 Terry stayed in his cottage all day instead of going to work.
> 訳 テリーは仕事に行かずに１日中山荘にいた。(答③→ instead of)

instead of A は「A の代わりに，A しないで」という意味の前置詞で，**instead は「その代わりに」**という意味の副詞です。**instead of は対照とされる２つの行為の選択**に対して，**without は２つの行為が同時に成立する**ときに用います。**山荘にいる行為と仕事に出かける行為**は，同時に成立するのではなく，**選択**なので instead of を用います。

（例）Terry stayed in his cottage all day without watching TV. 「テリーはテレビを見ずに１日中山荘にいた」〈山荘にいる行為とテレビを見る行為は同時に成立するので，この場合は without を使うことができます〉

第12講 比較

●1 比較の基本用法

比較に3つの用法があることを知っていますね。**2人[2つ]を比べて，それらが共通にもっている特性の程度や数量が同等**であるという場合は，**as ～ as ...** の形を用います。**比較級を用いて程度・数量の違い**を表す場合は，**比較級＋than ...** の形を用います。**3人[3つ]以上を比べて，その中で特性の程度が最も～**という場合は，**the ＋最上級＋ of［in］ ...** の形を用います。

たとえば，I'm tall. なら「私は背が高い」ですが，原級を用いた比較では，I'm as tall as Ken. は，「僕はケンと同じくらい背が高い×」ではなく，「僕はケンと同じ背丈○」という意味を表します。比較において**形容詞 tall** は「背が高い」ではなく，**「背の高さ」**を意味する点に注意しましょう。では，次の (a), (b), (c) は同じ意味でしょうか。

(a) No other mountain in Japan is as high as Mt. Fuji.
(b) No other mountain in Japan is higher than Mt. Fuji.
(c) Mt. Fuji is the highest mountain in Japan.

(a)は「富士山と同じくらい高い山は日本にはない」という意味で，「日本の他の山」＜「富士山」が成り立ち，(b)は「富士山**より**高い山は日本にはない」という意味で，「他の山」≦「富士山」，(c)は「富士山は日本で一番高い山です」。以上から，(a)と(c)は同じ意味ですが，(b)は厳密に言えば，**「日本の他の山」の中に富士山と同等の高さの山を含んでしまうこと**になり，意味が少し異なります。しかし受験ではここまでの厳密さは要求されませんのでご安心ください。

なお(a), (b)の **other は Mt. Fuji 以外の**という意味で，**省略**されることもあります。

ついでに，基本となる不規則変化の比較級，最上級を確認しておきましょう。

原　級	比較級	最上級
many「多数の」 / much「多量の」	more	most
little「わずかの，ほとんどない」	less	least
good「良い」 / well「健康な，上手に」	better	best
bad「悪い」 / badly「ひどく」 / ill「病気で，悪く」	worse	worst

問 題

次の各英文の空所に入る最も適当なものを①〜④から選びなさい。

☐ **1** Mt. Fuji is ( ) any other mountain in Japan.
　　① as taller as　② tall for　③ taller than　④ the tallest of
　　　　　　　　　　　　　　　　　　　　　　　　　　　　（国士舘大）

☐ **2** This puzzle may seem difficult to solve, but (a) you learn the trick, it's (b) you think.
　　(a)　① again　② also　③ once　④ then
　　(b)　① as difficult as　　　② easier than
　　　　③ more difficult than　④ not as easier as　（京都産業大）

☐ **3** You are ( ) to gain weight in summer than in winter because you tend to lose your appetite when it is hot.
　　① less likely　　② less unlikely
　　③ very likely　　④ very unlikely　　　　　（センター試験）

☐ **4** I think that nothing is ( ) than health.
　　① as important　　② so important
　　③ most important　④ more important　　　　　（東海大）

☐ **5** Heavy industry is moving in the direction of more automated machines and ( ) manpower.
　　① bigger　② few　③ less　④ many　（センター試験）

設問解説

1 Mt. Fuji is (taller than) any other mountain in Japan.
　　訳 富士山は日本の他のどの山よりも高い。（答③）

　空所の後ろにある any other mountain in Japan が主語の Mt. Fuji と同類を表し，「富士山」と「日本の他の山」を比較しています。「比較級＋than any other＋単数名詞」で「最上級」の意味を表すことを押さえましょう。なお，**other を else に代える**と「比較級＋than anything [anybody] **else**」となります。

2 This puzzle may seem difficult to solve, but (once) you learn the trick, it's (easier than) you think.
　　訳 このパズルは解きにくそうに思えるかもしれないが，いったんコツを覚えれば思ったより簡単である。（答 (a) ③，(b) ②）

　まず空所(a)には接続詞 once「いったん〜すると」を用いて2つの節を結び

210

つけ，次に**逆接を表す but** から空所(b)には **difficult の反対の意味となる表現**を用います。なお，冒頭の文は It may seem difficult to solve this puzzle の**目的語（this puzzle）が文頭に移動した形**（→ p.94 参照）です。

3 You are (less likely) to gain weight in summer than in winter because you tend to lose your appetite when it is hot.
　訳 暑いと食欲がなくなりがちなので，夏場のほうが冬場より体重が増えそうもない。(答①)
　　空所の後方に **than** があるので前方に**比較級がある**と考えます。because 節の内容を踏まえ，空所には **be likely to gain「増えそうである」を否定する比較級**を用いると正解ですね。

4 I think that nothing is (more important) than health.
　訳 私は健康ほど大切なものはないと思う。(答④)
　　空所の前方に nothing があり，後ろに **than** があるので形容詞の**比較級**を用いて**最上級の意味**を表します。

5 Heavy industry is moving in the direction of more automated machines and (less) manpower.
　訳 重工業ではオートメーション化した機械を増やし，人的労働力を減らす方向に進んでいる。(答③)
　　空所の前にある more automated machines から，後ろにある manpower を否定する比較級表現を考えます。**manpower** には複数を表す -s が付いていないことから**不可算名詞と考え，否定語 little の比較級 less** を用いて表現します。

●2 as ～ as ... の原級を用いた比較

2人［2つ］の程度が同じであることを表すときは，as ～ as ... の形を用います。この**否定形は not as [so] ～ as ... で「…ほど～ではない」**です。否定の意味を含んだ比較級（less）を用いて，less ～ than ... で言い換えることは可能ですが，やや不自然です。～の部分には形容詞や副詞がくる他に **as [so] ＋形容詞＋ a [an] ＋名詞＋ as** の形もあるので注意してください。これは，as/so の影響で母音の 'a' と形容詞が位置を転換してしまったことで生じた語順です（→ p.287 参照）。

入試で次のように出題されるとミスをする受験生が続出します。では，正しいものを選ぶ問題です。

> James has (books as many / as many books as) I have.

many は books を修飾しているので**ひとかたまり**として捉えます。この

many は「多くの」という意味ではなく，number「数」という意味（ここがポイント！）で，言い換えると James has **the same number of** books [(that) I have]. となります。

その他の **as を用いた頻出表現**を押さえておきましょう。

> ・as many＋A（複数名詞）「同数の」（＝the same number of A）
> ・as much＋A（不可算名詞）「同量の」（＝the same amount of A）
> ・not so much A as B「AよりむしろB」（＝not A so much as B）
> ・as good as 〜（＝almost [the same as] 〜）
> 　「〜も同然［同様］」〈〜には形容詞を用いる〉
> ・not [without] so much as ...「…さえしない」
> ・as 〜 as possible [S can]「できるだけ〜」
> ・as 〜 as any「誰［どれ］にも劣らず〜」
> ・as 〜 as ever「相変わらず〜」

例題訳 ジェームズは私と同じくらい本を持っています。(答 as many books as)

問題

次の各英文の空所に入る最も適当なものを①〜④（3のみ①〜⑤）から選びなさい。

□**1** Jeff and Jenny saved (　　) they could to visit their uncle in Hawaii. 　　　　　　　　　　　　　　　　　　　　　　（センター試験）
　　① as a lot of money as　② as much money as
　　③ money as a lot as　　④ money as possible as

□**2** "That earthquake in Mexico happened a long time ago, didn't it?"
　　"No, it was (　　) last year."
　　① as early as　　② as recently as
　　③ early as　　　④ recently as　　　　　　　　　　（センター試験）

□**3** She left without (　　) as saying goodbye.
　　① as such　② even　③ so　④ whether　⑤ so much
　　　　　　　　　　　　　　　　　　　　　　　　　　　　（昭和大）

□**4** Mary is (　　) an actress as a singer.
　　① not much so　② not so much
　　③ so much not　④ so not much　　　　　　　　　　（専修大）

212

☐ **5** She is as good a student (　　) in her class.
　① as little　② so many　③ as so　④ as any　　（日本大）

☐ **6** 次の日本文に合うように，空所にそれぞれ①〜⑧の適当な語句を入れ，英文を完成させなさい。
　彼は綴り字の間違いを10行に10個もした。
　He (　)(　)(　)(　　)(　　)(　　)(　　)(　　).
　① as　　　② in　　　③ lines　　④ made
　⑤ many　　⑥ mistakes　⑦ spelling　⑧ ten　　（玉川大）

設問解説

1 Jeff and Jenny saved (as much money as) they could to visit their uncle in Hawaii.
　訳 ジェフとジェニーはハワイにいる叔父を訪ねるためにできるだけたくさんお金を貯めた。（答②）
　空所の後ろに they could があるので，**as 〜 as S can「できるだけ〜」**が頭に浮かびましたね。**much money** を**ひとかたまり**として捉えられましたか？

2 "That earthquake in Mexico happened a long time ago, didn't it?" "No, it was (as recently as) last year."
　訳 「メキシコのあの地震はずっと昔に起こったんだよね」「いや，それはつい最近だよ」（答②）
　空所の後ろにある last year がつい最近の時を表していることを押さえ，recently は「最近」という意味なので，**as recently as 〜「〜と同じくらいごく最近に」**を用いて last year「昨年」を強調します。なお，early は「初期の，昔の」という意味なので last year が指し示す時とかけ離れてしまい，文意に合いません。

3 She left without (so much) as saying goodbye.
　訳 彼女はさよならさえ言わずに立ち去った。（答⑤）
　まず，空所の前にある**否定の意味を含む前置詞 without** を押さえ，空所の後ろの **as** saying goodbye から，**without so much as ...「…さえしない」**の形を用います。

4 Mary is (not so much) an actress as a singer.
　訳 メアリーは女優というよりはむしろ歌手だ。（答②）
　空所の後ろのほうの as と2つの名詞から，**not so much A as B「AよりむしろB」**（= B rather than A /〈A, Bが名詞の場合〉**more of B than A**）を用いて表します。

5 She is as good a student (as any) in her class.
   訳 彼女はクラスのどの生徒にも劣らず良い生徒だ。(答④)
   　空所の前は，a good student の語順が as によって **as good a student** の語順に転換したことを押さえ，**as ～ as any「誰にも劣らず～」**で**最上級の意味**を表します。

6 He (made ten spelling mistakes in as many lines).
   (答 ④-⑧-⑦-⑥-②-①-⑤-③)
   　as many lines は the same number of lines「同数の行」という意味で，ここでの同数とは最初に出てくる ten を指します。**in ... lines の中に as many を埋め込む**ことに注意。

●3 比較対象と強調

　比較する2人[2つ]の程度が異なることを示す表現では，**同類のものを用いて，何と何との比較であるのかを明確にすることがポイントです。than の後ろには(主格[目的格]の代)名詞，副詞(句)，名詞節などがきます。**
　例を見てみましょう。
　○ **James** is taller than **I** (am) [than me〈口語〉].
　　「ジェームズは私より背が高い」
　○ **The population** of Japan is larger than **that** of Australia.
　　「日本の人口はオーストラリアの人口より多い」
　the population の繰り返しを避けて that を用いますが，受験生の多くが次のようなミスをしています。
　× The population of Japan is larger than Australia.
　　比較対象が「人口」と「国」なのでダメなのですね。

> なお，比較級の強調は **much / (by) far / a lot** で**「ずっと～」**，**still / even「さらに，いっそう」**で表します。
> **many** more + **可算名詞** / **much** more + **不可算名詞**にも注意しましょう。

問題

次の各英文の空所に入る最も適当なものを①～④から選びなさい。
□ 1　The results of Experiment A are more reliable than (　　) of Experiment B.
　　① ones　　② that　　③ these　　④ those　　　（センター試験）

☐ **2** In Tokyo, there are more bikes in the street than there (　　) to be.
　① less　② shall　③ used　④ would　　　　（青山学院大）

☐ **3** Solving the problem was more difficult than (　　).
　① we had thought　② our thinking
　③ our thoughts　④ we did　　　　（センター試験）

☐ **4** My father fixed my chair and made it (　　).
　① much more comfortable to sit on
　② become more comfortable to sit
　③ more comfortable to seat
　④ to be more comfortable to sit on　　　　（福岡大）

☐ **5** Fewer people make phone calls today than twenty years ago and (　　) fewer people write letters.
　① less　② more　③ some　④ still　　　　（上智大）

☐ **6** 次の英文の下線部①〜④の中から，間違っている箇所を1つ選びなさい。
　According to ①recent research, the Moon ②seems to have ③many more water under the surface than we ④had expected.
　　　　（南山大）

設問解説

1 The results of Experiment A are more reliable than (those) of Experiment B.
　訳 実験Aの結果は実験Bの結果より信頼できる。**(答④)**
　空所の前に比較級があるため，比較対象を同類のものにそろえます。The results of Experiment A の The results が比較対象なので，**「the ＋複数名詞」の繰り返しを避ける those** を用いて表します。

2 In Tokyo, there are more bikes in the street than there (used) to be.
　訳 東京では，以前に比べ通りに自転車が増えている。**(答③)**
　空所の前方にある比較表現を捉え，**現在と過去の時が比較対象**であることを押さえ，**used to be 「以前は〜であった」**を用います。

215

3. Solving the problem was more difficult than (we had thought).

　訳 その問題を解決するのは思っていた以上に難しかった。(答①)
　　空所の前にある比較表現から，「過去の事実」と「それ以前の予想」を比較する構文「… 比較級＋than S (had) thought [expected]」を用います。この場合，thought/expected の意味だけで十分なので，必ずしも過去完了形で「時のズレ」を表す必要はありません。

4. My father fixed my chair and made it (much more comfortable to sit on).

　訳 父が椅子を修理してくれたので，椅子の座り心地がずいぶんよくなった。(答①)
　　比較級を強調する場合，副詞 much「ずっと」を用います。×very, quite などはダメです。では，文構造の図解です。

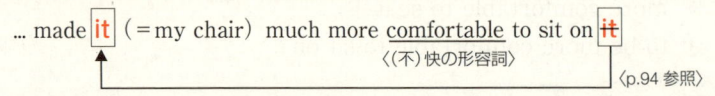

　　… made it (＝my chair) much more comfortable to sit on it
　　　　　　　　　　　　　　　　〈(不)快の形容詞〉
　　　　　　　　　　　　　　　　　　　　　　〈p.94 参照〉

5. Fewer people make phone calls today than twenty years ago and (still) fewer people write letters.

　訳 20年前に比べて今日では電話をかける人が少なくなり，手紙を書く人はさらにもっと少ない。(答④)
　　空所の後ろに比較級があるので，比較級を強調する副詞 still/even を用いて「さらに，なおいっそう」の意味を表します。

6. According to recent research, the Moon seems to have much more water under the surface than we had expected.

　訳 最近の研究によれば，月の表面の下には予想以上にずっと多くの水があるようだ。
　　(答③→much)
　　比較級を強調する場合，比較級が名詞を伴っているとその名詞が可算名詞か不可算名詞かによって強調の副詞を選択します。③は more water の water が不可算名詞なので，much を用いて強調し much more water となります。

●4 比較級についての注意

比較対象が異なった場合と，同一の人〔もの〕で性質が異なった場合の比較についてまとめてみましょう。

> ▶比較対象が異なった場合の比較
> James is cleverer than Paul.

> ▶比較対象が同一の人「もの」で性質や状態が異なった場合の比較
> more A than B (＝A rather than B／less B than A)「BというよりむしろA」
> James is more clever than wise. (＝James is clever rather than wise.)
> 「ジェームズは賢いというより頭がいい」
> 名詞の場合は more (of) ＋ 名詞 ＋ than … の形になることがあります。of を用いない場合は 〜 rather than … を用いることもあります。　問題1
> James is more (of) a novelist than a professor.「ジェームズは教授というよりむしろ小説家だ」

次に the ＋比較級が表すさまざまな表現をまとめてみましょう。

▶the＋比較級〜, the＋比較級 …「〜すればするほど，ますます…」　問題2・3
この構文は「比例」を表し，the は定冠詞の働きではなく，

    <u>the</u>　＋　比較級〜,　<u>the</u>　＋　比較級…
    ‖　　　　　　　　　　‖
  〈to what extent〉　　　〈to that extent〉

「〜がどの程度かに応じて，その程度だけ…」
という意味を表します。the の持つ意味に注意しよう。

▶the＋比較級（＋名詞）＋of the two「2人〔2つ〕のうちでより〜のほう」　問題6
ここで用いられる定冠詞の the は，2者間においてただ1人〔1つ〕を指定する働きをしています。それは，the＋最上級＋ of〔in〕… の the と働きは同じです。

▶(all) the＋比較級（＋理由〔because S＋V …〕）　問題4・5
「…だから，それだけいっそう〜」
⇔none the＋比較級（＋理由〔because S＋V …〕）
「…だからといって，いっこうに〜ではない」
理由を示す because, now that などの節や from〜, with〜, because of〜, for〜などの前置詞句が文頭あるいは文末に置かれ，the は「それだけ」という意味で，理由に対する程度を表します。the＋比較級の前に副詞（all）を置くことで強調し，この all は省略もできます。

問題

次の各英文の空所に入る最も適当なものを①〜④から選びなさい。

☐ **1** Tom is (　　) a hard-working student than a mathematical genius; he always gets high scores in math without studying very hard.
① less　② more　③ not　④ rather　　　　（センター試験）

☐ **2** "What did the Mayor think of Harry's new project to build an amusement park?"
"He liked it a lot. In fact, the more he heard about it, (　　) he got."　　　　（センター試験）
① enthusiastic　　　　② more enthusiastic
③ the more enthusiastic　　④ the most enthusiastic

☐ **3** The more you study history, (　　).
① the more interesting you will find it
② much more interesting you will find it
③ the more you will find it interesting
④ you will find it more interesting　　　　（国士舘大）

☐ **4** We love Michael (　　) his shyness.
① for all the more　　② all the more for
③ the more for all　　④ more for the all　　（専修大）

☐ **5** Even though this story may sound strange, it is none the (　　) true.
① little　② less　③ much　④ more　　　　（南山大）

☐ **6** At the end of the story, (　　) the two princes was chosen to marry the princess.
① more honest than　　② the more honest of
③ as honest as　　　　④ no more honest than　　（獨協大）

設問解説

1 Tom is (less) a hard-working student than a mathematical genius; he always gets high scores in math without studying very hard.
　訳 トムはよく勉強する学生というよりむしろ数学の天才だよ。というのも、彼は大して勉強せずに数学でいつも高得点を取っているんだ。**（答え①）**

218

前文の内容をより具体的に示す働きを表すセミコロン以下の内容から，トムが努力家というより天才であることを理解し，more (of) A than B ＝ A rather than B ＝ less (of) B than A「BというよりA」(AとBの指示内容に注意)が頭に浮かびましたか。なお，less of ～ の of はつけなくても可能です。

② "What did the Mayor think of Harry's new project to build an amusement park?"
"He liked it a lot. In fact, the more he heard about it, (the more enthusiastic) he got."

訳 「遊園地を建設しようというハリーの新しい計画について市長はどう思っていましたか？」「市長はとても気に入っていました。実際，それについて聞けば聞くほど，ますます乗り気になっていました」(答③)

空所の前方にある the more ... から，**the ＋比較級～，the ＋比較級 ...「～すればするほど，ますます…」の形**を用いて表します。

③ The more you study history, (the more interesting you will find it).
訳 歴史を勉強すればするほど，ますます歴史がおもしろいとわかるでしょう。(答①)
ついうっかり③に飛びついていませんか。**more interesting はひとかたまり**と捉えることがポイントですよ。

④ We love Michael (all the more for) his shyness.
訳 マイケルにははにかむところがあるため，それだけいっそう私たちは彼のことが好きです。(答②)

空所の後ろの内容が前半の内容に対する理由になっていることにピンときましたか。**(all) the ＋比較級（＋理由 [for ＋名詞句]）「…だから，それだけいっそう～」**で表します。

⑤ Even though this story may sound strange, it is none the (less) true.
訳 たとえこの話が変に聞こえたとしても，それでもやはりそれは本当です。(答②)
前半の Even though 節にある strange が [－] のイメージを表し，主節の内容を [－] (none) × [－] (less) ＝ [＋] のイメージにするために，**none the less ～「やはり～である」**を用いて表します。

⑥ At the end of the story, (the more honest of) the two princes was chosen to marry the princess.
訳 物語の終わりで，2人の王子のうちより正直なほうが，王女と結婚するために選ばれました。(答②)
空所の後ろにある the two princes から **the ＋比較級＋ of the two「2人のうちでより～のほう」**が浮かびましたね。

●5 倍数表現

「〜の X 倍」を表す場合，原級を用いた X times as large as 〜の表現や，比較級を用いた X times larger than 〜の表現，large の名詞形を用いた X times the + size + of 〜の表現などで表します。「2 倍」のときは twice，半分や one third [fourth/fifth など] のように 1 倍を割った分数表現には times をつけません。なお，形容詞 (large) は「大きい」ではなく，「大きさ」という程度を表しましたね。また，比較で用いる形容詞は，プラスの意味の形容詞（例 tall）が比較の基準の語となり，small, short などのマイナスの意味を表す語は避けます。では，倍数表現をまとめてみましょう。

X times as large「big」[tall / long / heavy / old / many / much] as 〜
　　　　↓　　　　　↓　　　↓　　　↓　　　↓　　　↓　　　↓
X times the　size　[height / length / weight / age / number / amount] of 〜
X times larger than 〜

- -

half as large as 〜「〜の半分の大きさ」
two thirds as large as 〜「〜の3分の2の大きさ」〈分数は「基数＋序数」で表します〉
one and a half times as large as 〜「〜の1.5倍の大きさ」(＝half as large again as〜)

＊ ×two times as large as 〜は不可。○twice as large as 〜を用いる。なお，
　A : I've been to London ten times.
　B : Oh! I've only been there two times.
　のように回数を対比している場合なら可。

問題

次の各英文の空所に入る最も適当なものを①〜④から選びなさい。

□ **1** Building a new concert hall took only (　　) as the original plan.
　　① half as long　　② as half long
　　③ half longer than　　④ more than half　　　　　（獨協大）

□ **2** I ate only (　　) food as usual last week due to the doctor's advice.
　　① as two-third much　　② two-third as many
　　③ as two-thirds many　　④ two-thirds as much　　　（甲南大）

□ **3** When we talk to someone on the telephone, we tend to concentrate (　　) on the conversation.

① as seriously as ② more attentively than
③ the most carefully of ④ twice as hard　　　（早稲田大）

□ 4　The U.S. is about twenty-five times (　) Japan in area.
① more big than　② bigger as
③ bigger than　　④ the biggest　　　（上智大）

□ 5　According to recent statistics, the number of vending machines in France is (　) in Japan.
① as much as　　② nearly the same that
③ half as many　④ one tenth the number　　　（東京都市大）

設問解説

1　Building a new concert hall took only (half as long) as the original plan.
　訳 新しいコンサートホールを建設するのに当初の計画の半分の時間しかかからなかった。（答①）
　空所の後ろの as と選択肢から，**倍数表現 half as long as ～「～の半分の長さ」**を用います。as がなければ，×③half longer than も可能となりますが，ここではダメです。

2　I ate only (two-thirds as much) food as usual last week due to the doctor's advice.
　訳 医者の助言があったので，先週は食物を通常の3分の2しか食べませんでした。（答④）
　空所の後ろのほうにある as usual と選択肢から，分数を用いた倍数表現を用います。3分の2のような**分数は「基数＋序数」**で表します。序数には「～分の1」という意味があるので，「3分の1」は a third を1つと考え，「3分の2」は a third を2つと考え two thirds となります。thirds の -s を忘れないように。

3　When we talk to someone on the telephone, we tend to concentrate (twice as hard) on the conversation.
　訳 私たちは電話で人と話をするとき，会話に集中する度合いを2倍にしがちです。（答④）
　空所の前にある concentrate は on と結びつき，**concentrate on A「A に集中する」**を押さえ，選択肢から**倍数表現 twice as hard as ～**で，as 以下が自明なので省略された形を考えます。

4　The U.S. is about twenty-five times (bigger than) Japan in area.
　訳 アメリカは面積では日本のおよそ25倍の大きさです。（答③）
　空所の前にある about twenty-five times から，*X* times bigger than ～ の

221

倍数表現を用いて表します。

⑤ According to recent statistics, the number of vending machines in France is (one tenth the number) in Japan.

 訳 最近の統計によれば，フランスの自動販売機の台数は，日本の10分の1の台数ということである。(答④)

 選択肢から X (times) the number の倍数表現を用います。本問を as 〜 as で表現すると … one tenth as large as となります。

•6 no more ... than 〜 型の構文

 no more [less] ... than 〜 をどのように理解していますか。**more は肯定なので〔＋〕**と考え，それに対して **less は否定なので〔－〕**と考えます。すると，**no more ⇒〔－〕×〔＋〕=〔－〕の〔－〕が両領域の動詞 (is) を否定します。than 以下は「事実性ゼロとしてのたとえ」がきて「〜同様…ない」**，一方 **no less ⇒〔－〕×〔－〕=〔＋〕の〔＋〕が両領域の動詞 (is) にかかり，than 以下には「事実として自明なたとえ」がきて「〜同様…である」**という意味になります。では，図解で整理してみましょう。

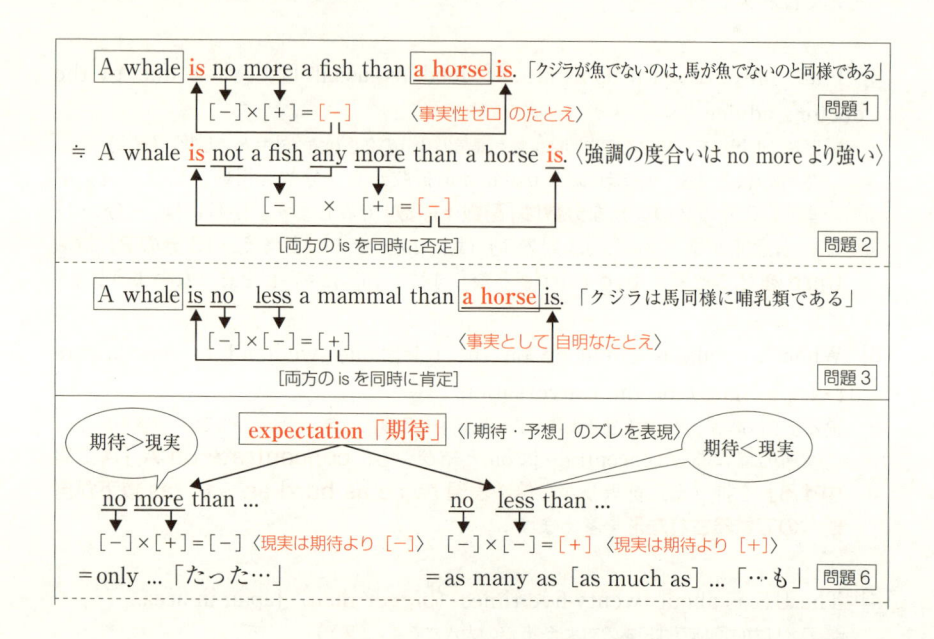

```
 A whale is no more a fish than a horse is. 「クジラが魚でないのは,馬が魚でないのと同様である」
            〔－〕×〔＋〕=〔－〕    〈事実性ゼロのたとえ〉                問題1
≒ A whale is not a fish any more than a horse is.〈強調の度合いは no more より強い〉
            〔－〕  ×  〔＋〕=〔－〕
            ［両方の is を同時に否定］                                問題2
- - - - - - - - - - - - - - - - - - - - - - - - - - - - - - - - - - - -
 A whale is no  less a mammal than a horse is. 「クジラは馬同様に哺乳類である」
            〔－〕×〔－〕=〔＋〕     〈事実として自明なたとえ〉           問題3

       expectation「期待」  〈「期待・予想」のズレを表現〉
  期待＞現実                                         期待＜現実
   no more than ...                    no less than ...
   〔－〕×〔＋〕=〔－〕〈現実は期待より〔－〕〉  〔－〕×〔－〕=〔＋〕〈現実は期待より〔＋〕〉
   ＝ only ...「たった…」              ＝ as many as [as much as] ...「…も」  問題6
```

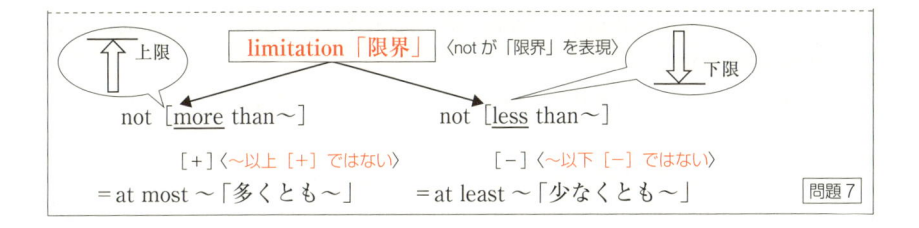

```
        ┌─────────────────────────────────────────────┐
        │ ↑上限    limitation「限界」  〈notが「限界」を表現〉  ↓下限 │
        │     not [more than～]        not [less than～]      │
        │       [＋]〈～以上[＋]ではない〉    [－]〈～以下[－]ではない〉   │
        │     ＝ at most ～「多くとも～」    ＝ at least ～「少なくとも～」  問題7 │
        └─────────────────────────────────────────────┘
```

文法・語法 / 比較

問題

次の各英文の空所に入る最も適当なものを①～④から選びなさい。

☐ 1　A collection of facts is (　　) a dictionary is poetry.
　　① not less science than　　② not science less than
　　③ no more science than　　④ no science more than
　　　　　　　　　　　　　　　　　　　　　　　（桜美林大）

☐ 2　A dolphin is not a fish (　　) a human being is.
　　① more than　　② any more than
　　③ not more than　　④ no more than
　　　　　　　　　　　　　　　　　　　　　　　（松山大）

☐ 3　Sunlight is no (　　) necessary to good health than fresh air.
　　① less　　② more　　③ much　　④ little
　　　　　　　　　　　　　　　　　　　　　　　（西日本工大）

☐ 4　Don't buy that car. It's no (　　) than the one we already have.
　　① better　　② greater　　③ less　　④ worse
　　　　　　　　　　　　　　　　　　　　　　　（学習院大）

☐ 5　He is (　　) a person than the President.
　　① nothing less　　② no less
　　③ none the less　　④ not lesser
　　　　　　　　　　　　　　　　　　　　　　　（関西学院大）

☐ 6　Human beings can live up to 40 days without food, but (　　) more than 7 without water.
　　① much　　② still　　③ any　　④ no
　　　　　　　　　　　　　　　　　　　　　　　（慶應義塾大）

☐ 7　次の2つの英文が同じ意味になるように，空所に入る最も適切なものを選択肢①～④から選びなさい。

223

> We have to change trains at least three times to reach our destination.
> We have to change trains (　) three times to reach our destination.
>   ① not less than　② no sooner than
>   ③ rather than　　④ not more than
>
> (駒澤大)

設問解説

1　A collection of facts is (no more science than) a dictionary is poetry.
   訳　事実を集めたものが科学でないのは，辞書が詩でないのと同じである。(答③)
   　空所の後ろにある a dictionary is poetry の内容は，**「事実性ゼロとしてのたとえ」** であると判断し，**A is no more B than C is D「A が B でないのは C が D でないのと同じである」** を用いて表現します。では，図解してみましょう。

   A collection of facts is no more science than a dictionary is poetry.
   　　　　　　　　　　　[−]×[+]=[−]　　　　〈事実性ゼロ〉

2　A dolphin is not a fish (any more than) a human being is.
   訳　イルカは人間同様に魚でない。(答②)
   　空所の後ろにある a human being is (a fish) が **「事実性ゼロとしてのたとえ」** と判断して，no more ... than ～ (＝ not ... any more than ～) を用いて表します。

3　Sunlight is no (less) necessary to good health than fresh air.
   訳　日光は新鮮な空気同様に健康に必要です。(答①)
   　than 以下の内容が「事実として自明なたとえ」なので，no less ... than ～「～同様に…である」を用います。本問を as ～ as で表現すると Sunlight is **(just) as** necessary to good health **as** fresh air. となります。

4　Don't buy that car. It's no (greater) than the one we already have.
   訳　その車は買わないように。それは私たちがすでに持っている車より決してすばらしくはない。(答②)
   　no greater を用いるとしっくりいきますね。ただし，この文では great「すばらしい」の比較だけでは，両方の車が本当にすばらしいかどうかは不明です。しかし，It's no **more great** than the one (＝ car) we already have の表現を用いると，than 以下の the one (＝ car) we already have (is great) は **「事実性ゼロ」** が前提となるので，両方の車がすばらしくないということになります。

5 He is (no less) a person than the President.
   訳 彼はほかならぬ大統領である。(答②)
   　いつもの no less ... than ～とは違うので注意が必要。空所の後ろの a person がヒントになり，no less a person [place] than ～「(人・場所) そのもの，本物の～」で～には有名な人や場所がきます。

6 Human beings can live up to 40 days without food, but (no) more than 7 without water.
   訳 人間は食物なしで40日まで生きることができるが，水がなければたった7日しか生きられない。(答④)
   　接続詞 but に注意して，**予想・期待（expectation）に反して少ないイメージ**を表す場合，**no more than ～（= only ～）**を用いるとピッタリですね。

7 We have to change trains at least three times to reach our destination.
   We have to change trains (not less than) three times to reach our destination.
   訳 私たちは目的地に着くために少なくとも3回電車を乗り換えなければならない。(答①)
   　at least = not less than は**少なさの限界（limitation）**を表し，**「少なくとも」**という意味を表します。

●7 最上級の基本用法

the ＋最上級＋ of [in] ...「…の中で一番～」で最上級を表現しますね。**同類の集合の中**では **of**，**ある場所の中**で一番を表す場合は **in** を用います。頻出表現をまとめます。

the least ～「最も～でない」
the second [third, fourth ...] ＋最上級「2 [3, 4] 番目に～な」　問題1
the ＋最上級（＋名詞）（＋ that）S have ever *done* ... 「…した中で最も～な」　問題4

これまで最上級における the の有無に戸惑ったことがありませんか。**「be 動詞＋形容詞」の形で「同一」の中における最上級表現は，比較対象が他にないので the をつけません**。一方，**他との比較においては，最上級表現を強調**する必要があるのでふつう **the をつけます**。具体例で整理してみましょう。

(a) This lake is the deepest in Japan. 「この湖は日本で一番深い」
(b) This lake is deepest at this point. 「この湖はこの地点が一番深い」　問題3
(a)は日本の湖の中での比較なので，この湖を強調するために the をつけます

が，(b)はこの湖の中での比較のため，**比較対象がないので the のつけようがない**ということになります。

次に最上級に不定冠詞 'a' がついた場合と定冠詞 'the' がついた場合を比較します。

> She is <u>a most</u> beautiful girl.「彼女はとても美しい女性です」
> 〈a most = a very の意味〉
>
> She is the most beautiful girl at the party.「彼女はパーティーで一番美しい女性です」

> **最上級の強調**は，much，(by) far「はるかに」で表します。　　問題 2
> very は **the very best ＋名詞**の形で最上級を強調します。

問題

次の各英文の空所に入る最も適当なものを①〜④（4のみ①〜⑤）から選びなさい。

□**1** "Heavy Rotation" was (　　) popular song on the hit charts in 2010 in Japan.
　① second more　　② the second more
　③ second most　　④ the second most　　　　　　　　　（東京経済大）

□**2** Although New York is (　　) the largest city, several other cities in the U.S.A. are also quite large.
　① a lot　　② as much　　③ by far　　④ far more　　（近畿大）

□**3** He feels (　　) when he is listening to his favorite music.
　① happily　　② more happier
　③ happiest　　④ most happily　　　　　　　　　　　（杏林大）

□**4** My first job, as an elevator operator, was (　　) I've ever had.
　① most boring　　② the most boring　　③ much boring
　④ more boring　　⑤ boring　　　　　　　　　　　　（大東文化大）

設問解説

1 "Heavy Rotation" was (the second most) popular song on the hit charts in 2010 in Japan.
　訳 『ヘビーローテーション』は日本の2010年のヒットチャートで2番目に人気の曲であった。
　　（答④）

the second［third, fourth ...］＋最上級で「2［3, 4…］番目に～な」の意味を表します。「ヘビーローテーション」は AKB48 のナンバーですね。この曲名は「ラジオ局などが繰り返し放送する」という意味です。みなさんも，この本を「ヘビーローテーション」してくださいね（笑）。

2 Although New York is（by far）the largest city, several other cities in the U.S.A. are also quite large.
　訳 ニューヨークが断然最大の都市であるが，アメリカ合衆国の他のいくつかの都市もまた非常に大きい。(答③)
　空所の後ろに最上級表現の the largest city があるので，それを強調するため **by far「はるかに」を用います。**

3 He feels（happiest）when he is listening to his favorite music.
　訳 彼は大好きな音楽を聴いているときが最も幸せだと感じている。(答③)
　比較対象を伴う他との比較ではなく，自分一人のある状況のときに最高であるということ示すとき，最上級に the をつけずに表現します。

4 My first job, as an elevator operator, was（the most boring）I've ever had.
　訳 エレベーター係としての私の最初の仕事は，これまで経験した中で最もつまらない仕事でした。(答②)
　空所の後ろにある表現から，**the＋最上級（＋名詞）（＋that）S have ever done ...「…した中で最も～」の形**を用いると文意が成立します。

●8　ラテン比較と比較級を用いた重要表現

① ラテン語の比較級語尾であった -or をもつ，senior「先輩の」, junior「後輩の」, superior「（より）優れた」, inferior「（より）劣った」の場合，**than ではなく to** を用います。
② **prefer「～のほうを好む」**も **to** あるいは **rather than** を用い，その形容詞 **preferable「好ましい」**はそれ自体に比較の意味を含んでいるので×more preferable とはしません。
③ 「差」を表す場合
「～の 2 歳年上」は **two years senior to ～**あるいは **senior to ～ by two years** と表します。名詞の senior「先輩」を用いると, two years my senior / my senior by two years「2 歳年上」となります。形容詞（old）の比較級を用いると, **two years** older than ～あるいは older than ～ **by two years** となります。

④ あることを否定した文の後に，さらにありそうもないことを付け加えるには，肯定文では，**肯定文 ... , much [still] more ~**「…である，まして [なおさら] ~」を，否定文では，**否定文 ... , much [still] less ~／let alone ~**「…ない，まして~ない」という表現を用います。
その他の重要表現を整理しましょう。

> ・know better than to *do*「~しないくらいの分別はある→~するほどばかではない」
>   =be sensible enough not to *do*
> ・would sooner(=rather) *do* ~ than *do* ...「…するくらいなら，~するほうがましだ」
> ・couldn't be better [worse]「最高 [最悪] だ」
>   couldn't have been better [worse]「最高 [最悪] だった」

問 題

次の各英文の空所に入る最も適当なものを①~④から選びなさい。

☐ **1** Rebecca is senior (　) Bob (　) two years.
　① to, by　② with, in　③ by, to　④ in, with
（城西大）

☐ **2** I am not interested in reading poetry, (　) in writing it.
　① much more　② less than
　③ still more　④ still less
（東京歯科大）

☐ **3** I am no pianist. I can't play a simple tune, (　) Mozart's sonatas.
　① as well as　② let alone
　③ much more　④ none the less
（中央大）

☐ **4** I would (　) cook at home than eat at a fast food restaurant.
　① less　② more　③ rather　④ worse
（専修大）

☐ **5** You ought to know (　) than to trust her.
　① better　② greater　③ less　④ rather
（玉川大）

☐ **6** Last night's French dinner (　).
　① could better have been　② could be better
　③ couldn't have been better　④ couldn't be better
（甲南大）

設問解説

1 Rebecca is senior (to) Bob (by) two years.
訳 レベッカはボブより 2 年先輩です。(答①)
　senior「先輩の」で比較を表現する場合は，than ではなく to を用いましたね。「差」は，two years senior to ~ あるいは senior to ~ by two years「~ より 2 年先輩」で表します。

2 I am not interested in reading poetry, (still less) in writing it.
訳 私は詩を読むことに興味はない。まして詩を書くことはなおさらない。(答④)
　まず，空所の前に否定文があることを押さえます。空所の後ろに in writing it があるので，前文の in reading poetry と比べると，「読む」と「書く」に程度の差を読み取ることができます。そこで，否定文 ... , still [much] less ~「…ない，まして~ない」を用いると正解ですね。

3 I am no pianist. I can't play a simple tune, (let alone) Mozart's sonatas.
訳 私はピアニストとは言えない。モーツァルトのソナタは言うまでもなく，私は簡単な曲すら弾けない。(答②)
　空所の前の文が否定文であることを押さえ，a simple tune と Mozart's sonatas に程度の差を読み取り，... , let alone ~「…ない，まして~ない」を用いると OK です。

4 I would (rather) cook at home than eat at a fast food restaurant.
訳 私はファストフード・レストランで食べるより，むしろ自宅で料理したい。(答③)
　would rather *do* ~ than *do* ... で，「…するよりも，むしろ~したい」という意味を表します。

5 You ought to know (better) than to trust her.
訳 君は彼女のことを信用するほど馬鹿でないはずだ。(答①)
　know better than to *do* で「~するほど馬鹿ではない」という意味を表します。

6 Last night's French dinner (couldn't have been better).
訳 昨夜のフランス料理は最高だった。(答③)
　まず，空所の前にある Last night's French dinner から過去の内容であることを押さえます。〈仮定法過去完了＋否定＋比較〉を用いた couldn't have been better「これ以上良いことはあり得なかったであろうに」で「最高だった」を表現します。

第13講 名詞・冠詞・代名詞

●1 可算名詞と不可算名詞

英語に**可算名詞**と**不可算名詞**があることは知っていますね。日本語にはない発想なので，ただ丸暗記するしかないと思っている人は，名詞の種類を理解すると(不)可算名詞の感じがつかめますよ。

(不)可算名詞と5種類の名詞を整理してみましょう。

可算名詞	普通名詞／集合名詞	a[an]がつく，複数形になる
不可算名詞	固有名詞／物質名詞／抽象名詞	常に単数形で，a[an]や数詞はつけない

例えば，furniture「家具」は不可算名詞です。形は常に単数で，a [an] をつけないので，×a furniture, ×furnitures の形はダメです。数えるときは，個数を示す可算名詞（piece など）を用いて，a piece [two piece**s**] of furniture で表します。容器を示す可算名詞（glass など）を用いると，a glass of water になります。では，**頻出の不可算名詞**を押さえましょう！

- baggage/luggage「手荷物」　・clothing「衣類」　・furniture「家具」
- mail「郵便物」　　　　　　　・news「知らせ」　　・merchandise「商品」
- scenery「風景」　　　　　　・machinery「機械」　・music「音楽」

問題

次の各英文の空所に入る最も適当なものを①〜④（2のみ①〜⑤）から選びなさい。

□**1** Our teacher brought us a (　　) of good news.
　① few　　② plenty　　③ piece　　④ number　　（東京理科大）

□**2** The store was crowded with (　　).
　① customers who bought many pieces of furniture
　② customers who bought many furnitures
　③ customers who bought a plenty of furniture
　④ guests who bought quite a few furniture
　⑤ guests who bought a large number of furnitures　　（中央大）

□ **3** 次の英文の下線部①〜④の中から，間違っている箇所を1つ選びなさい。

The department store ①had a sale ②on winter clothing, and she bought ③two clothes ④with a credit card. 　　　　　（早稲田大）

□ **4** 下線部に誤りがある文を選びなさい。
① How much baggages can we take on the plane?
② Many different peoples live within the United States of America.
③ The children were instructed to keep their clothing clean.
④ We received several pieces of furniture as wedding gifts.
　　　　　　　　　　　　　　　　　　　　　　　　　　　（日本大）

設問解説

1 Our teacher brought us a (piece) of good news.
　訳 私たちの先生は私たちに良い知らせを持ってきました。（答③）

空所の後ろのほうの **news は不可算名詞**なので，**数えるときはa piece of [two pieces of]** を用います。形容詞は piece の前に置いて a **good** piece of news とするほうがふつうです。その他，①は a few + 可算名詞なのでダメ，② plenty of + 可算名詞の複数形［不可算名詞］なので a が不要，④a number of は不可算名詞（news）とは結びつきません。

2 The store was crowded with (customers who bought many pieces of furniture).
　訳 店はたくさんの家具を買う客でごった返していた。（答①）

まず，**furniture は不可算名詞**なので**複数形の -s はつきません**。数えるときは可算名詞 piece を用いて many **pieces** of furniture のように表します。また，**customer は「（商品を買う）客」，guest は「招待された客」**という意味なので違いに注意しましょう。なお，plenty of + 可算名詞の複数形［不可算名詞］で「たくさんの〜」という意味を表します。

3 The department store had a sale on winter clothing, and she bought two suits of clothes with a credit card.
　訳 デパートが冬服のセールを行っていたので，彼女はクレジットカードで服を2着買った。
　（答③→ two suits of clothes）

まず，最初の文の clothing は不可算名詞で意味が広く，衣類だけでなく帽子や靴まで身につけるもの全般を含み，a piece of で数えます。次に後ろの文の **clothes を数えるときは a suit of** を用います。なお，「着替え2着」なら **two changes of clothes** のように表します。

4. How much baggage can we take on the plane?

訳 機内には手荷物をどれくらい持ち込めますか。(答①→ baggage)

①**baggage は不可算名詞なので複数形の -s はつきません**。また，a piece of を用いて **How many pieces of baggage ...** のようにも表せます。②Many different peoples live within the United States of America.「アメリカ合衆国の中では多くの異なる民族が暮らしている」。people を可算名詞で扱うと **a people / peoples で「国民，民族」**という意味。③The children were instructed to keep their clothing clean.「子どもたちは自分の衣類を清潔にしておくように指示された」の clothing「衣類」は不可算名詞です。④We received several pieces of furniture as wedding gifts.「私たちは結婚祝いとして家具を数点もらった」。**furniture** も**不可算名詞**なので，数えるときは a piece of を用いましたね。ここでは，「数点の家具」なので，several pieces of となっています。

●2 抽象名詞と不定冠詞

具体的な形をもたない**抽象名詞も形容詞がつくことで具体的になり，曖昧ではっきりしないところに個々の感じ**が出てきます。たとえば，抽象名詞（knowledge「知識」）に形容詞がつくと a [an] を伴い，a good knowledge of ~「~をよく知っている」となります。また，breakfast, lunch, dinner などは無冠詞で単数扱いですが，形容詞がつくと a [an] を伴い，**a late lunch「遅い昼食」**となるので注意してください。しかし，不可算名詞は形容詞の有無にかかわらず，a [an] をつけません。次のものは特に頻出なので押さえましょう。

> ・serious damage「深刻な被害」　・fine weather「良い天気」
> ・great progress「大きな進歩」　・heavy traffic「激しい交通量」
> ・great harm「多大な損害」　・good advice「良い忠告」など

次に，(不)可算名詞に数量を表す形容詞をつけて，「多い」「少ない」を表す場合を考えてみましょう。入試で次のように出題されるとミス続出です。正しいものを選ぶ問題です。

> I feel very lonely as I have (a few / few / a little / little) friends here.

few ＋可算名詞 / little ＋不可算名詞は，**a がつくと肯定的，a がないと否定的**になるため，空所の後ろの friends（可算名詞）を few friends の形にすると，I feel very lonely に対する理由となり文意が成立します。

では，数量形容詞と(不)可算名詞との結びつきを整理しておきましょう。

(a) few + 可算名詞（複数形）	「〈a がつくと肯定的〉少しの〜」
(a) little + 不可算名詞（常に単数形）	「〈a がないと否定的〉ほとんど〜ない」

some + 可算名詞（複数形）／不可算名詞（常に単数形）「いくつかの／いくらかの〜」

〈否定・疑問文で〉many + 可算名詞→〈肯定文〉a lot of［lots of / plenty of / a large number of］「多くの」+ 可算名詞

〈否定・疑問文で〉much + 不可算名詞→〈肯定文〉a lot of［lots of / plenty of / a large amount of］「多くの」+ 不可算名詞

例題訳 私はここには友だちがほとんどいないので，とても寂しい。(答 few)

問題

次の各英文の空所に入る最も適当なものを①〜④から選びなさい。

□ **1** I have a friend who never eats (   ).
　　① lunch　　② a lunch　　③ early lunch　　④ big lunch
　　　　　　　　　　　　　　　　　　　　　　　　　　　（熊本県立大）

□ **2** I was wondering if you could give me (   ).
　　① a few advices　　② many advices
　　③ little advice　　　④ some advice
　　　　　　　　　　　　　　　　　　　　　　　　　　　（京都女子大）

□ **3** Mary isn't very popular. She has very (   ) friends.
　　① much　　② many　　③ few　　④ little　　（慶應義塾大）

□ **4** The beef and orange negotiations did not make (   ) last week.
　　① any progress　　② any progresses
　　③ a progress　　　④ some progresses　　　　　　（中央大）

□ **5** For (   ) information, call us at the number below.
　　① few　　② further　　③ many　　④ several　（センター試験）

□ **6** 次の英文の下線部①〜④の中から，間違っている箇所を１つ選びなさい。

　①Since the weather report said we ②were going to have ③a bad weather ④over the weekend, we had to cancel the plan.
　　　　　　　　　　　　　　　　　　　　　　　　　　　（早稲田大）

> **設問解説**

1. I have a friend who never eats (lunch).
   訳 私には昼食を決してとらない友だちがいる。(答①)
   lunch は無冠詞で単数扱いですが，形容詞がつくと a[an] を伴います。③は an early lunch「早めのお昼」，a big lunch「量の多い昼食」なら可能です。

2. I was wondering if you could give me (some advice).
   訳 私に少し助言をしていただけないでしょうか。(答④)
   まず，advice は不可算名詞なので数量形容詞の a few / many とは結びつきませんね。また，**I was wondering if you could ... は「…していただけないでしょうか」という意味で，丁寧な依頼を表します。ここは (不)可算名詞と結びつく肯定的な意味の some** を用いると文意が成立します。

3. Mary isn't very popular. She has very (few) friends.
   訳 メアリーはあまり人気がありません。彼女にはほとんど友だちがいません。(答③)
   前半の意味内容から可算名詞（friends）に**否定的な few「ほとんど〜ない」**を用いて few friends とすれば OK ですね。なお，very の否定は「あまり〜でない」と訳します。

4. The beef and orange negotiations did not make (any progress) last week.
   訳 先週あった牛肉とオレンジの交渉は少しも前進しなかった。(答①)
   progress は不可算名詞で，形容詞の有無にかかわらず，a[an] をつけません。なお，not ... any は「少しも［まったく］…ない」という意味です。

5. For (further) information, call us at the number below.
   訳 お問い合わせは，下記の番号に電話をしてください。(答②)
   空所の後ろの information が不可算名詞であることを押さえましょう。**far の比較級 further は (不)可算名詞のどちらとも結びつき，「さらに進んで」**という意味を表します。

6. Since the weather report said we were going to have bad weather over the weekend, we had to cancel the plan.
   訳 天気予報では週末にかけて悪天候になると言っていたので，計画をキャンセルしなければならなかった。(答③→ bad weather)
   weather も不可算名詞で，形容詞の有無にかかわらず，a[an] をつけません。

●3 絶対に複数形で用いる名詞

英語には絶対に複数形で用いなければならない名詞があり，例えば，**scissors「はさみ」**のように**対になった2つのものから成る器具や衣類は，常に複数形**で表します。そしてその名詞を数える場合には **a pair [two pairs] of** の形を用います。では，ここで**「対」を表す頻出名詞**をまとめて押さえておきましょう。

- shoes「靴」　・socks「靴下」　・trousers「ズボン」
- stockings「ストッキング」　・scissors「はさみ」
- glasses [spectacles]「めがね」　・chopsticks「はし」　など

たとえば，名刺を交換する場合 exchange business cards と言います。名刺を交換するとは，自分と相手が相互に名刺を持っていることが前提となるので，**名刺の数は複数**となります。では，**目的語が複数形になる頻出表現一覧**です。

- change trains「電車を乗りかえる」　・change *one*'s shirts「シャツを着替える」
- shake hands (with A)「(Aと)握手をする」　・take turns (in [at]) *do*ing「交替で〜する」
- make friends (with A)「(Aと)友だちになる」　・exchange seats with A「Aと席を替わる」　など

shake hand**s**

➡ turnは，名詞で「順番」という意味

また，-ics で終わる学問・学科名は，常に複数の形をしていますが，**単数扱い**です。

- linguistics「言語学」　・mathematics「数学」　・politics「政治学」
- economics「経済学」　・physics「物理学」　・statistics「統計学」
- 〈statistics「統計の数字」の場合は複数扱い〉　など

複数形にすると単数形とまったく違う意味になる頻出名詞を列挙します。

- arm「腕」→ arm**s**「武器」　・air「様子」→ air**s**「気取った態度」
- custom「慣習」→ custom**s**「関税」　・manner「態度」→ manner**s**「行儀」
- letter「文字」→ letter**s**「文学」　など

問題

次の各英文の空所に入る最も適当なものを①～④（2のみ①～⑤）から選びなさい。

☐ 1　In our family, we have decided to take (　　) doing the dishes.
　　① orders　② part　③ roles　④ turns　　　（センター試験）

☐ 2　For my birthday my parents got me (　　) new shoes.
　　① much　② one　③ lots　④ few　⑤ a pair of
　　　　　　　　　　　　　　　　　　　　　　　　（松本歯科大）

☐ 3　I've broken my new glasses and I can't find my old (　　).
　　① one　② pair　③ piece　④ pieces　　（京都外国語大）

☐ 4　(　　) is the scientific study of forces such as heat, light, and sound, and the way they affect objects.
　　① Politics　② Chemistry　③ Physics　④ Geography
　　　　　　　　　　　　　　　　　　　　　　　　（センター試験）

☐ 5　Don't be so (　　)! Where are your manners?
　　① competent　② stern　③ tolerant　④ rude
　　　　　　　　　　　　　　　　　　　　　　　　（上智大）

☐ 6　次の空所にそれぞれ①～⑤の適当な語句を入れ、英文を完成させなさい。
　　Science would make (　) (　) (　) (　) (　) ideas.
　　① much less progress　② the computer networks
　　③ to exchange　④ used by many scientists
　　⑤ without　　　　　　　　　　　　　　　（センター試験）

設問解説

1 In our family, we have decided to take (turns) doing the dishes.
　訳 我が家では、交替で皿洗いをすることになっています。(答④)
　take turns (in [at]) *do*ing で「交替で～する」という意味。**turns は「順番」**という意味。

2 For my birthday my parents got me (a pair of) new shoes.
　訳 私の誕生日に両親が新しい靴を1足プレゼントしてくれた。(答⑤)

236

shoes は a pair of [two pairs of] で数えます。形容詞は pair の直前に置いてふつう a new pair of shoes などと表現します。

③ I've broken my new glasses and I can't find my old (pair).
　訳 私は新しい眼鏡を壊してしまった。それに以前使っていたメガネも見つからない。(答②)
　　まず，前半の my new glasses の glasses を数えるときは a pair of glasses で表します。後半は glasses の反復を避け my old pair (of glasses) で表します。

④ (Physics) is the scientific study of forces such as heat, light, and sound, and the way they affect objects.
　訳 物理学とは，熱や光や音のような力とそれらが物体にどのように影響を与えるかについての科学研究である。(答③)
　　-ics で終わる学問名は，常に複数の形をしていますが，**単数扱い**です。

⑤ Don't be so (rude)! Where are your manners?
　訳 そんなに不作法ではいけません！ お行儀はどうしたの？ (答④)
　　2つ目の文の manners「行儀」の意味が理解できましたか。「お行儀はどこにいったの？」つまり「行儀が悪いよ」といった意味から前半の空所を考えます。また，be 動詞の否定の命令文は Don't be ～ となります。

⑥ Science would make (much less progress without the computer networks used by many scientists to exchange) ideas.
　訳 科学者たちが意見交換するために使われるコンピューターネットワークがなければ，科学がこれほど進歩することはないであろうに。(答①−⑤−②−④−③)
　　まず，make から make much less progress のかたまりを押さえます。次に，would を仮定法と推測し without が「否定の条件」を表すと考えます。相手と自分の意見交換なので exchange ideas とし，used by … で過去分詞が後ろから the computer networks を修飾していることを見抜きます。

●4 意外な意味の名詞

可算名詞と不可算名詞で意味が異なる語があります。頻出の(不)可算名詞を整理してみましょう。

	可算名詞〈a [an] がつく／複数形〉	不可算名詞〈常に単数形〉
room	「部屋」	「余地」(=space)(for A / to do を伴う)
work	「作品」	「仕事」
time	「回，度，倍」	「時間」

意外な意味をもつ名詞に気をつけましょう。**狙われますよ！**

line「列, 職業」	case「場合, 真相, 訴訟」	cause「原因, 目標, 主義」
notice「注目, 掲示, 通知」	sentence「文, 判決」	respect「尊敬, (注目)点」
subject「科目, 話題, 被験者」	sense「感覚, 良識」	account「勘定(書), 説明」
price「価格, 代償」	effect「結果, 趣旨」	change「変化, 釣り銭, 小銭」
image「イメージ, 生き写し」	term「期間, 用語」	safe「金庫」
picture「絵, 画像[質], 状況」	nature「自然, 性質」	say「言い分(*one*'s〜), 発言権(a〜)」
company「会社, 仲間, 同伴者」	mean「平均, 手段, 財産」	command「自由に操る力」

単複同形でよく間違えるのは **species「種(しゅ)」** と **means「手段」** です。**a means to an end**「目的のための手段」は頻出ですよ。means と end をペアで押さえましょう。

mean は動詞で「意味する」はよく知っていますね。形容詞で「卑劣な」も重要です。

問題

次の各英文の空所に入る最も適当なものを①〜④から選びなさい。

☐ **1** Is there ( ) for me in the car?
① a room ② room ③ rooms ④ the room （創価大）

☐ **2** My TV set is almost 15 years old, but it still has a good ( ).
① message ② photo ③ picture ④ scene
（センター試験）

☐ **3** I want to make a phone call but only have a five-dollar bill. I need some ( ).
① change ② small cash ③ little money ④ return
（センター試験）

☐ **4** The earning of money should ( ) to an end.
① be means ② be a means
③ be no means ④ be some means （龍谷大）

☐ **5** Though he talked like a man of ( ), his actions were those of a fool.
① feelings ② his word ③ means ④ sense （上智大）

> 設問解説

[1] Is there (room) for me in the car?
   訳 車には私が乗る余地がありますか。(答②)
   　　room は可算名詞で「部屋」，**不可算名詞で「余地」**という意味。空所の後ろの for me と in the car から，車にあるのは「部屋」ではなく「余地」なので，**room for A で「Aの余地」**を表します。

[2] My TV set is almost 15 years old, but it still has a good (picture).
   訳 私のテレビはもう少しで15年になるが，相変わらず画質が良い。(答③)
   　　picture の意外な意味として「画像，画質」という意味を押さえておきましょう。

[3] I want to make a phone call but only have a five-dollar bill. I need some (change).
   訳 電話をかけたいが，5ドル札しかない。小銭がいくらか必要だ。(答①)
   　　この頃は公衆電話を使用する機会も少なくなったので，ピンと来ないかもしれませんが，**change は「小銭，釣り銭」**という意味です。**small change「小銭」**とも言いますが，small cash とは言いません。

[4] The earning of money should (be a means) to an end.
   訳 お金を稼ぐことは目的に対する手段であるべきだ。(答②)
   　　means は単複同形で「手段」という意味。**a means to an end** で「目的のための手段」を表します。お金を稼ぐことが目的になってはいけませんよ，喝！

[5] Though he talked like a man of (sense), his actions were those of a fool.
   訳 彼は話はわかっているが，行いは愚か者の行いだった。(答④)
   　　a man of sense で「**分別のある人**」という意味。those は the actions の代用。

●5 意味が紛らわしい名詞

次に，意味が紛らわしい名詞を整理しましょう。

▶ **crowd は「群集」という意味で，「人」に用います。**
　　人以外の群れ　flock「(鳥や羊の) 群」, pack「オオカミ [盗賊] の) 群」,
　　　　　　　　herd「(牛や馬の) 群」

▶ the police は複数扱い。six police「6人の警察官」のように言えますが，警官1人を指す場合には a police officer [policeman, policewoman] を用いて表します。

▶ 日本語の「約束」は紛らわしい。**promise は「する，しない」を約束**することを意味します。「約束」に関する名詞を押さえておきましょう。

　　約束・予約 appointment「（人との時間・場所を決めて会う）約束，（医師，弁護士，美容師などの）予約」, reservation / booking〈英〉「（部屋・席・切符など）の予約」

▶ 日本語で「習慣」を表す habit/custom を区別しよう。

　　習慣 habit「（個人的）習慣，癖」, custom「（社会的）習慣，慣習」
　　なお，habit は○the habit of *doing* / ×~~the habit that~~ 節で**同格は取れない**ので注意してください。

▶ 「客」を表す英語もさまざまありますね。

customer	（商品を買う）客，顧客，常連客，得意先	patient	患者
client	（弁護士・建築士などの）依頼人	visitor	訪問者，観光客，見舞客
guest	（ホテルなどの）泊り客，（招待された）客	spectator	（スポーツ観戦の）観客
passenger	（バス，列車，飛行機，船などの）乗客	audience	（演劇・コンサートの）聴衆

▶ fare は，元は journey「旅」という意味で，そこから派生して今では「運賃」という意味で使われています。「お金」を表す英語も一通りチェックしましょう。

語＼意味	対象	意味	語＼意味	対象	意味
charge	サービス	料金，手数料	allowance	子ども	小遣い
price	品物	値段，価格	cost	生産・維持	費用
pay	仕事	一般報酬	fee	専門職者	謝礼，納入金
salary	事務［専門］職者	（月給・年俸で）給料	fine［penalty］	違反	罰金
wage	工場労働者	（時給，日給で）賃金	interest	預金・ローン	利子・利息

問題

次の各英文の空所に入る最も適当なものを①～④（3のみ①～⑤）から選びなさい。

☐ **1** I hear you have a slight toothache. You had better make (　) with your dentist.
① a contract　② an appointment
③ a promise　④ a reservation
（愛知学院大）

☐ **2** A (　) is the money that you pay for a journey made, for example, by bus, train, or taxi.
① charge　② cost　③ fare　④ fee
（センター試験）

☐ **3** How much is the entrance (　) to the amusement park?
① fare　② cost　③ rate　④ expense　⑤ fee
（兵庫医科大）

☐ **4** The people who watch a sporting event without taking part are called (　).
① clients　② customers　③ guests　④ spectators
（センター試験）

☐ **5** The word (　) means a sum of money that is paid as a percentage of a larger sum of money which has been borrowed or invested.
① debt　② fare　③ fine　④ interest
（センター試験）

設問解説

1 I hear you have a slight toothache. You had better make (an appointment) with your dentist.
　訳 ちょっと歯が痛むそうね。歯科医に予約をしたほうがいいよ。（答②）
　歯科医との予約は，**make an appointment with A**で「Aに予約を取る」を押さえましょう。

2 A (fare) is the money that you pay for a journey made, for example, by bus, train, or taxi.
　訳 運賃とは，たとえばバス，電車，タクシーに乗って移動する行程に対して支払うお金である。（答③）
　fareは交通機関の「**運賃**」に用います。なお，farewellは「良き旅をせよ」で「別れ」という意味で，a farewell (party)で「送別会」を表します。

241

3 How much is the entrance (fee) to the amusement park?
    訳 遊園地の入場料はいくらですか。(答⑤)
    fee は謝礼から料金まで適応範囲が広いので整理してみましょう。

（遊園地などの）入場料	an entrance fee	許可料	a license fee
入学［入会］金	an admission fee	授業料	tuition fee(s)
購読料	a subscription fee	弁護料［診察料］	a lawyer's[doctor's] fee

4 The people who watch a sporting event without taking part are called (spectators).
    訳 参加せずにスポーツ競技を見る人は観客と呼ばれます。(答④)
    spectator は〈spectate「じっと見る」+ or「〜する人」〉**「観客」**という意味。

5 The word (interest) means a sum of money that is paid as a percentage of a larger sum of money which has been borrowed or invested.
    訳 金利とは，借りたり投資したりした元本の額の利率として支払われる金額を意味する。(答④)
    interest「利子，利息，金利」の定義とわかりましたね。①debt「借金」，③fine「罰金」。動詞では，fine + A + B + for 〜「〜のかどで A（人）に B（金額）の罰金を科す」。

•6 冠詞の基本的考えについて

　a [an] は可算名詞の単数形の前で用いられ，the は（不）可算名詞の前で単複を問わず用いられますね。**a [an] は，いくつかあるうちの1人［1つ］を表し，他にもまだあるといった含み**があり，名詞を特定しないので**不定冠詞**と呼ばれます。一方で **the は特定の人［もの］を表し，他にはないといった含み**があるので，**定冠詞**と呼ばれます。冠詞の用法の6パターンを押さえましょう。

1	language	一般概念としての「言語」
2	languages	一般概念も表すが，個々の言語を全体にまとめて指す場合〈4とは文脈で区別〉
3	a language	(any) one of the languages「言語の中の（どれでも構わない）1つの言語」
4	languages	some of the languages「いくつかの言語」
5	the language	one specific language「特定の1つの言語」
6	the languages	all of the languages「全ての言語」

では，次の（　）にa, an, the, φ（無冠詞）のいずれかを入れて，文を完成させる問題です。

> A student performed (①) experiment to see how (②) rust forms on (③) metal. He dipped (④) pieces of (⑤) iron in (⑥) water and left them for half (⑦) hour. Then he examined them under (⑧) microscope. After (⑨) few days, (⑩) rust had become quite thick.

①いくつかある中の1つの実験。②，③は不可算名詞で一般概念を表す。④，⑤pieces of 不可算名詞。⑥water は不可算名詞なので無冠詞で用いる。⑦half an hour の h は黙字。⑧どれでも構わない1台の顕微鏡。⑨a few days で「数日」。⑩前述した錆。

例題訳 生徒は錆が金属にどのようにしてできるのかを調べるためにある実験をした。彼は数片の鉄を水の中に浸し，30分ほど放置しておいた。それから，彼は顕微鏡でその鉄を調べた。数日後，その錆はかなり厚くなっていた。

（答 ①an，②φ，③φ，④φ，⑤φ，⑥φ，⑦an，⑧a，⑨a，⑩the）

問題

□1　次の英文の空所に入る最も適当なものを①〜④から選びなさい。
"Is this one of (　　) you were telling me about?"
"Yes, it is about (　　) life of Queen Victoria."
① books / the   ② books / a
③ the books / the   ④ the books / a
（南山大）

□2　次の英文の下線部①〜④の中から，間違っている箇所を1つ選びなさい。
If you want ①to improve your ②written English, you ③should use ④dictionary more.
（明治大）

設問解説

1 "Is this one of (the books) you were telling me about?" "Yes, it is about (the) life of Queen Victoria."

訳「これがあなたが私に話していた本のうちの1冊ですか？」「そうです，それはヴィクトリア女王の生涯についての本です」（答③）

まず，最初の文を一読してみると，文末の about の後ろに目的語がないことに気づきましたね。そこで，最初の空所の直後に関係代名詞目的格の which［that］が省略され，空所の部分に先行詞が入ると考えれば，**関係代名詞節で限定され**

た名詞が入ることになります。次に2つ目の空所ですが，**of＋名詞句で限定された名詞にはふつう自動的に the がつきます。**

[2] If you want to improve your written English, you should use <u>a dictionary</u> more.
　　訳 書き言葉の英語を上達させたいなら，もっと辞書を使うべきだ。
　　(答④→ a dictionary [dictionaries])
1) **dictionary は可算名詞**なので，ふつう**無冠詞単数形では用いません**。
2) a dictionary にすると，**どれでも構わない1冊の辞書**を指すので文意が成立します。
3) dictionaries を用いると，辞書という種類全体をまとめて指すというより，**どれでも構わない複数の辞書**を指すと考えられ，これも文意が成立します。
4) the dictionary だと特定の1冊の辞書となり，文法的には可能であるがやや不自然です。
5) the dictionaries を用いるとすべての辞書ということになり，文意に合わなくなります。

●7 冠詞のそれぞれの働き

慣用的に the / a[an] がつく頻出表現を押さえておきましょう。
▶「the＋身体の一部を表す名詞」を使った表現
　He caught me by <u>the arm</u>. (≒ He caught my arm.) この文は **me に焦点**が置かれていて，相手の身体の一部である **the arm「腕」をつかむことによって生じる行為**，たとえば「動きを止める」などの意味が含まれた表現です。He caught <u>my arm</u>. とすると，身体の一部である my arm にだけ焦点が置かれ，それ以外の意味は含まれません。

catch A by the B	「A（人）のBをつかむ」(≒ catch A's B)
hold A by the B	「A（人）のBをつかむ」(≒ hold A's B)
take A by the B	「A（人）のBを取る」(≒ take A's B)
look A in the B	「A（人）のBをじっと見つめる」(≒ look into [at] A's B)

▶「by the＋単位を表す名詞」は「～単位で」という意味で，数量・計量の単位を表します。
▶「by＋交通・通信など」で「手段」を表します。
　by bus「バスで」は無冠詞ですが，同じ意味で **on the bus** とすると，**定冠詞（the）が必要**になります。by cellphone「携帯電話で」(= on the cellphone) も同様です。
▶「a＋固有名詞」で「～のような人，～の製品，～の作品」を表す。

固有名詞はそれ以外には存在しない特定の人［物］を表しますが，普通名詞と同じように用いられる場合があります。

〈～のような人〉	a (second) *John Lennon*「ジョン・レノンのような人」
〈～という名前の人〉	a Mr. Bean「ビーンさんという名前の人」
〈～の製品［作品］〉	
a new *Porsche*「ポルシェの新車」, three *Monets*「モネの作品3点」	

▶ the ＋形容詞「～の人びと」

(1) the ＋形容詞で「～の人びと」の意味を表し，複数扱いになるものです。

- the blind「目の不自由な人たち」 ・the old「老人たち」
- the rich「金持ちの人たち」 ・the homeless「家のない人たち」
- the unemployed「失業者」など

(2) the ＋形容詞（＝過去分詞）で，単数扱いになるものは, the accused「被告」の1つだけ押さえよう。

問 題

次の各英文の空所に入る最も適当なものを①〜④から選びなさい。

☐ **1** Mary took her father （　　） and led him into the room.
　① by the hand　② for their hands
　③ of his hand　④ over her hands
　　　　　　　　　　　　　　　　　　　　　　　　（武庫川女子大）

☐ **2** I took the woman's advice and looked for work （　　）.
　① being paid on the hour　② paid by the hour
　③ got paid for the hour　④ get paid with the hour
　　　　　　　　　　　　　　　　　　　　　　　　（法政大）

☐ **3** Touching-typing was originally invented as an aid to （　　）.
　① a blind　② blinds　③ the blind　④ a blind one
　　　　　　　　　　　　　　　　　　　　　　　　（清泉女子大）

次の各英文の下線部①〜④の中から，間違っている箇所を1つ選びなさい。

☐ **4** Traveling by ①the train is ②more comfortable ③than traveling by ④air.
　　　　　　　　　　　　　　　　　　　　　　　　（拓殖大）

☐ **5** ①Our neighbors, ②Hashimotos, went to ③the United States to see the Grand Canyon and ④Niagara Falls.
　　　　　　　　　　　　　　　　　　　　　　　　（獨協大）

設問解説

1 Mary took her father (by the hand) and led him into the room.
訳 メアリーは父の手を取り，父を部屋へと連れて行った。(答①)
　空所の前にある took her father から take A by the hand「Aの手を取る」が浮かびましたか。また，lead A into B は「AをBに案内する［連れて行く］」という意味です。

2 I took the woman's advice and looked for work (paid by the hour).
訳 私はその女性の助言に従い，時給で支払われる仕事を探した。(答②)
　by the hour で「1時間単位で」という意味。paid ～の過去分詞で不可算名詞 work「仕事」を修飾します。

3 Touching-typing was originally invented as an aid to (the blind).
訳 ブラインドタッチはもとは目が不自由な人の助けとして考案された。(答③)
　the ＋形容詞で「～の人びと」の意味を表し複数扱いになります。the blind「目の不自由な人たち」。

4 Traveling by train is more comfortable than traveling by air.
訳 列車の旅は空の旅より快適である。(答①→ the をトル)
　パッと見ると比較構文だとわかりますね。traveling … が比較対象になっています。「by ＋無冠詞の交通」で「手段」を表します。by train で「列車で」(＝ on the train)，by air で「空路で」。

5 Our neighbors, the Hashimotos, went to the United States to see the Grand Canyon and Niagara Falls.
訳 私たちの隣人であるハシモト家の人たちはグランドキャニオンとナイアガラの滝を見るために，アメリカに行きました。(答②→ the Hashimotos)
　同じ人名の関係者を一くくりにする場合，「the ＋人名の複数形」で「～家の人びと，～夫妻」を表します。Our neighbors, the Hashimotos は同格であることも押さえましょう。なお，川，海，群島，山脈，海峡，半島などには the をつけますが，④Niagara Falls には the はあってもなくてもよく，アメリカ英語では the をつけないのがふつうのようです。

■8 代名詞 one と it の用法の相違

　前に出てきた特定の1つのものを指すとき，「the ＋名詞」の代わりに it を用いて表します。その一方で，前に出た不特定の単数名詞を受けるとき，「a [an] ＋名詞」の代わりに one を用いて表します。では，次の2つの文の下線部が指す内容を答える問題です。

> (a) John wants to sell his car, and I want to buy <u>it</u>.
> (b) John wants to sell his car, and I want to buy <u>one</u>.

　(a) の it は his car あるいは, この文の中には表現されていないが以前から言っていた特定の車 (the car) を表し, (b) の one は a car を受けます。だから「ジョンの車を含めて車ならどれでもよい」という意味になります。
it は「the ＋名詞」に代わり, one は「a [an] ＋ 名詞」に代わるのが原則ですよ。
　しかし, 文脈により「a [an] ＋ 名詞」を it で受けることもあります。たとえば, I have a good pen. I bought it in Germany.「私は良いペンを持っています。それをドイツで買いました」。この場合, a good pen の good が特定性を強めているので, it で受けることができます。

　<u>例題訳</u> ジョンは自分の車を売りたがっているが, 一方で (a) 私はそれを買いたい。／ (b) 私は車を買いたい。(答 (a) his car/the car, (b) a car)

▶ **one は「a [an]＋(可算)名詞」の代用ができますが, 不可算名詞の代用は不可**です。

×one は不可算名詞の代用不可。
　I like red <u>wine</u> better than white <u>(wine)</u>. (×white one)
×所有格 (*one*'s own の後) では one の使用不可。I like their children better than <u>my own</u>. (×my own one)

▶ 次に the ＋単数 [複数] 名詞の代用表現を考えてみましょう。

the ＋単数名詞 (of ～) の繰り返しを避けて that で代用する用法。
the ＋複数名詞 (of ～) の繰り返しを避けて those で代用する用法。

問　題

□1　次の英文の空所に入る最も適当なものを①～④から選びなさい。
　Can you tell the difference between rice grown in Japan and ( )?
　① American one　② American rice
　③ one of America　④ rice of America　　　　　（センター試験）

次の各英文の下線部①～④の中から, 間違っている箇所を1つ選びなさい。

□2　He ①<u>apologized</u> for ②<u>scraping</u> my car and ③<u>offered</u> to get ④<u>one</u> repaired.　　　　　　　　　　　　　　　　　　　　（名古屋大）

☐ 3　①There are many different ways of ②comparing the economy of one nation with ③those of ④another.　　　　（慶應義塾大）

☐ 4　You ①can't just wait for ②happiness to come, ③without doing anything. You should try to grab ④one.　　　　（早稲田大）

設問解説

1 Can you tell the difference between rice grown in Japan and (American rice)?

訳　日本米とアメリカ米の違いがわかりますか。**(答②)**
　　まず，一読して rice が比較されていることに気づきましたね。**rice は不可算名詞ですので，one の代用ができません**。④に the を加えて，the rice of America としても不可です。

2 He apologized for scraping my car and offered to get it repaired.

訳　彼は私の車をこすったことを謝り，車を修理にだすことを申し出た。**(答④→ it)**
　　one は「a [an] ＋ 名詞」に代わり，it は「the ＋ 名詞」に代わることから，my car は it で受けることになります。

3 There are many different ways of comparing the economy of one nation with that of another.

訳　ある国の経済と別の国の経済を比較する多くの異なったやり方があります。**(答③→ that)**
　　compare A with B を捉えます。A と B が比較されていることから，B に相当する箇所では **the ＋単数名詞＋ of ～ の繰り返しを避ける that** を用いて表現します。

4 You can't just wait for happiness to come, without doing anything. You should try to grab it.

訳　何もせずに幸せが来るのをただ待ち望むことはできない。それをつかみ取ろうとすべきです。**(答④→ it)**
　　one は「a [an] ＋ 名詞」を受けます。なので，**不可算名詞 happiness を one で代用することはできません**。

9 不定代名詞の用法

対象が2人［2つ］の場合，一方を one で，もう一方を the other で表します。不定代名詞 one / another / (the) others の使い方を図解してみましょう。

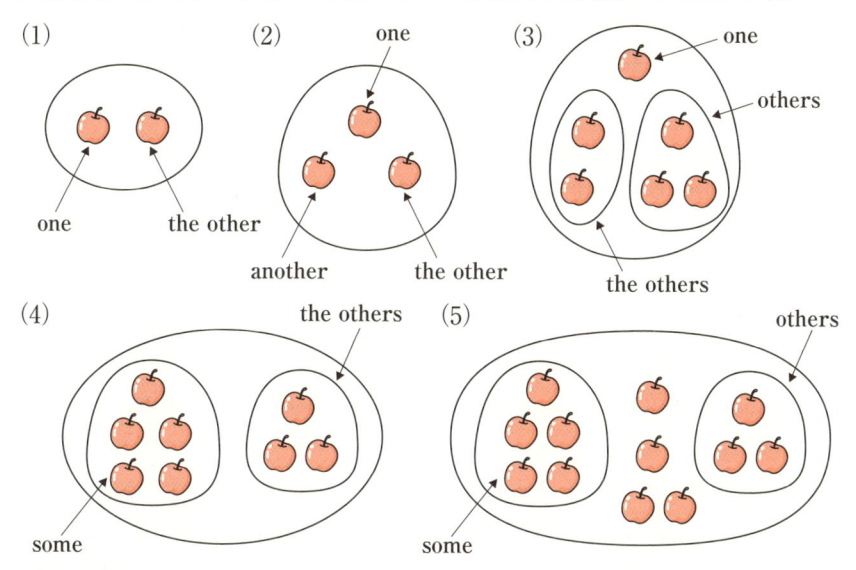

(1) one / the other

(2) one / another / the other

(3) one / others / the others

(4) some / the others

(5) some / others

(1) では，2つのリンゴのうちはじめに指した1つのリンゴを one で表し，残りの1つを the other で表しますね。**残っているリンゴが他にないので other には the がつきます。**

(2) では，3つのリンゴのうちはじめに指した1つのリンゴを one，次に指した1つのリンゴを another，最後の1つを the other で表します。なお，**another は an + other** のことですよ。

(3) では，6つのリンゴのうちはじめに指した1つのリンゴを one，次に指した3つのリンゴを others，そして**最後に残った2つのリンゴすべてを the others** で表します。

(4) では，8個のリンゴのうちはじめに指した5つのリンゴを some で表し，残りの3つのリンゴすべてを the others で表します。**残っているリンゴが他にないので others には the がつきます。**リンゴの具体的数ではなく，**数が1つなのか，複数なのかに注意**しましょう。

(5) では，12個のリンゴのうちはじめに指した5つのリンゴを some で表し，残りの3つのリンゴを others で表します。**まだ残っているリンゴが4つあるのでこの3つのリンゴを表す others には the をつけません**よ。

問題

次の各英文の空所に入る最も適当なものを①〜④から選びなさい。

☐ 1　There are two reasons for our decision, and you know one of them. Now I'll tell you (　　).
　　① another　　② other　　③ the other　　④ the others
　　　　　　　　　　　　　　　　　　　　　　　　（センター試験）

☐ 2　Of the seven people here now, one is from China, three are from the US, and (　　) from France.
　　① other　　② others　　③ the other　　④ the others
　　　　　　　　　　　　　　　　　　　　　　　　（センター試験）

☐ 3　I've already had one bad experience buying goods by mail order and I don't want (　　).
　　① another　　② any longer　　③ at all　　④ other
　　　　　　　　　　　　　　　　　　　　　　　　（センター試験）

次の各英文の下線部①〜④の中から，間違っている箇所を1つ選びなさい。

☐ 4　Hey, ①you two! You must ②each listen carefully ③to what ④another says.
　　　　　　　　　　　　　　　　　　　　　　　　（慶應義塾大）

☐ 5　I have ①five daughters. ②One is a pharmacist, ③another is a doctor, and ④other are college students.
　　　　　　　　　　　　　　　　　　　　　　　　（名古屋市立大）

☐ 6　次の日本文の意味を表す英文としてもっとも適切なものはどれか。①〜④の中から1つ選びなさい。

　　お茶が好きな人もいれば，コーヒーのほうが好きな人もいるし，ただの水が好きな人もいる。

　　① Some people like tea, the others prefer coffee, and others like plain water.
　　② Some people like tea, others prefer coffee, and some other like plain water.
　　③ Some people like tea, some other prefer coffee, and the others like plain water.
　　④ Some people like tea, some prefer coffee, and some like plain water.
　　　　　　　　　　　　　　　　　　　　　　　　（上智大）

> **設問解説**

1. There are two reasons for our decision, and you know one of them. Now I'll tell you (the other).
   > 訳 私たちの決定には2つの理由がある。そのうちの1つについては知っていますね。では，もう1つの理由について話しましょう。(答③)

   まず，前半にある two reasons から**数が「2つ」**に限定されていることを押さえます。それに続けて，one of them と言っているので，**「残りの1つ」を the other** で表します。

2. Of the seven people here now, one is from China, three are from the US, and (the others) from France.
   > 訳 今ここにいる7人のうち，1人が中国出身，3人がアメリカ出身，残りはフランス出身です。(答④)

   まず，冒頭の Of the seven people here now から，**人数が「7人」**であることを押さえ，one ... , three ... と言っているので，**残りは3人，つまり複数なので the others** となります。

3. I've already had one bad experience buying goods by mail order and I don't want (another).
   > 訳 私は通信販売で商品を買って一度ひどい目にあってますから，二度とご免です。(答①)

   空所の前には want があるため，空所にはその目的語が必要となります。目的語の働きができるのは①another だけで，それを用いると another bad experience となり，another は again のイメージです。②not ～ any longer「もはや～ない」や③not ～ at all になるからといって飛びつかないように注意。これらは目的語の働きはできませんよ。また，④other は単独では用いることはできず，**other ＋複数名詞で用いる**のがふつうです。

4. Hey, you two! You must each listen carefully to what the other says.
   > 訳 ちょっと，その2人！ お互いに相手が言っていることをよく聞かなきゃだめじゃない。
   > (答④→ the other)

   冒頭部分での you two! から**人数が「2人」**であることを押さえ，**one に対して残り1人は the other** で表現しましたね。もうサクサク解けますね（笑）。

5. I have five daughters. One is a pharmacist, another is a doctor, and the others are college students.
   > 訳 私は5人姉妹です。1人は薬剤師，1人は医者，そして残り3人が大学生です。
   > (答④→ the others)

   最初のところに，five daughters とあるので**人数が「5人」**であることを押さえ，One，another，とくれば**残り3人を複数で表し the others** ですね。

6　① Some people like tea, the others prefer coffee, and others like plain water.
　② Some people like tea, others prefer coffee, and some other like plain water.
　③ Some people like tea, some other prefer coffee, and the others like plain water.
　④ Some people like tea, some prefer coffee, and some like plain water.
（答④）
　①は真ん中で the others と言いながら，最後で others となっている点がダメ。②は最後が some other のように単数形になっている点がダメ。③は真ん中が some other のように単数形になっている点がダメ。④は Some people，some (people)，some (people) で**まだ他の余地を残した表現**で，正解となります。アメリカ人に some のイメージを尋ねると，数量全体を100％とするとその30％くらいかなって言っていましたよ。

●10　「2」と「3以上」を表す代名詞

代名詞を「数」の観点から考えた場合，「2」と「3以上」の2つのグループに分けることができます。なお，both A and B などは p.3 を参照。

「2」を表す代名詞	「3以上」を表す代名詞
both (of the+複数名詞 /of+複数代名詞)	all (of the+複数名詞 /of+複数代名詞)
	〈all 単独で「人」なら複数，「物」なら単数〉
both⇔neither (→not+either=neither)	all⇔none (→no+名詞)
neither (of the+複数名詞 /of+複数代名詞)	none (of the+複数名詞 /of+複数代名詞)
either (of the+複数名詞) ／ (of+複数代名詞)	any (of the+複数名詞 /of+複数代名詞)
	any one (of the+複数名詞 /of+複数代名詞)
	every+単数名詞
each (of the+複数名詞) ／ each (of+複数代名詞)	

　every には代名詞用法はありませんが，ここで扱っています each [×every] of us は ○every one of us で表現します。
　また，each には形容詞はつけませんが，every には almost [nearly, practically] every +単数名詞や，each [every] single+単数名詞のように修飾語を伴うことができます。

問題

次の各英文の空所に入る最も適当なものを①〜④から選びなさい。

□ 1　Jim said that (　　) of us could go, but not both of us.
　　① either　② any　③ neither　④ some　　　　　　（日本大）

□ 2　The two major constituents of food for bees are nectar and pollen, (　　) of which provides them with certain challenges for gathering.
　　① all　② both　③ each　④ any　　　　　　（日本大）

□ 3　Mr. Roberts did not choose any of the three jackets because he found (　　) satisfactory.
　　① both of them　② either of them
　　③ neither of them　④ none of them　　　　　　（センター試験）

□ 4　"I heard Daiki's sisters are twins. Have you met them?"
　　"No, I haven't met (　　) of them yet."
　　① each　② either　③ every　④ neither　　　　　　（センター試験）

□ 5　次の英文の下線部①〜④の中から，間違っている箇所を1つ選びなさい。
　　①Every students ②may enter the room ③whenever they desire ④to do so.　　　　　　（上智大）

設問解説

1　Jim said that (either) of us could go, but not both of us.
　訳 ジムは私たちのどちらかが行くことができるが，両方が行けるわけではないと言った。（答①）
　　文末の not both of us から，私たちの数が「2人」であることがわかりますね。選択肢で「2」を表す代名詞は①either と③neither ですね。逆接 but 以下の内容より，空所には肯定の内容が入ることから either が頭に浮かびましたか。なお，**not both of us** は**部分否定**で**「両方とも〜というわけではない」**の意味を表します。

2　The two major constituents of food for bees are nectar and pollen, (each) of which provides them with certain challenges for gathering.
　訳 ミツバチの餌となる2つの主要な構成要素は蜜と花粉です。そして，そのそれぞれが採取するのに特定の難題をミツバチにつきつけています。（答③）
　　まず，「数」を探してみよう。冒頭に The two major constituents of ... とある

253

ことから**数は「2つ」**であることがわかりますね。選択肢から「2」を表す代名詞は②both と ③each で，空所の後ろの**動詞が provides** なので，**主語は単数扱いの代名詞 each** となります。

3 Mr. Roberts did not choose any of the three jackets because he found (none of them) satisfactory.
　　訳 ロバーツ氏は3着のジャケットのどれも選ばなかった。なぜなら彼はそのどれもが満足できるものではないとわかったからだ。**(答④)**
　　the three jackets から数が**「3着」**であることを押さえ，**「3以上」を表す代名詞**を選択肢から探すと，ここでは **none** が該当します。なお，not … any（= none) of the three jackets で同じ意味の表現となります。

4 "I heard Daiki's sisters are twins. Have you met them?" "No, I haven't met (either) of them yet."
　　訳 「聞いたよ。ダイキの妹は双子だってね。会ったことある？」「いいえ，まだどちらにも会ったことはありません」**(答②)**
　　最初の文の **twins** から**数は「2人」**だとわかりますね。③every + 単数名詞は「3以上」を表すのでダメ。neither（= not + either）から，④neither はダメです。**否定（not）と結びつくのは either** ということになります。

5 Every student may enter the room whenever they desire to do so.
　　訳 どの生徒も入室したいときはいつでもして構わない。**(答①→ Every student)**
　　冒頭の **every は単数名詞を伴い「3以上」の数**を表します。

●11　both / all / any の用法

all の語法をちゃんと理解していますか。このあたりがぐらぐらしている受験生をよく見かけますよ。いっしょに確認しておきましょう。

〈2人〉2人の学生	〈3人以上〉学生全員
both of the students	all of the students〈限定された集合〉
both　　the students	all　　the students
both　　　　students	all　　　　students〈限定なしで，世界中の学生を指す〉

次に，**any ~ not の語順はダメ**だということに注意してください。
○No students came.　×Any students didn't come.
ただし，次の場合は any ~ not の語順であっても可能です。

① 主語に関係詞節があり，その中に not があるときは any 〜 not の語順は OK。
(例) Any package ［(which is) not wrapped properly］ will be refused by the post office.
「きちんと包装されていない小包はどれも郵便局で受けつけてくれない」
② 仮定法の主語の部分が any + 名詞の形で条件的な意味が含まれている場合。
(例) Any gentleman would not use such language.
「紳士なら誰もそんな言葉は使わないでしょう」

問 題

次の英文の空所に入る最も適当なものを①〜④から選びなさい。

☐ 1 (　　) my parents are from Illinois.
① Both　② Neither　③ Either　④ On　　(慶應義塾大)

次の各英文の下線部①〜④の中から，間違っている箇所を 1 つ選びなさい。

☐ 2 ①All problems in the examination seemed ②so difficult that ③I despaired of getting ④a passing grade.　　(上智大)

☐ 3 ①When it comes to the question ②of how to pull through ③these hard times, ④anybody cannot find an easy solution.　　(明治学院大)

設問解説

1 (Both) my parents are from Illinois.
訳 私の両親は二人ともイリノイの出身です。(答①)
parents から数が「2人」とわかりますね。both を用いて both (of) my parents で表します。ちなみに，both of us を目的語などで用いる場合，×both us はダメ，us both なら OK。

2 All (of) the problems in the examination seemed so difficult that I despaired of getting a passing grade.
訳 試験問題のすべては合格点をとることをあきらめるくらい難しく思えた。
(答①→ All (of) the problems)
冒頭の①は in the examination の限定があるので定冠詞が必要となりますね。so 〜 that ... は前から訳し降ろすと「因果関係」，後ろから訳し上げると「程度」を表しましたね。despair of doing は「〜するのをあきらめる」という意味なので，「程度」に読むほうが自然ですね。

3 When it comes to the question of how to pull through these hard times, nobody can find an easy solution.

訳 どのようにしてこの辛い時代を乗り切れるかという問題になると，誰も簡単な解決策は見出せない。(答④→ nobody can find)
any + not の語順は2つの例外を除いてダメでしたね。注意しましょう。

•12 所有代名詞と再帰代名詞の用法

「所有格+名詞」の代わりに所有代名詞で表現ができます。his pen = his のように表現します。所有代名詞の his を同形の所有格 his と混同しないように。また，**my friend はただ1人しかいない友人**を指すか，または前後関係から**特定の友人**を表す場合に用い，一方 **a friend of mine は初めてその友人のことを話題にする場合**に用います。漠然と My friend is ... などと言わないのが普通です。

再帰代名詞は人称によって -self が結びつく代名詞の格が違います。一，二人称は代名詞の所有格 + self，三人称は目的格 + self となります。さて，次の2つの文の違いは？

(a) He knows him. 　　(b) He knows himself.

(a) は He ≠ him (別人) なので「彼は彼のことを知っています」となりますが，(b) は He = himself なので「彼は自分のことをわかっています」となります。他動詞+再帰代名詞で自動詞的な意味を表すことができます。

・enjoy *one*self「楽しく過ごす」　　・behave *one*self「行儀よくする」
・seat *one*self「座る」(= be seated /sit)

再帰代名詞が代名詞を強める場合，*one*self はその代名詞の直後に置きます。
I myself have no child.「私自身子どもがいない」(主語の強調)
では，人称代名詞と再帰代名詞の格変化を表で確認しておきましょう。

人称	数\格	人称代名詞			所有代名詞	再帰代名詞
		主格	所有格	目的格		
一人称	単数	I	my	me	mine	myself
	複数	we	our	us	ours	ourselves
二人称	単数	you	your	you	yours	yourself
	複数					yourselves
三人称	単数	he	his	him	his	himself
		she	her	her	hers	herself
		it	its	it	—	itself
	複数	they	their	them	theirs	themselves

256

問題

次の各英文の空所に入る最も適当なものを①〜④（1のみ①〜⑤）から選びなさい。

1 Did you (　　) at the concert last night?
① enjoy　② get you enjoyed　③ enjoy yourself
④ get enjoyable　⑤ do enjoyment
（昭和大）

2 (　　) was a present from my father.
① My old camera of this　② My old this camera
③ This my old camera　④ This old camera of mine
（センター試験）

3 I've been living (　　) since I entered university, and I've had to learn to cook.
① by oneself　② for myself
③ on my own　④ with only one
（センター試験）

設問解説

1 Did you (enjoy yourself) at the concert last night?
訳 昨晩はコンサートを楽しみましたか。(答③)
enjoy *one*self で「楽しく過ごす」という意味で，会話表現ではおなじみですね。

2 (This old camera of mine) was a present from my father.
訳 私のこの古いカメラは父からのプレゼントでした。(答④)
this と my を一緒に並べて用いることはしません。その場合は，this ＋名詞＋ of 所有代名詞 で表現します。this old camera of mine = this old camera of my cameras となります。

3 I've been living (on my own) since I entered university, and I've had to learn to cook.
訳 大学入学以来ずっとひとり暮らしをしてきているので，料理ができるようにならなければいけなかった。(答③)
on *one*'s own は「ひとりで，単独で」(= alone) という意味。①by oneself は「ひとりで」という意味ですが，この文では主語が I なのでそれに一致させて myself にする必要があります。②for myself は「独力で，自分のために」なので文意に合わないことがわかりますね。

第14講　形容詞・副詞

●1 形容詞の働き

　ようやく文法・語法講義も終わりに近づいてきました。形容詞には形状，性質，色などを表すほかに，数量を表す働き（→ p.232-3 参照）もありましたね。その使い方には**「形容詞＋名詞」**と**「be 動詞＋形容詞」**の２つがあります。形容詞が名詞を限定する場合は，ふつう**形容詞を名詞の前**に置きますが，something のように -thing や -one/-body で終わる**不定代名詞を修飾する場合はその後ろ**に置きます。このように名詞を限定する働きを**限定用法**といい，形容詞を並べる場合は順序の基準はありますが，多くの場合は文脈が優先されます。では，日本文に合うように並べ替えてみてください。

> 私はもう昔の陽気な人間ではない。
> 　I'm just (①cheerful　②I　③not　④old　⑤person　⑥the　⑦was) before.

　the cheerful old person とすると old が person を直接修飾するため「陽気な老人」という意味になり，文意に合いません。なお，I was before の前には補語の関係代名詞（that）が省略されていますね。
　また，「**be 動詞＋形容詞**」の形を取る形容詞には，**asleep のように a- のつく形容詞**があります。a- はそもそも on という前置詞で on sleep が変化し，asleep になったので，ふつうは be 動詞の後ろで用いて，主語＝補語を意味します。このように主語の状況を説明する働きを**叙述用法**といいます。では，a- のつく形容詞の叙述用法とそれに相当する限定用法との関係を押さえましょう。なお，限定用法の中には叙述用法が可能なもの（＊印）も含まれています。

叙述用法	限定用法	叙述用法	限定用法
afraid「恐れる」	frightened	alike「似ている」	similar*
alive「生きている」	live/living	alone「ひとりで」	lonely*
ashamed「恥じている」	shameful*	asleep「寝ている」	sleeping
awake「目覚めている」	waking	aware「気づいている」	conscious*

（例題答　③-⑥-④-①-⑤-②-⑦）(not the old cheerful person I was)

問題

次の各英文の空所に入る最も適当なものを①～④から選びなさい。

1 You've got (　　) on your tie. Did you have fried eggs for breakfast?
　① a few eggs　② an egg　③ some egg　④ some eggs
　　　　　　　　　　　　　　　　　　　　　　　　（センター試験）

2 The Browns live in a (　　) house.
　① big, white, two-story　② two-story, white, big
　③ white, big, two-story　④ white, two-story, big
　　　　　　　　　　　　　　　　　　　　　　　　（センター試験）

3 "Is your CD player anything like your sister's?"
　"Yes, they're exactly (　　)."
　① alike　② like　③ likely　④ same
　　　　　　　　　　　　　　　　　　　　　　　　（センター試験）

4 Mike's friends were (　　) of his marriage.
　① unaware　② unhappy　③ uninvited　④ unlikely
　　　　　　　　　　　　　　　　　　　　　　　　（センター試験）

5 Tom lay himself on the sofa and instantly fell (　　).
　① asleep　② sleep　③ slept　④ sleepy　（西南学院大）

設問解説

1 You've got (some egg) on your tie. Did you have fried eggs for breakfast?
　訳 ネクタイに卵がついていますよ。朝食に目玉焼きを食べたのですか？（答③）
　egg「卵」は可算名詞ですが，空所の前後の内容からネクタイについた卵は**調理された卵の一部**なので，この場合は**不可算名詞**で扱います。**some は数量形容詞で（不）可算名詞ともに用いることができ，「一部の」という意味**を表します。

2 The Browns live in a (big, white, two-story) house.
　訳 ブラウンさん一家は大きな白い2階建ての家に住んでいます。（答①）
　まず，空所の後ろにある**名詞（house）に関係の深い形容詞**を考えると，two-story house となります。一般的な順序は**限定詞 (a/the) ⇒ 序数 (first/last) ⇒ 数量 (two/three) ⇒ 性質・状態 (good) ⇒ 大小 (big/small) ⇒ 新旧 (old/new) ⇒ 色 (white/yellow) ⇒ 材料 (wooden/steel) ＋ 名詞 (house)** です。最初の3つの順序は決まっていますが，そのあとは絶対ではなく，文脈により順番が変わることがありますので，あくまで参考程度にしてください。

③ "Is your CD player anything like your sister's?"　"Yes, they're exactly (alike)."
> 訳 「君のCDプレーヤーはお姉さんのとちょっと似ていませんか」「はい, それらはそっくりです」(答①)
> 　be 動詞の後ろに空所があるので, 叙述用法の形容詞 alike が入ります。なお, like には動詞の他に形容詞の限定用法で「同じような」, 前置詞で「〜に似ている」などがあります。

④ Mike's friends were (unaware) of his marriage.
> 訳 マイクの友だちはマイクが結婚したことに気づいていなかった。(答①)
> 　aware は a- のついた形容詞で, be unaware of A で「A に気づいていない, A を知らない」という意味を表します。

⑤ Tom lay himself on the sofa and instantly fell (asleep).
> 訳 トムはソファーの上に身を横たえるとすぐに寝入った。(答①)
> 　fall asleep で「寝入る, 眠りに落ちる」という意味。

●2　意味の紛らわしい形容詞

　似たような綴りの形容詞でも接尾辞を理解すると意味を類推しやすくなります。接尾辞の違いから意味を判断できる形容詞を整理してみましょう。

respect ⇒ re「振り返って」+ spect「見る」= look back at「振り返って見る」⇒「尊敬」
respect**able** ⇒ **able to** respect「尊敬できる」　　⇒「立派な, きちんとした」
respect**ful** ⇒ **full of** respect「敬意で満ちている」⇒「敬意を表す」
respect ⇒ aspect「視点」
respect**ive** ⇒ respect「点」+ ive「性質をもった」⇒「それぞれの」
imagin**able**「想像できる」, imagin**ative**「想像力に富んだ」, imagin**ary**（-ary「関連した」）「想像上の, 架空の」
sens**ible**「良識［分別］のある, 賢明な」, sens**itive**「敏感な, よく気を配る, 傷つきやすい」
consider**able**「かなりの」, consider**ate**「思いやりのある」〈-ate「〜のある」〉
valu**able**「価値がある」, valu**eless**「価値がない」(⇔ **in**valuable/priceless「非常に貴重な」)
industr**ial**「産業の」, industr**ious**「勤勉な」
succeed ｛「(自) 成功する (in)」－ success「(名) 成功」－ successful「(形) 成功した」 　　　　　「(自) あとを継ぐ (to)」－ succession「(名) 連続」－ successive「(形) 連続する」｝
liter**al**「文字通りの」, liter**ary**「文学の」, liter**ate**「読み書きのできる」(⇔ **il**literate)

次に present, late の限定用法と叙述用法での意味の違いをチェックしましょう。

present	〈(限定用法) 現在の〉 the present members「現在の会員の人たち」
	〈(叙述用法) 出席の〉 the members [(who are) present]「出席している会員の人たち」
late	〈(限定用法) 故〜, 先の〜〉 the late Mr. Horton「故ホートン氏」, the late president「前大統領」〈ex (＝former) -president「前大統領」, ex-boyfriend「元カレ」〉
	〈(叙述用法) 遅れた〉 You'll be late for the meeting.「会議に遅れますよ」

問題

次の各英文の空所に入る最も適当なものを①〜④から選びなさい。

☐ **1** Do you know how (　) in the evening the show will begin?
① early ② fast ③ quickly ④ rapidly （センター試験）

☐ **2** She is so (　) that she cried for days when her pet rabbit died.
① impressed ② impressive ③ sensible ④ sensitive
（センター試験）

☐ **3** Young children sometimes have (　) friends. These "friends" don't exist, but the children believe that they do.
① imagine ② imagining
③ imaginary ④ imagination （南山大）

☐ **4** The cupboard was full of medicines for every (　) illness.
① imaginable ② imaginary
③ imaginative ④ imagined （自治医科大）

☐ **5** Our PE teacher, a (　) professional basketball player, is coaching the school team.
① previous ② late ③ once ④ former （センター試験）

> 設問解説

1. Do you know how (early) in the evening the show will begin?
   訳 そのショーは夕方の何時ごろに始まるか知っていますか。(答①)
   　空所の後ろに in the evening があるので，**How early in the evening ... ?** で**「夕方の何時ごろに…か」**の意味を表します。②は fast「速く」，③quickly「（動作が）迅速に」，④は rapidly「急速に」でいずれも速度に関わる副詞なのでここでは不適当ですね。

2. She is so (sensitive) that she cried for days when her pet rabbit died.
   訳 ペットのウサギが死んだときは何日も泣いたほど，彼女はたいへん傷つきやすい。(答④)
   　空所の後ろにある that 節の意味内容から，**sensitive** ⇒ sens(e)「感じる」＋ -itive「傾向のある」⇒ **「感じやすい，傷つきやすい」**を用いると文意が成立します。なお，sensitive に関連して，a politically sensitive issue「政治的に微妙な問題」の表現も押さえておきましょう。

3. Young children sometimes have (imaginary) friends. These "friends" don't exist, but the children believe that they do.
   訳 幼い子どもはときどき架空の友だちをもつ。こういった「友だち」は実際には存在しないが，子どもたちは存在すると思い込んでいる。(答③)
   　2つ目の文の意味内容から **imaginary** ⇒ imagin-「想像」＋ -ary「に関する」⇒ **「想像上の，実在しない，架空の」**を用いると意味がピッタリしますね。

4. The cupboard was full of medicines for every (imaginable) illness.
   訳 戸棚には考えられる限りのあらゆる病気に対する薬で一杯だった。(答①)
   　imaginable「考えられる限りの」は，all，every，最上級の形容詞などを強調する働きがあります。また imaginable を名詞の後ろに置き，every illness imaginable として強調を表すこともできます。

5. Our PE teacher, a (former) professional basketball player, is coaching the school team.
   訳 私たちの体育の先生は，元プロバスケットボールの選手で，学校のチームのコーチをしています。(答④)
   　former はかつて特定の仕事や地位などに就いていたが今はもう就いていない人を表します。②の late は the late ～の形で用いて「故～，先の～」という意味なので不適当。③の once にも「以前の，かつての」という意味はありますが，Our PE teacher, who was once a professional basketball player ... なら可能です。なお，代名詞的に former には **the former「前者」**⇔ **the latter「後者」**の意味もありますので，ここでチェックを入れておきましょう。

3 S is ～ to *do* ／ It is ～ to *do* ／ It is ～ that 節の構文

主語に「人」を取ることができない形容詞や，不定詞を取るのか that 節を取るのかに注意を要する形容詞について整理してみましょう。

S (人) is ～ to *do*	(un)able, (un)likely 〈S (人) is (in)capable of *do*ing と同意表現〉
S (もの) is ～ to *do*	(in)convenient ／ (un)necessary ／ (im)possible, (un)likely
It is ～ that 節	(im)possible ／ (un)likely ／ necessary ／ certain
It is ～ to *do*	(im)possible ／ dangerous ／ difficult ／ hard ／easy ／(un)pleasant

なお，p.94 で It is hard to please John.（＝ John is hard to please.）の tough 構文と，p.96 で It is kind of you to help me.（＝ You are kind to help me.）で用いる形容詞を一度学びましたね。大切な項目なのでモヤモヤとしている人は再確認しましょう。

そのほかに，給料や人口などの大小を表すのに特定の形容詞を用います。例えば salary（「塩（sal）」＋ -ary「関連した」）は古代ローマ時代に塩（sal）を買うお金として兵士に支払われた給料が語源で，塩をたくさん盛られるほど給料が多いことから，給料の多い少ないは，large/small, high/low で表します。

large/small	audience「聴衆」, population「人口」, number「数」, amount「量」
high/low	price「価格」, cost「費用」, income「収入」, fee「料金」
heavy/light	traffic 「交通量」

その他に軽重を表す頻出の形容詞をまとめておきます。

serious [slight] illness「重い [軽い] 病気」	strong [weak] coffee「濃い [薄い] コーヒー」
a dense [heavy/thick] fog「深い霧, 濃霧」	sharp [acute] pain「激しい痛み」

問題

次の各英文の空所に入る最も適当なものを①〜④（1のみ①〜⑤）から選びなさい。

□**1** I was (　　) complete the task.
① impossible to　② impossible of　③ incapable of
④ possible to　⑤ unable to
(姫路獨協大)

☐ 2　His ambition to become president is (　　) to be realized.
　　① capable　② likely　③ possible　④ probable
（センター試験）

☐ 3　The soccer game was shown on a big screen in front of (　　) audience.
　　① a large　② a lot of　③ many　④ much
（センター試験）

☐ 4　I arrived here early today because the traffic was (　　) than usual.
　　① busier　② heavier　③ lighter　④ weaker
（センター試験）

設問解説

1　I was (unable to) complete the task.
訳　私はその仕事を終えることができなかった。(答⑤)
　主語が「人」(I) なので，I was unable to complete the task か I was incapable of **completing** the task. となります。また，**tough 構文**を用いて，It was impossible for me to complete **the task**. ⇒ **The task** was impossible for me to complete. で表現することも可能です。

2　His ambition to become president is (likely) to be realized.
訳　大統領になるという彼の野心は実現しそうである。(答②)
　空所の前後から **be likely to** *do*「～しそうである」(⇔ be unlikely to *do*) を用いると文意が成立しますね。

3　The soccer game was shown on a big screen in front of (a large) audience.
訳　サッカーの試合が大観衆の前の大画面に映し出された。(答①)
　audience の多少は large/small で表し，a large audience で「大勢の観衆」という意味です。

4　I arrived here early today because the traffic was (lighter) than usual.
訳　いつもより交通量が少なかったので，今日は早くここに到着しました。(答③)
　traffic「交通量」の多少は heavy/light で表します。because 節の内容から，③lighter が適当となりますね。

●4 注意すべき形容詞の語法

第13講ですでに触れましたが，**2人 [2つ] を表す代名詞**の both「両方の」，either「どちらか一方の」，neither「どちらの〜も…ない」や **3人 [3つ] 以上**を表す all「すべての」，every は形容詞用法のみで，each はそのどちらの数でも用いられます。整理してみましょう。

2人 [2つ]
both + 複数名詞（⇔neither + 単数名詞）/ either + 単数名詞 / each + 単数名詞

3人 [3つ] 以上
all + 複数名詞 [不可算名詞] / every + 単数名詞 / each + 単数名詞

形容詞 either は，side, end, hand のように2つで1対になる語とともに用いると，「両方の」という意味になります。

at either end of the table「テーブルの両端に」(= at both end**s** of the table)

on either side of the road「道路の両側に」(= on both side**s** of the road)

また，every, another が複数名詞と結びつく場合があります。

every + A（数詞）「A ごと [おき] に」(= every + 序数 + 単数名詞)
　every three seats = every third seat「3つ目ごと [2つおき] の座席」

another A「(数詞などで修飾された複数名詞) もう1つの A」(= 数詞 + more + 複数名詞)
　in another ten years「もう10年たったら，10年後」(= in ten more years)

次に日本語で考えると間違える形容詞として nearby, wrong があります。

nearby「(形) 近くの」a nearby hospital	near by「(副) 近くに」a hospital near by
near「(前) 〜の近くに」near the hospital	「(形) 近い」the nearest station「最寄りの駅」

wrong は the wrong A で「間違った A」，A には number, train, direction などがきます。日本語に引きずられて，×the different number と発想しがちですが，○the wrong number（電話で「間違い番号」）と表現するので要注意ですよ。

問題

次の各英文の空所に入る最も適当なものを①〜④から選びなさい。

☐ **1** There are maple trees on (　　) side of Merrow Avenue.
　① both　② either　③ other　④ all　　　　　　　　（南山大）

☐ **2** We have (　　) to walk before sunset.
　① another miles ten　② another ten miles
　③ ten another miles　④ ten miles another　　　（センター試験）

265

☐ 3 On our last night in Japan, we had a farewell party with our host at a (　) restaurant.
　　① near　　② nearby　　③ nearest　　④ nearly　　（立教大）

☐ 4 A car accident occurs (　) in that country.
　　① every five minutes　　② each of five minutes
　　③ whole five minutes　　④ between five minutes　　（関西学院大）

☐ 5 This country is so (　) that it takes no more than a day to drive around it.
　　① large　　② narrow　　③ small　　④ wide　　（センター試験）

設問解説

1 There are maple trees on (either) side of Merrow Avenue.
　訳 メロウ通りの両側にカエデの木があります。（答②）
　　空所の後ろの単数名詞 side は2つで1対になる語であることがパッと浮かびましたね。単数名詞なので either を用い，「両側」を表します。both を用いると複数名詞 sides と結びつき both sides で「両側」を表します。

2 We have (another ten miles) to walk before sunset.
　訳 日が沈むまでにもう10マイル歩かなければならない。（答②）
　　another は「an + other」から成り立っているので，単数名詞と結びつきますが，ten miles を1つのかたまりとして考え another + [ten miles] で「もう10マイル」を表します。another の代わりに more を用いると ten more miles となります。語順に注意して，one more ～, two more ～ と声に出して何回も何回も繰り返しましょう（笑）。

3 On our last night in Japan, we had a farewell party with our host at a (nearby) restaurant.
　訳 日本での最後の夜，私たちは近くのレストランで自分たちを受け入れてくれた人たちと送別会を開いた。（答②）
　　空所の後ろに restaurant があるので限定の形容詞 nearby「近くの」を用います。よく知っている everyday（形）／ every day（副）と同様に，nearby（形）を2語にすると副詞（near by）になり，a restaurant near by のように表現します。

4 A car accident occurs (every five minutes) in that country.
　訳 あの国では自動車事故が5分ごとに起きている。（答①）

everyは単数名詞と結びつきましたね。ここでは five minutes を1つのかたまりとして考え every＋［five minutes］で「5分ごと」を表します。

⑤ This country is so（small）that it takes no more than a day to drive around it.
　　訳 この国は狭いから，車で回っても1時間しかかからない。（答③）
　　面積が「広い／狭い」は large/small で表します。日本語に引きずられて narrow を用いないように。

●5 副詞の働き

副詞は名詞以外の語句を修飾します。副詞には，2つの節をつなぐ働きをするもの（however など）があり，文頭，文中，文末に置くことができます。
　副詞を次のような種類に分けることができます。

時（yesterday など）	文末に置くのがふつう。「場所＋時」の順番で置く。
場所（there など）	文末に置くのがふつう。「場所＋様態＋時」の順番で置く。
程度（little など）	修飾する語の前に置く。
頻度・回数（always など）	一般動詞の前，be動詞と助動詞の直後に置くのがふつう。
様態（happily など）	動詞（＋目的語）の後ろに置く。

程度の副詞 too には「あまりにも〜しすぎる」の意味があり，形容詞やほかの副詞を強調する働きがあります。much too＋形容詞，too much＋不可算名詞の語順は，次の要領で身につけましょう。

too＋形容詞（too は形容詞を強調）	much＋不可算名詞（much は数量形容詞）
much too＋形容詞（much は副詞 too を強調）	too much＋不可算名詞（too は形容詞 much を強調）

　a few＋可算名詞／a little＋不可算名詞でしたね。これらに only をつけると a を修飾し **only/just a few［little］＋〜「ほんのわずかの〜」**となります。**not a few［little］＋〜**は not が a を打消し**「かなり多くの〜」**という意味を表し，**quite a few［little］＋〜**と同意。また，many＋複数名詞の文語的表現 **many a＋単数名詞**は，意味は**「たくさんの〜」**ですが**単数扱い**です。

問題

次の各英文の空所に入る最も適当なものを①〜④から選びなさい。

☐ **1** My grandfather has a big house, but there (　　) furniture in it.
　① are too many　② is too much
　③ are a few　④ is a lot
　　　　　　　　　　　　　　　　　　　　　　　（関東学院大）

☐ **2** Let me try on a different size coat. This one's (　　) small for me!
　① too much　② so much　③ much too　④ very much
　　　　　　　　　　　　　　　　　　　　　　　（南山大）

☐ **3** "I'm thirsty. Is there anything to drink?"
　"Well, there is (　　) apple juice in the refrigerator."
　① a few　② a few of　③ a little　④ a little of
　　　　　　　　　　　　　　　　　　　　　　　（センター試験）

☐ **4** There have been a lot of plans submitted, but (　　) are creative.
　① quite a few　② a little　③ only a few　④ just little
　　　　　　　　　　　　　　　　　　　　　　　（東邦大）

☐ **5** 次の英文の下線部①〜④の中から、間違っている箇所を1つ選びなさい。
　①<u>Many</u> a story ②<u>have</u> been told ③<u>by</u> the man ④<u>of</u> his good old days.
　　　　　　　　　　　　　　　　　　　　　　　（東洋大）

設問解説

1 My grandfather has a big house, but there (is too much) furniture in it.
　訳 祖父は大きな家に住んでいるが、家の中には家具が多すぎる。**(答②)**
　空所の後ろには不可算名詞 (furniture) があるので、不可算名詞と結びつく数量形容詞はここでは much だけです。much を修飾する副詞 too を重ねて、**too much＋不可算名詞**で用います。なお、④の **a lot** は **Thanks a lot.「どうもありがとう」**のように副詞的に用いられます。

2 Let me try on a different size coat. This one's (much too) small for me!
　訳 違うサイズのコートを試着させてください。これは私には小さすぎます！**(答③)**

268

空所の後ろに形容詞 small があります。まず small を修飾する副詞 too を用い，too の強調として much を重ねて，**much too ＋形容詞**の形にします。語順に注意しましょう。なお，This one's は This one is を短縮した形

3 "I'm thirsty. Is there anything to drink?" "Well, there is (a little) apple juice in the refrigerator."
> 訳 「のどがからからだよ。何か飲むものある？」「えーと，冷蔵庫にリンゴジュースが少しあるわよ」(答③)
>
> 空所の後ろに不可算名詞 apple juice があるので，**a little ＋不可算名詞**で「少しある」，**little ＋不可算名詞**で「ほとんどない」という意味でしたね。

4 There have been a lot of plans submitted, but (only a few) are creative.
> 訳 たくさんのプランが提出されましたが，独創的なものはほとんどありません。(答③)
>
> 前半に可算名詞（plans）があることを押さえます。空所の前にある **but** が逆接を表しているので，前半の a lot of ＋（不）可算名詞に対し，**数量的に少ないことを表す可算名詞（only a few）** を代名詞的に用います。なお，①**quite a few** は「かなり多く」という意味なので，不適当ですね。

5 Many a story <u>has</u> been told by the man of his good old days.
> 訳 その人によって古き良き時代についてのたくさんの話が語られてきた。(答②→ has)
>
> **Many a story は単数扱い**で，「たくさんの話」という意味。of his good old days「古き良き時代」は a story を修飾していることに注意しましょう。

●6 名詞や形容詞と混同しやすい副詞

home には2つの品詞があり，at home では「前置詞＋名詞」であり，**go home** では**副詞**の働きとなりますが，×go to home →○go home のミスをする受験生があとを絶ちません。名詞と間違えやすい頻出の副詞を押さえておきましょう。

> ・abroad「外国に」　　・overseas「海外に」
> ・downtown「（町の）中心部へ，繁華街へ」　・upstairs「階上へ」
> ・downstairs「階下へ」　・outdoors「屋外へ」　・indoors「屋内へ」

また，形容詞に -ly をつけると副詞になるものが多く，一例を挙げると happily「愉快に」があります。しかし，friendly「やさしい」は -ly がついても形容詞です。また，**副詞 hard** は「一生懸命に」という意味ですが，同形で**形容**

文法・語法　形容詞・副詞

269

詞 hard は「堅い，難しい」という意味です。さらに -ly のついた副詞 hardly は「ほとんど〜ない」でしたね。

では，ここで -ly の有無によって意味の異なる形容詞と副詞について整理してみましょう。

high「(形)高い」	high「(副)〈物理的な位置が〉高く」	highly「(副)大いに」
late「(形)遅い」	late「(副)遅く，夜遅くまで」	lately「(副)最近」〈現在完了と共に〉
most「(形)最も多い」	most「(副)最も多く」	mostly「(副)たいてい」
near「(形)近い」	near「(副)近くに」	nearly「(副)もう少しで」(≒ almost)

〈great と very について〉

「of ＋抽象名詞」で形容詞の働きをし，of use ＝ useful を強調する場合は of **great** use ＝ **very** useful「大いに役立つ」となります。

問題

次の各英文の空所に入る最も適当なものを①〜④（2のみ①〜⑤）から選びなさい。

☐ **1** It's getting dark. I'll drive (　　).
　　① for you home　　② you home
　　③ you to home　　④ your home　　　　　　　　　　（金城学院大）

☐ **2** We haven't seen the man for (　　) a year.
　　① almost　　② mostly　　③ not
　　④ twice　　⑤ very seldom　　　　　　　　　　　　（中央大）

☐ **3** If you want to be a writer, the creative writing course in this college will be (　　) you.
　　① of great service to　　② great of service to
　　③ to great of service　　④ service of great to　　　（専修大）

☐ **4** Bill has to work (　　), doesn't he?
　　① very hard　　② more hard
　　③ very hardly　　④ more hardly　　　　　　　　　（立命館大）

☐ **5** He usually sits up (　　).
　　① lately　　② of late　　③ late　　④ at the latest　　（札幌学院大）

設問解説

[1] It's getting dark. I'll drive (you home).
訳 暗くなっています。お宅まで車で送りましょう。(答②)
　　drive ＋ O ＋ home「O（人）を家まで車で送る」の home は副詞なので日本語に引きずられて余計な前置詞（to）をつけないように注意。

[2] We haven't seen the man for (almost) a year.
訳 私たちはほぼ1年間その男性を見かけていません。(答①)
　　almost は「ほとんど，もう少しで」という意味で，nearly と意味上大差はなく，all や every などの前で用いて，almost all［every］＋単数名詞となります。

[3] If you want to be a writer, the creative writing course in this college will be (of great service to) you.
訳 もし作家になりたければ，この大学の創作講座が大いに役に立つでしょう。(答①)
　　of ＋抽象名詞＝形容詞から of service で「役に立つ」という形容詞を表します。抽象名詞の強調には great を用いて，of great service となります。

[4] Bill has to work (very hard), doesn't he?
訳 ビルは一生懸命に勉強しなければね。(答①)
　　空所の前に work があるので，副詞 hard「一生懸命に」を用います。hardly は「ほとんど〜ない」なので意味が大きく異なります。

> **付加疑問文**「〜ですね」のように，相手に確認や同意を求めたりするときに，2語からできた V＋S の疑問文をつけます。平叙文につく付加疑問では，肯定文なら否定の，否定文なら肯定の付加疑問をつけます。その際，コンマを打って2語の疑問形を続けます。
> 次の3パターンを押えておきましょう。
> ・命令文, will you［won't you など］?
> ・否定の命令文, will you?
> ・Let's 〜, shall we?

[5] He usually sits up (late).
訳 彼はたいてい夜遅くまで起きている。(答③)
　　sit up late「夜ふかしする」の late は副詞で「夜遅くまで」という意味を表します。①lately は「最近」という意味で②of late と同意。④at the latest は「遅くとも」（⇔ at the earliest）という意味で，ここではいずれも不適当ですね。

7 文修飾と語句修飾

文全体の内容に対する**話し手の判断，評価，感情，心情などを表す副詞**で，**文全体を修飾する副詞**を**文修飾の副詞**と言います。では，次の２つの文を比較し，文修飾の副詞はどちらでしょうか。

(a) John lived <u>happily</u> ever after.　　(b) <u>Happily</u>, John did not die.

(a)「ジョンはその後ずっと幸せに暮らした」——happily は lived を修飾しているので**語句修飾**です。(b)「幸運にもジョンは死ななかった」——**Happily は文全体を修飾し，話し手の判断**を示していますので**文修飾**です。では，文修飾の副詞を整理しましょう。

話し手の判断	apparently「見たところでは〜ようだ」	〈ふつう文頭〉
話し手の評価	naturally「当然のことだ」	〈文頭／原則として動詞の前に〉
話し手の感情	fortunately「幸い」	〈ふつう文頭, 文尾〉
話し手の心情	honestly「正直に言うと」	〈文頭／原則として動詞の前に〉

文修飾の副詞を含む文は，ふつう形式主語 'it' を用いて書き換えることができます。

Apparently John was dissatisfied.「どうもジョンは不満のようだった」
= It appeared [×was apparent] that John was dissatisfied.

次に first についての用法をまとめておきましょう。

| first「(文頭・文尾で) 最初に」→ (強調) first of all「まず第一に」 |
| 「(文中で) はじめて」→ (強調) for the first time「はじめて」 |
| 　　　　　　　　　　　　　　for the first time in 〜 year(s)「〜年ぶりに」 |
| 　　　　　　　　　　　　　　for the first time 〜 year(s) ago「〜年前にはじめて」 |
| firstly「(列挙して) 一番目に」 |
| at first「最初のうちは，最初は」(「しかし後にはそうでなかった」の意味を含むので，but 節, then, later, afterward などが続く) |

問題

次の各英文の空所に入る最も適当なものを①〜④（2のみ①〜⑤）から選びなさい。

☐ **1** We have been lucky so far, but (　　), luck cannot last forever.
　　① although　　② furthermore
　　③ in addition　　④ unfortunately

(慶應義塾大)

☐ 2 (　　) we got home before it started to rain.
　① Expectedly　② Luckily　③ Nearly
　④ Safely　　　⑤ Timely　　　　　　　　　　（中央大）

☐ 3　I went back to my hometown for the first time (　　) ten years.
　① before　② during　③ in　④ of　　　　　（センター試験）

☐ 4 (　　) I didn't recognize Carly Simon. But when she started to talk I instantly recalled the dinner we had enjoyed together last year.
　① At first　② First　③ Firstly　④ First of all　　（立教大）

設問解説

1 We have been lucky so far, but (unfortunately), luck cannot last forever.
　訳 私たちはこれまで運が良かったが，残念なことに運は永遠に続くことはない。（答④）
　　副詞 unfortunately「残念なことに」を用いて，空所の後ろの文に対する**話し手の感情**を表し，**文全体を修飾**します。①although は従属節を導く接続詞であり，文中・文末で副詞の働きをする though「けれど」のように**接続的な用法はありません**。②furthermore「さらに」，③in addition「その上」は意味的にここでは不適当。

2 (Luckily) we got home before it started to rain.
　訳 幸運にも私たちは雨が降り始める前に帰宅した。（答②）
　　文修飾の副詞 luckily「幸運にも」を用いると文意が成立します。④Safely「安全に」は，**文修飾**の場合は，「**差し支えない，問題なく**」という意味を表し，⑤Timely は形容詞で「タイミングのよい」，副詞で「時を得て」という意味です。なお，復習ですが got home「帰宅した」の home は副詞でしたね。

3 I went back to my hometown for the first time (in) ten years.
　訳 私は10年ぶりに帰郷した。（答③）
　　for the first time in ten years「10年の中ではじめて→10年ぶりに」と **for the first time ten years ago「10年前にはじめて」**を区別しましょう。日本の高校では in で教えていますが，for を使って for the first time **for** ten years もよく用いられます。

4 (At first) I didn't recognize Carly Simon. But when she started to talk I instantly recalled the dinner we had enjoyed together last year.

> 訳 最初はカーリー・サイモンだとわからなかった。しかし，彼女が話し始めると，私たちが昨年いっしょに楽しんだ夕食のことを私はすぐに思い出した。(答①)
>
> 2番目の文頭に But があるので，空所に At first を入れると，At first ～ . But … .「最初は～。しかし…」という自然な結びつきができます。

●8 注意すべき副詞の用法

▶ all に副詞 almost「もう少しで」がつくと almost all (= most) となります。almost と most の用法を混同している受験生をよく見かけます。では，第13講の復習をかねて，それぞれの用法を確認しておきましょう。

almost all of the students = most of the students
= almost all　the students ⇒ × ~~most　the students~~ はダメ
almost all　　students = most　　students

▶ already と yet と still の識別

already	「(肯定文で)すでに」		「(疑問文で)すでに」
yet		「(否定文で)まだ(～ない)」	「(疑問文で)もう, すでに」
still	「(肯定文で)まだ」	「(否定文で)まだ(～ない)」〈still ... not ～の語順〉	

▶ 接続副詞の種類とその位置

nevertheless [nonetheless]「(文頭で) それにもかかわらず」
yet「(文頭で) けれども, しかし」
though「(文中, 文尾で) でも, けれど」(文頭は不可, although も不可)
however「しかしながら, けれど」(文頭, 文中, 文尾いずれも可, コンマで区切る)
otherwise「さもなければ」「(文頭に用いない) 別のやり方で, その他の点で」

▶ 副詞と時制の関係

ago	「～前」	期間を表す語と共に	before	「以前に」	過去・現在[過去]完了
nowadays	「今では」	現在	these days	「この頃は」	現在
recently	「最近」	現在完了・過去	lately	「最近」	現在完了

問題

次の各英文の空所に入る最も適当なものを①〜④から選びなさい。

□ **1** Almost (　) Japanese people over twenty years old have a driver's license.

　　① all　　② of　　③ all of　　④ every　　（南山大）

□ **2** "Is English spoken in Japan?"

　"Well, (　) Japanese people don't use English in everyday life."

　　① almost　　② any　　③ most　　④ none　　（センター試験）

□ **3** "How (　) will the concert begin? I'd like to get something to drink."

　"Well, if my watch is right, it should start in less than ten minutes."

　　① fast　　② long　　③ rapidly　　④ soon　　（センター試験）

□ **4** I think I did well on the English listening test. I understood (　) on the tape.

　　① even anything　　② almost everything
　　③ only nothing　　④ probably something　　（センター試験）

□ **5** I heard you (　) haven't finished your report. The teacher is going to be very angry.

　　① already　　② so far　　③ still　　④ yet　　（センター試験）

□ **6** You must leave now; (　), you will be late for your social studies class.

　　① instead　　② therefore　　③ otherwise　　④ accordingly　　（センター試験）

設問解説

1 Almost (all) Japanese people over twenty years old have a driver's license.

訳 20歳以上のほとんどすべての日本人は運転免許証を持っています。**（答①）**

　almost「もう少しで」は副詞なので×almost of のような結びつきはあり得ません。almost は all や every と結びつきますね。every はふつう単数名詞と結びつきます。空所の後ろは複数名詞（Japanese people）なので every では結びつきません。よって，almost all（of the）Japanese people となります。③は of の後ろに限定詞（the など）が必要です。

② "Is English spoken in Japan?" "Well, (most) Japanese people don't use English in everyday life."

 訳 「日本では英語が話されていますか？」「えーと，たいていの日本人は日常生活で英語を使うことはありません」(答③)

  空所の後ろの Japanese people が可算名詞なので，many Japanese people の最上級 most を用いて，**most Japanese people「(漠然と) たいていの日本人」**という意味を表します。①almost は副詞なので名詞の前に置くことはふつうできません。②**any～notという語順はダメ**でしたね。モヤモヤっとしている人は，p.254-5) を復習しましょう。④none は none of the ＋複数名詞とするべきで，さらに後ろに否定語 not があるので none はダメです。

③ "How (soon) will the concert begin? I'd like to get something to drink." "Well, if my watch is right, it should start in less than ten minutes."

 訳 「コンサートはあとどのくらいで始まるの？ 何か飲み物を買いたいんだ」「えーと，私の時計が合っていれば，10分足らずで始まるはずよ」(答④)

  How soon ...? で「あとどれくらいで…か」という意味を表します。in less than ten minutes の **in は「(現在を基準に未来に対する) 経過時間」**を表し，How soon ...? に対する応答になっています。

④ I think I did well on the English listening test. I understood (almost everything) on the tape.

 訳 英語のリスニングテストはうまくできたと思うよ。テープのほとんどすべてが理解できたんだ。(答②)

  almost は all や every と結びつき，**almost everything で「ほとんどすべてのこと」**という意味です。

⑤ I heard you (still) haven't finished your report. The teacher is going to be very angry.

 訳 聞いたよ。レポートをまだ書き終えていないんだってね。先生はひどく怒るぞ。(答③)

  空所の後ろにある not から **still ... not ～で「まだ～していない」**という意味を表します。語順に注意です。

⑥ You must leave now; (otherwise), you will be late for your social studies class.

 訳 君はもう行きなさい。さもなければ，社会の授業に遅刻するぞ。(答③)

  副詞の **otherwise は接続詞的に「さもなければ」**という意味を表し，空所の前にあるセミコロン (;) を伴うことがよくあります。①instead は「その代わりに」，②therefore は「それゆえに」，④は accordingly「それに応じて」という意味で，いずれも意味的にここでは不適当です。

第15講 特殊構文 〖否定・語順・倒置・強調・挿入・省略・代用・There 構文〗

● 1 部分否定と否定の領域

　いよいよ文法・語法の講義も最終講となりました。
　さて，**部分否定**は **not ＋全体を表す語［all, both / always, necessarily, exactly** など］で表し，「全く／必ずしも～というわけではない」という意味ですが，**none, neither** などは**全面否定**を表します。ではここで，部分否定を図解してみましょう。

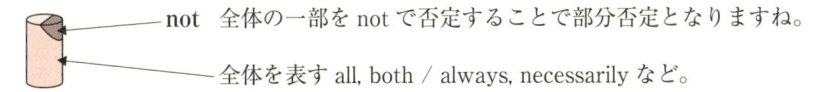

　　　── not　全体の一部を not で否定することで部分否定となりますね。
　　　── 全体を表す all, both / always, necessarily など。

　では，次に否定がどこまでかかっているのかを見てみましょう。so ～ that の構文ですが，この構文に否定（not）が加わるとミスが続出です。正しいものを選ぶ問題です。

> The river was not so wide that (① we could cross / ② we could not cross) it.

　so ～ that 構文は，**程度**「…なほど～」と**結果**「非常に～なので…」の２つの解釈ができます。問題文を「その川はとても広くなかったので，私たちは渡ることができた」と解釈して①を正解にしてはダメですよ。日本語では矛盾がないように見えますが，英語はそう書いてありません。
　so は程度の副詞で，その具体的な内容を that 節で表しているので，**not** は so wide だけを否定するのではなく，**so wide that we could not cross it の全体を否定**します。**not を取り除いて so から文末までで意味が成り立っているかどうかを考える**とわかりやすいですよ。問題文のように**主節に否定がある場合**は，**not**［so ～ that S can't *do* …］（＝ not［too ～ to *do* …］）「…できないほど～ない」といったような**程度の解釈**が自然です。

　The river was **not so wide that we could not cross it.**
　　　　　　　　　　　　　　　　　　　　　　　（否定は文末までだよ）

　例題訳　その川は私たちが渡ることができないほど広いわけではなかった。（答 ②）

問題

次の各英文の空所に入る最も適当なものを①～④から選びなさい。

☐ 1　Students（　　）progress in the same way.
　　① not always　　② do not always
　　③ always not　　④ do always not
　　　　　　　　　　　　　　　　　　　　　　　（東京経済大）

☐ 2　I haven't read（　　）of his novels but judging from the one I have read, I think he's a very promising writer.
　　① any　　② both　　③ either　　④ none　　（センター試験）

☐ 3　The window was（　　）to see through.
　　① dirty enough　　② barely dirty enough
　　③ hardly dirty enough　　④ not too dirty
　　　　　　　　　　　　　　　　　　　　　　　（明治大）

設問解説

1　Students（do not always）progress in the same way.
　訳 学生は必ずしも同じように進歩するというわけではない。**(答②)**
　　always は「いつも」という意味で，全体を表す副詞でしたね。**全体を表す副詞が否定語（not）と結びつくと，全体の一部が否定され部分否定になります。not always で「必ずしも～というわけではない」**という意味です。

2　I haven't read（both）of his novels but judging from the one I have read, I think he's a very promising writer.
　　訳 私は彼の小説の両方とも読んだわけではないが，私が読んだほうの小説から判断すると，彼はとても有望な作家だと思う。**(答②)**
　　まず，but 以下の内容から彼の小説の1冊は読んだという点を押さえ，前半で**部分否定 not ～ both「両方とも～というわけではない」**を用いると文意が成立しますね。なお，①**not ～ any** は**「全く～ない」**，③**not ～ either「どちらも～でない」**で**全面否定**となります。④none は「no＋名詞」なので not と共には用いませんよ。

3　The window was（not too dirty）to see through.
　　訳 その窓は向こうが見えないほど汚れていたわけではなかった。**(答④)**
　　①～③は to 不定詞の目的語が文頭に移動していますね。しかし，dirty enough to do は to 不定詞の目的語が文頭に移動できないことに注意しましょう。④の **too ～ to do は目的語を文頭に移動できます**。次に not の否定がどこまで支配しているのかを考えます。too dirty は後続の to see through と強く結びついているので **too から文末までをひとかたまり**と考えます。そうすると not は

278

too dirty to see through の全体を否定するので，not を除いても意味が通りますね。The window was **not** [too dirty to see thorugh].（＝ The window was **not** [so dirty that we can't see through it].）は「程度」を表す構文なので後ろから訳し上げると「その窓は向こうが見えないほど汚れていたわけでは**なかった**」となり文意が成立します。なお，ここまで理解できた人は，not too ～ to *do* の not を to *do* の前に置いた表現として too ～ not to *do* …「あまりにも～だから…する」も合わせて押さえておきましょう。

●2 否定の強調

no が単数[複数]名詞と結びつくと，He is no musician.「彼は決して音楽家などではない」(＝ He is not a musician at all.) となります。no は musician を否定しますが，意味上は動詞（is）を否定し文否定になります。では，否定の強調の頻出語句をまとめて押さえましょう。

・not ～ in the least「全く～ない」＝ not ～ at all / by no means
・on no account（＝ not ～ on any account）「決して～ない」

また，whatever [whatsoever]（＝ at all）は否定を強調するために使われます。

　　no ＋ 名詞 [none/nothing] ＋ what(so)ever「全く～ない」
＝ not ～ any ＋ 名詞 ＋ what(so)ever

○not ～ any [either] の語順はありますが，×Any [Either] … not の語順はダメでしたね（→ p.254-5 参照）。その代わりに No [Neither] … を用います。また，just [simply, really] ～ not の形で「全く～ない」という意味を表します。では，次の２つの文を比較しましょう。

(a) I don't really know him.　　(b) I really don't know him.

(a) は **not ～ really** の語順なので「よく～ない」(**not ～ well**) を表し，「私は彼をよく知らない」(＝ I don't know him well.) という意味です。(b) は **really ～ not** の語順なので「全く～ない」(＝ not ～ at all) を表し，「私は彼を全く知らない」(＝ I don't know him at all.) という意味になりますね。not と really の位置関係がくせ者です。

さらに，**cannot [never] ～ without *doing* …**「～すれば必ず…する」は**二重否定の構造**を表します。**cannot** を用いると「**できるかできないか**」に**焦点**があり，**never** を用いると「**習慣的な観点から事柄のあるなし**」に**焦点**が当たります。なおこの表現は，when ～, always … や whenever ～, …「～するときはいつでも…」などで書き換えることができます。

問題

次の各英文の空所に入る最も適当なものを①〜④から選びなさい。

☐ **1** Tom is by no (　) unintelligent. He's just lazy.
　① considerations　② degrees　③ means　④ ways
（センター試験）

☐ **2** I cannot listen to that song without (　) of my high school days.
　① remembering　② being remembered
　③ reminding　④ being reminded
（鳥取環境大）

☐ **3** (　) doubt about his ability.
　① Anyone doesn't have any　② Anyone hasn't any
　③ Anyone has no　④ No one has any
（東邦大）

☐ **4** This is a subject of which I know nothing (　).
　① about　② but　③ whichever　④ whatever
（龍谷大）

設問解説

1 Tom is by no (means) unintelligent. He's just lazy.
　訳 トムは決して能力がないわけではない。彼はただ怠けているだけなのだ。（答③）

　by no means は否定の強調語です。そもそも means は「手段」を表し、**by no means**「どんな手段によっても〜ない」が転じて、**「決して〜ない」**という意味を表します。

2 I cannot listen to that song without (being reminded) of my high school days.
　訳 私は例の歌を聞けば、必ず高校時代を思い出す。（答④）

　cannot［never］〜 without doing ...「〜すれば必ず…する」で**二重否定の構造**を表しましたね。remind A of B「AにBを思い起こさせる」の受動態 A is reminded of B を前置詞（without）に続けるため、動名詞句を用いて、without being reminded of ... とします。なお、that が何を指しているのかが明白なときに「例の」と訳すことができます。

3 (No one has any) doubt about his ability.
　訳 彼の能力を疑うものは誰もいない。（答④）

　またまた登場しましたね（笑）。×Any ... not の語順は**ダメ**でした。No one で全面否定を表し、否定文なので名詞（doubt）の修飾には any を用います。

4 This is a subject of which I know nothing (whatever).
訳 これは私が全く知らない話だ。(答④)

空所の前にある nothing から nothing + what(so)ever「全く〜ない」が頭に浮かびましたか。no ＋名詞だけでなく nothing などにも注意しましょう。

•3 否定語を用いない否定表現

誰でも否定を表現しようとすると，まず否定語が頭に浮かびますね。しかし，否定語を用いなくても表現することができます。たとえば，anything but 〜 は，anything「（肯定文で）何でも」と but「（前置詞で）〜以外に」で，「〜以外何でも」が転じて「決して〜でない」という意味になります。形は肯定ですが意味は否定を表します。この類の表現をまとめてみます。

① far from 〜「〜どころではない（全く反対だ），決して〜でない」
  ≒ anything but 〜
② free from [of] A「A（不快なもの）がない」
  〈A = error「誤り」，prejudice「偏見」など〉
③ be yet to *do*「まだ〜していない」
  （= have yet to *do*「まだ〜しない［したことがない］」）
④ remain to be *done*「〜しないで残っている，まだ〜されないでいる」
⑤ more than S can *do*「Sには〜できない」
⑥ fail to *do*「〜しない，〜できない」
⑦ the last＋名詞＋to *do*［関係詞節］
  「最も〜しそうにない［〜するのにふさわしくない］」
⑧ know better than to *do*「〜するほどばかではない」（→ p.228 参照）
⑨ beyond A「A を越えて［よりまさって］」
⑩ doubt that 節 ≒ don't think that 節「〜でないと思う」

問 題

次の各英文の空所に入る最も適当なものを①〜④から選びなさい。
□ 1 Everybody expected the musical to be a great hit, but it was (　　) from being a success.
  ① away ② distant ③ far ④ opposite （センター試験）

☐ 2 Her English composition is (　) from mistakes.
　　① nothing　② free　③ far　④ beyond　　　（東京工芸大）

☐ 3 The label says this bread is (　) of genetically modified ingredients.
　　① much　② free　③ good　④ characteristic　（中央大）

☐ 4 Some people fear that World War Ⅲ may break out soon, but I (　).
　　① am afraid it will　② doubt if it will
　　③ think if it does　④ wonder that it does　（センター試験）

次の空所にそれぞれ適当な語句を入れ，英文を完成させなさい。文頭に来る語も小文字で示してある。

☐ 5 彼は決してうそをつくような男ではない。
　　(　)(　)(　)(　)(　)(　)(　)(　).
　　① man　② a　③ is　④ lie　⑤ last
　　⑥ he　⑦ tell　⑧ the　⑨ to　　　　　　（高知大）

☐ 6 あなたの言うことが正しいかどうかは後になってみないと分かりません。(1語不要)
　　(　)(　)(　)(　)(　)(　)(　)(　).
　　① after　② are　③ be　④ it　⑤ remains
　　⑥ right　⑦ seen　⑧ to　⑨ whether　⑩ you
　　　　　　　　　　　　　　　　　　　（東京理科大）

☐ 7 He had found a new species, but (　)(　)(　)(　)(　)(　)(　).
　　① a　② decide　③ has　④ name
　　⑤ on　⑥ scientific　⑦ to　⑧ yet　　（名古屋市立大）

設問解説

[1] Everybody expected the musical to be a great hit, but it was (far) from being a success.
　　訳 誰もがそのミュージカルは大ヒットするだろうと思っていたが，成功どころではなかった。
　　（答③）
　　but を挟んで前後の意味を考えます。前半が[＋]の意味なので，but 以下は[－]の意味になります。否定を表す **far from ～**「～どころではない（全く反対だ）」を用いると文意が成立します。

[2] Her English composition is (free) from mistakes.
　訳 彼女の英作文には誤りがない。(答②)
　　空所の後ろにある mistakes「誤り」は望ましくないことを表すので，**free from A「A（不快なもの）がない」**の表現を用います。

[3] The label says this bread is (free) of genetically modified ingredients.
　訳 ラベルにはこのパンは遺伝子を組み換えた原料を含んでいないと書いてある。(答②)
　　空所の後ろにある genetically modified ingredients「遺伝子を組み換えた原料」は望ましくないことを表すと考え，**free of A「Aがない」**で表します。free of はこの他に，**「A（義務，負担，制約）がない」**場合にも用います。なお，④ be characteristic of ～は「～に特徴的である」という意味。また，S say that 節「Sには～と書いてある」（p.28 参照）も確認しておきましょう。

[4] Some people fear that World War Ⅲ may break out soon, but I (doubt if it will).
　訳 第三次世界大戦がまもなく勃発するのではないかと危ぶむ人もいますが，私はそうならないのではないかと思う。(答②)
　　but から前文を否定する内容にするため **doubt if 節「～かどうか疑問に思う→～ないのではないかと思う」**を用いると文意が成立します。

[5] (He is the last man to tell a lie).
　(答⑥-③-⑧-⑤-①-⑨-⑦-②-④)
　　選択肢から **the last man + to do「～する最後の人→最も～しそうにない人」**が頭に浮かびましたか。

[6] (It remains to be seen whether you are right).
　(答④-⑤-⑧-③-⑦-⑨-⑩-②-⑥)
　　まず，it と whether から it を形式主語にたて，whether 節を後ろに置きます。動詞は否定語を用いない否定表現として **remain to be done「まだ～されないでいる」**で表します。see は whether 節と結びつくと「わかる」という意味になります。

[7] He had found a new species, but (has yet to decide on a scientific name).
　訳 彼は新種を見つけたが，まだ学名は決めていない。(答③-⑧-⑦-②-⑤-①-⑥-④)
　　have yet to do は否定語を用いない否定表現で，**「まだ～していない」**という意味。

•4 倒置と語順

意外に受験生が苦手としているのが「倒置と語順」です。倒置（疑問文と同じ語順）は前の文とのつながりをよくしたり，強調を示したりするために用いられることがよくあります。では，「倒置と語順」を具体的に見ていきましょう。

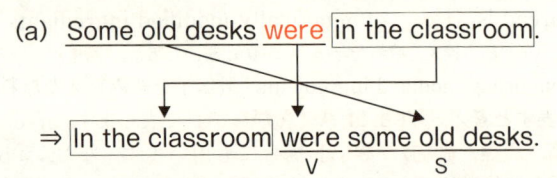

(a) Some old desks were in the classroom.

⇒ In the classroom were some old desks.
　　　　　　　　　　　V　　S

(a)の動詞が **be 動詞（were）** であることを押さえます。Some old desks were. だと意味が不十分なので，その直後に**場所を表す語句**がくることで，be 動詞の意味「～ある」が明確になります。この in the classroom が文頭に移動することで，倒置（V + S）の語順が起こります。be 動詞のほかに **lie**, **stand**, **rise** などの自動詞も be 動詞の仲間として用いることができます。

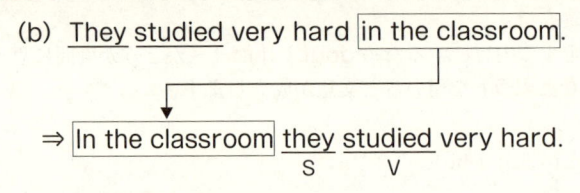

(b) They studied very hard in the classroom.

⇒ In the classroom they studied very hard.
　　　　　　　　　　　S　　V

(b)の動詞が**一般動詞（studied）**であることを押さえます。They studied very hard. で文が**完成**しているので，この in the classroom が文頭に移動しても倒置は起こりません。

be 動詞（その仲間の自動詞を含む）の直後にある語句が文頭に移動すると倒置を起こすことをしっかり押えましょう。

問題

次の各英文の空所に入る最も適当なものを①～④（2のみ①～⑤）から選びなさい。

☐ **1** In the Morgan Library in New York (　　) of medieval and renaissance books.
　　① a collection is　　② is a collection
　　③ which is a collection　　④ in a collection
　　　　　　　　　　　　　　　　　　　　　　　（玉川大）

□2 On the wall of the study (　) was among the first settlers to come to this area more than three centuries ago.
① of the mayor's portrait hanging
② a portrait hung of whom the mayor
③ hung a portrait of the mayor who
④ with hanging the mayor's portrait
⑤ hanging the mayor's portrait
(北里大)

□3 A chemist prepares its experiments carefully before trying to carry (　) in his laboratory.
① it out　② out it　③ them out　④ out them
(関西学院大)

□4 Soon we came to a hill at the foot (　) stood a deserted factory.
① in which　② of which　③ which　④ whose
(慶應義塾大)

□5 次の英文の下線部①〜④の中から，間違っている箇所を1つ選びなさい。
①In Robert Browning ②is found the most vivid portrayals of ③varied human ④characters since Shakespeare.
(上智大)

設問解説

1 In the Morgan Library in New York (is a collection) of medieval and renaissance books.

訳 ニューヨークのモーガン図書館には中世とルネサンスの本のコレクションがある．**(答②)**

空所の前に場所を表す副詞句があるのでピーンと来ましたね．**be動詞の直後の副詞句が文頭に移動して倒置が起こった形**です．では，図解してみましょう．

A collection of medieval and renaissance books is | in the Morgan Library in New York |.
　　　　　　S　　　　　　　　　　　　　　　　V

| In the Morgan Library in New York | is a collection of medieval and renaissance books.
　　　　　　　　　　　　　　　　　　　V　　　　　　　　　　S

② On the wall of the study (hung a portrait of the mayor who) was among the first settlers to come to this area more than three centuries ago.

> 訳 書斎の壁には3世紀以上も前にこの地域にやって来た最初の開拓移民の中の1人であった長の肖像が掛かっていた。(答③)

　空所の前にある場所を表す副詞句が手がかりとなり，be 動詞の仲間である **hang「(自)掛かる」の過去形 hung** の直後の副詞句が文頭に移動して倒置が起こった形です。**この場合の倒置は did を用いず，S ＋ hung が hung ＋ S となることに注意**しましょう。

③ A chemist prepares its experiments carefully before trying to carry (them out) in his laboratory.

> 訳 化学者は実験室で実験を行う前に入念に実験の準備をするものだ。(答①)

　まず，空所の前にある carry の目的語は its experiments なので them で受けます。carry out「(実験など)を行う」は「動詞＋副詞」なので，目的語が名詞の場合には carry A out / carry out A でも可能ですが，ここでは代名詞（them）なので carry them out で表します。**1語の代名詞は動詞と副詞の間に置きます。**

④ Soon we came to a hill at the foot (of which) stood a deserted factory.

> 訳 まもなく私たちは廃墟と化した工場がある丘の麓に着いた。(答②)

　空所の直後にある stood と空所の前にある at the foot から **stood は be 動詞に準じる自動詞**と考え，場所の副詞句が移動し倒置が起こったと捉えます。次にそれを関係代名詞に埋め込みます。では，図解してみましょう。

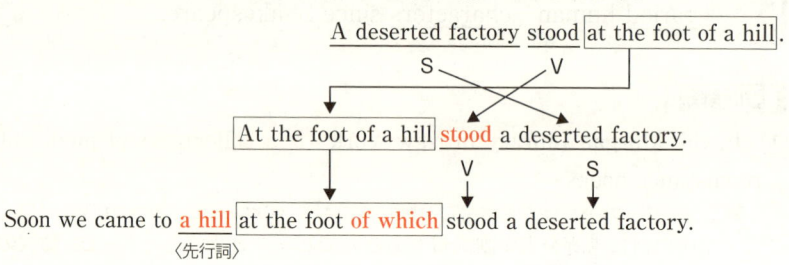

```
            A deserted factory  stood  at the foot of a hill
                    S             V
            At the foot of a hill  stood  a deserted factory
                                     V          S
Soon we came to a hill at the foot of which stood a deserted factory.
                〈先行詞〉
```

⑤ In Robert Browning <u>are</u> found the most vivid portrayals of varied human characters since Shakespeare.

> 訳 ロバート・ブラウニングの中には，シェークスピア以来人間の多様な性格を最も生き生きと描写したものがあります。(答②→ are)

　文頭にある In Robert Browning がここでは場所としての副詞句と理解できます。**主語が複数形（portrayals）なので動詞はそれに一致**させます。受動態 are found は be 動詞に近い意味で解釈できます。

●5 強制倒置とその他の語順

否定の副詞表現が文頭に来た場合，**強制的に倒置（V + S）の語順**にしなければなりません。その他に倒置を起こす場合を次の表で押さえましょう。

> ① 疑問詞を伴った疑問文の場合。ただし，I know what you are.
> 〈間接疑問の語順は SV〉
> ② 否定の副詞表現（never, little, seldom, only など）が文頭に来た場合。
> ③ not only ... but (also)〜 が文と文とを結んで，not only が文頭に来た場合。
> ④ 接続詞 nor, neither の後に「S + V...」が来た場合。
> ⑤ 否定語を伴う目的語が文頭に来た場合
> Not a single mistake did I find in his report.
> ⑦ S is such [so great] that 〜の such [so great] が文頭に来た場合（→ p.177 参照）
> ⑧ 仮定法における If の省略による倒置
> Were I (= If I were) you, I would forgive him.
> ⑨ 形容詞［副詞など］+ though [as] + S + V の場合
> Young though he is, ...

では，ちょっと角度を変えて，みなさんは「秋葉原」をどのように読みますか。AKIBAHARA ですか，それとも AKIHABARA ですか。ほとんどの人は後者ですね。実はこの読み方，AKI**BA**HARA ⇒ AKI**HABA**RA のように BA と HA が転換して，現在は AKIHABARA と読みます。短く言えば AKIBA，AKB48 も「AKIBA」の略ですね。他の例をもう１つ。「山茶花」は SAN と SA が転換して SA**N**SAKA ⇒ SA**SAN**KA〈母音（A）に挟まれた子音（S）は濁り（Z）〉⇒ SA**Z**ANKA となります。このような転換は，音声上の問題なのです。

では，p.211 で学習しました so [as / too / how] 形容詞 + a [an] + 名詞の語順を掘り下げてみましょう。正しいほうを選んでください。

> ① (so / such) fine weather ② (so / such) nice a boy
> ③ (so / such) many boys

答えは，①**such**（fine weather を名詞のかたまりと見なす），②**so**（so により語順が nice a boy に転換），③**so**（数量形容詞 many は so と結びつき，so many となります）。

問題

次の各英文の空所に入る最も適当なものを①〜④から選びなさい。

□ **1** Under no circumstances (　　) be left on.
　① must the switch　　② the switch must
　③ must the switch not　④ the switch must not　　（京都外国語大）

□ **2** "Will you go shopping this afternoon?"
"No, and (　　)."
　① neither Mary will　　② neither will Mary
　③ nor Mary will　　④ so will Mary　　（センター試験）

□ **3** Jane just stood there, very tired; her legs were spread apart, and (　　).
　① her arms did, too　　② her arms didn't either
　③ neither her arms were　④ so were her arms　（早稲田大）

□ **4** "Everything you cook tastes really good."
"Thanks, but I don't think I'm (　　) cook as you."
　① a good as　② as a good　③ as good a　④ good as a
　　（センター試験）

□ **5** I heard you're planning to build a new house. Do you know how much (　　)?
　① cost it will be　　② it cost
　③ it will cost　　④ will it cost　　（センター試験）

□ **6** Not until we get sick (　　) health.
　① do we start to appreciate　② we start to realize
　③ do we start to understand　④ we start to thank
　　（松山大）

設問解説

1 Under no circumstances (**must the switch**) be left on.
　訳 いかなる状況でも絶対にスイッチを入れっぱなしにしておいてはいけない。**(答①)**
　否定の副詞表現が文頭に移動したことで倒置が起こっていることに注意しましょう。空所の後ろの構造は must leave the switch で, on は副詞ですよ。これを受動態にすると, the switch must be left on となります。no = not 〜 any を思い出してください。すると次のようになります。

288

〈倒置前の形〉The switch must **not** be left on under **any** circumstances.
⇒〈倒置後の形〉Under **no** circumstances *must the switch be* left on.

② "Will you go shopping this afternoon?" "No, and (neither will Mary)."
  訳 「あなたは今日の午後買い物に出かけますか？」「いいえ，メアリーも出かけません」（答②）
  否定の後ろなので，and neither（= nor）V + S「～もまた…ない」を用います。neither（= not + either）は否定語を含んだ表現なので強制的に倒置が起こります。

③ Jane just stood there, very tired; her legs were spread apart, and (so were her arms).
  訳 ジェーンは非常に疲れて，ただそこに立っているだけだった。脚は開き，腕も広げたままで。（答④）
  まず，前半で (being) very tired は分詞構文で，付帯状況を表し，セミコロン（;）以下でその状況を具体的に説明しています。空所には肯定文の後ろで主語が異なっているので，and so V + S「～もまた」(= and S + V ... , too) を用い，... and her arms were spread apart, too. を表します。なお，主語が一致している場合は，and so S + V を用います。例：She is kind, and so she is.「彼女は親切で，実際にそうです」。

④ "Everything you cook tastes really good." "Thanks, but I don't think I'm (as good a) cook as you."
  訳 「君が料理するものは何でも本当においしい」「ありがとう，でもあなたほど料理は上手ではないと思う」（答③）
  a good cook を as ～ as に埋め込むと，as +形容詞+ a +名詞+ as の語順になります。うっかり間違えないように。

⑤ I heard you're planning to build a new house. Do you know how much (it will cost)?
  訳 聞いたよ。君は新しい家を建てる計画を立てているんだってね。いくらかかるかわかっているのかい？（答③）
  疑問文は倒置（V + S）の語順になりますが，Do you know ～? の ～部分に疑問文が埋め込まれるとふつうの語順になります。これを間接疑問文といいます。疑問文の語順のままにしている受験生をよく見かけますよ。

⑥ Not until we get sick (do we start to appreciate) health.
  訳 病気をしてはじめて，健康のありがたみがわかりはじめる。（答①）
  Not until we get sick までを否定の副詞表現としてひとかたまりで捉えることで，倒置の語順が続くことを押さえます。appreciate A は「A をありが

たく思う」という意味で，×understand health とは言わないことに注意しよう。
Not until ... V＋S＋〜（疑問文の語順）で「…するまで〜しない⇒…してはじめて〜」と訳します。not と until 〜との結びつきを図解すると，

We do|n't| start to appreciate health |until we get sick|.

|Not until we get sick| *do we start* to appreciate health.

●6 強調

強調といえばみなさんは It is 〜 that ... の強調構文がまず頭に浮かぶでしょう。そのほかでは倒置や語句を添えて強調したりします。

では，It is 〜 that ... の強調構文から見ていきましょう。It is 〜 that ... の〜で示した位置にくることができる要素は，主として**名詞・副詞**（yesterday など），**前置詞句，理由の接続詞**（because だけ）などであって，**形容詞**（nice など）や**様態の副詞**（happily など）は用いることができません。

また，It is 〜 that ... の強調構文は，2つの部分に分けて下のように書き換えることができるという特徴があります。

It was yesterday that he saw her.「彼が彼女に会ったのは昨日でした」
⇒ He saw her; it was yesterday.「彼は彼女に会った。それは昨日でした」
なお，It is 〜 that ... の強調構文の It は訳出しません。

次に，語句を添えて強調する場合を整理してみましょう。

① 助動詞 do / did「実際に〜する［した］」は動詞や命令文（例：Do sit down.）を強調します。
② ever / on earth / in the world は，ふつう疑問詞の直後に置いて疑問詞を強調します。
③ badly は want, need などの語句を強調します。
④ imaginable［possible］は，最上級や all, every などを強調します（→ p.262 設問解説④参照）。
⑤ very は形容詞・副詞の原級，最上級（the very best）を強調し，much は比較の概念を含む different / preferable / superior などを強調します。
⑥ hardly［scarcely］ever（= seldom / rarely）「（頻度・回数）めったに…ない」
   hardly［scarcely］any ＋（不）可算名詞（= little ＋不可算名詞 / few ＋可算名詞）「（数量）ほとんど…ない」〈ever「頻度・回数」／ any「数・量」を表す〉

問題

次の各英文の空所に入る最も適当なものを①〜④から選びなさい。

1 (　) in 1912 that the *Titanic* sank during her first voyage.
① It being　② It was　③ When it is　④ When it was
（センター試験）

2 "This is my new dog. His name is Wisdom."
"That's interesting. Why (　) did you give him such a name?"
① in the earth　② in world
③ on earth　④ on the world
（センター試験）

3 This is the (　) best book I've ever read.
① far　② most　③ much　④ very
（センター試験）

4 People drink (　) milk these days.
① a little amount of　② lot of
③ hardly any　④ too many
（早稲田大・改）

5 I (a) high school with Mary, but I (b) meet her after our graduation.
(a) ① go to　② had gone to
　　③ have gone to　④ went to
(b) ① ever hardly　② hardly ever
　　③ hardly never　④ never hardly
（国学院大）

設問解説

1 (It was) in 1912 that the *Titanic* sank during her first voyage.
訳　タイタニック号が初航海中に沈没したのは 1912 年のことだった。(答②)
空所の後ろにある in 1912 that … から **It is 〜 that ... の強調構文**だとピーンと来ましたね。

2 "This is my new dog. His name is Wisdom." "That's interesting. Why (on earth) did you give him such a name?"
訳　「これは私の新しい犬なの。名前はウィズダムっていうの」「それはおもしろい名前だね。いったいどうしてそんな名前をつけたの？」(答③)
疑問詞（Why）を強調する場合、**on earth, in the world を疑問詞の直後に置きます**。定冠詞（the）の有無に注意。

③ This is the (very) best book I've ever read.
　訳 これは私がこれまで読んだ中でまさしく最良の本です。(答④)
　　very は **-est** 型の最上級や **best, worst** などの前に置いて強調します（p.226参照）。the **very** best book ＝ much［by far］the best book の語順に注意。

④ People drink (hardly any) milk these days.
　訳 人はこのごろ牛乳をほとんど飲みません。(答③)
　　空所の後ろにある**不可算名詞（milk）**を修飾する語は **hardly any ＋（不)可算名詞**ですね。hardly any milk ＝ little milk となります。その他の選択肢は，次のように改めると可能です。①a little amount of → a small amount of，②lot of → a lot of［lots of］，④too many → too much

⑤ I (went to) high school with Mary, but I (hardly ever) meet her after our graduation.
　訳 私はメアリーと一緒の高校に通っていたが，卒業後は彼女にめったに会わない。
　(答 (a)④，(b)②)
　　まず，but と文末にある after our graduation から前半は過去時制を用います。but の前は［＋］の意味なので，but の後ろは **hardly ever（＝ seldom, rarely）「めったに～ない」**を用いて［−］の内容にすると文意が成立します。

▌7 省略

　受験生の苦手な分野の１つに省略があります。省略は大きく分けて２つあって，１つは重複を避けるための省略であり，もう１つは Beg your pardon. において I が省略されるような慣用的な省略です。重複を避ける省略には，名詞，補語，動詞，代不定詞や S ＋ be 動詞などの省略があります。では，次の例を見てください。

　Water changes into steam when (it is) boiled.「水は沸騰すると蒸気に変わります」
　これは，副詞節内の S ＋ be 動詞の省略の３つの条件によって it is が省略されています。

> ① 接続詞の種類（「理由」の意味を表す接続詞，あるいは as long as などを除く）：
> 　while, when, if, unless, once, though など⇒上記文例では接続詞は when。
> ② 副詞節の主語と主節の主語が一致⇒ Water と it が一致。
> ③ be 動詞で時制が一致⇒現在時制（changes）と be 動詞の現在形（is）が一致。

その他の場合における S ＋ V の省略などを見てみましょう。

seldom ［rarely］, if ever (=if S ever do(es))「たとえあるにしても，めったに〜ない」
few (+可算名詞), if any (=if there are any)「たとえあるにしても，ほとんど〜ない」
little (+不可算名詞), if any (=if there is any)「たとえあるにしても，ほとんど〜ない」
A, if not+B（副詞・形容詞・名詞） 「Bとは言わないまでもA／Bとまではいかなくても A」（→p.175 参照）
if not,「もし…そうでなければ」は S+一般動詞の省略
if anything「どちらかと言えば，強いて言えば」

なお，省略された応答では，**never/really** などの副詞は，**文末に置くことはできません**。

A: Have you ever been to Grand Canyon?
B: No, I never have.（✕have never）.

問題

次の各英文の空所に入る最も適当なものを①〜④から選びなさい。

☐ **1** Cold chicken is delicious (　　) salad.
　① when eaten with　② when eating with
　③ with when eaten　④ with when eating　　　　（センター試験）

☐ **2** Naturally, I had never met him in my life, (　　).
　① nor he me　② nor did he
　③ neither did I　④ neither had I　　　　（東京大）

☐ **3** He has seldom, if (　　), spoken in public.
　① any　② little　③ so　④ ever　　　　（南山大）

☐ **4** True greatness in people has little, (　　), to do with status or power.
　① as well as　② if anything
　③ less than　④ more or less　　　　（玉川大）

次の空所にそれぞれ適当な語句を入れ，英文を完成させなさい。

□5　スーザンは夫を出迎えに，アンは夫を見送りに空港に行った。
　　Susan went to the airport to (　) (　) (　) (　) (　) (　) (　) (　) off.

　　① and　　　　② Anne　　　③ her　　　④ hers
　　⑤ husband　　⑥ meet　　　⑦ see　　　⑧ to　　　（慶応義塾大）

設問解説

1　Cold chicken is delicious (when eaten with) salad.
訳 コールドチキンはサラダと一緒に食べるとおいしい。(答①)
　選択肢から副詞節内の S + be 動詞の省略だとパッと頭に浮かびましたね。**省略の3つの条件は，1. 接続詞の種類（when），2. 主語の一致（Cold chicken），3. be 動詞（is）で時制が一致**によって，it is が省略されたと考えます。省略を補うと Cold chicken is delicious when (it is) eaten with salad. になります。

2　Naturally, I had never met him in my life, (nor he me).
訳 当然ながら，私はこれまで彼に会ったことはなかったし，彼もまた私に一度も会ったことはなかった。(答①)
　空所の前が否定文で，選択肢の nor/neither から，I と him を入れ替えて否定文 … and he had not ever met me in his life, either. をつくります。これを接続詞 nor（= and neither）で書き換えると …, nor had he ever met me in his life. となり，前半と後半の文が対照を成しているので同一の語を省略することができ，…, nor ~~had he~~ ever ~~met~~ me ~~in his life~~. となります。nor V + S の構造なのですが，省略により nor の後ろが倒置に見えない点に注意しましょう。

3　He has seldom, if (ever), spoken in public.
訳 彼が人前で話すことは，たとえあったとしてもほとんどなかった。(答④)
　空所の前にある seldom から，頻度・回数を表す **seldom, if ever「たとえあるにしても，めったに〜ない」**が頭に浮かびましたね。

4　True greatness in people has little, (if anything), to do with status or power.
訳 本当の偉大さは，たとえあるとしても地位や権力とはほとんど関係がない。(答②)
　空所の前にある little から **little, if any「たとえあるにしても，ほとんど〜ない」**が頭に浮かびましたか。なお，**if any の代わりに if anything を用いても同じ意味を表す**ことができます。

5 Susan went to the airport to (meet her husband and Anne to see hers) off.
(答⑥-③-⑤-①-②-⑧-⑦-④)

　スーザンとアンの行為が対比的に並列されているので、共通語句を省略することができます。まず、前半部分は Susan went to the ariport to meet her husband となりますね。対比を表す and と所有代名詞 hers (= her husband) を用いて後半の文を接続すると、… and Anne went to airport to see hers off. となり、前半と共通している語句 went to the airport を省略した形で表現することができます。

●8 挿入と代用

　文中の他の語句と文法的な関係をもつこともなく、文の途中や文末に挿入され、説明をする働きをする語句を**挿入語句**といい、ふつうコンマ (,) やダッシュ (―) などで区切られます。

　it seems「らしい」や however「しかしながら」(前後にコンマが必要) は文頭、文中、文末に挿入することができます。では、it seems を見てみましょう。

> It seems [appears / ×looks] that she is happy with her new job.
> 「彼女は新しい仕事がうまくいっているらしい」
> = She is happy, it seems [appears / ×looks], with her new job.
> = She is happy with her new job, it seems [appears / ×looks].

　次に代用です。否定を含まない節が so で代用され、否定を含む節が not で代用されるのは、主節の動詞が hope, be afraid, imagine, suppose, think, believe, expect などの場合に限られます。

● that 節の代用表現 so の用法

I hope [良い結果を表す] (so/not) / I'm afraid [悪い結果を表す] (so/not)	
Do you think it will rain tomorrow?	「明日雨が降ると思いますか」
I hope so [=it will rain tomorrow].	「降るといいですね」
I hope not [=it will not rain tomorrow].	「降らないといいですね」
I'm afraid so. 「降ると困ります」/ I'm afraid not. 「降らないと困ります」	

　suppose so, think so, believe so, expect so などは、2通りのやり方で否定にできます。

I don't suppose so. / I suppose not.	I don't think so. / I think not.
I don't believe so. / I believe not.	I don't expect so. / I expect not.

問題

次の各英文の空所に入る最も適当なものを①〜④から選びなさい。

☐ **1** Her father, (   ), is over seventy-five.
　① he looks like　② he seems
　③ it appears like　④ it seems
　　　　　　　　　　　　　　　　　　　　　　（京都産業大）

☐ **2** "Frank drives much too fast. Someday he'll have a terrible accident."
　"Oh, (   )."
　① I don't hope so　② I hope not
　③ I'm not afraid so　④ I'm afraid not
　　　　　　　　　　　　　　　　　　　　　（センター試験）

☐ **3** "I like my job, but I wish I made more money."
　"Me too. If I (   ), I could buy a new car."
　① did　② do　③ had　④ have
　　　　　　　　　　　　　　　　　　　　　（センター試験）

☐ **4** 下線部の "so" は何をさしているか。7語の英語で答えよ。
　These faces live in our memory; watching the screen, we spend so many hours with them that they are as familiar to us as our relatives', even more <u>so</u>.
　　　　　　　　　　　　　　　　　　　　　　　（東京大）

設問解説

1 Her father, (it seems), is over seventy-five.
　訳 彼女の父は75歳を越えているように思える。**(答④)**
　It seems that her father is over seventy-five. の it seems が文中に挿入された形。なお、③は it appears なら可能ですが、it seems ほど自然ではありません。

2 "Frank drives much too fast. Someday he'll have a terrible accident."
　"Oh, (I hope not)."
　訳「フランクはスピードを出しすぎている。いつかひどい事故を起こすだろう」「ああ、そうでないことを願うよ」**(答②)**
　I hope は「良い結果」を表すように so あるいは not を用いて調整しますが、I'm afraid は「悪い結果」を表すために so あるいは not を用います。前半の発話内容は「悪い結果」を予測しているので、I hope (he will) not (have a terrible accident). のように否定表現を用いて「悪い結果」を打ち消すと I hope と結びつきます。

296

3 "I like my job, but I wish I made more money." "Me too. If I (did), I could buy a new car."

> 訳 「今やっている仕事は気に入っているんだが、もっとお金が稼げたらなあ」「僕もだよ。そうしたら、新車を買うことができるのに」(答①)
>
> 空所の後ろの主節は**仮定法過去**と解釈すると、空所には仮定法過去を表す did を入れるといいですね。did は made more money を代用しています。

4 These faces live in our memory; watching the screen, we spend so many hours with them that they are as familiar to us as our relatives', even more so.

> 訳 これらの顔は私たちの記憶の中に生きている。スクリーンを見ながら、それらの顔と非常に多くの時間を過ごすので、それらの顔は親戚の顔と同じくらいなじみがあり、いや親戚の顔以上に一層なじみがある。
>
> (答 familiar to us than our relatives' faces [relatives' are])
>
> まず、前方にある as familiar to us as our relatives' を基に考えます。文末の so の前に more があるので比較級と連語関係にある接続詞 than を用いて **more familiar to us than** とします。次に**所有代名詞 our relatives' は our relatives' faces** となります。なお、所有代名詞をそのまま用いて our relatives' are とすることも可能です。

•9 There 構文

いよいよ最終テーマとなりました。ここではみなさんが中学生のときに出くわした There 構文についての話で締めくくりたいと思います。There 構文は主語が2つある特殊な構文です。では、具体的に見てみましょう。

<u>There</u>　<u>is</u>　<u>a</u>　<u>book</u>　<u>on the desk</u>.
　①　　②　③　　④　　　⑤

> ① There は文頭で用いられ、意味を担いません。
> ② be動詞では疑問文・否定文は可能ですが、be動詞に準じる「存在」あるいは「出現」を表す自動詞では疑問文・否定文をつくることができません。反意語も不可です。
> |存在| lie「ある」, live「住む」, exist「存在する／ある」, remain「ままである」など
> |出現| appear「現れる」, arise「起こる」, begin「始まる／起こる」, come「来る／現れる」, happen「起こる」, occur「起こる」, take place「起こる／行われる」など
> ③ a [an], some, any, many, much など／数詞
> ④ 名詞(句)
> ⑤ 場所の副詞(句) は必須ではない

There 構文の主語は，疑問文にすると Is there ～？となることから，構文的には There が主語，意味的には③④の名詞句が主語で，動詞の単数・複数②はその意味上の主語③④と一致します。

では，正しいものを選ぶ問題です。

> (It / There) is likely to be no one in the room.

先ほど学習した There 構文の番号に従うと，空所の後ろの is likely to be を動詞のかたまりと考え②，そのあとの no one が③④，in the room が⑤となり，There を選択します。決め手は③④の名詞句です。

例題訳 その部屋には誰もいないようだ。(答 There)

問題

次の各英文の空所に入る最も適当なものを①～④から選びなさい。

□**1** When we arrived at the birthday party, (　) nothing left to eat or drink.
　① they were　② it was　③ there was　④ we were
（センター試験）

□**2** (　) seem to be several dogs barking outside.
　① It　② That　③ There　④ This
（日本大）

□**3** "How do you like this park?"
"It's wonderful! I never dreamed of (　) such a quiet place in this noisy city."
　① being　② having been
　③ there being　④ there to be
（センター試験）

設問解説

1 When we arrived at the birthday party, (there was) nothing left to eat or drink.

訳 私たちが誕生日パーティーが行われているところに到着したとき，食べ物や飲み物は何も残っていなかった。**(答③)**

空所の後ろの nothing left ... から **There is ＋名詞＋分詞**の形がパッと頭に浮かびましたか。nothing と left の間には受動関係があり，to eat or drink は nothing を修飾しています。

2 (There) seem to be several dogs barking outside.
   訳 外で数匹の犬が吠えているように思える。**(答③)**

   空所の後ろに seem があるからといって It seems の構文と判断して，イタダキ!!　なんて早合点しないようにしましょう（笑）。もし①It が入るとしたら，動詞は seem**s** でなければなりませんね。さらに to be の後ろに名詞句（several dogs）があり，そのあとに分詞が続いているので，**There seem to be ＋名詞＋ _doing_** の形を用います。なお，**There 構文では動詞の単数・複数は，意味上の主語にあたる several dogs と一致**するのでしたね。

3 "How do you like this park?"　"It's wonderful! I never dreamed of (there being) such a quiet place in this noisy city."
   訳「この公園は気に入りましたか？」「すばらしいです！　この騒がしい都会の中にこんな静かな場所があるとは夢にも思いませんでした」**(答③)**

   空所の前に前置詞（of）があり，空所の後ろには名詞句＋場所の副詞句（such a quiet place in this noisy city）があるので，**There 構文が「前置詞＋ there ＋ being ＋名詞句＋場所の副詞句」に埋め込まれた形**を考えます。

   では最後に，There 構文が不定詞・分詞・動名詞の形式上の主語を取る例を見てみましょう。

I expect _there_ to be room for improvement. 「私は改善のための余地があると思う」	不定詞
There being no further business, I declare the meeting closed. 「さらなる案件がないので，会議の閉会を宣言します」	分詞
No one would have dreamed of _there_ being such a big tree. 「そのような大きな木があるなんて誰も夢にも思わなかったであろう」	動名詞

1 基本動詞 bring を用いた熟語・イディオム

次の各英文の空所に入る最も適当なものを①〜④から選びなさい。

☐ 1　Brushing vegetables with olive oil and roasting them in the oven is a good way to bring (　) their delicious natural flavors.
　　① down　　② in　　③ out　　④ up　　　　（センター試験）

☐ 2　It will not be easy to end the war and (　) peace.　　（津田塾大）
　　① bring about　　② bring around　　③ bring to　　④ bring up

☐ 3　Miki was born and brought (　) in France, so she knows more about life there than I do.
　　① across　　② over　　③ to　　④ up　　　　（学習院大）

☐ 4　That story (　) to mind an old friend of mine.
　　① brought　　② put　　③ reminded　　④ remembered　　（駒澤大）

☐ 5　The tragic accident brought (　) to us the danger of drugs once again.
　　① news　　② home　　③ mind　　④ light　　（大阪医科大）

☐ 6　I can't (　) myself to trust him.
　　① bring　　② take　　③ let　　④ make　　（専修大）

☐ 7　An asthma attack can be (　) a variety of factors.　　（東邦大）
　　① caused with　　② caught by　　③ made out of　　④ brought on by

☐ 8　The political scandal was brought to (　) by two journalists.
　　① public　　② newspaper　　③ day　　④ light　　（上智大）

☐ 9　Seeing the couple walking hand in hand (　) memories of his own first love.　　（慶應義塾大）
　　① brought up　　② brought back　　③ brought out　　④ brought on

☐ 10　The TV debate brought (　) the real problem of the Japanese economy.
　　① around　　② for　　③ out　　④ over　　（青山学院大）

基本動詞を中心とした熟語では，たとえば turn は「回る」を表す最も一般的な語で，over を伴うと turn over「ひっくり返す」という意味になります。また，イディオムには「文字通り」の意味と「慣用語句」の意味があり，たとえば bury the hatchet は文字通りの意味では「斧を埋める」ですが，慣用句では「和睦する」という意味になります。こうした点を意識して学習しましょう。

最初は bring です。基本動詞 bring は「話し手［聞き手］のいる場所へ移動させる」という基本的意味が bring along A「A を連れて［持って］来る」に現れていますね。この意味から発展して，bring A to one's senses「A を正気に戻させる」のように，bring には「ある原因が何らかの結果をもたらす」や「あることをある行為［状態］に至らす」の意味で用いられます。

1 ▶ **bring out A [bring A out]「A（性質・才能）を引き出す」**
その他に「A（本）を出版する」（＝publish A），「A（製品など）を発表する」（＝produce A）の意味も押さえておこう。
訳 野菜にオリーブオイルを塗って，オーブンで焼くことは，野菜本来のおいしい風味を引き出す良い方法である。(答③)

2 ▶ **bring about A [bring A about]「A（変化など）を引き起こす」（＝ cause A)**
訳 戦争を終わらせ，平和をもたらすことは容易ではない。(答①)

3 ▶ **bring up A [bring A up]「A を育てる」（＝ raise A)**
訳 ミキはフランスで生まれ育ったので，そこの生活については私よりよく知っています。(答④)

4 ▶ **bring A to mind「（物事が）A を思い出させる」（＝ call A to mind)**
目的語が文末に移動していることに注意。 訳 私はその話で旧友を思い出した。(答①)

5 ▶ **bring A home to B ［bring home to B A]「A（事）を B（人）に切実に感じさせる」** 訳 その悲劇的な事故はもう一度薬物の危険を私たちに切実に感じさせた。(答②)

6 ▶ **bring oneself to do「〜する気になる」** 訳 彼を信じる気にはなれない。(答①)

7 ▶ **bring on A「A（災い・病気・戦争など）を引き起こす」**
訳 喘息の発作はいろいろな要因によって引き起こされうる。(答④)

8 ▶ **bring A to light「A を明るみに出す，A を暴露する」**
なお，come to light「明るみに出る」では目的語を取っていないことに注意。
訳 その政治スキャンダルは2人のジャーナリストによって明るみに出された。(答④)

9 ▶ **bring back A ［bring A back]「A のことを思い出させる，A（記憶）をよみがえらせる」**
訳 カップルが手をつないで歩いているのを見ると，彼は自分の初恋のことを思い出した。(答②)

10 ▶ **bring out A ［bring A out]「A（意味・真相など）を明らかにする」**
訳 テレビ討論は日本経済の現実の問題を明らかにした。(答③)

2 基本動詞 break を用いた熟語・イディオム

次の各英文の空所に入る最も適当なものを①〜④から選びなさい。

☐ 1 I heard their marriage was (　　), but they've managed to save it.
　　① breaking out　　　② breaking up
　　③ broken in　　　　④ broken out　　　　　　　　（センター試験）

☐ 2 Sometimes the machine will (　　) down without any apparent cause.
　　① make　　② bring　　③ take　　④ break　　（大阪産業大）

☐ 3 Someone (　　) our office last night and took three large computers.
　　① followed through　　② broke into
　　③ picked up　　　　　④ punched out　　　　　　（獨協大）

次の各英文の下線部の意味に最も近いものを①〜④から選びなさい。

☐ 4 Does everyone know what to do if a fire breaks out?
　　① deserves　　② explains　　③ occurs　　④ prevents　　（東海大）

☐ 5 When we were talking, she broke in.
　　① became penniless　　② broke her heart
　　③ interrupted　　　　　④ stole their purse　　　　（明治学院大）

☐ 6 The conference will break up without achieving anything.
　　① skip　　② seal　　③ put off　　④ be over　　（東京理科大）

☐ 7 They were arguing but broke off when someone came into the room.
　　① cut in　　　　　　　② interrupted
　　③ continued to argue　 ④ stopped arguing　　　　（青山学院大）

☐ 8 He told the other guests a really funny joke. It helped to break the ice at the party.
　　① to make a good impression　　② to keep good term with
　　③ to reduce the formal atmosphere　　④ to think about the joke
　　　　　　　　　　　　　　　　　　　　　　　　　　（桜美林大）

基本動詞 break は「突然の力が加わることによってばらばらになる」というのがその基本的意味で，目的語には dish や leg など，硬くて，力が加わると砕けるものが来ます。この意味から発展して break with A「A（組織など）を脱会する，A（人）と関係を断つ」のように「連続性や法則を断つ」や「抵抗に打ち勝つ」などの意味で用いられます。

1 ▶ **break up「(関係・友情が) 終わる，離婚する，(物が) ばらばらになる」**
   訳 2人の結婚生活が終わりかけていると聞いたが，2人はなんとか結婚生活をそのまま続けた。（答②）

2 ▶ **break down「(機械などが) 故障する」**
   訳 時々その機械ははっきりとした原因もなく故障する。（答④）

3 ▶ **break into A「A (建物など) に (不法に) 押し入る，A (コンピューター) に侵入する」**
   ③pick up A［pick A up］は「Aを身につける」という意味。
   訳 昨夜，誰かが私たちの会社に押し入り，大型コンピューター3台を持って行った。（答②）

4 ▶ **break out「(戦争・火事などが) 起こる，勃発する，(伝染病などが) 発生する」**
   訳 もし火事が起こったら，みんな何をすべきかわかっていますか。（答③）

5 ▶ **break in「(話に) 割り込む，口をはさむ」(= interrupt, cut in)**
   ②break one's heart は「心が痛む」という意味。
   訳 私たちが話をしていたとき，彼女が口をはさんだ。（答③）

6 ▶ **break up「(集会・群衆などが) 解散する」(= be over)**
   ③put off A［put A off］は「Aを延期する」という意味。
   訳 何一つ達成することなく，会議は終わるでしょう。（答④）

7 ▶ **break off「(話を) 急にやめる」**
   ①cut in は「(話などを) さえぎる，口をさしはさむ」という意味。
   訳 彼らは言い争っていたが，誰かが部屋に入ってくると急に話をやめた。（答④）

8 ▶ **break the ice「(パーティーなどで) 人の緊張をほぐす，口火を切る」**
   訳 彼は他のお客に本当におもしろい冗談を言った。そのことはパーティーでの堅苦しい雰囲気をほぐすのに役だった。（答③）

3 基本動詞 call を用いた熟語・イディオム

次の各英文の下線部の意味に最も近いものを①〜④から選びなさい。

☐ 1　We had to call off the game because of a huge blackout.
　　① cast　　② cancel　　③ attribute　　④ accuse　　（東京理科大）

☐ 2　The villagers called for an urgent inquiry into the train accident.
　　① stopped　　② canceled　　③ demanded　　④ needed　　（中央大）

☐ 3　I'm going to call on my grandmother in Kyoto tomorrow.
　　① ask　　② visit　　③ look after　　④ pick up　　（東京経済大）

☐ 4　The lawyer called on the jury to show sympathy for his client's family circumstances.
　　① requested　　② taught　　③ whispered　　④ whistled　　（日本大）

☐ 5　The noisy student was scolded by her teacher.
　　① called down　　② called up
　　③ called forth　　④ called at　　（上智大）

☐ 6　She got so mad that she started calling him names.
　　① insulting him with bad words　　② making fun of his names
　　③ calling out his name　　　　　　④ shouting out his nickname
　　　　　　　　　　　　　　　　　　　　　　　　　　（近畿大）

基本動詞 call は「大声で叫ぶ」というのがその基本的意味です。「大声で叫んで，人がいることを知らせ，出てきた人と話をする」ことから，「訪問する」という意味に派生したりします。さらには，「訪問する」という直接的手段から，電話という間接的手段に取って代わったことで，電話での間接的訪問，すなわち call up A [call A up] で「電話をかける」という意味で用いられます。

1 ▶ **call off A = call A off「A（計画・試合など）を中止する，取り消す」（= cancel A）**
その他の選択肢は，①cast A「A を投げる」，③attribute A to B「A を B のせいにする」，④accuse A of B「B の理由で A を訴える［非難する，責める］」という意味です。
訳 私たちは大規模な停電のため，試合を中止しなければならなかった。(答②)

2 ▶ **call for A「A を要求する，A を必要とする」（= require A, demand A）**
inquiry into ～「～の調査」の前置詞 into を押さえておこう。
訳 村人は列車事故の緊急調査を要求した。(答③)

3 ▶ **call on A「A（人）を訪問する」（= visit A）**
なお，call at A は「A（場所）を訪問する」（= visit A）という意味。
訳 私は明日，京都にいる祖母を訪問するつもりです。(答②)

4 ▶ **call on A to do「A に～するように頼む［訴える］」（= ask A to do）**
sympathy for ～「～に対する同情」の前置詞 for を押さえておこう。
訳 弁護士は依頼人の家庭環境に同情を示すように陪審員団に訴えた。(答①)

5 ▶ **call down A [call A down]「A を叱る」（= scold A / tell off A）**
訳 騒いだ生徒が先生に叱られた。(答①)

6 ▶ **call A names「A（人）の悪口を言う，A（人）をののしる」**
なお，選択肢は①は「ひどい言葉で彼を侮辱する」，②は「彼の名前をからかう」，③は「彼の名前を大声で呼ぶ」，④は「彼のあだ名を大声で叫ぶ」という意味。
訳 彼女はひどく頭にきたので，彼をののしり始めた。(答①)

熟語・イディオム

4 基本動詞 come を用いた熟語・イディオム

次の各英文の下線部の意味に最も近いものを①〜④（1のみ①〜⑤）から選びなさい。

☐ 1 That sort of book is extremely hard to come by.
① leave   ② obtain   ③ purchase
④ reach   ⑤ reveal   （日本大）

☐ 2 How did they come across that painting by Michelangelo?
① imitate   ② happen to find
③ search for   ④ decide to buy   （駒澤大）

☐ 3 He came up with a clever idea.
① occurred to   ② exchanged
③ arose   ④ thought of   （関西学院大）

☐ 4 The report which you submitted yesterday didn't come up to our expectations.
① meet   ② observe   ③ receive   ④ resemble   （玉川大）

次の各英文の空所に入る最も適当なものを①〜④から選びなさい。

☐ 5 The new law (   ) into effect last September.
① came   ② changed   ③ passed   ④ turned   （桃山学院大）

☐ 6 She now found that the key to the closet was stained with blood, and tried two or three times to wipe it; but the blood would not (   ).
① come off   ② get off   ③ make off   ④ take off （上智大）

基本動詞 come「来る・行く」という基本的意味が，come along with A「Aと一緒に行く」に現れていますね。この意味から発展して，come of age「成人になる」，さらには come to *one*'s senses「意識を取り戻す」のように，結びつく名詞や副詞などで状態がプラスやマイナスに変化することをつかみましょう。

1 ▶ **come by A「Aを手に入れる」(= obtain A)**
③purchase A は「Aを購入する」(= buy)，⑤reveal A は「Aを明らかにする」という意味。これは It is extremely hard to come by that sort of book. の that sort of book が主語の位置に移動し，That sort of book is extremely hard to come by. となっている点に注意。
訳 その種の本は入手するのが極めて難しい。(答②)

2 ▶ **come across A「Aをふと見つける」(= happen to find)**
③search for A は「Aを捜す」，search A は「Aを所持品検査する」という意味。
訳 彼らはミケランジェロによって描かれたその絵をどのようにして見つけたのか。(答②)

3 ▶ **come up with A「Aを思いつく」(= think of A)**
①occur to A は「(考えなどが) A (人) にふと浮かぶ」という意味。
訳 彼はうまい考えを思いついた。(答④)

4 ▶ **come up to A「A (期待) に添う」(= meet A / live up to A) ⇔ fall short of A「A (期待) にそむく」**
訳 あなたが昨日提出した報告書は私たちの期待に添わなかった。(答①)

5 ▶ **come into effect「(法が) 実施される」**
訳 その新しい法律は，この9月に実施された。(答①)

6 ▶ **come off「(汚れ・しみが) 取れる」**
would not で「(拒絶) どうしても〜ない」を表します。②get off は「(乗り物から) 降りる」，③make off は「逃げ去る」，④take off は「離陸する，出発する」という意味。
訳 彼女はその物置のカギが血のしみで汚れていることに気づき，2, 3回それをぬぐったが，血はどうしても取れなかった。(答①)

5 基本動詞 get を用いた熟語・イディオム

次の各英文の空所に入る最も適当なものを①～④から選びなさい。

☐ 1 You'll (　) trouble if you don't start studying.　　　　　（センター試験）
　　① go to　　② get into　　③ be at　　④ drop in

☐ 2 I just can't get (　) my husband nowadays. We seem to speak completely different languages.　　　　　（駒澤大）
　　① around to　　② across to　　③ away with　　④ behind with

☐ 3 My brother and I have a lot in common, and we (　) each other really well.　　　　　（法政大）
　　① come up with　　② look down on　　③ get along with　　④ rise up to

☐ 4 Shoplifting is really never worth it. You may (　) it once or twice, but you're bound to get caught in the end.　　　　　（亜細亜大）
　　① get down to　　② get away with　　③ get back to　　④ get through with

☐ 5 It's time to work now. Let's get (　) to business.
　　① by　　② for　　③ down　　④ at　　　　　（南山大）

☐ 6 I just can't see why he doesn't (　) his motorcycle, since he never rides it any more.　　　　　（センター試験）
　　① get along　　② get away　　③ get hold of　　④ get rid of

☐ 7 Since we left our umbrella at home, we got (　) to the skin in the sudden downpour.　　　　　（京都外大）
　　① pinched　　② snatched　　③ parched　　④ drenched

次の各英文の下線部の意味に最も近いものを①～④から選びなさい。

☐ 8 Her behavior really got on my nerves.　　　　　（桜美林大）
　　① pleased me　　② irritated me　　③ encouraged me　　④ discouraged me

☐ 9 It took a long time to get over the shock of losing the game.　（関西外大）
　　① treat from　　② enhance　　③ receive　　④ recover from

☐ 10 I have to get through with this assignment by tomorrow.
　　① consider　　② remove　　③ take　　④ finish　　　　　（東海大）

☐ 11 During the whole morning, Mary tried to get in touch with Tom.
　　① agree　　② communicate　　③ hold hands　　④ stand　　（日本大）

基本動詞 get の中心的な意味は「〜になる」で，この意味から派生して get away from A「A から逃げる」や get out of A「A を抜け出す，A（習慣など）をやめる」のように「ある状態になる」などの意味となります。さらに，使役的意味として get through to A「A（人）に自分の考えをわからせる」のように「ある状態にする」などを表すことができます。

1 ▶ **get into trouble「問題を起こす，困ったことになる」**
訳 もし勉強を始めなければ，困ったことになるだろう。（答②）

2 ▶ **get across to A「A（人）に理解される」** 他動詞では get A across to B「A（話・考えなど）を B（人）に理解させる」という意味。訳 この頃私は夫にまったく理解されない。私たちはまったく違った言葉を話しているようだ。（答②）

3 ▶ **get along (with A) = get on (with A)「A（人）と仲よくやっていく［何とかやっていく］，A（仕事など）がはかどる」**
訳 兄と私は共通点が多いので，本当にうまくお互い仲よくやっている。（答③）

4 ▶ **get away with A「A（悪事など）をうまくやってのける」** be bound to do は「きっと〜する（運命にある）」という意味。訳 万引きは本当にそれだけの価値は決してない。1,2 回はそれをうまくやってのけるかもしれないが，結局はきっと捕まる。（答②）

5 ▶ **get down to A「A（仕事など）に本腰を入れて取り組む」**
訳 さあ働く時間だ。仕事に本腰を入れて取り組みましょう。（答③）

6 ▶ **get rid of A「A を手放す，A を処分する」** 訳 彼はもはやオートバイに乗らないのに，オートバイをなぜ手放さないのか全く理解できない。（答④）

7 ▶ **get drenched to the skin [get soaked to the skin / get wet to the skin]「ずぶ濡れになる」** ①pinched「縮みあがった」，②snatched「逮捕された」，③parched「干上がった」。
訳 私たちは家に傘を置いてきたので，突然の土砂降りでずぶ濡れになった。（答④）

8 ▶ **get on A's nerves [give A the nerves]「A（人）の神経［癇（かん）］にさわる，A（人）をいらいらさせる」（= annoy A, irritate A）**
訳 彼の行動は本当に癇にさわる。（答②）

9 ▶ **get over A「A（困難など）に打ち勝つ」（= overcome A），「A（病気など）から回復する」（= recover from A）**
訳 試合に負けたショックを克服するのに長い時間がかかった。（答④）

10 ▶ **get through with A「A（仕事など）を終わらせる」** なお，get through A は「A（試験など）に合格する，A（仕事など）をやり遂げる」という意味。
訳 明日までにこの宿題を終わらせなければならない。（答④）

11 ▶ **get in touch with A「A（人）と連絡を取る」（= contact A）**
訳 午前中ずっと，メアリーはトムと連絡を取ろうとした。（答②）

6 基本動詞 give を用いた熟語・イディオム

次の各英文の下線部の意味に最も近いものを①〜④から選びなさい。

☐ 1　You should not give away your password even to a friend.
　　① reject　　② repair　　③ reveal　　④ resolve　　（玉川大）

☐ 2　At last we decided to abandon the plan.
　　① realize　　② give up　　③ change　　④ put on　　（愛知工大）

☐ 3　The teacher distributed the papers.　　（青山学院大）
　　① gave out　　② took up　　③ gave back　　④ took away

☐ 4　The Industrial Revolution gave rise to many changes.　　（日本大）
　　① dealt with　　② got over　　③ overcame　　④ produced

☐ 5　Under no circumstances should you give in to any temptation.
　　① yield　　② incline　　③ suggest　　④ lean　　（玉川大）

次の各英文の空所に入る最も適当なものを①〜④から選びなさい。

☐ 6　I'll (　　) you a ride because it's so late and raining heavily.
　　① get　　② give　　③ make　　④ take　　（中央大）

☐ 7　"Are you all right? Do you need some help?"
　　"Well, I need to carry all these files to the room at the end of the corridor. Could you (　　) me a hand?"
　　① borrow　　② hold　　③ give　　④ take　　（広島修道大）

次の各英文の空所にそれぞれ適当な語句を入れ，英文を完成させなさい。

☐ 8　彼女はなくしたものとあきらめていた財布を見つけてとても喜んだ。
　　She was very glad to find the purse (　　)(　　)(　　)(　　)(　　).
　　① she　　② for　　③ lost　　④ given　　⑤ had　　⑥ up　　（中央大）

☐ 9　When hot materials cool down, (　　)(　　)(　　)(　　)(　　)(　　)(　　)(　　)(　　).
　　① as　　② be　　③ can　　④ energy　　⑤ give
　　⑥ heat　　⑦ off　　⑧ that　　⑨ they　　⑩ used　　（名古屋市立大）

基本動詞 give の中心的意味は「～を持たせる」で，give away A「A をただでやる，贈る」のように「無償の行為」という条件では，give は「贈る」，「預ける」という意味を表し，「交換する行為」という条件では「支払う」，「売る」という意味を表します。さらにこれが抽象的な物の移動に転用されると，give off A「A を発する」のように，「言葉を発する」「情報を伝える」「結果を生み出す」などの意味を表します。

1 ▶ **give away A ［give A away］「A をただで与える，A（秘密など）を漏らす」（＝ reveal A）**
   訳 あなたは友達でさえ自分のパスワードを漏らしてはいけない。（答③）

2 ▶ **give up A ［give A up］「A（習慣など）をやめる，A（計画など）を放棄する」（＝ stop/quit/abandon A）**
   訳 とうとう私たちはその計画を断念した。（答②）

3 ▶ **give out A ［give A out］「A を配る」（＝ distribute A）**
   訳 先生は試験問題を配付した。（答①）

4 ▶ **give rise to A ＝ give birth to A「A を引き起こす，A を生じさせる」（＝ cause A）**
   訳 産業革命は多くの変化を引き起こした。（答④）

5 ▶ **give in (to A) ＝ give way (to A) ＝ submit (to A) ＝ yield (to A) ＝ surrender (to A)「(A に) 屈する，降参する」（⇔ hold out A）**
   under no circumstances が文頭に出たことによる倒置に注意しよう。
   訳 どんなことがあっても決して誘惑に屈するべきではない。（答①）

6 ▶ **give A a ride ＝ give A a lift「A（人）を車で送る」**
   訳 とても遅い時間で激しく雨が降っているので，車で送りましょう。（答②）

7 ▶ **give A a hand「A（人）に手を貸す」**
   訳 「大丈夫ですか。お手伝いをしましょうか」「ええ，これらのファイルを廊下の突き当たりの部屋に運ぶ必要があるんです。手を貸していただけますか」（答③）

8 ▶ **give up A for lost ［give A up for lost］「A をなくなったものとあきらめる」**
   she had given up for lost（答①-⑤-④-⑥-②-③）

9 ▶ **give off A「A（光・音・におい・熱など）を発する」（＝ emit A）**
   訳 熱い材料が冷めるとき，エネルギーとして使うことのできる熱を放つ。
   they give off heat that can be used as energy（答⑨-⑤-⑦-⑥-⑧-③-②-⑩-①-④）

7 基本動詞 go を用いた熟語・イディオム

次の各英文の下線部の意味に最も近いものを①〜④から選びなさい。

☐ 1 You should review these figures before you submit them in the final report.
　　① go on　　② come on　　③ go over　　④ come over　　（関東学院大）

☐ 2 Don't stop: continue counting till I tell you to stop.
　　① begin　　② set out　　③ set in　　④ go on　　（東海大）

☐ 3 Tom had been going out with Ellen for a month when he met Jane.
　　① traveling　　② dating　　③ getting along with　　④ guiding　　（立命館大）

☐ 4 Our primary plan went wrong, and we've got to discuss it.
　　① cleared　　② decreased　　③ failed　　④ made　　（新潟医療福祉大）

☐ 5 The new models of cars will go into production in the coming spring.
　　① be promoted　　② start being made
　　③ go into the company　　④ be designed　　（関西外国語大）

☐ 6 Because of the depression, the company had to go through many difficulties.
　　① avoid　　② experience　　③ improve　　④ strike　　（東海大）

☐ 7 Will you run down the list of the guests in order to see who is not present?
　　① go over　　② make up　　③ print out　　④ write out　　（日本大）

☐ 8 The fire alarm went off suddenly during the examination.
　　① rang　　② slept　　③ broke down　　④ left　　（関東学院大）

次の各英文の空所に入る最も適当なものを①〜④から選びなさい。

☐ 9 The red-checked jacket doesn't seem to (　　) your blue-striped trousers.
　　① adjust to　　② go with　　③ meet　　④ work　　（日本女子大）

☐ 10 If you (　　) a TV set in your room, you will save a lot of time.
　　① go beyond　　② go through　　③ go under　　④ go without　　（拓殖大）

基本動詞 go は「行く」という意味で、「到着」に焦点が当てられると go down「(コンピューターなどが) 一時的に止まる」のように「普通の状態にあるものがそうでなくなる」という意味になります。一方、「出発」に焦点が当てられると go off「(警報などが) 鳴る」のように「動作の作動」を表します。また、go bad「腐る」のように好ましくない意味の形容詞と結びつくと「普通の状態からの逸脱」を表したり、go on doing「～し続ける」のように「状態の継続」を表したりします。

1 ▶ **go over A「A を詳細に調べる，A を見直す」**
訳 これらの数字を最終報告書で提出する前に見直しておくとよい。(答③)

2 ▶ **go on doing「～し続ける」(= continue doing)**
go on with A「A (仕事など) を続ける」も押さえておこう。
訳 やめてはいけません。やめと言うまで数え続けなさい。(答④)

3 ▶ **go out with A「A と付き合う，A とデートする」**
③の get along with A は「A (人) と仲よくやっていく」という意味。
訳 トムがジェーンと出会ったとき，エレンと付き合って 1 ヵ月が経っていた。(答②)

4 ▶ **go wrong「(計画・事業などが) うまくいかない，(機械などが) 調子が悪い」**
go が好ましくない意味の形容詞を伴い，「～の状態になる」という意味を表す。
訳 私たちの主要な計画がうまくいかなかった，だからそのことについて議論しなければならない。(答③)

5 ▶ **go into A「A に入る」，「A (問題など) を徹底的に調査する」(= look into A)**
go into production で「生産に入る」という意味。②の being made で production を表現。 訳 車の新しいモデルは今度の春に生産に入ります。(答②)

6 ▶ **go through A「A を経験する」(= experience A, undergo A)，「A をくまなく調べる」** go through with A で，「A (難事) をやり通す」という意味。
訳 不景気のため，会社はたくさんの難事を経験しなければならなかった。(答②)

7 ▶ **go over A「A を詳細に調べる，見直す」(= run down A「A (リストなど) をざっと調べる」)**
訳 誰が出席していないか確認するために，客のリストをざっと調べますか。(答①)

8 ▶ **go off「(爆弾などが) 爆発する」(= explode)，「(目覚し時計などが) 鳴る」**
訳 試験中に火災報知器が突然鳴った。(答①)

9 ▶ **go with A「(物が) A (物) と調和する」(= match A)**
訳 赤のチェックのジャケットは，あなたの青の縞模様のズボンに合わないように思う。(答②)

10 ▶ **go without A「A なしですませる」(= do without A)**
訳 もしあなたが自分の部屋にテレビなしですませたら，時間をかなり節約できますよ。(答④)

8 基本動詞 hand を用いた熟語・イディオム

次の各英文の下線部の意味に最も近いものを①〜④から選びなさい。

☐ **1** You need to <u>hand in</u> your original essay.
　　① submit　② accept　③ complete　④ rewrite　　（法政大）

☐ **2** The examiner <u>handed out</u> a test paper to each candidate.　（東京理科大）
　　① completed　② distributed　③ reduced　④ reproduced

☐ **3** After some hesitation we <u>handed over</u> the thief to the police.
　　① delivered　② reported　③ arrested　④ drove　　（阪南大）

☐ **4** We should <u>pass on</u> the memory of the war to the next generation as the public's memory is fading.
　　① hand down　② hand in　③ give out　④ give up　　（明海大）

☐ **5** Tom's birthday party got <u>out of hand</u> because children were too naughty.　（桜美林大）
　　① out of harmony　② excited　③ amusing　④ out of control

☐ **6** First you boil water in a pan and put in some cubes of tofu, pieces of dried seaweed, or <u>whatever you have at hand</u>.
　　① anything available　② anything thinkable
　　③ whatever is in your arms　④ whatever you touch　　（玉川大）

次の各英文の空所に入る最も適当なものを①〜④から選びなさい。

☐ **7** Give him a big (　　), everyone. He has done a tremendous job!
　　① head　② hand　③ mouth　④ foot　　（國學院大）

☐ **8** More young workers are forced to live from (　　) to mouth during recession.
　　① hand　② head　③ face　④ finger　　（東京都市大）

次の各組の英文がほぼ同じ意味になるように，空所に入る最も適当なものを①〜④から選びなさい。

☐ **9** Many people have owned this painting in the past.
　　　This painting has changed (　　) many times in the past.
　　① toes　② feet　③ shoulders　④ hands　　（中央大）

基本動詞 hand は文字通り名詞の「手」をベースとして give A a hand「A（人）に手を貸す」という意味を表します。さらに「手」から派生し，hand in A〔hand A in〕「Aを提出する」のように「物をつかむ」をベースとして意味を発展させて用いられます。

1 ▶ **hand in A〔hand A in〕「A（書類・答案など）を提出する」（= submit A）**
訳 あなたは独創的な論文を提出する必要がある。（答①）

2 ▶ **hand out A〔hand A out〕(to B)「Aを（Bに）配る」（= distribute A）**
「配付資料」を handout と言います。
訳 試験官は受験者1人1人に試験用紙を配った。（答②）

3 ▶ **hand over A〔hand A over〕(to B)「A（要求されたものなど）を（Bに）引き渡す」**
handover は「（権限などの）移譲，譲渡」という意味。③は arrest A「Aを逮捕する」という意味。the thief「泥棒」を見て③arrested に飛びつかないこと。
訳 少しためらったあとで，私たちは泥棒を警察に引き渡した。（答①）

4 ▶ **hand down A〔hand A down〕「A（伝統・慣習・知識など）を（後世に）伝える，A（遺産など）を残す」**
訳 大衆の記憶は薄らいでいくので，私たちは戦争の記憶を次の世代に伝えるべきだ。（答①）

5 ▶ **out of hand「手に負えない」（= out of control）（⇔ in hand）**
訳 子どもたちがあまりにも言うことを聞かないので，トムの誕生日パーティーは手に負えないものとなった。（答④）

6 ▶ **at hand「近くに，すぐに利用できる，さし迫った」**
訳 まず最初に平なべで水を沸騰させ，そしてさいの目に切った豆腐や乾海苔や身近にあるものは何でも入れます。（答①）

7 ▶ **give A a big hand「Aに盛大な拍手を送る」**
訳 みなさん，彼に盛大な拍手を送ってください。彼はすばらしい仕事をしました。（答②）

8 ▶ **live from hand to mouth「その日暮らしをする」**
訳 より多くの若い労働者が景気の後退期にその日暮らしを余儀なくされている。（答①）

9 ▶ **change hands「持ち主がかわる，（ある額のお金が）やり取りされる」**
訳 この絵画は過去に何度も持ち主が変わった。（答④）

9 基本動詞 have を用いた熟語・イディオム

次の各英文の空所に入る最も適当なものを①～④から選びなさい。

☐ 1 I don't have the courage (　) my boss to lend me his car.
① asking　② for asking　③ to ask　④ which I ask
（センター試験）

☐ 2 Tom has been having (　) along with neighbors.
① many difficulties to get　② difficulty getting
③ many difficulty getting　④ some difficulty to getting
（福岡大）

☐ 3 We had a (　) escape. We were almost hit by a big truck.
① little　② close　③ bare　④ narrow
（南山大）

☐ 4 Let me (　) my own way just this one time.
① come　② have　③ stand　④ take
（青山学院大）

☐ 5 They agree that they have no choice (　) the whole plan.
① but to give up　② of giving up
③ to give up　④ to giving up
（明治学院大）

☐ 6 Rumor has (　) power savings will be extended to the Kansai area this coming summer.
① that which　② it that　③ about that　④ what about
（明治大）

次の各英文の下線部の意味に最も近いものを①～④から選びなさい。

☐ 7 "Mary has a fine collection of paintings, doesn't she?"
"Yes, she has an eye for beauty."
① is able to judge　② is fond of
③ is interested in　④ is seeking after
（玉川大）

☐ 8 Most people don't think much of the book which Dr. White published.
① seldom think about　② don't memorize
③ have a low opinion　④ don't always read
（近畿大）

☐ 9 We had words again last night, so today we're not speaking.
① had a quarrel　② talked a lot
③ had a discussion　④ had a speech
（青山学院大）

☐ 10 Joanne has a good command of French.
① likes French food　② is good at cooking French food
③ is going to visit France　④ speaks French fluently
（桜美林大）

基本動詞 have は「所有」「行為」「使役」の 3 種類に分けられます。「物などを所有する」という元の意味から派生し、「感情・考えなどを心に抱く」という意味としても用いられます。また、have a good time「楽しい時を過ごす」のように、have a ＋名詞で「行為」を表し「〜する」という意味になります。

1 ▶ **have the courage to *do*「勇敢にも〜する」（= have the nerve to *do*）**
同じ意味をもつ表現として have the nerve to *do*「〜する勇気がある，厚かましくも〜する」がある。また、have the kindness to *do*「親切にも〜する」，have the misfortune to *do*「不幸にも〜する」は同じ形の表現なので合わせて押さえておこう。　訳 私には上司に車を貸してくれと頼むだけの勇気がない。(答③)

2 ▶ **have difficulty [trouble] (in) *doing*「〜するのに苦労する」**
get along with A「A（人）と仲よくやっていく」。
訳 トムは隣人と仲よくやっていくのに苦労してきた。(答②)

3 ▶ **have a narrow escape (from A)「(A から) かろうじて逃れる」**
訳 私たちはかろうじて逃れた。もう少しで大型トラックにはねられるところだった。(答④)

4 ▶ **have *one*'s (own) way「自分のしたいようにする」**　go *one*'s (own) way「自分の思い通りに行動する」。　訳 今度だけは僕のわがままを通させてよ。(答②)

5 ▶ **have no choice but to *do*「〜するしか選択の道がない，〜せざるを得ない」（= have no alternative but to *do*）**
訳 彼らはすべての計画をあきらめざるを得ないということで同意している。(答①)

6 ▶ **have it that 節「…と言う」**
Rumor has it that 節 / Rumor says that 節 / There is a rumor that 節 / The rumor is that 節「…といううわさがある」という表現を押さえておこう。
訳 この夏，計画停電は関西地域に拡大されるといううわさだ。(答②)

7 ▶ **have an eye for A「A を見る目がある」**　have an ear for A「A（音楽・言語など）を聞き分ける能力がある」も押さえておこう。　訳 「メアリーは絵画のすばらしいコレクションを持っていますね」「はい，彼女には審美眼があるんです」(答①)

8 ▶ **have a low [bad] opinion of A「A を低く評価している」**　⇔ have a high opinion of A / think highly of A「A を高く評価する」，think much of A「A を重んじる」。　訳 ほとんどの人はホワイト博士が出版した本を高く評価していない。(答③)

9 ▶ **have words (with A)「A（人）と口論する」**　have a word with A「A（人）と話をする」（悪い話で相談を持ちかける場合に用いる）。
訳 私たちは昨晩また口論をしたので，今日は口をきいていません。(答①)

10 ▶ **have a good command of A「A（言語など）を自由に使いこなす」**
訳 ジョアンはフランス語が堪能です。(答④)

熟語・イディオム

10 基本動詞 hold を用いた熟語・イディオム

次の各英文の空所に入る最も適当なものを①～④（2のみ①～⑤）から選びなさい。

☐ **1** She tries hard to (　　) her tears as she bids her parents farewell.
　　① take back　② hang on to　③ hold back　④ stay put
　　　　　　　　　　　　　　　　　　　　　　　　　　　　（法政大）

☐ **2** Would you mind holding your (　　) for a moment, Peter?
　　① tongue　② mouth　③ teeth　④ lips　⑤ word
　　　　　　　　　　　　　　　　　　　　　　　　　　　　（國學院大）

☐ **3** When the doorbell rang, my mother (　　) her breath.
　　① held　② made　③ poured　④ drank
　　　　　　　　　　　　　　　　　　　　　　　　　　　　（西南学院大）

☐ **4** (　　) on to your receipts after you buy something.
　　① Hold　② Keep　③ Save　④ Take
　　　　　　　　　　　　　　　　　　　　　　　　　　　　（松山大）

次の各英文の下線部の意味に最も近いものを①～④から選びなさい。

☐ **5** Do we need more bread or do you think we can <u>hold out</u> until the weekend?
　　① change　② last　③ end　④ offer
　　　　　　　　　　　　　　　　　　　　　　　　　　　　（千葉工大）

☐ **6** Will you <u>hold on</u> a minute? I'll be right with you.
　　① draw　② spend　③ wait　④ waste
　　　　　　　　　　　　　　　　　　　　　　　　　　　　（明海大）

☐ **7** The accident <u>delayed</u> traffic for two hours.
　　① held in　② held for　③ held with　④ held up
　　　　　　　　　　　　　　　　　　　　　　　　　　　　（青山学院大）

☐ **8** I called him many times but could not <u>get hold of</u> him.
　　① return to　② reverse　③ reach　④ remove
　　　　　　　　　　　　　　　　　　　　　　　　　　　　（関東学院大）

基本動詞 hold は「制御」「所持」「耐久」の３種類の使われ方をします。「制御」は hold back A「A（涙, 笑いなど）をこらえる」のように「感情を抑える」意味で用いられます。「所持」は hold on to A「A を（手放さずに）保有し続ける」の意味。また,「耐久」の意味では hold out「耐える, 我慢して待つ」などがあります。

1 ▶ **hold back A [hold A back]「A（涙, 笑いなど）をこらえる, A を秘密にしておく」, hold back *one*'s tears「涙をこらえる」**
bid は bid $O_1 + O_2$ で「O_1 に O_2 を述べる」という意味（文語）。
訳 彼女は両親に別れを告げるとき懸命に涙をこらえようとする。（答③）

2 ▶ **hold *one*'s tongue「黙っている, しゃべらない」**
訳 ピーター, ちょっとだまっていてくれませんか。（答①）

3 ▶ **hold *one*'s breath「息を殺す」**
hold *one*'s breath under water「水中で息を止める」という表現も押さえておこう。
訳 呼び鈴が鳴ったとき, 母は息を殺した。（答①）

4 ▶ **hold on to A「A を離さない, A を売らずにおく」**
訳 何か買ったあとは領収書を捨てずに持っておきなさい。（答①）

5 ▶ **hold out「耐える, 持ちこたえる（= last), 我慢して待つ」**
訳 私たちはもっとパンが必要ですか, それとも週末まで持ちこたえることができると思いますか。（答②）

6 ▶ **hold on「待つ, 電話を切らずにおく（= hang on / hold the line), （苦境にあって）頑張り続ける」**
訳 少しお待ちください。すぐに参ります。（答③）

7 ▶ **hold up A [hold A up]「A を持ち上げる, A（交通・生産）を遅らせる（= delay A)[(一時) ストップさせる], （武器で脅して) A から金品を強奪する（= rob A)」**
訳 事故のため交通が２時間渋滞した。（答④）

8 ▶ **get hold of A「A を捕まえる, A を掌握する, A を手に入れる, （用件のため）A と連絡を取る（= reach A)」**
訳 彼に何度も電話をかけたが, 連絡が取れなかった。（答③）

11 基本動詞 keep を用いた熟語・イディオム

次の各英文の空所に入る最も適当なものを①～④から選びなさい。

☐ 1　When my younger brother and I were children, my mother often asked me to keep (　) him so he wouldn't get lost.　（センター試験）
　① an eye on　② away from　③ back from　④ in time with

☐ 2　I'm going to use e-mail to keep in (　) with my friends in New Zealand.
　① exchange　② mind　③ touch　④ relation　（センター試験）

☐ 3　It is very important to (　) up with world events by using the Internet.
　① come　② give　③ keep　④ put　（愛知学院大）

☐ 4　My brother wanted to (　) on working until he was 65.
　① keep　② continue　③ get　④ step　（中央大）

☐ 5　He bought a watch yesterday. It (　) good time.
　① holds　② wears　③ fits　④ keeps　（亜細亜大）

次の各英文の下線部の意味に最も近いものを①～④，⑤から選びなさい。

☐ 6　<u>Keep in mind</u> that you need to bring your textbook.
　① Remark　② React　③ Remember　④ Regain　（関東学院大）

☐ 7　Jim was unable to <u>keep up</u> the payments because he was fired from his job.
　① account　② continue　③ expend　④ hold　（中部大）

☐ 8　In a crisis you must <u>keep your head</u>.　（神戸学院大）
　① hide　② memorize　③ run away　④ stay calm　⑤ stand up

☐ 9　You should not <u>keep company</u> with lazy people.
　① catch up　　　　　　② start your own business
　③ spend time　　　　　④ run a company　（東京経済大）

☐ 10　In spite of their insults, she managed to (　) her temper.
　① forget　② have　③ keep　④ lose　⑤ remain　（武蔵大）

基本動詞 keep の中心的な意味は，「(事物・状態が) 続く」にあり，自動詞が本来の用法。「(人・物が変化しないで) そのままの位置・状態を保つ」という意味から keep to A「A (場所) から離れない」という表現や，「(人が) 物などを保つという状態が続く」という意味から keep up A「A (伝統・慣習など) を守る，維持する」という表現などで用いられます。

1 ▶ **keep an eye on A = keep *one*'s eye on A「A から目を離さない，A に気をつける」**
訳 弟と私が子どもだったとき，弟が迷子にならないよう弟から目を離さないようにと母はしばしば私に頼んだ。(答①)

2 ▶ **keep in touch with A = keep in contact with A「A (人) と連絡を保つ」**
訳 私はニュージーランドにいる友人と連絡を絶やさないように e メールを使うつもりだ。(答③)

3 ▶ **keep up with A「A (仕事・勉強など) に遅れないでついていく (⇔ fall behind)，A (時流・流行など) に遅れない」**
訳 インターネットを使うことで，世界の出来事に遅れないようにすることが非常に大切である。(答③)

4 ▶ **keep on *doing*「(～) し続ける」**
訳 私の兄は 65 歳まで働き続けたいと思っていた。(答①)

5 ▶ **keep good time「(時計が) 正確な時間を示す，(人が) 時間を守る」(⇔ keep bad time)**　訳 彼は昨日，時計を買った。それは時間が正確だ。(答④)

6 ▶ **keep [bear] A in mind「A を心に留めておく，A を覚えておく」**
訳 教科書を持ってくる必要があることを覚えておきなさい。(答③)

7 ▶ **keep up A [keep A up]「A を続ける，A を維持する」**
訳 ジムは仕事を解雇されたので，支払いを続けることができなかった。(答②)

8 ▶ **keep *one*'s head「冷静でいる，落ち着いている」**
訳 危機のときは，冷静でいなければならない。(答④)

9 ▶ **keep company (with A)「(A と) 付き合う」**
spend time with A で「A と時間を過ごす」。catch up (with A) は「A (人) に追いつく」。
訳 怠惰な人と付き合うべきではない。(答③)

10 ▶ **keep [hold] *one*'s temper「怒らないでいる，冷静さを保つ」(⇔ lose *one*'s temper)**　訳 彼らに侮辱されたが，彼女はどうにか怒りを抑えた。(答③)

12 基本動詞 look を用いた熟語・イディオム

次の各英文の空所に入る最も適当なものを①〜④から選びなさい。

☐ 1　Jennifer asked her neighbor to look (　) her dog when she was away.
　　① after　　② down　　③ into　　④ up　　　　　　　（愛知学院大）

☐ 2　They looked (　) his act as a case of betrayal to their community.
　　① as　　② in　　③ on　　④ with　　　　　　　（青山学院大）

☐ 3　You shouldn't look (　) him, just because he's younger than us.
　　① down on　　② forward to　　③ over to　　④ out with　　（学習院大）

☐ 4　Please (　) any words you don't know in your dictionary.
　　① look in　　② look up　　③ run up　　④ run in　　（亜細亜大）

☐ 5　(　) back on the summer, I realize that it went by all too quickly.
　　① Recalling　　　　　② Remembering
　　③ Looking　　　　　　④ Imagining　　　　　　　（南山大）

次の各英文の下線部の意味に最も近いものを①〜④から選びなさい。

☐ 6　The students really seemed to look up to their professor.
　　① despise　　② invite　　③ respect　　④ surround　　（青山学院大）

☐ 7　You must look over your baggage to ensure nothing is left.
　　① assign　　② blame　　③ collect　　④ examine　　（名古屋学芸大）

☐ 8　The police should look into this matter right now.
　　① conduct　　② investigate　　③ restrain　　④ overlook　　（亜細亜大）

☐ 9　I need to look for my keys. I can't seem to find them in my bag.
　　① take care of　　　　② examine
　　③ turn in　　　　　　 ④ search for　　　　　　（千葉工大）

☐ 10　Every year we all await eagerly summer vacation.
　　① look forward to　　　② make plans for
　　③ drive around in　　　④ take a sightseeing tour in　（関東学院大）

基本動詞 look は「静止した何かを見るために意図的にある方向に目を向ける」が基本的意味で、その方向は up, down, aside などの副詞(句)で表されます。look は本来、自動詞なので、look after A「A(人)の世話をする」のように前置詞を伴い他動詞化し、たとえば This garden is well looked after.「この庭は手入れが行き届いている」のように**受動態がつくれます**。また、look には他動詞用法もあり、look A in the eye「Aの目をじっと見る」のように「目つきで感情や気持ちを表す」意味があります。さらに、look はさまざまな副詞と結びつき熟語をつくります。

1 ▶ **look after A「A(人)の世話をする、A(物)の手入れをする」**
　訳 ジェニファーは隣の人に留守のあいだに犬の世話をしてくれるように頼んだ。(答①)

2 ▶ **look on [upon] A as B「AをBと見なす」**
　訳 彼らは彼の行為を共同体に対する裏切りの一例と見なした。(答③)

3 ▶ **look down on [upon] A「Aを見下す[軽蔑する]」(= despise A)**
　訳 彼が私たちより若いからといって、彼を見下すべきではない。(答①)

4 ▶ **look up A [look A up](in B)「A(単語など)を(B(辞書など)で)調べる」**
　なお、A に該当する部分は any words [(which) you don't know] で、このように関係詞節内に not がある場合、any ... not の語順は可能です。また、look up A [look A up] で「A(人)を訪問する」の意味も押さえておこう。
　訳 あなたが知らない単語はどんな単語でも辞書で調べてください。(答②)

5 ▶ **look back on A「A(昔のこと)を振り返る[回顧する]」**
　all too 〜 は「(残念ながら)とても〜」という意味。
　訳 その夏を振り返ってみると、あっという間に過ぎ去った気がする。(答③)

6 ▶ **look up to A「Aを尊敬する」(= respect A)(⇔ look down on A, despise A)**
　訳 学生たちは本当に教授を尊敬しているようだった。(答③)

7 ▶ **look over A [look A over]「Aを(ざっと)調べる」**
　訳 何も残っていないか確認するために自分の手荷物をざっと調べなさい。(答④)

8 ▶ **look into A「Aを捜査する、Aを調べる」**
　訳 警察は今すぐこの事件を捜査すべきだ。(答②)

9 ▶ **look for A「Aを探す、Aを求める」(= seek A)**
　訳 私はカギを探す必要がある。かばんの中にはカギはありそうにもないようだ。(答④)

10 ▶ **look forward to A [doing]「Aを楽しみに待つ」**
　await A で「Aを待つ」という意味。
　訳 毎年、私たちは夏休みを楽しみに待っています。(答①)

13 基本動詞 lose を用いた熟語・イディオム

次の各英文の空所に入る最も適当なものを①〜④から選びなさい。

☐ **1** If you get too excited in an argument, you're likely to (　　) the main point. 　　　　　　　　　　　　　　　　　　　　　　　　　　　　（センター試験）
　　① keep up with　② lose sight of　③ pay attention to　④ think much of

☐ **2** This is a good exercise to help you (　　) weight.
　　① refrain　　② discount　　③ lose　　④ decrease　　（南山大）

☐ **3** He had time to lose himself (　　) his favorite amusement.
　　① to　　② in　　③ with　　④ through　　（駒澤大）

☐ **4** Jim completely lost (　　) his ability when his team was beaten in the soccer tournament. 　　　　　　　　　　　　　　　　　　　　　（同志社大）
　　① interest in　② hope for　③ insight of　④ faith in

次の各英文の下線部の意味に最も近いものを①〜④から選びなさい。

☐ **5** The principle lost face when people found out he bet on horse races.
　　① despaired　　　　　　　　② got angry
　　③ was embarrassed　　　　④ was frightened　　（日本大）

☐ **6** He lost his head and began shouting. 　　　　　　　　　　（駒澤大）
　　① lost his way　② upset everyone　③ became angry　④ was calm

☐ **7** She lost her temper at the slightest provocation. 　　（日本大）
　　① became happy　② became sad　③ became calm　④ became angry

☐ **8** You must not lose heart over that sort of thing. 　　（関東学院大）
　　① get angry with　　　　　② give a hearty laugh to
　　③ be discouraged by　　　④ keep away from

☐ **9** 次の(a)と(b)がほぼ同じ意味になるように，空所に適語を入れなさい。
　　(a) I got lost in the woods yesterday. 　　　　　　　　　（日本大）
　　(b) I lost my (　　) in the woods yesterday.

次の英文の空所にそれぞれ適当な語句を入れ，英文を完成させなさい。

☐ **10** すぐに出掛けて，そのことについて確認をするのが彼の責任だ，と私は思った。
　　I thought it his duty to (　　)(　　)(　　)(　　)(　　)(　　) matter. 　　　　　　　　　　　　　　　　　　　　　　　　　　（近畿大）
　　① out　② time　③ that　④ lose　⑤ confirm　⑥ to　⑦ no　⑧ going

基本動詞 lose は「滅びる，行き先が不明になる」が基本的意味です。今では，「（事故・不注意などで）失う」という意味でよく用いられます。「失う」行為とともに，「失われた」状態が永久的に続くことを意味することで，「（土地・品物・権利などを）失う」，「（手足・能力・命などを）失う」，「（地位・健康などを）失う」などの意味でも用いられ，その他，「（言葉を）聞き逃す，（機会を）逃す」や lose one's way「道に迷う」のように「（道・方向を）見失う」，「（物を）置き忘れる」など多くの派生的意味で使われます。

1 ▶ **lose sight of A「A を見失う，A を見落とす，A の消息がわからなくなる」**
その他の選択肢は，①keep up with A「A（仕事・勉強など）に遅れないでついていく」，③pay attention to A「A に注意を払う」，④think much of A「A を重んじる，A を高く評価する」という意味。
訳 議論で興奮しすぎると，要点を見失う恐れがある。(答②)

2 ▶ **lose weight「体重を減らす，減量する」(⇔ gain [put on] weight)**
訳 これはあなたの減量に役立つよい運動です。(答③)

3 ▶ **lose oneself in A「A に夢中になる，A に［で］姿を消す」**
訳 彼には大好きな娯楽に夢中になる時間があった。(答②)

4 ▶ **lose faith [confidence] in A「A を信用しなくなる，A に自信を失う」**
訳 ジムはサッカーのトーナメントで自分のチームが負けたとき，自分の能力にすっかり自信をなくした。(答④)

5 ▶ **lose face「面目を失う」(⇔ save (one's) face)**
訳 競馬でお金を賭けたことがわかり，校長は面目を失った。(答③)

6 ▶ **lose one's head「理性を失う，かっとなる，夢中になる」(⇔ keep one's head「落ち着いている」)** なお，lose one's way は「道に迷う」という意味。
訳 彼は怒って，怒鳴り始めた。(答③)

7 ▶ **lose one's temper「怒る，腹を立てる」(⇔ keep [hold] one's temper)**
訳 彼女はほんのささいな挑発にさえ腹を立てた。(答④)

8 ▶ **lose heart (over A)「(A のことで) がっかりする」**
訳 そのたぐいのことでがっかりしてはいけない。(答③)

9 ▶ **lose one's way「道に迷う」(= get lost)**
訳 昨日，私は森の中で道に迷った。(答 way)

10 ▶ **lose no time (in) doing「ただちに〜する」**
to confirm that matter は to 不定詞の副詞用法（目的）を表します。
lose no time going out to confirm that (答④-⑦-②-⑧-①-⑥-⑤-③)

14 基本動詞 make を用いた熟語・イディオム I

次の各英文の空所に入る最も適当なものを①〜④から選びなさい。

1 This sweater (　　) 100% genuine cashmere wool, so it feels smooth, soft and luxurious.　　　　　　　　　　　　　　　　　　　（城西大）
　① is made into　② is made from　③ is made of　④ is made for

2 "We'll be having a party for Maria next Friday. Can you (　　) it?"
"I wish I could, but I already have plans."
　① come　② get　③ go　④ make　　　　　　　（センター試験）

3 None of us could (　　) what Betty was talking about.
　① make in　② make out　③ do it　④ do out　　　　（明治大）

4 He was made a fool (　　) by his friends.
　① of　② from　③ in　④ into　　　　　　　　　　　（成蹊大）

次の各英文の下線部の意味に最も近いものを①〜④から選びなさい。

5 Miss Jones <u>made a face</u> when she heard the news.　（近畿大）
　① smiled　② got angry　③ grimaced　④ began to weep

6 They used to <u>make fun of</u> the boy for his strange accent.
　① approve　② esteem　③ stimulate　④ ridicule　（青山学院大）

7 Let's <u>make believe</u> we are pirates.
　① insist　② persist　③ assure　④ pretend　　　（東京理科大）

8 Students should <u>make the most of</u> every opportunity they get in college.
　① find　② lose　③ use　④ hold　　　　　　　　（関東学院大）

9 The office is often closed during lunch time. It would be better to <u>confirm</u> that it is open before you go.　　　　　　　　　　（日本大）
　① make it　② make sense　③ make sure　④ make over

10 We have to hurry to <u>make up for</u> the lost time.　　（桜美林大）
　① look for　② compensate for　③ stand for　④ account for

基本動詞 make は他動詞で「物〔事〕などを別の形〔状態〕にする」が基本的意味です。make A「A（物）を作る」の意味から派生して，「ある状態や結果を引き起こす」「物・人などを〜の状態にする」「人などに〜させる」などの使役的意味を表します。

1 ▶ **make A (out) of B「A を B（材料）から作る」**　make A from B「A を B（原料）から作る」は原料がもとの形状をとどめない場合に用い，また make B into A「B（材料）を A（製品）にする」は材料を加工して製品にする場合に用います。
訳 このセーターは本物のカシミア毛 100 パーセントでできているので，手触りがなめらかで柔らかく，ぜいたくな感じがする。（答③）

2 ▶ **make it「成功する，間に合う，（会合などに）出席できる」**
訳 「次の金曜日にマリアのためのパーティーを開くことになると思うよ。出席できるかな？」「出席したいけど，すでに予定が入っているの」（答④）

3 ▶ **make out A ［make A out］「(can を伴い) A がなんとか聞こえる〔見える，読める〕，A を理解する（＝ understand A）」**
訳 私たちの誰も，ベティーが何について話しているのか理解できなかった。（答②）

4 ▶ **make a fool of A「A を笑いものにする，A をからかう」**
訳 彼は友達にからかわれた。（答①）

5 ▶ **make ［pull］ a face ［faces］「顔をしかめる」**　grimace は「しかめっ面」という意味。　訳 ジョーンズさんはその知らせを聞いて，顔をしかめた。（答③）

6 ▶ **make fun of A「A をからかう」**
訳 変ななまりがあったため彼らはその男の子をからかった。（答④）

7 ▶ **make believe（that 節）「…のふりをする，…ごっこをする」（＝ pretend）**
訳 海賊ごっこをしようよ。（答④）

8 ▶ **make the most of A「A をできるだけ利用する，A を最大限に活用する」（＝ make the best of A)**
訳 学生は大学で得ることのできるあらゆる機会を最大限に活用すべきだ。（答③）

9 ▶ **make sure（of A / that 節）「(A を /…ということを) 確かめる」**
make over A ［make A over］は「A を法的に譲渡する，A をつくり直す」という意味も押さえておこう。　訳 オフィスは，昼食時の間，よく閉まっていることがある。あなたが行く前に，開いていることを確認したほうがよい。（答③）

10 ▶ **make up for A「A を償う，A の埋め合わせをする，A を補う，A を取り戻す」（＝ compensate for A)**
訳 私たちは遅れを取り戻すために急がなければならない。（答②）

15 基本動詞 make を用いた熟語・イディオム II

次の各英文の空所に入る最も適当なものを①～④（1のみ①～⑤）から選びなさい。

☐ 1　The government has to (　　) considerable progress in solving environmental problems.
　　　① get　　② give　　③ keep　　④ make　　⑤ take　　（中央大）

☐ 2　We can sit closer together and make room (　　) one more.
　　　① at　　② for　　③ in　　④ within　　（創価大）

☐ 3　Does this answer (　　) sense to you?　I can't understand it.
　　　① give　　② cause　　③ mean　　④ make　　（センター試験）

☐ 4　I couldn't (　　) my mind what to order for dessert.
　　　① do with　　② figure out　　③ make up　　④ settle on　　（津田塾大）

☐ 5　We'll have to (　　) this old TV until the other one is repaired.
　　　① look forward to　　② watch out for
　　　③ run out of　　　　　④ make do with　　（明治大）

☐ 6　Do you (　　) a point of being on time for social appointments?
　　　① make　　② find　　③ turn　　④ put　　（上智大）

☐ 7　This is your room, so just (　　) yourself at home.
　　　① care　　② help　　③ make　　④ sacrifice　　（日本大）

☐ 8　I want to make myself (　　) in English.　　（亜細亜大）
　　　① understand　② understanding　③ to have understood　④ understood

☐ 9　Her age (　　) no difference to whether she would get the job or not.
　　　① took　　② made　　③ cost　　④ became　　（関西学院大）

☐ 10　次の英文の空所に共通して入れるのに最も適当なものを①～④から選びなさい。
　　　（ア）She teaches English to the neighborhood children to make both ends (　　).
　　　（イ）It is absolutely necessary for us to increase production to (　　) the demand.
　　　① answer　　② meet　　③ spoil　　④ respond　　（明治大）

ここでは，基本動詞 make の「人などに〜させる」という使役的意味をベースにした頻出熟語を押さえましょう。

1 ▶ **make progress（in A）「（A において）進歩する」**
　訳 政府は環境問題の解決においてかなり前進しなければならない。（答④）

2 ▶ **make room（for A）「（A のために）場所を空ける」**
　訳 少し詰めて座るともう 1 人座ることができる。（答②）

3 ▶ **make sense「意味がわかる，道理にかなう」**
　訳 この答えはあなたにはわかりますか。私は理解できません。（答④）

4 ▶ **make up *one*'s mind（to *do*）「（…しようと）決心する」（= decide（to *do*））**
　訳 私はデザートに何を注文すべきか決められなかった。（答③）

5 ▶ **make do（with A）「（A〈あり合わせのもの〉で）済ます」**
　make do（without A）で「（A なしで）済ませる」という意味も押さえておきましょう。
　訳 もう一台のテレビが修理されるまで，私たちはこの古いテレビで間に合わせなければならない。（答④）

6 ▶ **make a point of *do*ing「必ず〜する，〜をモットーにする」（= make it a point to *do*）**
　it は to 以下を指します。make it a rule to *do* も同じ意味ですが古い表現です。
　訳 あなたは人との約束に時間厳守をモットーにしていますか。（答①）

7 ▶ **make *one*self at home「楽にする，くつろぐ」**
　訳 これはあなたの部屋なので，まあ楽にしてください。（答③）

8 ▶ **make *one*self understood「自分の考えを人にわからせる」**
　訳 私は英語で自分の言いたいことを伝えたい。（答④）

9 ▶ **make no difference（to A）「（A にとって）重要でない」**
　訳 彼女が仕事を得ることができるかどうかにとって，年齢は重要ではなかった。（答②）

10 ▶ **（ア）make（both）ends meet「（収支を合わせて）収入内で何とかやりくりする」**
　訳 彼女は収支を合わせるために近所の子どもたちに英語を教えている。
　（イ）meet A「A（要求・条件など）を満たす」（= satisfy A）
　訳 需要を満たすために生産を増加することが我々にとって絶対に必要である。（答②）

16 基本動詞 pull を用いた熟語・イディオム

次の各英文の空所に入る最も適当なものを①～④から選びなさい。

☐ 1　The motorist pulled (　) to the gate at the factory.
　　① over　　② down　　③ in　　④ up　　　　　　　　（法政大）

☐ 2　Most of the drivers pulled (　) to the side of the highway to avoid the car chase.
　　① back　　② by　　③ through　　④ over　　　　　（近畿大）

☐ 3　They are planning to pull (　) the old college building and build a new one.
　　① down　　② in　　③ out　　④ up　　　　　　　　（立教大）

☐ 4　Not everybody likes Joe. He always pulls someone's (　).
　　① leg　　② feet　　③ arms　　④ face　　　　　（名古屋学芸大）

☐ 5　(　) yourself together and face up to life.
　　① Bear　　② Pull　　③ Put　　④ Take　　　　　　（上智大）

次の各英文の下線部の意味に最も近いものを①～④から選びなさい。

☐ 6　The train left two hours ago.
　　① pulled over　　　② pulled up
　　③ pulled together　④ pulled out　　　　　　　　（駒澤大）

☐ 7　The super express bound for Tokyo pulled in on time.
　　① started　　② arrived　　③ was late　　④ was running
　　　　　　　　　　　　　　　　　　　　　　　　　（東京理科大）

☐ 8　次の日本語と同じになるように，(　) 内に与えられた単語を正しい語順に並べ替えなさい。
　　私は前の車を追い抜くために道の中央へ出た。
　　(out, overtake, the, front, to, pulled, in, car, I).
　　　　　　　　　　　　　　　　　　　　　　　　　（高知大）

基本動詞 pull は push の反意語で，物が移動することを意味します。他動詞で「物［事］などを別の形［状態］にする」が基本的意味です。pull out「（列車などが）出発する」のように「引っぱって物を本体から分離させる」という意味を表します。

1 ▶ **pull up「（車が）止まる」**
  訳 運転手は工場の門のところで停車した。(答④)

2 ▶ **pull over「道路のわきに寄せて止める」**
  訳 ドライバーのほとんどが，カーチェイスをよけるために幹線道路わきに車を寄せて止めた。(答④)

3 ▶ **pull down「（建物などを）取り壊す」（= tear down A, demolish A）**
  destroy は「（爆弾などで）破壊する」という意味なので，建物などの取り壊しには用いません。ライティングでよく問われるので要注意。なお，pull down ... と build ... が and で共通関係になっている点も押さえましょう。
  訳 彼らは古い大学の建物を取り壊し，新しい建物を建てる計画を立てている。(答①)

4 ▶ **pull *a person*'s leg「（人を）かつぐ，からかう」**
  「足を引っぱる」の意味では用いません。なお，Not everybody は部分否定です。
  訳 誰もがジョーのことを好きであるわけではない。彼はいつも人をからかっている。(答①)

5 ▶ **pull *oneself* together「平静［落ち着き］を取り戻す」**
  face up to A「A に敢然と立ち向かう」という意味も押さえておきましょう。
  訳 気持ちを落ち着けて，人生に敢然と立ち向かいなさい。(答②)

6 ▶ **pull out「（列車などが）出発する，（駅から）出て行く（of）」**
  訳 列車は 2 時間前に出発した。(答④)

7 ▶ **pull in「到着する，車を寄せて止める」**
  bound for A は「A 行きの」という意味。
  訳 東京行きの特急列車は時間どおりに到着した。(答②)

8 ▶ **pull out「道路の追い越し車線に出る」**
  (答 I pulled out to overtake the car in front.)

17 基本動詞 put を用いた熟語・イディオム

次の各英文の空所に入る最も適当なものを①〜④から選びなさい。

□ 1 You'd better (　) a coat when you go out. It's really cold today.
　① put on　② put off　③ take off　④ take in　（亜細亜大）

□ 2 "I've been (　) on weight recently." "You should exercise more and eat better."　（センター試験）
　① carrying　② increasing　③ putting　④ reducing

□ 3 I don't enjoy going to Tokyo. It's hard for me to put (　) all the crowds.
　① away　② on　③ up to　④ up with　（センター試験）

□ 4 Mary has (　) off going to Mexico until next Monday.
　① set　② put　③ kept　④ taken　（センター試験）

□ 5 She (　) airs with her learning, and so she was not popular.
　① put out　② put aside　③ put away　④ put on　（大阪産業大）

□ 6 She (　) a little money every month to buy a new car.　（名古屋学芸大）
　① put up　② put through　③ put aside　④ put up with

次の各英文の下線部の意味に最も近いものを①〜④から選びなさい。

□ 7 Put down your address on the second line.
　① Show　② Sign　③ Noted　④ Write　（愛知工大）

□ 8 The neighbors combined their efforts to put out the fire.　（東京理科大）
　① expand　② increase　③ extinguish　④ decrease

次の日本文の意味を表すように，空所にそれぞれ適当な語句を入れ，英文を完成させなさい。

□ 9 その政党の選挙公約を実行に移すとなると，困難があるだろう。
　When (　)(　)(　),(　)(　)(　).　（北海道文教大）
　① their election promises　② face　③ putting　④ it comes to
　⑤ into practice　⑥ some difficulties　⑦ the party will

□ 10 新しいスーパーの宣伝のために，駅前に看板が立った。(1語不要)
　(　)(　)(　)(　)(　)(　)(　).　（中央大）
　① the station　② put up　③ has　④ commercial　⑤ been
　⑥ to advertise　⑦ a sign　⑧ in front of　⑨ the new supermarket

基本動詞 put は「(ある場所に)置く」が基本的意味です。一緒に用いる場所や方向を表す副詞(句)の種類に応じて,「置く,載せる,入れる,出す」などの意味になります。put forward A「Aを提案する」や put by [aside] A「Aを蓄える」のように「置く」という基本的意味から派生し,put up at A「Aに宿泊する」のような表現でも用いられます。

1 ▶ **put on A [put A on]「A(服・眼鏡・時計など)を身につける」(⇔ take off)**
   訳 外出するときはコートを着なさい。今日は本当に寒いよ。(答①)

2 ▶ **put on weight = gain weight「体重が増える,太る」**
   訳「最近太ってきているんだ」「もっと運動して,もっと身体に良いものを食べたほうがいいよ」(答③)

3 ▶ **put up with A「Aに耐える,Aを我慢する」(= bear, endure, stand, tolerate A)**   訳 私は東京に行くのは楽しくない。あの人込みは耐えがたい。(答④)

4 ▶ **put off A [put A off]「Aを延期する」(= postpone A)**
   訳 メアリーはメキシコに行くのを次の月曜日まで延期した。(答②)

5 ▶ **put on airs「気取る」**   airs は「気取った態度」という意味。
   訳 彼女は学識を鼻にかけていたので,人気がなかった。(答④)

6 ▶ **put aside A [put A aside] (= put away A「Aを片付ける,A(金・物など)を蓄える,Aを残しておく」**   ②put through A [put A through]は「A(人・電話)を⟨…に⟩つなぐ,A(用件)を⟨…に⟩伝える」。
   訳 彼女は新車を買うために,毎月少しずつお金を蓄えた。(答③)

7 ▶ **put down A [put A down] (= take down A / write down A「Aを書き留める」**
   訳 2行目にあなたの住所を書いてください。(答④)

8 ▶ **put out A [put A out]「A(火・明かりなど)を消す」(= extinguish A)**
   訳 近所の人たちは力を合わせて火を消した。(答③)

9 ▶ **put A into practice「Aを実行に移す」**   it comes to putting their election promises into practice, the party will face some difficulties
   (答 ④-③-①-⑤-⑦-②-⑥)

10 ▶ **put up A [put A up]「A(家・像など)を建てる,A(テント)を張る,A(絵・掲示など)を掲げる,A(人)を泊める」**   A sign has been put up in front of the station to advertise the new supermarket
   (答 ⑦-③-⑤-②-⑧-①-⑥-⑨(不要語④))

18 基本動詞 set を用いた熟語・イディオム

次の各英文の空所に入る最も適当なものを①〜④（1のみ①〜⑤）から選びなさい。

☐ 1　The cold season is going to set (　) early this year.
　　① in　　② up　　③ on　　④ out　　⑤ off　　　　　　　（法政大）

☐ 2　Our progress was (　) by bad weather.　　　　　　（明治学院大）
　　① set about　② set back　③ set from　④ set out

☐ 3　Be careful with that match. You'll (　) those curtain on fire.
　　① flame　　② burn　　③ set　　④ keep　　（関西学院大）

☐ 4　The Mayflower left Southampton and (　) sail for the New World.
　　① got　　② began　　③ set　　④ took　　（南山大）

☐ 5　Tommy (　) aside a period of time to think over the complex issue.
　　① set　　② got　　③ moved　　④ found　　（東邦大）

☐ 6　A new organization has been (　) to enable the government to control the content of information available to Internet users.
　　① set down　② set on　③ set up　④ set with　　（中央大）

次の各英文の下線部の意味に最も近いものを①〜④から選びなさい。

☐ 7　Kevin set about undoing the damage he had caused.
　　① began　　② finished　　③ repeated　　④ tried　　（中部大）

☐ 8　It is a question which Mr. Watson sets out to answer in his latest book.
　　① ceases　　② fails　　③ refuses　　④ tries　　（日本大）

☐ 9　The Liberal leader set forth the policies of his party in an interview with newspaper reporters.　　　　　　　　　　　　（法政大）
　　① sent forth　　② took down
　　③ gave an account of　　④ welcomed

☐ 10　Jim and Mary set off to visit their relatives in Virginia, while their daughters stayed home to study because they were behind in their school work.　　　　　　　　　　　　　　　　（秋田県立大）
　　① set up　　② set out　　③ set in　　④ showed up

基本動詞 set は「物を置く」が基本的意味です。もともと自動詞 sit「座る」に対する他動詞で，cause to sit「据える」を表し，意味の拡大により put と同じ意味をもつようになりました。「物を置く」という意味から，「人・物を配置する」「仕事などを課す」などの意味で使われます。自動詞としても用いられて，in, up, out, aside などを伴い，set aside A「A（お金・時間など）を（〜用に）取っておく」のように使われます。

1 ▶ **set in「（よくない天候・季節などが）始まる」（= begin, start）**
　訳 今年は寒い季節が早く始まりそうだ。(答①)

2 ▶ **set back A [set A back]「A（事柄・人の行動）を妨げる，A（予定・進行）を遅らせる」**
　訳 私たちの進行は悪天候によって遅れた。(答②)

3 ▶ **set A on fire「A に火をつける，A を興奮させる」（= set fire to A）**
　訳 例のマッチの取り扱いには注意しなさい。これらのカーテンに火がつきますよ。(答③)

4 ▶ **set sail for A「A に向けて出帆[出航]する」**
　訳 メイフラワー号はサウサンプトンを出て，新世界に向かって出帆した。(答③)

5 ▶ **set aside A [set A aside]「A（お金・時間など）を（〜用に）取っておく」**
　訳 トミーは複雑な問題について考えるのにまとまった時間を取っておいた。(答①)

6 ▶ **set up A [set A up]「A（会社・組織など）を設立する（establish A），A（事業など）を始める」**
　訳 インターネット利用者が入手できる情報内容を政府が管理できるように新たな機関が設立された。(答③)

7 ▶ **set about A「A に着手する，A（問題など）を処理する」**
　訳 ケビンは自分が引き起こした損害を元通りにすることに着手した。(答①)

8 ▶ **set out「出発する（on）（旅に）/（for）（〜に向けて），（〜し）始める /（〜しようと）試みる（to do）」**
　訳 それはワトソン氏が自分の最新の本の中で答えを出そうと試みている問題である。(答④)

9 ▶ **set forth A [set A forth]「A（意見など）をはっきり述べる，A を発表する，A（案など）を提出する」**
　訳 自由党の党首は新聞記者とのインタビューで党の政策を発表した。(答③)

10 ▶ **set off「出発する」（= set out）**
　訳 ジムとメアリーはバージニアにいる親戚を訪れるために出発したが，娘たちは学校の勉強に遅れていたため，家に残って勉強をした。(答②)

19 基本動詞 take を用いた熟語・イディオム I

次の各英文の空所に入る最も適当なものを①〜④から選びなさい。

☐ 1　We take great pride (　　) our unique Japanese cultural traditions.
　　① for　　② in　　③ of　　④ on　　（城西大）

☐ 2　He was very glad to (　　) in the school project as one of the main members.　　（芝浦工大）
　　① take place　② take hold　③ take after　④ take part

☐ 3　"You've been driving for hours. Shall I take (　　)?"
　　"No, that's okay. I enjoy driving and I know you hate it, especially on the highway."
　　① back　　② on　　③ over　　④ up　　（センター試験）

☐ 4　You seem very upset about your score on the history quiz. I don't think you should (　　) it so seriously.
　　① feel　　② make　　③ take　　④ think　　（立教大）

☐ 5　Our teacher says computers will never take (　　) of books.
　　① a chance　② a change　③ the lead　④ the place　（センター試験）

☐ 6　Ms. Harrington spoke so quickly that it was impossible to (　　) everything she said.
　　① take down　② show up　③ miss out　④ call in　（獨協大）

☐ 7　"Do you need that report right away?"
　　"No there's no hurry. Take your (　　)."
　　① chance　② part　③ rest　④ time　　（センター試験）

次の各英文の下線部の意味に最も近いものを①〜④から選びなさい。

☐ 8　Don't forget to take off your coat before entering the room.
　　① start　② remove　③ wear　④ put on　（関東学院大）

☐ 9　Henry takes after his grandfather a lot.
　　① follows　② resembles　③ misses　④ admires　（立命館大）

☐ 10　I went to the bank to withdraw some money.
　　① put in　② put out　③ take in　④ take out　（清泉女子大）

基本動詞 take は「手を置く」(put the hand on)，「触る」(touch) が基本的意味です。その意味から派生し，物体を「つかむ」などの意味になり，さらに副詞などを伴って take A seriously「A を真剣に受けとめる」，take off「(飛行機が) 離陸する，(商品が) 急に売れる」のような意味になります。

1 ▶ **take pride in A（= pride *one*self on [upon] A / be proud of A）**
「A を誇りにしている，A を自慢している」
訳 私たちは日本の独特の文化的伝統を大いに誇りにしている。(答②)

2 ▶ **take part in A「A（スポーツの大会・催し物など）に参加する」（= participate in A）** 訳 彼は主要なメンバーの 1 人として学校プロジェクトに参加してたいへんうれしかった。(答④)

3 ▶ **take over A ［take A over］「A（職・責任など）を引き継ぐ，A（場所など）を占拠する，A（家・アパートなど）に入居する」**
訳 「君は車を運転して何時間にもなる。あとは僕が運転しようか」「いや，大丈夫。運転するのは楽しいし，君は運転するのが嫌いなこともわかっている，特に幹線道路はね」(答③)

4 ▶ **take A seriously「A を真剣に［まともに］受け止める」（⇔ take A lightly）**
訳 歴史の小テストの点数にひどく落ち込んでるようだね。あまり深刻に受け止めないほうがいいと思うよ。(答③)

5 ▶ **take the place of A「A に取って代わる」** 訳 私たちの先生は，コンピューターが本に取って代わることは決してないと言っている。(答④)

6 ▶ **take down A ［take A down］「A（話など）を書き留める（= record A），A（建物など）を取り壊す，A（ポスターなど）をはがす（from ～）」**
訳 ハリントンさんはとても早口なので，彼女が言うことすべてを書き留めることはできなかった。(答①)

7 ▶ **take *one*'s time「ゆっくりやる」** ここの take は「(時間などを) かける」という意味 訳 「例のレポートはすぐに必要ですか」「いいえ，急ぐ必要はありません。ゆっくりやってください」(答④)

8 ▶ **take off ［take A off］「A（服など）を脱ぐ（= remove O），A（期間）を休暇としてとる」** take off は自動詞「(飛行機が) 離陸する」で，off「離れて」の意味がポイント。 訳 部屋に入る前に忘れずにコートを脱ぎなさい。(答②)

9 ▶ **take after A「〈性格的，身体的特徴が〉A（血縁関係のある年上の人）に似ている」（= resemble A）** 訳 ヘンリーは祖父にとても似ている。(答②)

10 ▶ **take out A ［take A out］「A（お金など）を〈口座から〉引き出す（= withdraw），A（人）を〈食事などに〉連れ出す」**
訳 私はお金をいくらか引き出すため銀行に行った。(答④)

20 基本動詞 take を用いた熟語・イディオム II

次の各英文の空所に入る最も適当なものを①〜④から選びなさい。

☐ 1　She will (　　) the responsibility if they start the project.
　　① take on　　② get in　　③ go over　　④ make up　　（青山学院大）

☐ 2　Today cars are so much (　　) that we assume everyone has one.
　　① for granted　　② granted
　　③ taken for granted　　④ taken it for granted　　（センター試験）

☐ 3　The naive customers were easily (　　) by the street salesman's smooth way of talking.　　（北里大）
　　① given up　　② taken off　　③ taken in　　④ brought up

☐ 4　Don't let anything bother you. Just (　　) it easy.
　　① go　　② do　　③ find　　④ take　　（南山大）

☐ 5　I am afraid I am not prepared to (　　) the risk of losing all my money.
　　① catch　　② deal　　③ put　　④ take　　（センター試験）

☐ 6　He took (　　) of me and started on a trip.
　　① good-by　　② leave　　③ consent　　④ advice　　（駒澤大）

☐ 7　If you want to stay healthy, you have to take good (　　) of yourself.
　　① account　　② advantage　　③ care　　④ rest　　（センター試験）

☐ 8　In our family, we have decided to take (　　) doing the dishes.
　　① orders　　② part　　③ roles　　④ turns　　（センター試験）

☐ 9　The idea for a new video game slowly began to (　　) in the designer's mind.　　（法政大）
　　① take shape　　② turn out　　③ come about　　④ draw breath

次の各英文の下線部の意味に最も近いものを①〜④から選びなさい。

☐ 10　The singer took great pains to improve her image.　　（東京経済大）
　　① hid herself from the public　　② made a special effort
　　③ needed a lot of time　　④ was criticized very sharply

☐ 11　You should consider all costs before constructing new roads.　　（中央大）
　　① think　　② look for　　③ pay for　　④ take into account

基本動詞 take が，take on A「A を雇う（＝ employ A），A（責任など）を引き受ける（＝ undertake A）」のように，行為の結果を表す場合があります。また，主語が「人」か「もの」か，目的語に具体的なものを取るのか，抽象的なものを取るのかで意味が多様に変化します。たとえば，主語に「人」を取り，目的語に具体的なものを手に取り力を加えれば「握る」，精神的なものを取れば「把握する」となります。

1 ▶ **take on A ［take A on］「A（責任など）を負う（＝ undertake A），A を雇い入れる（＝ employ A）」** take on A「A（性質・外観など）を帯びる」という意味も押さえておきましょう。
訳 もし彼らがそのプロジェクトを始めれば，彼女が責任を負うだろう。(答①)

2 ▶ **take A for granted「A を当然のことと思う」** take it for granted that ... がパッと浮かび，その受動態だと思って④を選ぶミスが続出する問題です。ここは take A for granted の受動態（A is taken for granted）であることに注意してください。 訳 今日，車はあまりに当然のものと思われているので，私たちは誰もが車を持っていると思ってしまう。(答③)

3 ▶ **take in A ［take A in］「(通例受身形で) A をだます」（＝ deceive A）**
訳 うぶな客はキャッチセールスマンの口先のうまさにいとも簡単にだまされた。(答③)

4 ▶ **take it easy「気楽に考える」**
訳 何も気にすることはない。気楽にやれよ。(答④)

5 ▶ **take the risk of doing「～するという危険を冒す」**
訳 あいにく自分のすべてのお金を失う危険を冒すつもりはない。(答④)

6 ▶ **take leave of A「A に別れを告げる」（＝ say good-by to A）**
訳 彼は私にさよならを言って，旅に出た。(答②)

7 ▶ **take care of A「A を大事にする」**
訳 健康でいたいのなら，身体に気をつけなければならない。(答③)

8 ▶ **take turns (in/at) doing「交代で～する」**
訳 我が家では，順番で皿洗いをすることにしている。(答④)

9 ▶ **take shape (in A)「(A で) 具体化する」**
訳 新しいビデオゲームのアイデアが考案者の頭にゆっくりと具体化し始めた。(答①)

10 ▶ **take pains to do「～しようと骨を折る，～しようと苦心する」（＝ take pains in doing）**
訳 その歌手は自分のイメージを良くしようととても苦労した。(答②)

11 ▶ **take A into account ［consideration］ A「A を考慮に入れる」**
訳 あなたは新しい道を建設する前に，すべての経費を考慮に入れるべきだ。(答④)

21 基本動詞 turn を用いた熟語・イディオム

次の各英文の空所に入る最も適当なものを①〜④から選びなさい。

□ 1　I was offered a good position with a generous salary, but I decided to turn it (　　) because I wanted to stay near my family.
　　① around　　② down　　③ out　　④ over　　　（センター試験）

□ 2　We waited for him for an hour, but he didn't turn (　　).
　　① up　　② down　　③ in　　④ out　　　（青山学院大）

□ 3　When he is in trouble, he always (　　) his father for help.
　　① gives up　　② takes out　　③ puts on　　④ turns to　　　（大阪医科大）

□ 4　A neighbor asked for the music to be (　　) down and the party broke up.
　　① closed　　② let　　③ broken　　④ turned　　　（法政大）

□ 5　You have to (　　) your mobile phone when you are driving.
　　① put out　　② turn off　　③ keep off　　④ wipe out　　　（中京大）

□ 6　I was surprised when I turned (　　) and saw a stranger.
　　① before　　② front　　③ round　　④ after　　　（中央大）

次の各英文の下線部の意味に最も近いものを①〜④から選びなさい。

□ 7　What he said turned out to be a lie.
　　① changed　　② proved　　③ intended　　④ remained　　　（拓殖大）

□ 8　Until now, this country has turned a blind eye to human rights abuses in Asia.
　　① ignored　　② inspected　　③ researched　　④ studied　　　（中部大）

□ 9　We must turn in our history reports by the end of March.
　　① check　　② rewrite　　③ submit　　④ finish　　　（愛知学院大）

□ 10　My son doesn't talk back these days; he must have turned over a new leaf.
　　① been listening to new music　　② begun a new life
　　③ been absorbed in games　　　　④ criticized me at heart　　　（近畿大）

基本動詞 turn は「物が回る，物を回転させる」が基本的意味です。その意味から派生し，「向きを変える」，「年齢などを越す」のほかに，turn away A「A（顔）をそむける」のような物理的動きから転じて，人・物の性質・状態などの変化・推移を表すことがあります。さらに turn は副詞などを伴って多くの句動詞（動詞＋副詞など）をつくります。

1 ▶ **turn down A ［turn A down］「A（提案など）を断る，A を拒絶する（＝ reject［refuse］A），A（音量など）を小さくする」**
   訳 かなり高い給料で良い地位の誘いを受けたが，家族の元を離れたくなかったので，その誘いを断った。（答②）

2 ▶ **turn up「姿を現す，到着する」**
   訳 私たちは彼を 1 時間待ったが，彼は現れなかった。（答①）

3 ▶ **turn to A (for B)「(B〈援助など〉を求めて) A に頼る［すがる］」**
   訳 彼は困ったとき，いつもお父さんに助けを求める。（答④）

4 ▶ **turn down A ［turn A down］「A（音量など）を小さくする」**
   break up「(集会などが) 解散する」という意味も押さえておきましょう。
   訳 近所の人が音楽の音を小さくするように言ってきたので，パーティーはお開きとなった。（答④）

5 ▶ **turn off A ［turn A off］「A（スイッチなど）を切る」（＝ switch off A ⇔ turn on A）**
   訳 車を運転しているときは，携帯電話のスイッチを切っておかなければならない。（答②）

6 ▶ **turn round［around］「振り向く」**
   訳 私は振り向くと見知らぬ人がいて，びっくりした。（答③）

7 ▶ **turn out (to be) ～「結局～だとわかる」（＝ prove (to be) ～）**
   訳 彼が言ったことは嘘だとわかった。（答②）

8 ▶ **turn a blind eye (to A)「(A に) 目をつぶる，見て見ぬふりをする」**
   訳 これまでこの国はアジアでの人権侵害を見て見ぬふりをしてきた。（答①）

9 ▶ **turn in A ［turn A in］「A（書類・レポートなど）を提出する」（＝ submit A）**
   訳 私たちは 3 月末までに歴史のレポートを提出しなければならない。（答③）

10 ▶ **turn over a new leaf「心を入れ替える，新たにやり直す」**
   ここでの leaf は書物の 1 枚の紙のことで，「新たなページをめくる」という意味。
   訳 最近，息子は口答えをしない。心を入れ替えたに違いない。（答②）

熟語・イディオム

22 基本動詞を用いた重要な熟語・イディオム I

次の各英文の空所に入る最も適当なものを①～④（5のみ①～⑤）から選びなさい。

☐ 1　Unless we develop hit products, sales figures for 2010 will (　　) the president's expectations.
　　① fall short of　　　　② drop in on
　　③ get along with　　　④ put up with　　　　　　（東京理科大）

☐ 2　The team has failed to (　　) earlier expectations.
　　① keep away from　　② live up to
　　③ look down on　　　④ run away with　　　　　（明治大）

☐ 3　You should stop beating (　　) the bush not to confuse the issue.
　　① above　　② away　　③ against　　④ around　（関西学院大）

☐ 4　The parents warned their child to (　　) from the side of the pool.
　　① back away　　② blow up　　③ bring on　　④ break up　（北里大）

☐ 5　The critics picked him (　　) as the outstanding male dancer of the decade.
　　① out　　② up　　③ off　　④ on　　⑤ away　　（昭和大）

次の各英文の下線部の意味に最も近いものを①～④から選びなさい。

☐ 6　We must try to do away with the evil practice.
　　① abolish　　② capture　　③ keep　　④ renew　（青山学院大）

☐ 7　The company laid off a lot of workers because of the drop in sales.
　　① hired　　② dismissed　　③ dismayed　　④ depressed　（東京理科大）

☐ 8　My mother-in-law tends to find fault with everything I do.
　　① abandon　　② criticize　　③ praise　　④ watch　（青山学院大）

☐ 9　Within a few days, I managed to pick up a little French.
　　① learn　　② abandon　　③ regard　　④ change　（愛知工大）

☐ 10　He picked on me because I didn't do as he told me.
　　① chose me fairly　　　　② learned about me
　　③ treated me unkindly　　④ met with me　（日本大）

1 ▶ **fall [come] short of A「A（期待など）に添わない」（⇔ come up to A）**
その他の選択肢の意味は，②drop in on A「A（人）を不意に訪れる」，drop in at A では「A（場所）に立ち寄る」という意味。③get along with A「A（人）と仲よくやる」，④put up with A「A を我慢する」です。
訳 私たちがヒット商品を開発しない限り，2010年度の売り上げの数字は社長の期待に添わないだろう。（答①）

2 ▶ **live up to A「A（期待など）に応える」**
訳 そのチームは初期の期待に応えることができなかった。（答②）

3 ▶ **beat around [about] the bush「遠回しに言う，はっきり言わない」（⇔ come to the point）**
「やぶの回りをたたいて獲物を駆り立てる」というのがもとの意味。
訳 問題を分かりにくくしないために，遠回しに言うのをやめるべきだ。（答④）

4 ▶ **back away (from A)「（A から）後退する，少しずつ手を引く」**
訳 両親は子どもにプールサイドから後ろに下がるよう注意した。（答①）

5 ▶ **pick out A ［pick A out］「A を選び出す」（= select A）**
訳 評論家は彼をその10年間での傑出した男性ダンサーとして選び出した。（答①）

6 ▶ **do away with A「A をやめる，A（規則・制度など）を廃止する（= abolish A）」**
訳 私たちはその悪習をやめようと努めなければならない。（答①）

7 ▶ **lay off A ［lay A off］「A を一時解雇する」（= dismiss A）**
③は dismay A「A を失望させる」という意味。
訳 その会社は売上低下のため多くの労働者を解雇した。（答②）

8 ▶ **find fault with A「A のあら捜しをする」**
訳 義母はよく私がすることすべてのあら捜しをする。（答②）

9 ▶ **pick up A ［pick A up］「A（語学・技術）を身につける（= learn A），A（人）を車で迎えに行く」**
訳 2, 3日で，なんとか私は少しフランス語を覚えた。（答①）

10 ▶ **pick on A「A ににがみがみ言う，A をいじめる」**
訳 私は彼から言われたようにやらなかったので，彼は私ににがみがみ言った。（答③）

23 基本動詞を用いた重要な熟語・イディオムⅡ

次の各英文の空所に入る最も適当なものを①〜④から選びなさい。

1. If something dawns on you it (　　).
   ① wakes you up　　② comes to mind
   ③ surprises you　　④ makes you feel tired　　（上智大）

2. If George doesn't stop smoking, he will (　　) the risk of developing lung cancer.
   ① do　　② get　　③ make　　④ run　　（センター試験）

3. He is running (　　) President in the next election.
   ① for　　② in　　③ from　　④ toward　　（駒澤大）

4. This failure came near (　　) her chance to go abroad.
   ① take　　② to lose　　③ upon　　④ spoiling　　（早稲田大）

次の各英文の下線部の意味に最も近いものを①〜④から選びなさい。

5. My daughter will see to our dogs.　　（亜細亜大）
   ① look for　　② look after　　③ get after　　④ get back

6. We cannot rule out the possibility of an earthquake.
   ① exclude　　② raise　　③ consider　　④ create　　（玉川大）

7. In the end, I just got fed up with his constant complaining.
   ① came to appreciate　　② came to sympathize with
   ③ got jealous of　　④ got tired of　　（日本大学）

8. They carried out their plan very efficiently.
   ① made　　② began　　③ fulfilled　　④ brought　　（立命館大）

9. The idea of glasses being a fashion item has been slow to catch on.
   ① be rejected　　② become popular
   ③ fade away　　④ go out of date　　（日本大学）

10. The politician declared that his party would stand for social security.
    ① debate　　② support　　③ remove　　④ promise　　（玉川大）

1 ▶ **dawn on〔upon〕A「(物事・意味が) A (人) にわかり始める」(＝ strike A)**
dawn は「(自) 夜が明ける」という意味。come to mind「心に浮かぶ」も押さえておきましょう。
訳 もし何かがあなたにわかり始めれば，それは心に浮かびます。(答②)

2 ▶ **run〔take〕the risk of *doing*「～する危険を冒す」**
訳 もしジョージはタバコをやめなければ，肺がんになる危険を冒すことになる。(答④)

3 ▶ **run for A「Aに立候補する」(＝ stand for A)**
訳 彼は次の選挙で大統領に立候補する予定だ。(答①)

4 ▶ **come near (to) *doing*「危うく〔もう少しで〕～するところだ」**
to go abroad は her chance の内容を説明し，同格関係を表す。
訳 この失敗のせいで，彼女はもう少しで外国へ行く機会をだめにするところだった。(答④)

5 ▶ **see to A「Aを取り計らう，Aの面倒を見る」**
see (to it) that ...「…を取り計らう」も押さえておこう。
訳 娘が私たちの犬の面倒を見るだろう。(答②)

6 ▶ **rule out「(規定などによって) ～を排除する」**
訳 私たちは地震の起こる可能性を排除できない。(答①)

7 ▶ **be〔get〕fed up (with A)「Aに飽き飽きしている〔する〕，うんざりしている〔する〕」**
in the end「(何らかの出来事の結末を述べて) 結局は」と，after all「(予想に反して) 結局は」の違いも押さえておきましょう。
訳 結局，私は彼の相変わらずの愚痴にただうんざりした。(答④)

8 ▶ **carry out A〔carry A out〕「Aを実行する」**
訳 彼らはたいへん効率よくこの計画を実行した。(答③)

9 ▶ **catch on (with A)「(製品・考えなどが) A (人) に受け入れられる，流行する」**
訳 眼鏡がファッション・アイテムであるという考えが流行するのに時間がかかった。(答②)

10 ▶ **stand for A「Aを象徴する，Aを支持する」**
訳 その政治家は自分の党が社会保障を支持することを断言した。(答②)

24 「be＋形容詞＋前置詞」中心の熟語・イディオム

次の各英文の空所に入る最も適当なものを①〜④から選びなさい。

1 My sister is indifferent (　) environmental problems.
① out　② to　③ from　④ than　（亜細亜大）

2 She is totally immersed (　) her law practice.
① by　② in　③ on　④ to　（中央大）

3 You do not need to be (　) of his position as president of an automobile company.
① helpful　② envious　③ hoping　④ wanting　（上智大）

4 Ellen was so absorbed (　) her book that she didn't notice someone was knocking on her door.
① at　② by　③ in　④ on　（早稲田大）

5 The teacher is very particular (　) students' pronunciation of English.
① about　② at　③ from　④ of　（中央大）

6 Japan is heavily (　) to China for the development of its written language.
① indebt　② indebted　③ debt　④ indebting　（慶應義塾大）

7 John is on equal (　) with his wife in every aspect of married life.
① attitudes　② honors　③ respects　④ terms　（中央大）

次の各英文の下線部の意味に最も近いものを①〜④から選びなさい。

8 I <u>am accustomed to</u> the cold in Alaska.　（中部大）
① am used to　② used to　③ would like　④ wouldn't like

9 The rumor that his family is not very <u>well off</u> is not true.　（日本大）
① cheerful　② happy　③ pleasant　④ wealthy

10 Most people who work in Tokyo must <u>come to terms with</u> commuting long distances.
① receive　② believe　③ accept　④ teach　（中央大）

346

1 ▶ **be indifferent to A「Aに無関心［無頓着］である」**
訳 妹は環境問題に対して無関心だ。(答②)

2 ▶ **be immersed in A「Aに没頭する，Aにふける」**
訳 彼女は弁護士業に完全に没頭している。(答②)

3 ▶ **be envious of A「Aをうらやましく思う」**
訳 あなたは自動車会社の社長としての彼の地位をうらやましく思う必要はない。(答②)

4 ▶ **be absorbed in A「Aに夢中になる」**
訳 エレンは本にあまりにも夢中になっていたので，誰かがドアをノックしていることに気づかなかった。(答③)

5 ▶ **be particular about A「Aについてやかましい，Aについて好みがうるさい」**
訳 先生は生徒の英語の発音にとてもうるさい。(答①)

6 ▶ **be indebted to A (for B)「(Bのことで) A (人) に恩を受けている」**
訳 日本は書き言葉の発達について中国に大きな恩がある。(答②)

7 ▶ **be on equal terms with A「Aと対等の間柄である」**
なお，be on speaking [visiting] terms (with A)「(Aと) 言葉を交わす［行き来する］間柄である」も押さえておきましょう。
訳 ジョンは結婚生活のあらゆる点で妻と対等の関係である。(答④)

8 ▶ **be [get] accustomed to A「Aに慣れている［慣れる］」(＝ be [get] used to A)**
この場合 to が前置詞であることに注意。
訳 私はアラスカの寒さには慣れている。(答①)

9 ▶ **be well off「裕福である，暮らし向きがよい」(⇔ be badly off)**
訳 彼の家庭が裕福でないといううわさは，本当ではない。(答④)

10 ▶ **come to terms with A「Aと折り合いをつける，A (困難など) をあきらめて受け入れる」**
訳 東京で働いているほとんどの人は，長距離通勤をあきらめて受け入れなければならない。(答③)

25 形容詞の働きをする熟語・イディオム

次の各英文の下線部の意味に最も近いものを①～④から選びなさい。

☐ 1　I knew at once that he was <u>ill at ease</u> at the reception. 　　　(玉川大)
　　　① sickened　② uncomfortable　③ unconscious　④ fascinated

☐ 2　I wasn't able to get through to him because the phone was <u>out of order</u>.
　　　① on the line　　　　　② not in working condition
　　　③ old-fashioned　　　　④ under control　　　　　　　　(東京理科大)

☐ 3　Another trip abroad this year is <u>out of the question</u>. 　　　(日本大)
　　　① demanded　② imposed　③ impossible　④ preferable

☐ 4　I have <u>quite a few</u> friends in New York.
　　　① many　② much　③ some　④ several　　　　　　　(千葉工大)

☐ 5　Grandfather's ideas are really <u>behind the times</u>. 　　　(立命館大)
　　　① old-fashioned　② up-to-date　③ slow　④ unusual

☐ 6　The construction of the new building is <u>under way</u>.
　　　① in progress　② in the air　③ in chief　④ in case　(日本大)

次の各英文の空所に入る最も適当なものを①～④ (8は①～⑤) から選びなさい。

☐ 7　Jennifer thinks she will be chosen as the winner, but the results are still (　　). 　　　(獨協大)
　　　① on the wind　② in the sky　③ over the top　④ in the air

☐ 8　The question (　　) is up to you. 　　　(亜細亜大)
　　　① at point　② at rest　③ at ease　④ at issue　⑤ at latest

☐ 9　大学の入学試験が近づいています。
　　　The entrance examination for the university is (　　).
　　　① by hand　② at hand　③ to hand　④ in hand　(拓殖大)

次の各組の英文がほぼ同じ意味になるように，空所に入る最も適当なものを①～④から選びなさい。

☐ 10　I couldn't describe the beauty of the mountain scenery of Scotland.
　　　The mountain scenery of Scotland was (　　) my description.
　　　① against　② beside　③ beyond　④ over　　　　(佛教大)

348

1 ▶ **ill at ease「落ち着きのない，そわそわした」**
訳 私は彼が受付でそわそわしていることがすぐにわかった。(答②)

2 ▶ **out of order「故障して」**
get through to A「A（人）と連絡がつく」という表現も押さえておきましょう。
訳 電話が故障していたので，私は彼と連絡を取ることができなかった。(答②)

3 ▶ **out of the question「問題にならない，論外で，不可能で（＝ impossible）」**
訳 今年もう一度海外旅行をすることは不可能だ。(答③)

4 ▶ **quite a few「かなり多くの」**
訳 私はニューヨークにかなり多くの友達がいる。(答①)

5 ▶ **behind the times「時代遅れで，頭の古い」**
訳 祖父の考えは実際に時代遅れだ。(答①)

6 ▶ **under way「（計画・作業などが）始まって，動き出して」**
訳 新しい建物の建設は進行中である。(答①)

7 ▶ **in the air「（うわさなどが）広まって，未決定で」**
訳 ジェニファーは自分が勝者に選ばれると思っているが，結果はまだ検討中である。(答④)

8 ▶ **at issue「論争中の，問題の」**
②at rest は「静止して，眠って，安心して」。⑤at (the) latest は「遅くとも」(⇔ at the earliest)。また，up to A「Aの責任で」も押さえておこう。
訳 今議論されている問題は君の責任である。(答④)

9 ▶ **at hand「近づいて」**
①by hand は「（機械を使わず）手で」，③to hand は「手の届くところに」，④in hand は「掌握して，支配して」という意味。
(答②)

10 ▶ **beyond description「言葉では言い表せないほどの」**
選択肢②に関連して，beside *one*self (with A)「A（怒り・喜び）のあまり我を忘れて」も押さえておこう。
訳 スコットランドの山の風景は言葉では言い表せないほどである。(答③)

熟語・イディオム

26 副詞の働きをする熟語・イディオム I

次の各英文の空所に入る最も適当なものを①〜④から選びなさい。

☐ 1 The scientist spoke (　　) to the audience about the dangers of global warming.
　　① in touch　② on hand　③ at length　④ for good　　（法政大）

☐ 2 "May I use your pen?" "(　　)"
　　① By all means.　② By no means.
　　③ By some means.　④ By means.　　（畿央大）

☐ 3 The time was ten thirty on the (　　).
　　① hour　② line　③ dot　④ head　　（法政大）

☐ 4 She was elected as a member of the city council three times (　　).
　　① in the way　② in a row
　　③ on the spot　④ on the whole　　（甲南大）

☐ 5 She was in such a hurry that she put her jacket on (　　).
　　① inside out　② upside down
　　③ outside down　④ round about　　（京都外国語大）

次の各英文の下線部の意味に最も近いものを①〜④から選びなさい。

☐ 6 The rescue team tried to save the drowning man in vain.
　　① with courage　② without success
　　③ with skill　④ without haste　　（東海大）

☐ 7 Let's just put a cover on the car for the time being.
　　① for short　② for today　③ for speed　④ for now　　（名城大）

☐ 8 Though the president of the ruling party has a good presence, he is, as it were, just a figurehead.
　　① beside the point　② for the time being
　　③ so to speak　④ as a matter of fact　　（国士舘大）

☐ 9 All at once the cherry trees started to blossom.　　（駒澤大）
　　① Immediately　② Rarely　③ Surprisingly　④ Suddenly

☐ 10 I spilled my drink on purpose — I needed an excuse to leave the room.　　（東海大）
　　① frequently　② immediately　③ intentionally　④ suddenly

350

1 ▶ **at length「(長い時間の末) ついに，とうとう，詳細に」**
speak to A「A に話をする」に at length が挿入されていることに気づきましたか。なお，at length は否定文には用いないので注意しましょう。
訳 その科学者は聴衆に地球の温暖化の危険について詳しく話した。(答③)

2 ▶ **by all means「いいですよ，もちろん」(= certainly / of course)**
訳 「あなたのペンを使ってもいいですか」「もちろん」(答①)

3 ▶ **on the dot「時間ちょうどに，きっかりに」**
on the hour は「正時に，時刻きっかりに」という意味で，(every hour) on the hour「(毎) 正時に」の表現も押さえておきましょう。
訳 時間は 10 時 30 分きっかりです。(答③)

4 ▶ **in a row「1 列に，連続で」**
row「列」は raw「生の」と間違えないように。劇場などの座席の列を表すのにも用いられ，sit in the first [second] row は「最前列 [2 列目] に座る」。
訳 彼女は 3 回連続して市議会議員に当選した。(答②)

5 ▶ **inside out「裏返して，ひっくり返して」**　outside in「裏返しに」とも言います。②upside down「逆さまに」も押さえておきましょう。
訳 彼女はたいへん急いでいたので，ジャケットを裏返しに着てしまった。(答①)

6 ▶ **in vain「無駄に，空しく，効果なく」**　be 動詞の補語として，あるいは try, wait, look, search, fight などの動詞とともに用います。
訳 救助隊は溺れている男性を助けようとしたが，駄目だった。(答②)

7 ▶ **for the time being「当分の間(は)，さしあたり」**
①for short は「略して」という意味。
訳 当分の間は，車にカバーだけしておきましょう。(答④)

8 ▶ **as it were「(ふつう文中，文末で用いて) いわば」(= so to speak)**
④as a matter of fact は「実際は，実を言うと」という意味。
訳 与党の総裁は押し出しは十分にあるが，いわば表看板にすぎない。(答③)

9 ▶ **all at once「(何の前触れもなしに) 突然 (= suddenly)，一斉に，同時に」**
訳 突然，桜の木が開花し始めた。(答④)

10 ▶ **on purpose「故意に，意図的に，わざと」(= intentionally, deliberately)**
訳 私は自分の飲み物をわざとこぼした。部屋を出る口実が必要だった。(答③)

27 副詞の働きをする熟語・イディオム II

次の各英文の下線部の意味に最も近いものを①～④から選びなさい。

☐ 1 The boy will come here <u>before long</u>.　　　　　　　　（亜細亜大）
　　① at once　② at length　③ presently　④ absolutely

☐ 2 <u>By and large</u>, people in this district are engaged in fishing.
　　① Out of the question　　② On the whole
　　③ Strictly speaking　　　 ④ To the contrary　　（東京理科大）

☐ 3 This line of speech should be <u>learned by heart</u> because it is very famous.
　　① spoken　② written　③ heard　④ memorized　（東海大）

☐ 4 Can you come to my office <u>right away</u>?
　　① in time　② on time　③ later　④ at once　（奈良大）

☐ 5 The business will be successful <u>in the long run</u>.
　　① slowly　② closely　③ finally　④ rapidly　（淑徳大）

☐ 6 Everything is going to be all right <u>in the end</u>.　　（東海大）
　　① quickly　② accordingly　③ eventually　④ timely

☐ 7 I love to visit the park <u>now and then</u>.
　　① occasionally　② often　③ always　④ constantly　（東海大）

☐ 8 It's cheaper if you book the tickets <u>in advance</u>.
　　① ahead of time　　　② at a discount
　　③ in large numbers　 ④ out of charity　（日本大）

☐ 9 She says she'd like to go to England <u>for good</u>.　　（東京理科大）
　　① to stay permanently　② to earn money
　　③ to see the sights　　 ④ to spend a brief period of time

☐ 10 Everything is probably all right. <u>All the same</u>, I had better go and make sure.
　　① And　② Besides　③ For　④ Nevertheless　（中央大）

1 ▶ **before long「まもなく」（= soon, presently）**
訳 その少年は間もなく来るでしょう。(答③)

2 ▶ **by and large「概して，全般的に（= on the whole），ふつう（= usually）」**
as a rule「概して，一般に」も押さえておきましょう。
訳 概して，この地域の人びとは漁業に従事している。(答②)

3 ▶ **by heart「暗記して」**
by heart は learn［know］とともに用います。
訳 演説のこの台詞はとても有名なので，暗記しておくとよい。(答④)

4 ▶ **right away「今すぐ」（= right off）**
①in time は「遅れずに，（…に）間に合うように（for ...）」，②on time は「定刻に，（…の）時間どおりに（for ...）」という意味。
訳 今すぐ私のオフィスに来てくれますか。(答④)

5 ▶ **in the long run「長い目で見れば，結局は」**
訳 その事業は結局は成功するだろう。(答③)

6 ▶ **in the end「最後に(は)，結局」（= eventually）**
eventually「（いろいろ問題があり予定より大幅に遅れたが）結局は」，in the end「（話し合ったり，考えたりして何らかの出来事の結末で）結局は」，at last「（長い間待ち望んでいたことが）ついに」，以上3つそれぞれのニュアンスの違いに注意。
訳 最後にはすべてうまく行くよ。(答③)

7 ▶ **now and then「ときどき」（= now and again）**
訳 私はときどきこの公園を訪れたい。(答①)

8 ▶ **in advance「前もって，前金で」**
訳 前もってチケットを予約すれば，より安い。(答①)

9 ▶ **for good「永久に」（= forever, for ever〈英〉）**
訳 彼女はイングランドに行って，ずっと向こうにいたいと言っている。(答①)

10 ▶ **all the same「それでも，やはり」**
訳 おそらくすべて問題ないだろう。それでも私は行って確認しなきゃ。(答④)

熟語・イディオム

28 前置詞の働きをする熟語・イディオム

次の各英文の空所に入る最も適当なものを①～④から選びなさい。

☐ 1　He moved to the seaside (　) his daughter's health.　　　　（東海大）
　　① at the mercy of　② by way of　③ for the sake of　④ in place of

☐ 2　The owner of the shop did not resist, because he knew that he was at the (　) of the robber.
　　① face　② mercy　③ power　④ will　　　　（立教大）

☐ 3　(　) all the extra work at the office, I've decided to postpone my holidays.　　　　（慶應義塾大）
　　① For want of　② In view of　③ With a view to　④ With regard to

☐ 4　There are many reasons to learn a foreign language (　) the fact that it is a required subject at school.　　　　（同志社大）
　　① aside　② better than　③ more than　④ other than

☐ 5　I'm happy to tell you that they'll hire a person who is capable (　) of sex, age and nationality.　　　　（東京理科大）
　　① indispensable　② instead　③ irrelevant　④ irrespective

☐ 6　When she hung up the phone, she was (　) the verge of tears.
　　① in　② by　③ on　④ at　　　　（昭和大）

☐ 7　We should admit that there are still many things whose worth cannot be expressed (　) money.　　　　（神奈川大）
　　① in part of　② in exchange for　③ in favor of　④ in terms of

☐ 8　You should put the medicine bottle out of children's (　).
　　① reach　② extent　③ span　④ distance　　　　（中央大）

☐ 9　No additional tickets will be released (　) the day of the show.
　　① prior to　② in advance　③ in front of　④ forth　　　　（高松大）

☐ 10　次の英文の下線部の意味に最も近いものを①～④から選びなさい。
　　For all her faults, she is a warm and good person.
　　① For the purpose of　　② In spite of
　　③ Owing to　　④ With a view to　　　　（日本大）

1 ▶ **for the sake of A「A（利益）のために」**　for the sake of *one*'s health で「〜の健康のために」という意味。①at the mercy of A「Aのなすがままで」，②by way of A「A経由で」，④in place of A「Aの代わりに」（= instead of A）
訳 彼は娘の健康のため，海辺へ引っ越した。（答③）

2 ▶ **at the mercy of A「Aのなすがままで」**
訳 店の主人は抵抗しなかった。なぜなら強盗の言いなりになるしかないとわかっていたからだ。（答②）

3 ▶ **in view of A「Aの見える所に，Aを考えて（= considering）」**　①for want of A（= for lack of A）「Aがないために」，③with a view to A「（目的）Aのために」，④with regard to A「Aに関しては」。　訳 オフィスでのすべての臨時の仕事のことを考えて，私は休暇を延期することに決めた。（答②）

4 ▶ **other than A「Aのほかに」**
訳 それが学校での必修科目であるという事実のほかに，外国語を学ぶ理由はたくさんある。（答④）

5 ▶ **irrespective of A「Aに関係なく」（= regardless of A）**
hire A「Aを雇う」（⇔ fire A「Aを解雇する」）も押さえておきましょう。
訳 彼らは性別，年齢，国籍に関係なく能力のある人を雇うということをあなたに伝えることができてうれしい。（答④）

6 ▶ **on the verge of A「Aの間際で，Aの寸前で，今にもAしそうで」**
訳 電話を切ると，彼女は今にも泣き出しそうだった。（答③）

7 ▶ **in terms of A「Aの観点から」**
訳 お金では表現できない価値のあるものがまだたくさんあるということを認めなければならない。（答④）

8 ▶ **out of (*one*'s) reach「（人の）手の届かないところに」（= beyond *one*'s reach）**　訳 その薬の瓶は子どもの手の届かないところに置いておくべきだ。（答①）

9 ▶ **prior to A「Aより前に，Aに優先する」**
訳 当日のショーの前に追加のチケットの販売は予定されていません。（答①）

10 ▶ **for all A「Aにもかかわらず」（= in spite of A, despite A, with all A, notwithstanding A)**
訳 彼女は欠点はあるが，心の温かい，良い人です。（答②）

29 身体の部位を用いた熟語・イディオム

次の各英文の空所に入る最も適当なものを①～④（2, 10は①～⑤）から選びなさい。

☐ **1** Sally is all (　　) when it comes to fine work. She is so clumsy.
① toes　② thumbs　③ hands　④ legs　　　　（駒澤大）

☐ **2** Go ahead with your story; we are all (　　).　　（京都外語大）
① eyes　② ears　③ noses　④ mouths　⑤ faces

☐ **3** I didn't think much of Andy the first time I (　　) him.
① laid my eyes on　　② put my nose into
③ gave my ears to　　④ kept my mind on　　（明治大）

☐ **4** I have to learn these idioms (　　) for tomorrow's test.　（産業能率大）
① remember　② by heart　③ in head　④ study

☐ **5** Now that you are a university student, you should see further than the end of your (　　).
① nose　② way　③ goal　④ moment　　（杏林大）

☐ **6** I don't understand it. I just can't make heads or (　　) out of it.
① feet　② legs　③ hands　④ tails　　（清泉女子大）

☐ **7** Be sure not to tell her any secrets. She has a (　　) mouth.
① large　② big　③ huge　④ noisy　　（成蹊大）

☐ **8** Good Luck! We'll keep our (　　).
① arms folded　　② hands up high
③ fingers crossed　④ thumbs free　　（成蹊大）

☐ **9** Daniel is fond of all kinds of cakes. He truly has (　　).
① a candied tongue　② a big mouth
③ black eyes　　　　④ a sweet tooth　　（東洋英和女学院大）

☐ **10** He may be (　　), but he was a standout at school and has a great attitude.
① wet behind the belly　② wet behind the neck
③ wet behind the knees　④ wet behind the ears
⑤ wet behind the lips　　　　　　　　　（日本大）

1 ▶ **be all thumbs「不器用である，ぎこちない」**
　under the thumb of A「A（人）にあごで使われて，Aの言いなりになって」，keep A on A's toes「Aに油断させないでおく」も押さえておきましょう。
　訳 サリーは細かい仕事となるとぎこちない。彼女はとても不器用だ。（答②）

2 ▶ **be all ears「熱心に耳を傾けている」**
　訳 あなたの話を続けてください。私たちは一生懸命聞いています。（答②）

3 ▶ **lay [set] (one's) eyes on A「Aを目にする，Aを見る」**
　訳 初めてアンディーを目にしたとき，私は彼を大したやつだとは思わなかった。（答①）

4 ▶ **learn [know] A by heart「Aを暗記する」**
　訳 明日のテストのため，これらのイディオムを暗記しなければならない。（答②）

5 ▶ **see further than the end of one's nose「先を見通す」**
　訳 今や君は大学生なのだから，先を見通すべきだ。（答①）

6 ▶ **make head(s) or tail(s) (out) of A「Aを理解する」**
　通例 can't [couldn't] を伴い否定文で用います。
　訳 私はそれが理解できない。まったく理解できないんだ。（答④）

7 ▶ **have a big mouth「(秘密などを) ぺらぺらしゃべる，大口をたたく」**
　訳 くれぐれも彼女に秘密を話さないように。彼女はおしゃべりだ。（答②）

8 ▶ **keep one's fingers crossed [cross one's fingers]「(中指を人差し指の背に重ねて幸運を) 祈る」**
　訳 万事うまく行きますように！ 私たちは幸運を祈っています。（答③）

9 ▶ **have a sweet tooth「甘い物に目がない，甘党である」**
　between one's teeth「声をひそめて」も押さえておきましょう。
　訳 ダニエルはどんな種類のケーキでも好きです。彼は本当に甘い物に目がない。（答④）

10 ▶ **wet behind the ears「未熟な，未経験な」**
　dry behind the ears「(ふつう否定文で用いて) 十分成熟して，経験を積んで」という意味。
　訳 彼は未熟かもしれませんが，学校では傑出した人物でしたし，態度もすばらしい。（答④）

発音の法則 1　'ch' の綴りの3つの発音

　センター試験などで意外に得点できていない分野が「発音・アクセント」です。特に，成績上位者でもこの分野を苦手としています。入試で狙われる発音・アクセントは，日本語化しているカタカナ語や日本人が間違えやすい音です。日本語は1文字で1つの発音が原則ですが，英語は1つのアルファベットに複数の発音が存在します。しかし，綴り字と音の間には一定の規則があるので，それを押さえておくと迷ったときのヒントになります。ただ，発音・アクセント問題は単純に規則通りには行かない場合が多いので，普段から声に出して英語を発音することが大切です。まずは，押さえておきたい発音15の法則を見ていきましょう。

　さて，みなさんは 'ch' の綴りをどのように発音しますか。この綴りには3通りの発音があることを押さえておきましょう。[ʃ]の音は日本語にないので特に注意が必要です。日本語で「静かにしてください」と言うとき「シー」って言いますね。あれに近い音です。

綴り字	発音	例
ch	[tʃ]	・chance[tʃǽns]「機会」　・archery[ɑ́ːrtʃəri]「洋弓術」
	[k]	・chemistry[kémistri]「化学」 ・architecture[ɑ́ːrkətèktʃər]「建築」 ・stomach[stʌ́mək]「胃」
	[ʃ]	・chauffeur[ʃóufər]「お抱え運転手」 ・machine[məʃíːn]「機械」

※発音記号内の斜体字は省略可能な音であることを示しています。また，発音記号につけたアクセント記号は第1強勢（´），第2強勢（`）を示しています。

問題

下線部の発音がほかと**異なるもの**を，それぞれ1つずつ選びなさい。

☐ 1　① chemistry　② monarch　③ ostrich　④ scholar
　　　　　　　　　　　　　　　　　　　　　　　　　　（センター試験）

☐ 2　① character　② cheer　③ chemical　④ stomach　（センター試験）

☐ 3　① chore　② archive　③ architect　④ chorus　　（愛知大）

☐ 4　① chemistry　② chest　③ chamber　④ charter　（東京経済大）

下線部の発音が最初の単語の下線部と同じものを1つ選びなさい。

☐ 5　chimney　① action　② chemistry　③ natural　④ scholar
　　　　　　　　　　　　　　　　　　　　　　　　　　（センター試験）

下線部の発音が同じであるものの組み合せを，下の①〜④のうちから1つ選びなさい。

□6　In the Museum of Ar<u>ch</u>itecture you have a <u>ch</u>ance to see
　　　　　　　　　　①　　　　　　　　　　　　　②
models of ma<u>ch</u>ines used for building ar<u>ch</u>es.
　　　　　③　　　　　　　　　　　　　④

　①　①-③　　②　①-④　　③　②-③　　④　②-④　　　　（センター試験）

設問解説

[1] 'ch'の綴りには3通りの発音がありましたね。③ostri<u>ch</u>［ástritʃ］「ダチョウ」だけが［tʃ］の音で，他の①<u>ch</u>emistry［kémistri］「化学」，②monar<u>ch</u>［mánərk］「君主」，④s<u>ch</u>olar［skάlər］「学者」はすべて［k］の音ですね。**(答③)**

[2] ②<u>ch</u>eer［tʃíər］「歓声（をあげる）」だけが［tʃ］の音で，他の①<u>ch</u>aracter［kǽrəktər］「性格」，③<u>ch</u>emical［kémikl］「化学の」，④stoma<u>ch</u>［stʌ́mək］「胃」はすべて［k］の音ですね。**(答②)**

[3] ①<u>ch</u>ore［tʃɔ́ːr］「雑用」だけが［tʃ］の音で，他の②ar<u>ch</u>ive［ɑ́ːrkaiv］「古文書」，③ar<u>ch</u>itect［ɑ́ːrkətèkt］「建築家」，④<u>ch</u>orus［kɔ́ːrəs］「合唱団」はすべて［k］の音です。**(答①)**

[4] ①<u>ch</u>emistry［kémistri］「化学」だけが［k］の音ですね。他の②<u>ch</u>est［tʃést］「胸，たんす」，③<u>ch</u>amber［tʃéimbər］「部屋」，④<u>ch</u>arter［tʃɑ́ːrtər］「憲章」はすべて［tʃ］の音です。**(答①)**

[5] <u>ch</u>imney［tʃímni］「煙突」は［tʃ］の音，③ natural［nǽtʃərəl］「自然の」のみが同じ発音になります。①action［ǽkʃən］「行動」，②<u>ch</u>emistry［kémistri］「化学」，④s<u>ch</u>olar［skάlər］「学者」はすべて［k］の音です。**(答③)**

[6] ②<u>ch</u>ance［tʃǽns］「機会」と④ar<u>ch</u>［ɑ́ːrtʃ］「アーチ」の'ch'は［tʃ］で同じ音です。①Ar<u>ch</u>itecture［ɑ́ːrkətèktʃər］「建築」では［k］と，③ma<u>ch</u>ine［məʃíːn］「機械」では［ʃ］と発音します。**(答④)**

発音の法則 2　'x' の綴りの3つの発音

'x' の綴りをどのように発音しますか。この綴りにも 3 通りの発音があることを押さえておきましょう。

綴り字	発音	例
x	[ks]	① 'x' が語尾にある場合：complex [kɑ:mpléks] [kɔ́mpleks]「複雑な」, mix [míks]「混ぜる」 ② 'x' の後ろが子音の場合：express [iksprés]「表現する」 ③ 強勢がある母音字 + 'x' + 強勢のない母音字の場合：exercise [éksərsàiz]「練習」
	[gz]	強勢のない母音字 + 'x' + 強勢のある母音字の場合：example [igzǽmpl]「例」
	[kʃ]	'x' の後ろが ious, -ion でこの部分に強勢がない場合：anxious [ǽŋkʃəs]「不安な」, complexion [kəmplékʃən]「顔色」

問題

下線部の発音がほかと**異なるもの**を，それぞれ 1 つずつ選びなさい。

☐ 1　① ac̲cidental　② e̲xamination　③ e̲xercise　④ ma̲ximum
　　　　　　　　　　　　　　　　　　　　　　　　　　　　（東京経済大）

☐ 2　① e̲xcellent　② e̲xcuse　③ e̲xistence　④ e̲xtreme
　　　　　　　　　　　　　　　　　　　　　　　　　　　　（京都産業大）

☐ 3　① e̲xercise　② e̲xecution　③ e̲xtinct
　　　④ e̲xplode　⑤ e̲xecutive
　　　　　　　　　　　　　　　　　　　　　　　　　　　　（昭和大）

下線部の発音が最初の単語の下線部と同じものをそれぞれ 1 つずつ選びなさい。

☐ 4　e̲xhaust　① an̲xious　② e̲xample
　　　　　　　③ e̲xecution　④ e̲xhibition
　　　　　　　　　　　　　　　　　　　　　　　　　　　　（明治大）

☐ 5　e̲xhibit　① e̲xplore　② e̲xist　③ appro̲ximate　④ e̲xcuse
　　　　　　　　　　　　　　　　　　　　　　　　　　　　（昭和大）

設問解説

1 ②examination [igzæmənéiʃən]「試験」は第2強勢が exàm- にありますね。「強勢のない母音字 + 'x' + 強勢のある母音字」の並びでは 'x' は [gz] の音となります。他の①accidental [æksədéntl]「偶然の」，③exercise [éksərsàiz]「練習」，④maximum [mǽksəməm]「最大限の」は「強勢がある母音字 + 'x' + 強勢のない母音字」なので，'x' は [ks] の音になります。**(答②)**

2 ③existence [igzístəns]「存在」は第1強勢が exíst- にあります。「強勢のない母音字 + 'x' + 強勢のある母音字」では 'x' は [gz] の音となります。他の①excellent [éksələnt]「非常に優れた」，②excuse [ikskjú:s]「言い訳」，④extreme [ikstrí:m]「極端な」は「'x' の後ろが子音」なので，'x' は [ks] の音になります。**(答③)**

3 強勢の有無と 'ex' の後ろが子音かどうかに注意して，それぞれの語の発音を比較してみましょう。⑤executive [igzékjətiv]「重役」は第1強勢が exécu- にあるので「強勢のない母音字 + 'x' + 強勢のある母音字」では [gz] の音となります。他は①exercise [éksərsàiz]「練習」と②execution [èksəkjú:ʃən]「執行」は「強勢がある母音字 + 'x' + 強勢のない母音字」，また③extinct [ikstínkt]「絶滅した」と④explode [iksplóud]「爆発する」は「'x' の後ろが子音」なので，どちらも 'x' は [ks] の音になります。**(答⑤)**

4 exhaust [igzɔ́:st]「疲れさせる」は第1強勢が exháust にありますね。「強勢のない母音字 + 'x' + 強勢のある母音字」では 'x' は [gz] の音となります。これと同じ音をもつのは，②example [igzǽmpl]「例」です。①anxious [ǽŋkʃəs]「不安な」は，「'x' の後ろが ious でこの部分に強勢がない」ので，'x' は [kʃ] の音になります。③execution [èksəkjú:ʃən]「死刑執行」と④exhibition [èksəbíʃən]「展覧会」は「強勢がある母音字 + 'x' + 強勢のない母音字」なので，'x' は [ks] の音になります。

(答②)

5 exhibit [igzíbit]「展示する」は第1強勢が exhíbit にありますね。「強勢のない母音字 + 'x' + 強勢のある母音字」では 'x' は [gz] の音となり，同じ音をもつのは②exist [ɪgzíst]「存在する」です。①explore [iksplɔ́:r]「探検する」，④excuse [ikskjú:z]「言い訳をする」は「'x' の後ろが子音」なので，'x' は [ks] の音になります。③approximate [əpráksimət]「近似の」は第1強勢が appróxi- にあるので，「強勢がある母音字 + 'x' + 強勢のない母音字」に従うと，'x' は [ks] の音になります。

(答②)

発音・アクセント

発音の法則 3　'th' の綴りの3つの発音

'th' の綴りをどのように発音しますか。この綴りにも3通りの発音があることを押さえてください。さらに，[θ]と[ð]の発音は日本語にはないので注意しましょう。[θ]は前歯の先に舌先を軽くつけて，そこから声帯をふるわせないで息だけを出すので無声音になります。一方，[ð]は前歯の先に舌先を軽くつけて，そこから声帯をふるわせて声を出しながら息を出すので有声音になります。

綴り字	発音	例
th	[θ]	・north[nɔ́ːrθ]「北」　・earth[ə́ːrθ]「地球」 ・worth[wə́ːrθ]「価値」
	[ð]	・smooth[smúːð]「なめらかな」 ・breathe[bríːð]「呼吸する」 ・worthy[wə́ːrði]「価値がある」
	[t]	・Thames[témz]「テムズ川」

問題

下線部の発音がほかと**異なるもの**を，それぞれ1つずつ選びなさい。

☐ 1　① brea<u>th</u>　② fai<u>th</u>　③ leng<u>th</u>　④ smoo<u>th</u>
（センター試験）

☐ 2　① sou<u>th</u>ern　② <u>th</u>erefore　③ <u>th</u>rough　④ wea<u>th</u>er
（センター試験）

☐ 3　① any<u>th</u>ing　② brea<u>th</u>　③ sou<u>th</u>　④ wea<u>th</u>er
（北里大）

☐ 4　① ba<u>th</u>room　② bir<u>th</u>day　③ clo<u>th</u>ing　④ <u>th</u>eory
（京都産業大）

☐ 5　① me<u>th</u>od　② wor<u>th</u>　③ clo<u>th</u>e　④ au<u>th</u>or　⑤ <u>th</u>umb
（福岡大）

設問解説

1　④ smoo<u>th</u> [smúːð]「なめらかな」は英語の発音からかけ離れたカタカナ英語の発音では「スムース」となるので注意してください。他の① brea<u>th</u> [brédθ]「幅」，

②faith［féiθ］「信頼」，③length［léŋkθ］「長さ」は，どれも 'th' は［θ］の音になります。(答④)

2 ③through［θrúː］「～を通って」の 'th' は［θ］の音です。ほかは①southern［sʌ́ðərn］「南の」，②therefore［ðéərfɔːr］「それゆえ」，④weather［wéðər］「天気」は，どれも 'th' は［ð］の音になります。(答③)

3 先ほども登場した④weather［wéðər］「天気」の 'th' は，［ð］の音でしたね。①anything［éniθiŋ］「何か」，②breath［bréθ］「息」，③south［sáuθ］「南」は，どれも 'th' は［θ］の音になります。(答④)

4 ③clothing［klóuðiŋ］「衣料品」の 'th' は［ð］の音になります。ほかは①bathroom［bǽθrùːm］「浴室」，②birthday［bə́ːrθdèi］「誕生日」，④theory［θíːəri］「理論」は，どれも 'th' は［θ］の音になります。(答③)

5 ③clothe［klóuð］「着せる」の 'th' は［ð］の音になります。ほかは①method［méθəd］「方法」，②worth［wə́ːrθ］「価値」，④author［ɔ́ːθər］「著者」，⑤thumb［θʌ́m］「親指」の 'th' は［θ］の音になります。(答③)

発音の法則 4　'-(e)d' の綴りの3つの発音

みなさんは '-(e)d' の綴りをどのように発音しますか。この綴りにも **3通りの発音**があり，声帯をふるわせないで息だけを出す**無声音**に続くか，あるいは声帯をふるわせて声を出しながら息を出す**有声音**に続くかで，'-(e)d' の発音が変化するので注意しましょう。

綴り字	発音	例
-(e)d	［d］	・loved［lʌ́vd］「愛した」のように有声音で終わる語に '-(e)d' がついた場合。
	［t］	・laughed［lǽft］「笑った」のように無声音で終わる語に '-(e)d' がついた場合。
	［id］	・wanted［wántid］「望んだ」のようにtで終わる語やflooded［flʌ́did］「水浸しにした」のようにdで終わる語に '-ed' がついた場合，また naked［néikid］「裸の」のような一部の形容詞に，［id］となるものがある。

問題

下線部の発音がほかと**異なるもの**を，それぞれ1つずつ選びなさい。

☐ **1**　① express<u>ed</u>　② chang<u>ed</u>　③ call<u>ed</u>　④ enjoy<u>ed</u>　（北里大）

☐ **2**　① answer<u>ed</u>　② lov<u>ed</u>　③ pass<u>ed</u>　④ remain<u>ed</u>
　　　　　　　　　　　　　　　　　　　　　　　　　　　　　（京都産業大）

☐ **3**　① touch<u>ed</u>　② watch<u>ed</u>　③ play<u>ed</u>　④ kick<u>ed</u>　（駒澤大）

☐ **4**　① bak<u>ed</u>　② lik<u>ed</u>　③ nak<u>ed</u>　④ smok<u>ed</u>　（創価大）

下線部の発音が最初の単語の下線部と同じものを1つ選びなさい。

☐ **5**　start<u>ed</u>　① wash<u>ed</u>　② help<u>ed</u>　③ possess<u>ed</u>　④ demand<u>ed</u>
　　　　　　　　　　　　　　　　　　　　　　　　　　　　　（東北福祉大）

設問解説

1 ① express<u>ed</u>［iksprést］「表現した」は無声音［s］に 'ed' がついたので，この 'ed' は［t］と発音します。ほか② chang<u>ed</u>［tʃéindʒd］「変化した」は有声音［dʒ］に 'd' がついたので［d］，③ call<u>ed</u>［kɔ́ːld］「呼んだ」も有声音［l］に 'ed' がついたので［d］，④ enjoy<u>ed</u>［endʒɔ́id］「楽しんだ」もやはり有声音［ɔi］に 'ed' がついたので［d］の音になります。**(答①)**

2 ③ pass<u>ed</u>［pǽst］「通り過ぎた」は無声音［s］に 'ed' がついたので，この 'ed' は［t］と発音します。ほか① answer<u>ed</u>［ǽnsərd］「答えた」は有声音［r］に 'ed' がつき，② lov<u>ed</u>［lʌ́vd］「愛した」は有声音［v］に 'd' がつき，④ remain<u>ed</u>［riméind］「残った」は有声音［n］に 'ed' がついたので［d］の音になります。**(答③)**

3 ③ play<u>ed</u>［pléid］「遊んだ」は有声音［ei］に 'ed' がついたので［d］の音になります。ほか① touch<u>ed</u>［tʌ́tʃt］「触れた」は無声音［tʃ］に 'ed' がつき，② watch<u>ed</u>［wɑ́tʃt］「じっと見た」は無声音［tʃ］に 'ed' がつき，④ kick<u>ed</u>［kíkt］「蹴飛ばした」は無声音［k］に 'ed' がついたので 'ed' は［t］と発音します。**(答③)**

4 ③形容詞 nak<u>ed</u>［néikid］「裸の」は例外で［kid］の音になります。① bak<u>ed</u>［béikt］「焼いた」，② lik<u>ed</u>［láikt］「好んだ」，④ smok<u>ed</u>［smóukt］「タバコを吸った」は無声音［k］に 'ed' がついたので，どれも［t］と発音します。**(答③)**

5 start<u>ed</u>［stáːrtid］「始めた」は 't' で終わる語に 'ed' がついたので，この 'ed' は［id］と発音します。これと同じ音をもつのは④ demand<u>ed</u>［dimǽndid］「要求した」で，

'd' で終わる語に '-ed' がついたのでこの 'ed' も [id] と発音します。ほか① washed [wáʃt]「洗った」は無声音[ʃ]に 'ed' がつき，② helped [hélpt]「助けた」も無声音[p] に 'ed' がつき，③ possessed [pəzést] も無声音[s]に 'ed' がついたので，どれも [t] と発音します。(答④)

発音の法則 5　'au' と 'aw' の綴りの発音は１つ

スペルの中に 'au' と 'aw' の綴り字があれば，これらの綴り字はほとんど [ɔː] の発音になります。楽勝ですね。

綴り字	発音	例
au	[ɔː]	・autumn [ɔ́ːtəm]「秋」　・fault [fɔ́ːlt]「欠陥」 ・awe [ɔ́ː]「畏敬の念」
aw		・dawn [dɔ́ːn]「夜明け」　・law [lɔ́ː]「法」

例外　aunt [ænt]「おば」，laugh [læf]「笑う」は 'au' を [æ] と発音する例外ですので注意。

問題

下線部の発音が最初の単語の下線部と同じものをそれぞれ１つずつ選びなさい。

☐ **1**　r<u>aw</u>　① c<u>oa</u>st　② n<u>au</u>ghty　③ n<u>o</u>tice　④ r<u>ou</u>te　（センター試験）

☐ **2**　all<u>ow</u>　① w<u>a</u>lk　② d<u>aw</u>n　③ <u>au</u>nt　④ kn<u>ow</u>　⑤ t<u>ow</u>el　（福岡大）

下線部の発音がほかと**異なるもの**を，それぞれ１つずつ選びなさい。

☐ **3**　① <u>aw</u>kward　② h<u>a</u>llway　③ l<u>au</u>ndry　④ t<u>oa</u>ster　（センター試験）

☐ **4**　① b<u>ow</u>　② d<u>au</u>ghter　③ l<u>aw</u>　④ th<u>ou</u>ght　（駒澤大）

☐ **5**　① ass<u>au</u>lt　② <u>au</u>nt　③ f<u>au</u>lt　④ t<u>au</u>ght　（東京薬科大）

設問解説

1　raw [rɔ́ː]「生の」と同じ音をもつのは，'au'の綴り字をもつ② n<u>au</u>ghty [nɔ́ːti]「いたずらな」ですね。① c<u>oa</u>st [kóust]「沿岸」と③ n<u>o</u>tice [nóutəs]「気づく」の [ou]

の音に注意しましょう。④route [rúːt]「路線」は 'ou' の綴り字が [uː] という音になります。**(答②)**

2 allow [əláu]「許す」に含まれる 'ow' の綴り字には，[ou] と [au] の 2 つの音があります。④know [nóu]「知っている」の 'ow' の綴り字は [ou] の音ですが，⑤towel [táuəl]「タオル」の 'ow' の綴り字は [au] になります（法則 10）。①walk [wɔ́ːk]「歩く」は [ɔː] と発音し，②dawn [dɔ́ːn]「夜明け」は綴り字 'aw' の法則で，③aunt [ǽnt]「おば」は綴り字 'au' の例外でしたね。**(答⑤)**

3 ①awkward [ɔ́ːkwərd]「ぎこちない」は綴り字 'aw' の法則，③laundry [lɔ́ːndri] は綴り字 'au' の法則で，ともに [ɔː] の音になりますね。②hallway [hɔ́ːlwèi]「廊下」も [ɔː] の音です。しかし，④toaster [tóustər] は綴り字 'oa' の法則で [ou] と発音します（法則 8）。**(答④)**

4 ①bow は綴り字 'ow' の法則で，[ou] と [au] の 2 つの音があり，bow [bóu]「弓」と bow [báu]「お辞儀をする」を押さえましょう。②daughter [dɔ́ːtər]「娘」は綴り字 'aw' の法則で，③law [lɔ́ː]「法」は綴り字 'au' の法則なので，ともに [ɔː] と発音しますね。④thought [θɔ́ːt]「思考」の綴り字 'ou' も [ɔː] の音になります。いずれにしても①の bow が異なる音となります。**(答①)**

5 ①assault [əsɔ́ːlt]「猛攻撃」，③fault [fɔ́ːlt]「欠陥」，④taught [tɔ́ːt]「教えた」は綴り字 'au' の法則で，どれも [ɔː] と発音します。②aunt [ǽnt]「おば」は**綴り字 'au' の法則の例外**で，'au' を [æ] と発音します。**(答②)**

発音の法則 6　'ea' の綴りの 3 つの発音

では，'ea' の綴りをどのように発音しますか。この綴りには [iː] [e] [ei] の 3 通りの発音があり，その中でも [iː] が最も多い発音です。

綴り字	発音	例
ea	[iː]	・lead [líːd]「導く」　・creature [kríːtʃər]「生き物」 ・breathe [bríːð]「呼吸する」
	[e]	・lead [léd]「鉛」　・meadow [médou]「牧草地」 ・breath [bréθ]「呼吸」
	[ei]	・steak [stéik]「ステーキ」　・break [bréik]「壊す」 ・great [gréit]「偉大な」

例外　theater [θíː(ː)ətər]「劇場」

問題

下線部の発音がほかと**異なるもの**を，それぞれ1つずつ選びなさい。

□ 1 ① ben<u>ea</u>th ② br<u>ea</u>the ③ cr<u>ea</u>ture ④ sw<u>ea</u>t （センター試験）

□ 2 ① br<u>ea</u>th ② c<u>ea</u>se ③ l<u>ea</u>f ④ r<u>ea</u>son （センター試験）

□ 3 ① dr<u>ea</u>d ② gr<u>ea</u>t ③ spr<u>ea</u>d ④ thr<u>ea</u>t （センター試験）

□ 4 ① f<u>ea</u>ther ② f<u>e</u>deral ③ g<u>e</u>nder ④ g<u>e</u>ne （センター試験）

□ 5 ① m<u>ea</u>dow ② d<u>ea</u>lt ③ m<u>ea</u>nt ④ m<u>ea</u>sles （駒澤大）

□ 6 ① f<u>ea</u>st ② c<u>ea</u>se ③ h<u>ea</u>l ④ t<u>ea</u>se ⑤ f<u>ea</u>ther （昭和大）

設問解説

1 ④ sw<u>ea</u>t [swét]「汗」のみが綴り字 'ea' の法則で [e] の音になります。ほか① ben<u>ea</u>th [biníːθ]「～の下に」，② br<u>ea</u>the [bríːð]「呼吸する」，③ cr<u>ea</u>ture [kríːtʃər]「生き物」は綴り字 'ea' の法則で [iː] の音になります。**(答④)**

2 ① br<u>ea</u>th [bréθ]「呼吸」のみが綴り字 'ea' の法則で [e] の音になります。ほか② c<u>ea</u>se [síːs]「やめる」，③ l<u>ea</u>f [líːf]「葉」，④ r<u>ea</u>son [ríːzn]「理由」は綴り字 'ea' の法則で [iː] の音になります。**(答①)**

3 ② gr<u>ea</u>t [gréit]「偉大な」のみが綴り字 'ea' の法則で [ei] の音になります。ほか① dr<u>ea</u>d [dréd]「恐怖」，③ spr<u>ea</u>d [spréd]「広がる」，④ thr<u>ea</u>t [θrét]「脅威」は 'ea' の法則で [e] の音になります。**(答②)**

4 ④ g<u>e</u>ne [dʒíːn]「遺伝子」のみ綴り字 'e' が [iː] の音になります。① f<u>ea</u>ther [féðər]「羽」，② f<u>e</u>deral [fédərəl]「封建制の」，③ g<u>e</u>nder [dʒéndər]「ジェンダー，(社会的・文化的) 性別」は [e] の音になります。**(答④)**

5 ④ m<u>ea</u>sles [míːzlz]「はしか」のみが綴り字 'ea' の法則で [iː] の音になります。① m<u>ea</u>dow [médou]「牧草地」，② d<u>ea</u>lt [délt]「(分け)与えた」，③ m<u>ea</u>nt [mént]「意味した」は [e] の音になります。**(答④)**

6 ⑤ f<u>ea</u>ther [féðər]「羽」のみが綴り字 'ea' の法則で [e] の音になります。ほか① f<u>ea</u>st [fíːst]「祝宴」，② c<u>ea</u>se [síːs]「やめる」，③ h<u>ea</u>l [híːl]「癒す，治す」，④ t<u>ea</u>se [tíːz]「いじめる」は綴り字 'ea' の法則で [iː] の音になります。**(答⑤)**

発音の法則 7　'ear' の綴りの4つの発音

みなさんは 'ear' の綴りをどのように発音しますか。この綴りには4通りの発音があることを押さえておきましょう。特に [ɑːr] の発音に注意してください。

綴り字	発音	例
ear	[iər]	・beard [bíərd]「あごひげ」　・dear [díər]「敬愛する」 ・fear [fíər]「恐怖」　・tear [tíər]「涙」
	[eər]	・bear [béər]「クマ」　・pear [péər]「セイヨウナシ」 ・wear [wéər]「身につける」　・tear [téər]「裂く」
	[ɑːr]	・heart [hɑ́ːrt]「心」
	[əːr]	・learn [lə́ːrn]「習得する」　・pearl [pə́ːrl]「真珠」 ・earth [ə́ːrθ]「地球」

問題

下線部の発音が最初の単語の下線部と同じものをそれぞれ1つずつ選びなさい。

☐ **1** d<u>ear</u>　① b<u>ear</u>d　② h<u>ear</u>t　③ p<u>ear</u>l　④ w<u>ear</u>
(センター試験)

☐ **2** rep<u>air</u>　① imp<u>er</u>ial　② prep<u>are</u>　③ sinc<u>ere</u>ly　④ w<u>ear</u>y
(センター試験)

☐ **3** <u>ear</u>lier　① h<u>ear</u>t　② t<u>ear</u>　③ ch<u>ar</u>t
　　④ b<u>ear</u>d　⑤ <u>ear</u>th
(國學院大)

下線部の発音がほかと**異なるもの**を、それぞれ1つずつ選びなさい。

☐ **4**　① <u>ear</u>n　② h<u>ear</u>t　③ p<u>ear</u>l　④ s<u>ear</u>ch　(センター試験)

☐ **5**　① g<u>ear</u>　② cl<u>ear</u>　③ app<u>ear</u>　④ sw<u>ear</u>　(駒澤大)

☐ **6**　① b<u>ear</u>　② <u>ear</u>thquake　③ l<u>ear</u>ning　④ s<u>ear</u>ch　(京都産業大)

次の文の下線部の発音と同じ発音を持つものを、1つ選びなさい。

☐ **7**　Don't t<u>ear</u> the official documents in the box.
　　① m<u>ere</u>　② b<u>ear</u>d　③ h<u>eir</u>　④ h<u>ear</u>d　(駒澤大)

設問解説

1 dear [díər]「敬愛する」は綴り字 'ear' の法則で [iər] の音になります。これと同じ音をもつのは、やはり綴り字 'ear' の法則で [iər] の音をもつ① beard [bíərd]「あごひげ」です。ほか② heart [hɑ́ːrt]「心」、③ pearl [pə́ːrl]「真珠」、④ wear [wéər]「身につける」も綴り字 'ear' の法則ですが、3通りの音になります。**(答①)**

2 repair [ripéər]「修理する」は綴り字は air ですが、[eər] と発音します。これと同じ音をもつのは、② prepare [pripéər]「準備する」です。① imperial [impíəriəl]「帝国の」と③ sincerely [sinsíərli]「心から」は [iər] で、④ weary [wíəri]「疲れた」は綴り字 'ear' の法則で [iər] の音になります。**(答②)**

3 earlier [ə́ːrliər]「より早く」は綴り字 'ear' の法則で [əːr] の音になります。これと同じ音をもつのは、⑤ earth [ə́ːrθ]「地球」です。① heart [hɑ́ːrt]「心」と③ chart [tʃɑ́ːrt]「図表」は [ɑːr] の音を共通にもち、② tear は同綴異音語で、tear [téər]「(動) 裂く」と tear [tíər]「(名) 涙」の2通りの音があり、④ beard [bíərd]「あごひげ」の音を押さえましょう。**(答⑤)**

4 ② heart [hɑ́ːrt]「心」は綴り字 'ear' の法則で [ɑːr] の音になります。① earn [ə́ːrn]「稼ぐ」、③ pearl [pə́ːrl]「真珠」、④ search [sə́ːrtʃ]「捜す」は綴り字 'ear' の法則で [əːr] の音を共通にもちます。**(答②)**

5 ① gear [gíər]「歯車」、② clear [klíər]「明快な」、③ appear [əpíər]「～のように見える」は綴り字 'ear' の法則で [iər] の音を共通にもち、④ swear [swéər]「誓う」だけが [eər] の音です。**(答④)**

6 ② earthquake [ə́ːrθkwèik]「地震」、③ learning [lə́ːrniŋ]「学習」、④ search [sə́ːrtʃ]「捜す」は綴り字 'ear' の法則で [əːr] の音を共通にもち、① bear [béər]「クマ」だけが [eər] の音です。**(答①)**

7 tear は「(動) 裂く」では [téər]、「(名) 涙」の意味では [tíər] と発音します。この文では tear は動詞なので [téər] の音になり、同じ音をもつのは、③ heir [éər]「相続人」です。ほか① mere [míər]「ほんの」、② beard [bíərd]「あごひげ」、④ heard [hə́ːrd]「聞こえた」の発音も押さえておきましょう。**(答③)**

発音・アクセント

発音の法則 8 　'oa' と 'oar' の綴りの発音

'oa' と 'oar' の綴りをどのように発音しますか。'oa' と 'oar' のほとんどがそれぞれ [ou] と [ɔːr] の発音です。どれもこの調子ならよいのですがね。

綴り字	発音	例
oa	[ou]	・coal [kóul]「石炭」　・coast [kóust]「海岸」
oar	[ɔːr]	・roar [rɔ́ːr]「吠える」　・board [bɔ́ːrd]「板」

例外　abr<u>oa</u>d [əbrɔ́ːd]「外国へ」, br<u>oa</u>d [brɔ́ːd]「幅の広い」

問題

下線部の発音がほかと**異なるもの**を，それぞれ1つずつ選びなさい。

□ **1**　① abr<u>oa</u>d　② appr<u>oa</u>ch　③ c<u>oa</u>st　④ thr<u>oa</u>t
（センター試験）

□ **2**　① b<u>oa</u>rd　② t<u>oa</u>st　③ fl<u>oa</u>t　④ c<u>oa</u>ch
（駒澤大）

□ **3**　① appr<u>oa</u>ch　② br<u>oa</u>dcast　③ th<u>ou</u>ght　④ s<u>ou</u>ght
（愛知大学）

□ **4**　① b<u>oa</u>t　② appr<u>oa</u>ch　③ c<u>oa</u>st　④ abr<u>oa</u>d　⑤ thr<u>oa</u>t
（神戸学院大）

下線部の発音が最初の単語の下線部と同じものを1つ選びなさい。

□ **5**　r<u>oa</u>st　① dr<u>a</u>w　② bel<u>ow</u>　③ c<u>a</u>lm　④ <u>a</u>wkward
（福岡大）

設問解説

1　いきなりですが，① abr<u>oa</u>d [əbrɔ́ːd]「外国へ」は綴り字 'oa' の法則の例外で [ɔː] の音ですね。ほか② appr<u>oa</u>ch [əpróutʃ]「接近」，③ c<u>oa</u>st [kóust]「海岸」，④ thr<u>oa</u>t [θróut]「のど」は，綴り字 'oa' の法則で [ou] の音です。（答①）

2　① b<u>oa</u>rd [bɔ́ːrd]「板」は，綴り字 'oar' の法則で [ɔːr] の音です。② t<u>oa</u>st [tóust]「トースト」，③ fl<u>oa</u>t [flóut]「浮かぶ」，④ c<u>oa</u>ch [kóutʃ]「コーチ」は，綴り字 'oa' の法則で [ou] の音です。（答①）

3 ① approach [əpróutʃ]「接近」は，綴り字 'oa' の法則で [ou] の音です。ほか② broadcast [brɔ́:dkæst]「放送」，③ thought [θɔ́:t]「思考」，④ sought [sɔ́:t]「捜した」は，どれも [ɔ:] の音です。**(答①)**

4 また登場しましたね。④ abroad [əbrɔ́:d]「外国へ」は綴り字 'oa' の法則の例外で [ɔ:] の音です。ほか① boat [bóut]「ボート」，② approach [əpróutʃ]「接近」，③ coast [kóust]「海岸」，⑤ throat [θróut]「のど」は，綴り字 'oa' の法則で [ou] の音です。**(答④)**

5 roast [róust]「焼く」は，綴り字 'oa' の法則で [ou] の音です。これと同じ音をもつのは，② below [bilóu]「〜より下に」です。ほか① draw [drɔ́:]「描く」と④ awkward [ɔ́:kwərd]「ぎこちない」は綴り字 'aw' の法則 (→ p.365 参照) で [ɔ:] の音で，③ calm [ká:m]「穏やかな」は [ɑ:] の音です。**(答②)**

発音の法則 9 'ei' の綴りの発音

では，'ei' の綴りをどのように発音しますか。'ei' に [ei] [ai] [i:] の 3 つの発音があることを押さえておきましょう。

綴り字	発音	例
ei	[ei]	・eight [éit]「8」　・freight [fréit]「貨物」 ・neighbor [néibər]「隣人」
	[ai]	・height [háit]「高さ」
	[i:]	・seize [sí:z]「つかむ」　・receipt [risí:t]「領収書」 ・conceive [kənsí:v]「思いつく」

例外　forfeit [fɔ́:rfət]「剥奪，没収」

問 題

下線部の発音がほかと**異なるもの**を，それぞれ 1 つずつ選びなさい。

☐ 1 ① receipt　② neighbor　③ veil　④ vein　　　（駒澤大）

☐ 2 ① receive　② height　③ ceiling　④ perceive　（広島国際大）

☐ 3 ① threaten　② receipt　③ perceive　④ stream　（東京経済大）

下線部の発音が最初の単語の下線部と同じものを，それぞれ1つずつ選びなさい。

☐ **4** s<u>ei</u>ze　① rec<u>ei</u>pt　② fr<u>ei</u>ght　③ v<u>ei</u>n　④ w<u>ei</u>ght（福岡大）

☐ **5** r<u>ei</u>gn　① <u>a</u>miable　② c<u>ei</u>ling　③ dec<u>ei</u>ve　④ st<u>e</u>reo
（日本大）

設問解説

1 ① receipt [risíːt]「領収書」は綴り字 'ei' の法則で，[iː] の音ですね。この発音は綴り字 p が黙字なので要注意ですよ（→ p.380 参照）。ほか② neighbor [néibər]「隣人」，③ veil [véil]「（女性の）ベール」，④ vein [véin]「静脈」はどれも綴り字 'ei' の法則で，「ei」の音です。**(答①)**

2 ② height [háit]「高さ」は綴り字 'ei' の法則で，[ai] の音です。① receive [risíːv]「受け取る」，③ ceiling [síːliŋ]「天井」，④ perceive [pərsíːv]「知覚する」はどれも綴り字 'ei' の法則で，[iː] の音です。**(答②)**

3 ① threaten [θrétn]「脅す」は [e] と発音します。ほか② receipt [risíːt]「領収書」，③ perceive [pərsíːv]「知覚する」，④ stream [stríːm]「小川」は綴り字 'ea' の法則の例外で [iː] の音ですね。**(答①)**

4 seize [síːz]「つかむ」は綴り字 'ei' の法則で，[iː] の音です。これと同じ音をもつのは，① receipt [risíːt]「領収書」ですね。ほか② freight [fréit]「貨物」，③ vein [véin]「静脈」，④ weight [wéit]「重さ」はどれも綴り字 'ei' の法則で，[ei] の音です。
(答①)

5 reign [réin]「治世，統治」は綴り字 'ei' の法則で，[ei] の音です。これと同じ音をもつのは，① amiable [éimiəbl]「愛想のよい」です。ほか② ceiling [síːliŋ]「天井」，③ deceive [disíːv]「だます」は綴り字 'ei' の法則で，[iː] の音で，④ stereo [stériòu]「ステレオ」」は [e] の音となります。**(答①)**

発音の法則 10　'ow' の綴りの 2 つの発音

さて，みなさんは 'ow' の綴りをどのように発音しますか。この綴りにも [ou] [au] の 2 通りの発音があることを押さえておきましょう。

綴り字	発音	例
ow	[ou]	・arrow [ǽrou]「矢」　・crow [króu]「カラス」 ・bow [bóu]「弓」
	[au]	・allow [əláu]「許す」　・crowd [kráud]「群衆」 ・bow [báu]「お辞儀をする」

問題

下線部の発音がほかと**異なるもの**を，それぞれ 1 つずつ選びなさい。

□1　① allow　② crowd　③ flow　④ pound　　（センター試験）

□2　① bowel　② bowl　③ drown　④ brow　　（駒澤大）

□3　① allow　② blow　③ total　④ arrow　　（東京歯科大）

□4　① bestow　② bowl　③ brow　④ flow　　（東京薬科大）

□5　① down　② thrown　③ crown　④ coward　　（駒澤大）

下線部の発音が最初の単語の下線部と同じものを 1 つ選びなさい。

□6　allow　① bowl　② coward　③ grow　④ knowledge
　　　　　　　　　　　　　　　　　　　　　　　　（センター試験）

設問解説

1 ③ flow [flóu]「流れ」は綴り字 'ow' の法則で，[ou] の音です。ほか① allow [əláu]「許す」，② crowd [kráud]「群衆」，④ pound [páund]「ポンド」は綴り字 'ow' の法則で，[au] の音です。**(答③)**

2 ② bowl [bóul]「深鉢，ボウル」は綴り字 'ow' の法則で，[ou] の音です。① bowel [báuəl]「腸（の一部），内臓」，③ drown [dráun]「溺れ死ぬ」，④ brow [bráu]「額」は綴り字 'ow' の法則で，[au] の音です。**(答②)**

3 ① all<u>ow</u> [əláu]「許す」は綴り字 'ow' の法則で，[au] の音ですね。ほか② bl<u>ow</u> [blóu]「（風が）吹く」「打撃」，④ arr<u>ow</u> [ǽrou]「矢」は綴り字 'ow' の法則で，そして③ t<u>o</u>tal [tóutl]「合計」は綴り字 'o' で [ou] の音です。**(答①)**

4 ③ br<u>ow</u> [bráu]「額」は綴り字 'ow' の法則で，[au] の音でしたね。ほか① best<u>ow</u> [bistóu]「授ける」，② b<u>ow</u>l [bóul]「深鉢，ボウル」，④ fl<u>ow</u> [flóu]「流れ」は綴り字 'ow' の法則で，[ou] の音です。**(答③)**

5 ② thr<u>ow</u>n [θróun]「投げられた」は綴り字 'ow' の法則で，[ou] の音です。ほか① d<u>ow</u>n [dáun]「下方へ」，③ cr<u>ow</u>n [kráun]「王冠」，④ c<u>ow</u>ard [káuərd]「おく病者」は綴り字 'ow' の法則で，[au] の音です。**(答②)**

6 all<u>ow</u> [əláu]「許す」は綴り字 'ow' の法則で，[au] の音でしたね。これと同じ音を持つのは② c<u>ow</u>ard [káuərd]「おく病者」です。ほか① b<u>ow</u>l [bóul]「深鉢，ボウル」と③ gr<u>ow</u> [gróu]「成長する」は綴り字 'ow' の法則で，[ou] の音です。④ kn<u>ow</u>ledge [nɑ́lidʒ] は [ɑ] と発音するので注意してください。**(答②)**

発音の法則 11　'oo' の綴りの3つの発音

'oo' の綴りをどのように発音しますか。この綴りにも [uː] [u] [ʌ] の3通りの発音があります。発音の要領をしっかり身につけてくださいね。

綴り字	発音	例
oo	[uː]	・f<u>oo</u>d [fúːd]「食べ物」　・l<u>oo</u>se [lúːs]「ゆるい」
	[u]	・f<u>oo</u>t [fút]「足」　・w<u>oo</u>l [wúl]「羊毛」
	[ʌ]	・bl<u>oo</u>d [blʌ́d]「血」　・fl<u>oo</u>d [flʌ́d]「洪水」

問題

下線部の発音が最初の単語の下線部と同じものを，それぞれ1つずつ選びなさい。

□**1** m<u>oo</u>d　① fl<u>oo</u>d　② fl<u>oo</u>r　③ sh<u>oo</u>t　④ w<u>oo</u>l（センター試験）

□**2** h<u>oo</u>d　① bl<u>oo</u>d　② b<u>u</u>llet　③ b<u>u</u>tton　④ sm<u>oo</u>th
（センター試験）

□**3** f<u>oo</u>lish　① fl<u>oo</u>d　② b<u>oo</u>t　③ f<u>oo</u>t　④ underst<u>oo</u>d　（神戸学院大）

下線部の発音がほかと**異なるもの**を，それぞれ1つずつ選びなさい。

☐ 4　① b<u>oo</u>t　② g<u>oo</u>se　③ pr<u>oo</u>f　④ w<u>oo</u>l　　　　（センター試験）

☐ 5　① bl<u>oo</u>d　② f<u>oo</u>d　③ sm<u>oo</u>th　④ m<u>oo</u>n　　　　（北里大）

☐ 6　① fl<u>oo</u>d　② shamp<u>oo</u>　③ f<u>oo</u>l　④ sm<u>oo</u>th　　　　（駒澤大）

☐ 7　① childh<u>oo</u>d　② f<u>oo</u>d　③ f<u>oo</u>t　④ sh<u>oo</u>k　　　　（東京薬科大）

設問解説

1　mood[mú:d]「気分」は綴り字 'oo' の法則で，[u:]の音です。これと同じ音をもつのは③ shoot[ʃú:t]「撃つ」です。ほか① flood[flʌ́d]「洪水」，② floor[flɔ́:r]「床」，④ wool[wúl]「羊毛」と発音するので注意しましょう。**(答③)**

2　hood[húd]「ずきん，フード」は綴り字 'oo' の法則から[u]の音で，これと同じ音をもつのは② bullet[búlət]「弾丸」です。ほか① blood[blʌ́d]「血」と③ button[bʌ́tn]「ボタン」は[ʌ]の音で，④ smooth[smú:ð]「なめらかな」は[u:]と発音します。**(答②)**

3　foolish[fú:liʃ]「愚かな」は綴り字 'oo' の法則で，[u:]の音です。これと同じ音をもつのは② boot[bú:t]「長靴，ブーツ」です。ほか① flood[flʌ́d]「洪水」は綴り字 'oo' の法則で[ʌ]の音となり，③ foot[fút]「足」と④ understood[ʌ̀ndərstúd]「理解した」は[u]の音になります。**(答②)**

4　④ wool[wúl]「羊毛」は綴り字 'oo' の法則で，[u]の音でしたね。カタカナ英語の「ウール」の発音との違いに注意してください。ほか① boot[bú:t]「長靴，ブーツ」，② goose[gú:s]「ガチョウ」，③ proof[prú:f]「証明」は綴り字 'oo' の法則で[u:]の音となります。**(答④)**

5　① blood[blʌ́d]「血」は綴り字 'oo' の法則で[ʌ]の音となります。ほか② food[fú:d]「食べ物」，③ smooth[smú:ð]「なめらかな」，④ moon[mú:n]「月」は綴り字 'oo' の法則で，[u:]の音です。**(答①)**

6　① flood[flʌ́d]「洪水」は綴り字 'oo' の法則で[ʌ]の音となります。ほか② shampoo[ʃæmpú:]「洗髪（剤）」，③ fool[fú:l]「ばか者」，④ smooth[smú:ð]「なめらかな」は綴り字 'oo' の法則で[u:]の音となります。**(答①)**

7　② food[fú:d]「食べ物」は綴り字 'oo' の法則で，[u:]の音です。ほか① childhood[tʃáildhùd]「子どもの頃」，③ foot[fút]「足」，④ shook[ʃúk]「振った」は綴り字 'oo' の法則で，[u]の音です。**(答②)**

発音・アクセント

発音の法則 12　'-ate' の綴りの発音

-ate の綴りをどのように発音しますか。この綴りは，**動詞の場合**[eit]，**名詞・形容詞の場合**[ət]と発音が異なるので注意しましょう。

綴り字	発　音	例
-ate	動詞の場合 [eit]	・create [kriéit]「創造する」 ・hesitate [héziteit]「ためらう」
	名詞・形容詞の場合 [ət]	・climate [kláimət]「気候」 ・passionate [pǽʃənət]「熱烈な」

問題

下線部の発音がほかと**異なるもの**を，それぞれ1つずつ選びなさい。

□ 1　① demonstr<u>a</u>te　② congratul<u>a</u>te　③ liber<u>a</u>te　④ sen<u>a</u>te
　　　　　　　　　　　　　　　　　　　　　　　　　　　　　　　（駒澤大）

□ 2　① accumul<u>a</u>te　② inappropri<u>a</u>te　③ clim<u>a</u>te　④ delic<u>a</u>te
　　　　　　　　　　　　　　　　　　　　　　　　　　　　　　　（東京薬科大）

□ 3　① demonstr<u>a</u>te　② hesit<u>a</u>te　③ penetr<u>a</u>te　④ immedi<u>a</u>te
　　　　　　　　　　　　　　　　　　　　　　　　　　　　　　　（福岡大）

設問解説

1　④ sen<u>a</u>te [sénət]「上院」は名詞なので，綴り字 '-ate' の法則で [ət] の音となります。ほか① demonstr<u>a</u>te [démənstrèit]「論証する，デモをする」，② congratul<u>a</u>te [kəngrǽdʒəlèit]「祝う」，③ liber<u>a</u>te [líbərèit]「解放する」は動詞なので，綴り字 '-ate' の法則で [eit] の音となります。**（答④）**

2　① accumul<u>a</u>te [əkjúːmjəlèit]「積み上げる」は動詞なので，綴り字 '-ate' の法則で [eit] の音となります。ほか③ clim<u>a</u>te [kláimət]「気候」は名詞，② inappropri<u>a</u>te [inəpróupriət]「不適当な」，④ delic<u>a</u>te [délikət]「優美な」は形容詞なので，綴り字 '-ate' の法則で [ət] の音となります。**（答①）**

3　④ immedi<u>a</u>te [imíːdiət]「即座の」は形容詞なので，綴り字 '-ate' の法則で [ət] の音となります。ほか① demonstr<u>a</u>te [démənstrèit]「論証する，デモをする」，② hesit<u>a</u>te [hézitèit]「ためらう」，③ penetr<u>a</u>te [pénətrèit]「貫通する」は動詞なので，綴り字 '-ate' の法則で [eit] の音となります。**（答④）**

発音の法則 13　'-ite' の綴りの2つの発音

'-ite' の綴りをどのように発音しますか。この綴りは**アクセントの有無により発音が異なります**。[ait] と [ət] [it] の3通りの発音があることを押さえておきましょう。

綴り字	発音	例
-ite	'-ite' にアクセントがある場合　[ait]	・despíte [dispáit]「にもかかわらず」 ・políte [pəláit]「丁寧な」
	'-ite' にアクセントがない場合　[ət] [it]	・fávorite [féivərət]「好きな」 ・hýpocrite [hípəkrìt]「偽善者」

例外　'-ite' にアクセントはないが [ait] の音になる場合
　　sátellite [sætəlàit]「衛星」, áppetite [ǽpətàit]「食欲」

問題

下線部の発音がほかと**異なるもの**を、それぞれ1つずつ選びなさい。

□ **1**　① pol<u>i</u>te　② dec<u>i</u>de　③ el<u>i</u>te　④ al<u>i</u>ve　　　　　（福岡大）

□ **2**　① d<u>i</u>et　② desp<u>i</u>te　③ conta<u>i</u>n　④ requ<u>i</u>re　⑤ exc<u>i</u>te
　　　　　　　　　　　　　　　　　　　　　　　　　　　　（日本獣医生命科学大）

下線部の発音が最初の単語の下線部と同じものを1つ選びなさい。

□ **3**　rec<u>i</u>te　① m<u>i</u>nister　② pr<u>i</u>de　③ m<u>i</u>serable　④ pol<u>i</u>ce
　　　　　　　　　　　　　　　　　　　　　　　　　　　　（福岡大）

次の文の下線部の発音と同じ発音を持つものを、1つ選びなさい。

□ **4**　The game is broadcast l<u>i</u>ve from South Africa.
　　① n<u>i</u>ckel　② k<u>i</u>te　③ p<u>i</u>lgrim　④ kn<u>i</u>t　　　　　（駒澤大）

設問解説

1　③ el<u>i</u>te [ilíːt]「エリート」は '-ite' の綴り字を含んでいますが、フランス語からの外来語で [iː] と発音します。① pol<u>i</u>te [pəláit]「丁寧な」は '-ite' にアクセントがあるので、綴り字 '-ite' の法則で下線の箇所は、② dec<u>i</u>de [disáid]「決定する」と④ al<u>i</u>ve [əláiv]「生きている」と同様に [ai] の音となります。**(答③)**

2　②despite[dispáit]「にもかかわらず」と⑤excite[iksáit]「興奮させる」はどちらも '-ite' にアクセントがあるので，綴り字 '-ite' の法則で下線の箇所は，①diet[dáiət]「ダイエット」と④require[rikwáiər]「必要とする」と同様に[ai]の音となります。③contain[kəntéin]「含む」は[e]の音なので，これだけが違う音となりますね。
(答③)

3　recite[risáit]「暗唱する」は '-ite' にアクセントがあるので，綴り字 '-ite' の法則で下線の箇所は，[ai]の音となり，これと同じ音をもつのは②pride[práid]「誇り」です。ほか①minister[mínəstər]「大臣」と③miserable[mízərəbl]「みじめな」は[i]の音で，④police[pəlíːs]「警察」は[iː]と発音します。(答②)

4　The game is broadcast live from South Africa. この文での live「生放送で」は副詞なので[láiv]と発音します。これと同じ音をもつのは②kite[káit]「凧」で，'-ite' にアクセントがあるので，綴り字 '-ite' の法則から下線の箇所は，[ai]の音となります。ほか①nickel[níkl]「ニッケル」，③pilgrim[pílgrim]「巡礼者」，④knit[nít]「編む」はどれも[i]と発音します。(答②)

発音の法則 14　'-ough' の綴りの 7 つの発音

では，'ough' の綴りをどのように発音しますか。驚くことにこの綴りには[au][ou][ʌf][ɔ(ː)f][ə][ɔː][uː]の 7 通りの発音があります。めげずにガンバロー！

綴り字	発音	例
-ough	[au]	・drought[dráut]「干ばつ」
	[ou]	・though[ðóu]「～だけれども」
	[ʌf]	・enough[inʌ́f]「十分な」
	[ɔ(ː)f]	・cough[kɔ́(ː)f]「咳をする」
	[ə]	・thorough[θʌ́rə／θə́ːrou]「完全な」
	[ɔː]	・thought[θɔ́ːt]「思考」
	[uː]	・through[θrúː]「～を通して」

問題

下線部の発音がほかと**異なるもの**を，それぞれ 1 つずつ選びなさい。

☐ 1　① cough　② neighbor　③ sight　④ thorough　　(東京薬科大)

☐ 2　① drought　② thought　③ brought　④ sought　　(駒澤大)

☐ 3	① cough	② enough	③ rough	④ through	(京都産業大)
☐ 4	① although	② both	③ coach	④ sought	(京都産業大)
☐ 5	① cough	② laugh	③ sigh	④ tough	(駒澤大)

設問解説

1 ① cough [kɔ́(:)f]「咳をする」は綴り字'-ough'の法則で[ɔ(:)f]と発音します。ほか② neighbor [néibər]「隣人」、③ sight [sáit]「視力, 光景」、④ thorough [θə́:rou]「完全な」の'gh'は、実際には発音されない綴りで、これを黙字と言います。(答①)

2 ① drought [dráut]「干ばつ」は綴り字'-ough'の法則で[au]と発音します。② thought [θɔ́:t]「思考」、③ brought [brɔ́:t]「持ってきた」、④ sought [sɔ́:t]「捜した」は、どれも[ɔ:]の音です。(答①)

3 ④ through [θrú:]「〜を通して」は綴り字'-ough'の法則で[u:]と発音し、'gh'は黙字です。① cough [kɔ́(:)f]「咳をする」、② enough [inʌ́f]「十分な」、③ rough [rʌ́f]「粗い」は綴り字'-ough'の法則で、どれも[f]と発音します。(答④)

4 ④ sought [sɔ́:t]「捜した」は、綴り字'-ough'の法則で、[ɔ:]の音です。ほか① although [ɔ:lðóu]「〜だけれども」、② both [bóuθ]「両方の」、③ coach [kóutʃ]「コーチ」のどれも[ou]の音です。(答④)

5 ③ sigh [sái]「ため息をつく」と発音し、'gh'は黙字です。② laugh [lǽf]「笑う」は[f]、① cough [kɔ́(:)f]「咳をする」は綴り字'-ough'の法則で[ɔ(:)f]、④ tough [tʌ́f]「堅い」は綴り字'-ough'の法則で[ʌf]と発音します。(答③)

発音の法則15 「黙字13」の綴り字

それでは，発音編の最後にあたり，文字には書かれていても<u>実際には発音されないもの</u>があります。これを<u>黙字</u>と言い，<u>13綴り字</u>あります。ここは入試出題者の狙い目の1つです。

b	dou<u>b</u>t [dáut]「疑う」		c	mus<u>c</u>le [mʌ́sl]「筋肉」
d	han<u>d</u>some [hǽnsəm]「ハンサムな」		g	forei<u>g</u>n [fɔ́rən]「外国の」
gh	ni<u>gh</u>t [náit]「夜」		h	<u>h</u>eir [éər]「相続人」
k	<u>k</u>nife [náif]「ナイフ」		l	ca<u>l</u>m [kɑ́:m]「穏やかな」
n	condem<u>n</u> [kəndém]「非難する」		p	recei<u>p</u>t [risí:t]「レシート」
s	i<u>s</u>land [áilənd]「島」		t	lis<u>t</u>en [lísn]「耳を傾ける」
w	s<u>w</u>ord [sɔ́:rd]「剣」			

問題

下線部の発音が最初の単語の下線部と同じものを，それぞれ1つずつ選びなさい。

☐ **1** colla<u>p</u>se ① cu<u>p</u>board ② <u>ph</u>ysics ③ <u>p</u>sychology ④ she<u>ph</u>erd （センター試験）

☐ **2** she<u>ph</u>erd ① <u>p</u>sychology ② ho<u>p</u>e ③ recei<u>p</u>t ④ <u>ph</u>oto （東京家政学院大）

下線部の発音がほかと**異なるもの**を，それぞれ1つずつ選びなさい。

☐ **3** ① su<u>b</u>tle ② su<u>b</u>title ③ thum<u>b</u> ④ clim<u>b</u> （国士舘大）

☐ **4** ① dis<u>c</u>uss ② mus<u>c</u>le ③ <u>sc</u>arcely ④ <u>sc</u>arf （東京薬科大）

☐ **5** ① cou<u>gh</u> ② bou<u>gh</u> ③ rou<u>gh</u> ④ lau<u>gh</u> （駒澤大）

設問解説

1 colla<u>p</u>se [kəlǽps]「崩壊する」の 'p' は [p] の音です。それと同じ音をもつのは，④ she<u>ph</u>erd [ʃépərd]「羊飼い」です。ほか① cu<u>p</u>board [kʌ́bərd]「戸棚」，③ <u>p</u>sychology [saikɑ́lədʒi]「心理学」の 'p' は<u>黙字</u>で，② <u>ph</u>ysics [fíziks]「物理学」の 'ph' は [f] の音です。**（答④）**

2 she<u>ph</u>erd [ʃépərd]「羊飼い」は [p] の音です。それと同じ音をもつのは，②

hope[hóup]「希望する」です。①psychology[saikálədʒi]「心理学」，③receipt[risí:t]「レシート」の 'p' は黙字で，④photo[fóutou]「写真」の 'ph' は[f]の音です。**(答②)**

3 ②subtitle[sʌ́btàitl]「副題」の 'b' は[b]の音です。ほか①subtle[sʌ́tl]「微妙な」，③thumb[θʌ́m]「親指」，④climb[kláim]「登る」の 'b' は黙字です。**(答②)**

4 ②muscle[mʌ́sl]「筋肉」の 'c' は黙字でしたね。①discuss[diskʌ́s]「議論する」，③scarcely[skéərsli]「ほとんど〜ない」，④scarf[ská:rf]「スカーフ」の 'sc' は[sk]の音です。**(答②)**

5 ②bough[báu]「大枝」の 'gh' は黙字です。ほか①cough[kɔ́(:)f]「咳をする」，③rough[rʌ́f]「粗い」は綴り字 '-ough' の法則で[f]と発音しましたね。また，④laugh[lǽf]「笑う」も[f]です。**(答②)**

●同音異義語

[éər]	air「空気」/ heir「相続人」	[dái]	die「死ぬ」/ dye「染める」
[fláuər]	flower「花」/ flour「小麦粉」	[fául]	foul「下品な」/ fowl「家禽」
[héər]	hair「髪」/ hare「野ウサギ」	[hí:l]	heal「治す」/ heel「かかと」
[náit]	knight「騎士」/ night「夜」	[préi]	pray「祈る」/ prey「餌食」
[réin]	rain「雨」/ reign「統治」	[pí:s]	piece「1片」/ peace「平和」
[róul]	roll「転がる」/ role「役割」	[stéər]	stair「階段」 stare「じっと見つめる」
[sóu]	sew「縫う」/ sow「(種を)まく」	[sáit]	site「場所」/ cite「引用する」
[stí:l]	steel「鋼鉄」/ steal「盗む」	[wéist]	waist「腰」/ waste「浪費する」

●同綴異音異義語

bow	[bóu]「弓」/ [báu]「お辞儀する」
desert	[dézərt]「砂漠」/ [dizə́:rt]「見捨てる」
minute	[mínət]「分」/ [main(j)ú:t]「微細な」
tear	[tíər]「涙」/ [téər]「引き裂く」
wound	[wú:nd]「傷」/ [wáund]「巻く (wind の過去, 過去分詞)」

アクセントの法則 1　名前動後 I

みなさんは，「竹が節と節に区切られて続いている」ように，単語にも1つのまとまりとして発音される最小の単位を表す音節 (syllable) があるということをご存じですね。ふつうは核となる母音 (日本語で言えばア，イ，ウ，エ，オに近い音) があり，その前後に子音を伴います。アクセントは母音に置かれ，どの母音に一番強いアクセントを置くかは，品詞や接尾辞などからその規則性を推測することができます。

それでは，その基本となるアクセントの法則12を順を追って見ていきましょう。まず，品詞の違いによるアクセントの位置の規則性です。どこかで聞いたことがあるかもしれませんが「名前動後」という言葉は，品詞によるアクセントの規則性を覚えるのに創作された言葉です。2音節の語では，名詞あるいは形容詞の場合は前の音節の母音にアクセントが置かれ，動詞の場合は後ろの音節の母音にアクセントが置かれる規則性があります。

cap-tain [kǽptn]（名）「船長，キャプテン」
cer-tain [sə́ːrtn]（形）「確信している」
main-tain [meintéin]（動）「維持する」

例外　名前動後の法則の例外を押さえておきましょう。

● 2音節の名詞あるいは形容詞で，後ろの音節の母音にアクセントが置かれる場合。
・ad-vice [ədváis]「助言」　・ca-nal [kənǽl]「運河」
・des-sert [dizə́ːrt]「デザート」　・ef-fect [ifékt]「結果」
・per-cent [pərsént]「パーセント」　・suc-cess [səksés]「成功」
・dis-tinct [distíŋkt]「明らかに異なる」

● 2音節の動詞で，前の音節の母音にアクセントが置かれる場合。
・ar-gue [áːrgjuː]「主張する」　・con-quer [káŋkər]「征服する」
・man-age [mǽnidʒ]「経営する」　・suf-fer [sʌ́fər]「苦しむ」

問題

第1アクセント（第1強勢）の位置がほかと**異なるもの**を，それぞれ1つずつ選びなさい。

☐ **1**　① ad-vise　② for-get　③ man-age　④ sur-prise
(センター試験)

☐ **2**　① ef-fect　② es-sence　③ in-sect　④ tal-ent
(センター試験)

☐ 3 ① dis-tinct ② main-tain ③ sand-wich ④ u-nite
(センター試験)

☐ 4 ① advice ② conscious ③ knowledge ④ soldier
(センター試験)

☐ 5 ① ceiling ② hardly ③ journey ④ percent
(センター試験)

設問解説

1 すべて動詞なので名前動後の法則から通例アクセントは後ろに置かれますが，③ man-age [mǽnidʒ]「経営する」は例外で，2音節の動詞ですが前の音節の母音にアクセントが置かれましたね。その他① ad-vise [ədváiz]「忠告する」，② for-get [fərgét]「忘れる」，④ sur-prise [sərpráiz]「驚かす」は法則通り後ろにアクセントが置かれます。**(答③)**

2 すべて名詞なので名前動後の法則から通例アクセントは前に置かれますが，① ef-fect [ifékt]「結果」は例外で，2音節の名詞ですが後ろの音節の母音にアクセントが置かれます。その他② es-sence [ésns]「本質」，③ in-sect [ínsekt]「昆虫」，④ tal-ent [tǽlənt]「才能」は法則通り前にアクセントが置かれます。**(答①)**

3 2音節の形容詞は通例前の音節の母音にアクセントが置かれますが，① dis-tinct [distíŋkt]「明らかに異なる」は後ろの音節の母音にアクセントが置かれる例外でしたね。その他は名前動後の法則から③ sand-wich [sǽndwitʃ]「サンドイッチ」は名詞なので前の音節の母音にアクセントが置かれ，② main-tain [meintéin]「維持する」と④ u-nite [junáit]「結合する」は動詞なので後ろの音節の母音にアクセントが置かれます。アクセントの位置が他と異なるのは③となります。**(答③)**

4 ① ad-vice [ədváis]「助言」は名前動後の法則の例外で，後ろの音節の母音にアクセントが置かれます。その他は② con-scious [kánʃəs]「意識している」，③ knowl-edge [nálidʒ]「知識」，④ sol-dier [sóuldʒər]「兵士」は法則通り前にアクセントが置かれます。**(答①)**

5 ④ per-cent [pərsént]「パーセント」は名前動後の法則の例外で，後ろの音節の母音にアクセントが置かれます。その他は① ceil-ing [síːliŋ]「天井」，② hard-ly [háːrdli]「ほとんど~ない」，③ jour-ney [dʒə́ːrni]「旅」は，すべてアクセントは前の音節の母音に置かれます。**(答④)**

アクセントの法則 2 名前動後 Ⅱ

同じ綴りで品詞が異なる場合，名詞(または形容詞)では前の音節の母音にアクセント，動詞では後ろの音節の母音にアクセントを置く。

ab-sent [ǽbsənt]　(形)「欠席の」	ab-sent [æbsént]　(動)「欠席する」
con-duct [kándʌkt]　(名)「行ない」	con-duct [kəndʌ́kt]　(動)「行なう」
con-test [kántest]　(名)「競争」	con-test [kəntést]　(動)「競う」
des-ert [dézərt]　(名)「砂漠」	de-sert [dizə́ːrt]　(動)「捨てる」
in-crease [ínkriːs]　(名)「増加」	in-crease [inkríːs]　(動)「増える」
in-sult [íns ʌlt]　(名)「侮辱」	in sult [insʌ́lt]　(動)「侮辱する」
ob-ject [ábdʒikt]　(名)「物体」	ob-ject [əbdʒékt]　(動)「反対する」
pres-ent [préznt]　(名)「贈り物」/ (形)「現在の」	pre-sent [prizént]　(動)「贈呈する」
prog-ress [prágres]　(名)「進歩」	prog-ress [prəgrés]　(動)「進歩する」
re-cord [rékərd]　(名)「記録」	re-cord [rikɔ́ːrd]　(動)「記録する」

例外　名詞であれ動詞であれ，品詞にかかわらずアクセントの位置が変わらない頻出語

chal-lenge [tʃǽlindʒ]　(名)「挑戦」　(動)「異議を唱える」
com-fort [kʌ́mfərt]　(名)「快適さ」　(動)「慰める」
com-ment [káment]　(名)「論評」　(動)「論評する」
con-cern [kənsə́ːrn]　(名)「関心事」　(動)「関係する」
con-sent [kənsént]　(名)「同意」　(動)「同意する」
con-trol [kəntróul]　(名)「支配」　(動)「支配する」
dam-age [dǽmidʒ]　(名)「損害」　(動)「損害を与える」
ne-glect [niglékt]　(名)「怠惰」　(動)「怠る」
pur-chase [pə́ːrtʃəs]　(名)「購入」　(動)「購入する」
re-port [ripɔ́ːrt]　(名)「報告」　(動)「報告する」
res-cue [réskjuː]　(名)「救助」　(動)「救う」
re-spect [rispékt]　(名)「尊敬」　(動)「尊敬する」

問題

第1アクセント（第1強勢）の位置がほかと**異なるもの**を，それぞれ1つずつ選びなさい。

☐ 1　① com-fort　② in-sist　③ pro-vide　④ se-lect
（センター試験）

☐ 2　① ad-mire　② con-sent　③ ne-glect　④ pur-chase
（センター試験）

☐ 3　① art-ist　② as-pect　③ boy-cott　④ ca-nal　（センター試験）

☐ 4　① dam-age　② mis-take　③ oc-cur　④ per-form
（センター試験）

☐ 5　① ac-cept　② jour-ney　③ re-spect　④ un-less
（センター試験）

設問解説

1　① com-fort [kʌ́mfərt]（名）「快適さ」，（動）「慰める」は品詞にかかわらず前の音節の母音にアクセントが置かれます。その他② in-sist [insíst]「主張する」，③ pro-vide [prəváid]「供給する」，④ se-lect [səlékt]「選び出す」は，すべて動詞なので名前動後の法則からアクセントは後ろに置かれます。**(答①)**

2　① ad-mire [ədmáiər]「感嘆する」は動詞なので名前動後の法則からアクセントは後ろに置かれます。② con-sent [kənsént]（名）「同意」，（動）「同意する」，③ ne-glect [niglékt]（名）「怠惰」，（動）「怠る」は品詞にかかわらず後ろの音節にアクセントが置かれ，④ pur-chase [pə́ːrtʃəs]（名）「購入」，（動）「購入する」は品詞にかかわらず前の音節にアクセントが置かれます。アクセントの位置が他と異なるのは④となります。**(答④)**

3　④ ca-nal [kənǽl]「運河」は例外で，2音節の名詞ですが後ろの音節にアクセントが置かれます。③ boy-cott [bɔ́ikɑt]（名）「不買運動」，（動）「購買を拒否する」は品詞にかかわらず前の音節にアクセントが置かれます。その他① art-ist [áːrtist]「芸術家」，② as-pect [ǽspekt]「側面」は名詞なので名前動後の法則からアクセントは前に置かれます。**(答④)**

4 ①dam-age[dǽmidʒ](名)「損害」,（動)「損害を与える」は品詞にかかわらず前の音節にアクセントが置かれ，②mis-take[mistéik](名)「間違い」,（動)「間違える」は品詞にかかわらず後ろの音節にアクセントが置かれます。③oc-cur［əkə́:r］「起こる」，④per-form[pərfɔ́:rm]「成し遂げる」は動詞なので名前動後の法則からアクセントは後ろに置かれます。**(答①)**

5 名前動後の法則から①ac-cept[əksépt]「受け取る」は動詞なので後ろの音節，②jour-ney[dʒə́:rni]「旅」は名詞なので前の音節にアクセントが置かれます。④un-less[ənlés]「〜しない限り」は接続詞で後ろの音節にアクセントがあります。③re-spect[rispékt]（名)「尊敬」，（動)「尊敬する」は品詞にかかわらず後ろの音節にアクセントが置かれます。**(答②)**

アクセントの法則 3　接尾辞 -ee / -eer / -oo

接尾辞 -ee / -eer / -oo で終わる語は**その音節の母音にアクセント**。

-ee	・career[kəríər]「経歴」　・refugee[rèfjudʒí:](名)「難民」
-eer	・engineer[èndʒəníər](名)「技師」 ・volunteer[vɑ̀:ləntíər](名)「ボランティア」
-oo	・taboo[təbú:](名)「タブー」 ・shampoo[ʃæmpú:](名)「シャンプー」

例外　coffee[kɔ́:fi]「コーヒー」

問題

第1アクセント（第1強勢）の位置がほかと**異なるもの**を，それぞれ1つずつ選びなさい。

□1　① ca-reer　　② de-lay　　③ jack-et　　④ suc-cess
（センター試験）

□2　① ca-noe　　② cof-fee　　③ res-cue　　④ suf-fer　（センター試験）

□3　① ref-uge　　② con-sent　　③ tat-too
　　④ de-gree　　⑤ ex-cel
（昭和大）

□4　① en-gi-neer　　② in-ter-rupt　　③ vol-un-teer
　　④ rec-om-mend　　⑤ in-ter-pret
（亜細亜大）

386

与えられた語と第1アクセント（第1強勢）の位置が同じ語を1つ選びなさい。

☐ 5 mech-a-nism

① an-ten-na　② en-gi-neer　③ in-stru-ment　④ sub-scrib-er

(慶應義塾大)

設問解説

1 ① ca-reer[kəríər]「経歴」は接尾辞 -eer の法則から，その音節の母音にアクセントが置かれます。② de-lay[diléi]（名）「遅延」，（動）「遅延させる」は品詞にかかわらず後ろの音節にアクセントが置かれ，③ jack-et[dʒǽkit]「上着」は名詞なので前の音節にアクセントが置かれますが，④ suc-cess[səksés]「成功」は例外で，名詞ですが後ろの音節にアクセントが置かれます。(答③)

2 ① ca-noe[kənú:]「カヌー」は名詞ですが後ろの音節に，④ suf-fer[sʌ́fər]「苦しむ」は動詞ですが前の音節にアクセントがある名前動後の法則の例外です。② cof-fee[kɔ́:fi]「コーヒー」は接尾辞 -ee の法則の例外でアクセントは前の音節に置かれます。③ res-cue[réskju:]（名）「救助」，（動）「救う」は品詞にかかわらず前の音節にアクセントが置かれます。(答①)

3 名前動後の法則から① ref-uge[réfju:dʒ]「避難」は名詞なので前の音節，⑤ ex-cel[iksél]「秀でている」は動詞なので後ろの音節にアクセントが置かれます。② con-sent[kənsént]（名）「同意」，（動）「同意する」は品詞にかかわらず後ろの音節にアクセント，③ tat-too[tætú:]「刺青」と④ de-gree[digrí:]「程度」は接尾辞 -oo / -ee の法則からその音節の母音にアクセントが置かれます。(答①)

4 ① en-gi-neer[èndʒəníər]「技師」と③ vol-un-teer[vὰ:ləntíər]「ボランティア」は接尾辞 -eer の法則からその音節の母音にアクセントが置かれます。② in-ter-rupt[intərʌ́pt]「邪魔をする」と④ rec-om-mend[rèkəménd]「推薦する」は第3音節にアクセントが置かれます。⑤ in-ter-pret[intə́:rprət]「通訳する」のアクセントの位置に注意しましょう。(答⑤)

5 mech-a-nism[mékənizm]「構造」のアクセントは前の音節に置かれ，日本語化しているカタカナ語のアクセントとはまったく違うので注意しましょう。一方，① an-ten-na[ænténə]「アンテナ」はカタカナ語のアクセントに似ていますね。② en-gi-neer[èndʒəníər]（名）「技師」は接尾辞 -eer の法則からその音節の母音にアクセントが置かれます。③ in-stru-ment[ínstrəmənt]「道具」は第1音節に，④ sub-scrib-er[səbskráibər]「購読者」は第2音節にアクセントが置かれます。(答③)

日本語化しているカタカナ語のアクセントに注意

acrobat[ǽkrəbæt]「アクロバット」	alchohol[ǽlkəhɔ̀(:)l]「アルコール」
amateur[ǽmətʃùər]「アマチュア」	calendar[kǽləndər]「カレンダー」
chocolate[tʃɔ́(:)kələt]「チョコレート」	dessert[dizə́:rt]「デザート」 (desert[dézərt]「砂漠」)
elevator[éləvèitər]「エレベーター」	orchestra[ɔ́:rkəstrə]「オーケストラ」

アクセントの法則 4　接尾辞 -ique / -esque

接尾辞 -ique / -esque で終わる語はその音節の母音にアクセント。

-ique	・antique[æntí:k]（形）「骨董の」　・technique[tekní:k]（名）「技巧」
-esque	・grotesque[groutésk]（形）「怪奇な」 ・picturesque[pìktʃərésk]（形）「絵のような」

問題

第1アクセント（第1強勢）の位置がほかと**異なるもの**を，それぞれ1つずつ選びなさい。

☐ **1**　① ef-fort　　② per-cent　　③ pre-fer　　④ tech-nique
（センター試験）

☐ **2**　① tech-nique　② e-quip　　③ pre-cise　　④ bish-op
（駒澤大）

☐ **3**　① expert　　② antique　　③ confined　　④ applaud
（日本大）

☐ **4**　① melancholy　② comfortable　③ concentrate　④ picturesque
（岡山理科大）

与えられた語と第1アクセント（第1強勢）の位置が同じ語を1つ選びなさい。

☐ **5**　com-fort
　　① pat-tern　　　② per-cent　　　③ ad-vice
　　④ ca-reer　　　⑤ tech-nique
（國學院大）

設問解説

1 名前動後の法則から①ef-fort[éfərt]「努力」は名詞なので前，③pre-fer[prifə́:r]「好む」は動詞なので後ろの音節にアクセントが置かれます。②per-cent[pərsént]「パーセント」は名前動後の法則の例外で，後ろの音節の母音にアクセントが置かれましたね。④tech-nique[tekní:k]「技巧」は接尾辞 -ique の法則でその音節の母音にアクセントが置かれます。**(答①)**

2 ①tech-nique[tekní:k]「技巧」は，接尾辞 -ique の法則でその音節の母音にアクセントが置かれますね。名前動後の法則から②e-quip[ikwíp]「〜に備え付ける」は動詞なので後ろ，④bish-op[bíʃəp]「主教」は名詞なので前の音節にアクセントが置かれます。③pre-cise[prisáis]「正確な」は形容詞ですが，後ろの音節にアクセントが置かれます。**(答④)**

3 ①ex-pert[ékspə:rt]「熟練した人」は名詞で前の音節にアクセント。②an-tique[æntí:k]「骨董の」は接尾辞 -ique の法則でその音節の母音にアクセントが置かれますね。③con-fined[kənfáind]「限られた」は形容詞で後ろの音節にアクセント，④ap-plaud[əplɔ́:d]「拍手する」は動詞なので名前動後の法則から後ろの音節にアクセントが置かれます。**(答①)**

4 ①mel-an-chol-y[mélənkàli]「憂うつ」，②com-fort-a-ble[kʌ́mfərtəbl]「快適な」，③con-cen-trate[kánsəntrèit]「集中する」は，第1音節にアクセント，④pic-tur-esque[pìktʃərésk]「絵のような」は，接尾辞 -esque で終わる語なのでその音節の母音にアクセントが置かれます。**(答④)**

5 com-fort[kʌ́mfərt]（名）「快適さ」，（動）「慰める」は品詞にかかわらず前の音節にアクセントが置かれますね。①pat-tern[pǽtərn]（名）「型」，（動）「(型にならって)作る」は品詞にかかわらず前の音節にアクセントが置かれるので注意してください。per-cent[pərsént]「パーセント」と③ad-vice[ədváis]「助言」は名前動後の法則の例外で後ろの音節にアクセントが置かれます。④ca-reer[kəríər]「経歴」のように接尾辞 -eer で終わる語や⑤tech-nique[tekní:k]（名）「技巧」のように接尾辞 -ique で終わる語はその音節の母音にアクセントが置かれますね。**(答①)**

アクセントの法則 5　接尾辞 -ade / -mental / -igue / -ine

接尾辞 -ade / -mental / -igue / -ine で終わる語は**その音節の母音にアクセント**。

-a**de**	・parade [pəréid]（名）「パレード」 ・persuade [pərswéid]（動）「説得する」
-m**e**ntal	・sentimental [sèntiméntl]（形）「心情的な」 ・instrumental [ìnstrəméntl]（形）「役に立つ」
-**i**gue	・fatigue [fətíːg]（名）「疲労（困憊）」
-**i**ne	・machine [məʃíːn]（名）「機械」 ・routine [ruːtíːn]（名）「決まってすること」

問題

第1アクセント（第1強勢）の位置がほかと**異なるもの**を，それぞれ1つずつ選びさい。

☐ **1**　① bal-ance　② cus-tom　③ pa-rade　④ pat-tern
（センター試験）

☐ **2**　① ad-di-tion-al　② fun-da-men-tal
　　　③ gram-mat-i-cal　④ his-tor-i-cal
（センター試験）

☐ **3**　① conductor　② enthusiasm　③ leadership
　　　④ potato　⑤ routine
（日本医科大）

☐ **4**　① im-age　② ma-chine　③ mes-sage　④ vol-ume
（センター試験）

与えられた語と第1アクセント（第1強勢）の位置が同じ語を1つ選びなさい。

☐ **5**　modern
　　　① athlete　② career　③ fatigue　④ sincere
（センター試験）

設問解説

1 ③ pa-rade [pəréid]「パレード」は接尾辞 -ade の法則でその音節の母音にアクセントが置かれます。① bal-ance [bǽləns]（名）「釣り合い」，（動）「釣り合わす」，④ pat-tern [pǽtərn]（名）「型」，（動）「(型にならって)作る」は品詞にかかわらず前の音節にアクセント，② cus-tom [kʌ́stəm]「(社会的) 慣習」は名前動後の法則で前の音節にアクセントが置かれます。**(答③)**

2 ② fun-da-men-tal [fʌ̀ndəméntəl]「基本的な」は接尾辞 -mental の法則でその音節の母音にアクセントが置かれます。① ad-di-tion-al [ədíʃənəl]「追加の」，③ gram-mat-i-cal [grəmǽtikəl]「文法の」，④ his-tor-i-cal [histɔ́(ː)rikəl]「歴史の」は第2音節にアクセントが置かれます。**(答②)**

3 ⑤ rou-tine [ruːtíːn]「決まってすること」は接尾辞 -ine の法則でその音節の母音にアクセントが置かれます。① con-duc-tor [kəndʌ́ktər]「案内人」，② en-thu-si-asm [enθjúːziæzm]「熱中」，④ po-ta-to [pətéitou]「ジャガイモ」は第2音節にアクセント，③ lead-er-ship [líːdərʃip]「指導力」のみ第1音節にアクセントがあります。**(答③)**

4 ② ma-chine [məʃíːn]「機械」は接尾辞 -ine の法則でその音節の母音にアクセントが置かれます。その他① im-age [ímidʒ]「印象」，③ mes-sage [mésidʒ]「伝言」，④ vol-ume [válju(ː)m]「分量」は名前動後の法則で前の音節にアクセントが置かれます。**(答②)**

5 mod-ern [mádərn]「現代の」は形容詞なので前の音節にアクセントが置かれます。② ca-reer [kəríər]「経歴」は接尾辞 -eer の法則から，③ fa-tigue [fətíːg]「疲労（困憊）」は接尾辞 -igue の法則から，その音節の母音にアクセントを置きます。① ath-lete [ǽθliːt]「運動選手」は名詞なので前の音節に，④ sin-cere [sinsíər]「誠実な」は形容詞ですが後ろの音節にアクセントを置きます。**(答①)**

発音・アクセント

アクセントの法則 6　接尾辞 -logy / -pathy / -meter ほか

接尾辞 -omy / -graphy / -logy / -cracy / -phony / -pathy / -metry / -meter で終わる語は**その前の音節の母音にアクセント**。

-omy	・economy [ikánəmi]（名）「経済」 ・astronomy [əstránəmi]（名）「天文学」
-graphy	・biography [baiágrəfi]（名）「伝記」 ・photography [fətágrəfi]（名）「写真撮影」 　photograph [fóutəgræf]（名）「写真」／ 　photographic [fòutəgræfik]（形）「写真の」／ 　photographer [fətágrəfər]（名）「カメラマン」
-logy	・psychology [saikálədʒi]（名）「心理学」
-cracy	・democracy [dimákrəsi]（名）「民主主義」 ・aristocracy [æristákrəsi]（名）「貴族」
-phony	・symphony [símfəni]（名）「交響曲」
-pathy	・sympathy [símpəθi]（名）「同情」 ・antipathy [æntípəθi]（名）「反感」
-metry	・geometry [dʒiámətri]（名）「幾何学」
-meter	・barometer [bərámətər]（名）「気圧計，尺度」 ・diameter [daiæmətər]（名）「直径」

問題

第1アクセント（第1強勢）の位置がほかと**異なるもの**を，それぞれ1つずつ選びなさい。

☐ **1**　① bi-og-ra-phy　　② cer-e-mo-ny
　　　③ di-am-e-ter　　④ pho-tog-ra-pher　　（センター試験）

☐ **2**　① ac-cu-ra-cy　　② com-mu-ni-ty
　　　③ de-moc-ra-cy　　④ e-con-o-my　　（センター試験）

☐ **3**　① am-bas-sa-dor　　② en-vi-ron-ment
　　　③ mel-an-chol-y　　④ tech-nol-o-gy　　（福岡大）

次の強勢型をもつ語を1つ選びなさい。●●●（強弱弱）
☐ 4 ① direction ② engineer ③ sympathy ④ tomato
（センター試験）

下線部に最も強いアクセント（第1強勢）が<u>ない</u>ものを1つ選びなさい。
☐ 5 ① <u>psy</u>-chol-o-gy ② ge-<u>ol</u>-o-gy ③ phi-<u>los</u>-o-phy
④ e-<u>col</u>-o-gy ⑤ tech-<u>nol</u>-o-gy
（昭和大）

設問解説

1 ①bi-og-ra-phy [baiágrəfi]（名）「伝記」は接尾辞 -graphy の法則から，③di-am-e-ter [daiǽmətər]「直径」は接尾辞 -meter の法則から，それぞれの接尾辞の前の音節の母音にアクセントが置かれます。④pho-tog-ra-pher [fətágrəfər]「カメラマン」は第2音節にアクセント，②cer-e-mo-ny [sérəmòuni]「儀式」は第1音節にアクセントがあるので注意しましょう。**(答②)**

2 ③de-moc-ra-cy [dimákrəsi]「民主主義」は接尾辞 -cracy の法則からその前の音節の母音にアクセントが置かれます。同様に，①ac-cu-ra-cy [ǽkjurəsi]「正確さ」も -curacy の前の母音にアクセントを置きます。②com-mu-ni-ty [kəmjúːnəti]「地域社会」は接尾辞 -ity の法則（法則7）から，④e-con-o-my [ikánəmi]「経済」は接尾辞 -omy の法則から，それぞれの接尾辞の前の音節の母音にアクセントが置かれます。**(答①)**

3 ④tech-nol-o-gy [teknálədʒi]「科学技術」は接尾辞 -logy の法則から，その前の音節の母音にアクセントが置かれます。①am-bas-sa-dor [æmbǽsədər]「大使」と②en-vi-ron-ment [enváiərnmənt]「環境」は第2音節にアクセントがあります。③mel-an-chol-y [mélənkàli]「憂うつ」は日本語化しているカタカナ語のアクセントに引きずられないように注意して，第1音節にアクセントがあります。**(答③)**

4 ①di-rec-tion [dərékʃən]「方向」は接尾辞 -tion の法則（法則8）からその前の音節の母音にアクセントが置かれます。②en-gi-neer [èndʒəníər]「技師」は接尾辞 -eer の法則から，その音節の母音に，③sym-pa-thy [símpəθi]「同情」は接尾辞 -pathy の法則から接尾辞の前の音節の母音にアクセントが置かれます。④to-ma-to [təméitou]「トマト」は第2音節にアクセントがあり，日本語化しているカタカナ語のアクセントに引きずられないように注意。強勢型（●●●）に一致するのは③ですね。**(答③)**

5 ①psy-chol-o-gy [saikálədʒi]「心理学」，②ge-ol-o-gy [dʒiálədʒi]「地質学」，④e-col-o-gy [ikálədʒi]「生態学」，⑤tech-nol-o-gy [teknálədʒi]「科学技術」は接尾辞 -logy の法則からその前の音節の母音にアクセントが置かれます。③phi-los-o-phy [fəlásəfi]「哲学」は，第2音節にアクセント，①のみ下線部に最も強いアクセントがないことに気づきましたね。**(答①)**

アクセントの法則 7　接尾辞 -sive / -ic / -ical / -ity[ety] / -ify

接尾辞 -sive / -ic / -ical / -ity[ety] / -ify で終わる語は**その前の音節の母音にアクセント**。

-sive	・expensive [ikspénsiv]（形）「高価な」 ・impulsive [impʌ́lsiv]（形）「衝動的な」
-ic / -ical	・scientific [sàiəntífik]（形）「科学の」 ・radical [rǽdikl]（形）「根本的な」
-ity[ety]	・familiarity [fəmìliǽrəti]（名）「親しさ」 ・variety [vəráiəti]（名）「多様性」
-ify	・justify [dʒʌ́stəfài]（動）「正当化する」 ・modify [mádəfài]（動）「修正する」

問題

第1アクセント（第1強勢）の位置がほかと**異なるもの**を，それぞれ1つずつ選びなさい。

☐ 1　① ap-par-ent　② ex-pen-sive　③ fan-tas-tic　④ pop-u-lar
（センター試験）

☐ 2　① dra-mat-ic　② hu-mor-ous　③ of-fi-cial　④ pro-gres-sive
（センター試験）

☐ 3　① ac-cu-ra-cy　② ac-tiv-i-ty
　　　③ de-moc-ra-cy　④ phi-los-o-phy
（センター試験）

☐ 4　① nec-ces-si-ty　② va-ri-e-ty
　　　③ ac-a-dem-ic　④ his-tor-i-cal
（弘前医療福祉大）

下線部に最も強いアクセント（第1強勢）が**ない**ものを1つ選びなさい。

☐ 5　① <u>sig</u>-nal　② <u>sig</u>-na-ture　③ <u>sig</u>-ni-fy　④ <u>sig</u>-nif-i-cant
（法政大）

設問解説

1　① ap-par-ent [əpǽrənt]「明白な」は第2音節にアクセント，② ex-pen-sive [ikspénsiv]「高価な」は接尾辞 -sive の法則から，③ fan-tas-tic [fæntǽstik] は接尾辞 -ic の法

394

則から，それぞれその前の音節の母音にアクセントが置かれます。④ pop-u-lar [pápjələr]「人気のある」は第1音節にアクセントを置きます。**(答④)**

2 ① dra-mat-ic [drəmǽtik]「劇的な」は接尾辞 -ic の法則から，③ of-fi-cial [əfíʃl]「公式の」は接尾辞 -cial の法則（法則8）から，④ pro-gres-sive [prəgrésiv]「進歩的な」は接尾辞 -sive の法則から，それぞれの接尾辞の前の音節の母音にアクセントが置かれます。② hu-mor-ous [hjúːmərəs]「滑稽な」は第1音節にアクセントを置きます。**(答②)**

3 ③ de-moc-ra-cy [dimákrəsi]「民主主義」は接尾辞 -cracy の法則からその前の音節の母音にアクセントが置かれます。同様に，① ac-cu-ra-cy [ǽkjurəsi]「正確さ」も -curacy の前の母音にアクセントを置きます。② ac-tiv-i-ty [æktívəti] は接尾辞 -ity の法則から，接尾辞の前の音節の母音にアクセントが置かれます。④ phi-los-o-phy [fəlásəfi]「哲学」は，第2音節にアクセント，①のみ第1音節に最も強いアクセントがあることに気づきましたね。**(答①)**

4 ① nec-ces-si-ty [nesésəti]「必要性」は接尾辞 -ity の法則から，② va-ri-e-ty [vəráiəti]「多様性」は接尾辞 -ety の法則から，③ ac-a-dem-ic [ǽkədémik]「学問の」は接尾辞 -ic の法則から，④ his-tor-i-cal [histɔ́(ː)rikl]「歴史の」は接尾辞 -ical の法則から，それぞれの接尾辞の前の音節の母音にアクセントが置かれます。**(答③)**

5 ① sig-nal [sígnl]（名）「信号」，（動）「合図する」は品詞にかかわらず前の音節にアクセントが置かれます。② sig-na-ture [sígnətʃər]「サイン」は第1音節にアクセント，③ sig-ni-fy [sígnifài]「意味する」は接尾辞 -ify の法則から前の音節にアクセント，④ sig-nif-i-cant [signífikənt]「重大な」は第2音節にアクセントが置かれるので，④のみ下線部に最も強いアクセントがありません。**(答④)**

アクセントの法則 8　接尾辞 -tion / -sion / -gion ほか

接尾辞 -tion, -sion, -gion, -ian, -cial, -tial, -ient, -ience, -iency で終わる語は**その前の音節の母音にアクセント**。

-tion	・attention [əténʃən]（名）「注意」 ・occupation [ɑ̀kjəpéiʃən]（名）「占有, 職業」
-sion	・decision [disíʒən]（名）「決定」 ・occasion [əkéiʒən]（名）「出来事」
-gion	・religion [rilídʒən]（名）「宗教」　・region [ríːdʒən]（名）「地域」
-ian	・musician [mjuːzíʃən]（名）「音楽家」 ・politician [pɑ̀lətíʃən]（名）「政治家」
-cial	・commercial [kəmə́ːrʃl]（形）「商業上の」 ・official [əfíʃl]（形）「公式の」
-tial	・essential [isénʃl]（形）「不可欠の」　・initial [iníʃl]（形）「最初の」
-ient / -ience / -iency	・efficient [ifíʃənt]（形）「有能な」 ・convenience [kənvíːniəns]（名）「便利」 ・sufficiency [səfíʃənsi]（名）「十分」

問　題

第1アクセント（第1強勢）の位置がほかと**異なるもの**を，それぞれ1つずつ選びなさい。

☐ **1**　① com-mu-ni-cate　　② ex-pe-ri-ence
　　　③ mys-te-ri-ous　　　④ sci-en-tif-ic
　　　　　　　　　　　　　　　　　　　　　　（センター試験）

☐ **2**　① en-er-gy　　② ep-i-sode　　③ in-dus-try　　④ re-li-gion
　　　　　　　　　　　　　　　　　　　　　　（センター試験）

与えられた語と第1アクセント（第1強勢）の位置が同じ語を1つ選びなさい。

☐ **3**　transportation　　　　　　　　　　　　　（センター試験）
　　　　① authority　　② experiment　　③ fundamental　　④ melancholy

☐ **4**　religion　　　　　　　　　　　　　　　　（センター試験）
　　　　① calculate　　② entertain　　③ ignorant　　④ musician

396

□ **5** in-te-grate （法政大）
① i-ni-tial　② con-struc-tive　③ ap-point-ment　④ tech-ni-cal

設問解説

1 ① com-mu-ni-cate [kəmjúːnəkèit]「伝達する」は，接尾辞 -ate の法則（法則 10）から 3 音節以上の語は 2 つ前の音節の母音にアクセントを置きます。② ex-pe-ri-ence [ikspíəriəns]「経験」は接尾辞 -ience の法則から，③ mys-te-ri-ous [mistíəriəs]「謎の」は接尾辞 -ious の法則（法則 9）から，④ sci-en-tif-ic [sàiəntífik]「科学の」は接尾辞 -ic の法則から，それぞれその前の音節の母音にアクセントを置きます。④のみ第 3 音節にアクセントがあることに気づきましたね。**(答④)**

2 ④ re-li-gion [rilídʒən]「宗教」は接尾辞 -gion の法則からその前の音節の母音にアクセントを置きます。① en-er-gy [énərdʒi]「エネルギー」，② ep-i-sode [épəsòud]「エピソード」，③ in-dus-try [índəstri]「産業」のアクセントは第 1 音節。**(答④)**

3 trans-por-ta-tion [trænspərtéiʃən]「輸送」は接尾辞 -tion の法則からその前の音節の母音にアクセントを置きます。① au-thor-i-ty [əθɔ́ːrəti]「権威」は接尾辞 -ity の法則からその前の音節の母音にアクセントを置きます。② ex-per-i-ment [ikspérəmənt]「実験」は第 2 音節にアクセント。③ fun-da-men-tal [fʌ̀ndəméntl]「基本的な」は接尾辞 -mental の法則でその音節の母音にアクセントが置かれます。④ mel-an-chol-y [mélənkɑ̀li]「憂うつ」は第 1 音節にアクセントがあります。問題文に音節の区切りが記していないのでわかりにくいですが，第 3 音節にアクセントがあるのは③のみですね。**(答③)**

4 re-li-gion [rilídʒən]「宗教」は接尾辞 -gion の法則から，その前の音節の母音にアクセントを置きます。④ mu-si-cian [mjuːzíʃən]（名）「音楽家」も接尾辞 -ian の法則からその前の音節の母音にアクセントを置きます。① cal-cu-late [kǽlkjəlèit]「計算する」は接尾辞 -ate の法則（法則 10）から 2 つ前の音節の母音にアクセントを置きます。② en-ter-tain [èntərtéin]「楽しませる」は第 3 音節，③ ig-no-rant [ígnərənt]「無知の」は第 1 音節にアクセントがあります。**(答④)**

5 in-te-grate [íntəgrèit]「統合する」は接尾辞 -ate の法則（法則 10）から 2 つ前の音節の母音にアクセントを置きます。① i-ni-tial [iníʃl]「最初の」は接尾辞 -tial の法則から，④ tech-ni-cal [téknikl]「工業技術の」は接尾辞 -ical の法則から，それぞれその前の音節の母音にアクセントを置きます。② con-struc-tive [kənstrʌ́ktiv]「建設的な」と③ ap-point-ment [əpɔ́intmənt]「（面会の）約束」は 2 音節目にアクセントが置かれます。**(答④)**

アクセントの法則 9 接尾辞 -eous / -ious / -itude / -itute

接尾辞 -eous / -ious / -itude / -itute で終わる語はその前の音節の母音にアクセント。

-eous / -ious	・spontaneous [spɑntéiniəs]「自発的な」 ・mysterious [mistíəriəs]「謎の」
-itude / -itute	・institute [ínstət(j)ùːt]「協会」 ・magnitude [mǽgnət(j)ùːd]「大きさ」

問題

第1アクセント（第1強勢）の位置がほかと**異なるもの**を，それぞれ1つずつ選びなさい。

- **1** ① e-mo-tion-al ② mys-te-ri-ous
  ③ par-tic-u-lar ④ sci-en-tif-ic （センター試験）

- **2** ① at-ti-tude ② news-pa-per
  ③ pas-sen-ger ④ sur-viv-al （センター試験）

- **3** ① ap-par-ent ② ho-ri-zon
  ③ phy-si-cian ④ sub-sti-tute （佛教大）

- **4** ① sub-sti-tute ② car-ri-er ③ cou-ra-geous
  ④ in-tel-lect ⑤ rec-og-nize （昭和大）

与えられた語と第1アクセント（第1強勢）の位置が同じ語を1つ選びなさい。

- **5** information
  ① advantageous ② cooperate
  ③ inhabitant ④ obviuously （センター試験）

設問解説

1 ② mys-te-ri-ous [mistíəriəs]「謎の」は接尾辞 -ious の法則から，④ sci-en-tif-ic [sàiəntífik]「科学の」は接尾辞 -ic の法則から，それぞれその前の音節の母音にアクセントを置きます。① e-mo-tion-al [imóuʃənl]「感情の」，③ par-tic-u-lar [pərtíkjələr]「特定の」は第2音節にアクセントを置きます。（答④）

2 ① at-ti-tude [ǽtət(j)ù:d]「態度」は接尾辞 -itude の法則から，その前の音節の母音にアクセントを置きます。② news-pa-per [nú:zpeipər]「新聞」，③ pas-sen-ger [pǽsəndʒər]「乗客」は第 1 音節にアクセント，④ sur-viv-al [sə:rváivl]「生存」は第 2 音節にアクセントを置きます。**(答④)**

3 ① ap-par-ent [əpǽrənt]「明白な」，② ho-ri-zon [həráizn]「地平線」は第 2 音節にアクセント。③ phy-si-cian [fizíʃən]「内科医」は接尾辞 -ian の法則から，その前の音節の母音にアクセント，④ sub-sti-tute [sʌ́bstət(j)ù:t]「代用」は接尾辞 -itute の法則から，その前の音節の母音にアクセントを置きます。**(答④)**

4 ① sub-sti-tute [sʌ́bstət(j)ù:t]「代用」は接尾辞 -itute の法則から，③ cou-ra-geous [kəréidʒəs]「勇気のある」は接尾辞 -eous の法則から，それぞれその前の音節の母音にアクセントを置きます。② car-ri-er [kǽriər]「運搬人」と④ in-tel-lect [íntəlèkt]「知性」は第 1 音節の母音にアクセント，⑤ rec-og-nize [rékəgnaiz]「識別できる」は接尾辞 -ize の法則（法則 10）から 2 つ前の音節の母音にアクセントを置きます。**(答③)**

5 in-for-ma-tion [infərméiʃən]「情報」は接尾辞 -tion の法則から，① ad-van-ta-geous [ædvəntéidʒəs]「有利な」は接尾辞 -eous の法則から，そして④ ob-vi-ous-ly [ɑ́bviəsli]「明らかに」は接尾辞 -ious の法則からそれぞれその前の音節の母音にアクセント。② co-op-er-ate [kouɑ́pərèit]「協力する」は，接尾辞 -ate で終わる 3 音節以上の語は 2 つ前の音節の母音にアクセント。③ in-hab-it-ant [inhǽbətənt]「居住者」は第 2 音節にアクセントがあります。**(答①)**

アクセントの法則 10　接尾辞 -ize / -ate

接尾辞 -ize/-ate で終わる3音節以上の語は**2つ前の音節の母音にアクセント**。

-ize	・st**a**ndardize [stǽndərdàiz]「標準化する」 ・s**y**mpathize [símpəθàiz]「同情する」
-ate	・congr**a**tulate [kəngrǽdʒəlèit]「祝う」 ・comm**u**nicate [kəmjúːnəkèit]「伝達する」

問題

第1アクセント（第1強勢）の位置がほかと**異なるもの**を，それぞれ1つずつ選びなさい。

☐ 1　① crit-i-cize　② es-ti-mate　③ im-i-tate　④ in-ter-rupt
（センター試験）

☐ 2　① de-liv-er　② in-di-cate　③ oc-cu-py　④ or-ga-nize
（センター試験）

☐ 3　① con-fi-dent　② del-i-cate　③ po-et-ic　④ sen-si-tive
（センター試験）

☐ 4　① cel-e-brate　② con-cen-trate　③ de-vel-op　④ sat-is-fy
（センター試験）

☐ 5　① as-tron-o-my　② com-pe-ti-tion
　　 ③ co-op-er-ate　④ re-cov-er-y
（センター試験）

設問解説

1　① crit-i-cize [krítəsàiz]「批判する」は接尾辞 -ize の法則から，そして② es-ti-mate [éstəmèit]「見積もる」と③ im-i-tate [ímətèit]「模倣する」は接尾辞 -ate の法則から，それぞれ2つ前の音節の母音にアクセントが置かれます。④ in-ter-rupt [ìtərʌ́pt]「邪魔をする」は第3音節にアクセントが置かれます。**(答④)**

2　② in-di-cate [índikèit]「示す」は接尾辞 -ate の法則から，④ or-ga-nize [ɔ́ːrgənàiz]「組織する」は接尾辞 -ize の法則から，それぞれ2つ前の音節の母音にアクセントが置かれますね。① de-liv-er [dilívər]「配達する」は第2音節に，③ oc-cu-py [ákjəpài]「占有する」は第1音節にアクセントが置かれます。**(答①)**

3 ① con-fi-dent [kánfidnt]「自信がある」と④ sen-si-tive [sénsətiv]「敏感な」は第1音節にアクセントが置かれ，② del-i-cate [délikət]「繊細な」は接尾辞 -ate の法則 から2つ前の音節の母音にアクセントが置かれますね。③ po-et-ic [pouétik]「詩の」は接尾辞 -ic の法則からその前の音節の母音にアクセントが置かれます。**(答③)**

4 ① cel-e-brate [séləbrèit]「祝う」と② con-cen-trate [kánsəntrèit]「集中する」は接尾辞 -ate の法則から2つ前の音節の母音にアクセントが置かれます。③ de-vel-op [divéləp]「発達させる」は第2音節に，④ sat-is-fy [sǽtisfài]「満足させる」は第1音節にアクセントがあります。**(答③)**

5 ① as-tron-o-my [əstránəmi]「天文学」は接尾辞 -omy の法則から，② com-pe-ti-tion [kàmpətíʃən]「競争」は接尾辞 -tion の法則から，それぞれその前の音節の母音にアクセントを置きましたね。③ co-op-er-ate [kouápərèit]「協力する」は接尾辞 -ate の法則から2つ前の音節の母音にアクセントを置きます。④ re-cov-er-y [rikʌ́vəri]「回復」は第2音節にアクセントがあります。**(答②)**

アクセントの法則 11　接頭辞 dif- / para-

接頭辞 dif- / para- はその音節の母音にアクセント。

dif-	・differ [dífər]「異なる」　・difficult [dífikəlt]「難しい」
para-	・paradox [pǽrədà(:)ks]「逆説」　・parallel [pǽrəlèl]「並行の」

問題

第1アクセント（第1強勢）の位置がほかと**異なるもの**を，それぞれ1つずつ選びなさい。

☐ **1**　① ca-reer　② dif-fer　③ en-gage　④ oc-cur　　　　（佛教大）

☐ **2**　① con-trol　② dif-fer　③ pre-fer　④ re-gret　　（センター試験）

☐ **3**　① con-fuse　② dif-fer　③ en-joy　④ sup-pose　（センター試験）

☐ 4　① in-tro-duce　② ig-no-rant　③ skel-e-ton　④ par-a-graph

(駒澤大)

☐ 5　① ad-ven-ture　② as-tro-naut
　　③ at-mos-phere　④ dif-fer-ence

(センター試験)

設問解説

1　① ca-reer [kəríər]「経歴」は接尾辞 -eer の法則から，その音節の母音にアクセントが置かれます。② differ [dífər]「異なる」は接頭辞 dif- の法則からその音節の母音にアクセントが置かれます。③ en-gage [engéidʒ]「従事させる」と④ oc-cur [əkə́:r]「起こる」は名前動後の法則により後ろにアクセントを置きます。**(答②)**

2　① con-trol [kəntróul] (名)「支配」, (動)「支配する」と④ re-gret [rigrét] (名)「後悔」, (動)「後悔する」は品詞にかかわらず後ろの音節にアクセントが置かれ，② dif-fer [dífər] は接頭辞 dif- の法則からその音節にアクセントがありましたね。③ pre-fer [prifə́:r]「好む」は名前動後の法則から後ろにアクセントが置かれます。**(答②)**

3　② dif-fer [dífər]「異なる」は接頭辞 dif- の法則からその音節にアクセント，① con-fuse [kənfjú:z]「混同する」, ③ en-joy [endʒói]「楽しむ」, ④ sup-pose [səpóuz]「思う」は名前動後の法則から後ろにアクセントが置かれます。**(答②)**

4　④ par-a-graph [pǽrəgræf]「段落」は接頭辞 para- の法則から，その音節の母音にアクセントが置かれます。① in-tro-duce [ítrəd(j)ú:s]「紹介する」は第3音節に，② ig-no-rant [ígnərənt]「無知の」, ③ skel-e-ton [skélətn]「骸骨」は第1音節にアクセントがあります。**(答①)**

5　④ dif-fer-ence [dífərəns] は接頭辞 dif- の法則からその音節の母音にアクセントが置かれます。① ad-ven-ture [ədvéntʃər]「冒険」は第2音節，② as-tro-naut [ǽstrənɔ̀:t]「宇宙飛行士」と③ at-mos-phere [ǽtməsfìər]「雰囲気」はそれぞれ第1音節にアクセントがあります。**(答①)**

アクセントの法則 12　接尾辞 -tribute / -able / -al

接尾辞 -tribute で終わる語は，-tri- にアクセント
　contribute [kəntríbjət]「貢献する」
　attribute [ətríbju:t]「～に帰する」（動詞は -tri- にアクセント）
　例外 attribute [ǽtrəbjù:t]（名）「特性」

動詞に接尾辞 -able をつけるとアクセントが第1音節に移動する頻出3語
　・admire [ədmáiər]「感嘆する」→ admirable [ǽdmərəbl]「賞賛に値する」
　・compare [kəmpéər]「比較する」
　　→ comparable [kɑ́:mpərəbl]「比較できる」
　・prefer [prifə́:r]「好きである」→ preferable [préfərəbl]「好ましい」

名詞に接尾辞 -al をつけるとアクセントが1つ後ろの音節に移動
　origin [ɔ́(:)ridʒin]「起源」→ original [ərídʒənl]「最初の」

問題

第1アクセント（第1強勢）の位置がほかと**異なるもの**を，それぞれ1つずつ選びなさい。

☐ 1　① ad-mi-ra-ble　　② ap-pro-pri-ate
　　　③ com-pli-cat-ed　④ nec-es-sar-y　　　　　（センター試験）

☐ 2　① e-mo-tion-al　　② ex-hi-bi-tion
　　　③ me-chan-i-cal　④ o-rig-i-nal　　　　　　（センター試験）

☐ 3　① comparable　② favorable　③ miserable　④ respectable
　　　　　　　　　　　　　　　　　　　　　　　　　（創価大）

☐ 4　① del-i-ca-cy　　② de-liv-er-y
　　　③ in-dus-tri-al　④ in-dus-tri-ous　　　　　（駒澤大）

与えられた語と第1アクセント（第1強勢）の位置が同じ語を1つ選びなさい。

☐ 5　at・ti・tude
　　　① con・trib・ute　② ed・u・cate
　　　③ em・bar・rass　④ in・ter・rupt　　　　　（明治大）

> **設問解説**

1 ①ad-mi-ra-ble[ǽdmərəbl]「賞賛に値する」は接尾辞 -able の法則からアクセントが第1音節に移動します。②ap-pro-pri-ate[əpróupriət]「適切な」と③com-pli-cat-ed[kάmpləkèitəd]「複雑な」は接尾辞 -ate の法則から2つ前の音節の母音にアクセントが置かれますね。④nec-es-sar-y[nésəsèri]「必要な」は第1音節にアクセントがあります。**(答②)**

2 ①e-mo-tion-al[imóuʃnl]「感情の」は emotion[imóuʃən]（名）「感情」に接尾辞 -al がついてもアクセントの移動はありませんが、④o-rig-i-nal[ərídʒənl]「最初の」は接尾辞 -al の法則からアクセントが1つ後ろの音節に移動。②ex-hi-bi-tion[èksəbíʃən]「展覧会」は接尾辞 -tion の法則と③me-chan-i-cal[məkǽnikl]「機械の」は接尾辞 -ical の法則からその前の音節の母音にアクセントが置かれます。**(答②)**

3 ①com-pa-ra-ble[kάːmpərəbl]「比較できる」は接尾辞 -able の法則からアクセントが第1音節に移動します。②fa-vor-a-ble[féivərəbl]「好意的な」、③mis-er-a-ble[mízərəbl]「惨めな」、④re-spect-a-ble[rispéktəbl]「立派な」は接尾辞 -able がついてもアクセントの移動はありません。**(答④)**

4 ①del-i-ca-cy[délikəsi]「優美さ」は第1音節にアクセント、②de-liv-er-y[dilívəri]「配達」、③in-dus-tri-al[indʌ́striəl]「産業の」は第2音節、④in-dus-tri-ous[indʌ́striəs]「勤勉な」も接尾辞 -ious の法則から第2音節にアクセントを置きます。**(答①)**

5 at-ti-tude[ǽtət(j)ùːd]「態度」は接尾辞 -itude の法則からその前の音節の母音にアクセントを置きます。①con-trib-ute[kəntríbjuːt]「貢献する」は接尾辞 -tribute の法則から、-tri- にアクセント、②ed-u-cate[édʒəkèit]「教育する」は接尾辞 -ate の法則から2つ前の音節の母音にアクセントを置きます。③em-bar-rass[embǽrəs]「恥ずかしい思いをさせる」は第2音節にアクセント、④in-ter-rupt[ìntərʌ́pt]「邪魔をする」は第3音節にアクセントが置かれます。**(答②)**

会話表現 1　依頼・要求・許可に対する応答

　会話問題は，実際の場面状況における 2 人あるいはそれ以上の人の会話を題材にコミュニケーション能力を文字で問うたものです。会話問題を攻略するには，対話の展開を追いながら，空所の前後にある情報から，その空所の部分の内容を推測したり，代名詞が何を指しているのかを捉えたり，省略されている語句を補ったり，定型表現では何と言うのか考えたりすることがカギとなります。

　では，さまざまな場面における会話を見ていきます。まずは依頼・要求・許可の場面から。

　依頼・要求・許可の表現は，相手と自分の関係をよく考えてから言葉を選びましょう。友達同士などで用いられる気軽な表現は Will [Can] you ~?「~してくれない」，やや丁寧な表現では，Would [Could] you ~?「~してくれませんか」，かなり丁寧な表現では Would you mind *doing* ~?「~していただけませんか」を用います。特に mind を用いた丁寧な依頼表現とその応答に注意しましょう。また，had better *do* は命令に近い表現なので，親しい間柄以外でこの表現を用いると「脅迫」の意味が強くなり，相手に対して失礼になるので，使い方にはくれぐれも注意が必要です。

やや丁寧な「依頼・要求・許可」表現

- Can [Could] you ~? / Will [Would] you ~?「~してくれませんか」

〈承諾の表現〉
- Sure.「もちろん」
- All right.「いいですよ」
- No problem.「お安いご用です」
- Why not?「もちろんそうします」
- That's a good idea.「それはいい考えですね」
- That sounds good [great].「それはいいですね」

〈断る表現〉
- I'm sorry, but ... .「残念だけど，…」
- I'd like to, but ... .「やりたいけど…」
- I'm afraid I can't. / I'm afraid not.「あいにく~できません」

丁寧な「依頼・要求・許可」表現

- Would you mind *doing* ~?「〈依頼〉~していただけませんか」
- Would you mind my *doing* ~? [Do you mind if I *do* ~?]
  「〈要求・許可〉私が~してもよろしいでしょうか」

〈承諾の表現〉
- Not at all. [Of course not.]「まったくかまいませんよ」

〈断る表現〉
Yes, I do. などだけで断るのは避けて，because などを用いて理由を添えて断ります。

Would you mind (my) *doing* ～？への承諾表現には注意が必要で，mind「いやだと思う，気にする」を否定する必要があるため，否定語を用いて承諾の応答を表します。

問題

次の会話の空所に入れるのに最も適当なものを，それぞれ①～④のうちから1つずつ選びなさい。

☐ **1** A : Be sure to visit my family while you're in London.
　　B : I'd love to. In fact, do you think I could stay with them for a couple of days?
　　A : (　) I'm sure they'd be delighted to have you.
　　① How come?　　② How could you?
　　③ Why not?　　④ Why on earth?
　　　　　　　　　　　　　　　　　　　　（センター試験）

☐ **2** Andy : Would you mind lending me your car tonight?
　　Yutaka : (　)
　　Andy : Great! Thank you. I'll bring it back to you tomorrow morning.
　　① Well, I guess not.　　② Of course, I would.
　　③ Yes, I'd like to.　　④ No, I don't think I can.
　　　　　　　　　　　　　　　　　　　　（センター試験）

☐ **3** A : Can you help me with my homework?
　　B : (　)
　　A : Come on. Don't be so mean!
　　① No, but I can give you a helping hand.
　　② Why not? I have plenty of time.
　　③ Yes, of course I can do that for you.
　　④ I'd like to, but I want to watch this video.
　　　　　　　　　　　　　　　　　　　　（センター試験）

☐ **4** X : It is very hot in here. Would you mind my opening the window?
　　　　　　　　　　　　　　　　　　　　（駒澤大）
　　Y : (　) Today is really hot.
　　① Certainly not.　　② Yes, I will.
　　③ No, you shouldn't.　　④ Mind your own business.

設問解説

1 訳 A: ロンドンにいるあいだに，必ず私の家族を訪ねてください。
B: ぜひそうしたいです。実は2日ほど泊めて頂けるとよいのですが。
A: (もちろんいいですよ。) きっとうちの家族はあなたを喜んで迎えると思いますよ。
①どうしてですか。　②どうしてできたの？　④一体なぜですか。

空所の前のBの発話から「家に泊めて欲しい」と「依頼」していることを押さえ，それに対してAの2回目の発話にある空所の後ろの内容から「承諾」の意思を読み取り，③ Why not?「もちろんいいですよ」を選ぶと自然な対話となります。

(答③)

2 訳 アンディ：今晩，車を貸してくれませんか。
ユタカ：(まあ，かまわないと思うよ。)
アンディ：よかった！ ありがとうございます。明日の朝，車を返しに来ます。
②もちろん，だめだよ。　③はい，気にしたいね。
④いいえ，気にすることができないと思うよ。

アンディの最初の発話から，アンディがユタカに車を貸してくれるように頼んでいる場面であることがわかりますね。アンディが2回目の発話で，お礼の言葉を述べていることから，ユタカがアンディの依頼に対して承諾したと理解できます。mind を用いた依頼表現に対して，承諾の応答をする場合は，否定語を用いる必要があることを忘れないでください。ここでは，① Well, I guess not.「まあ，かまわないと思うよ」が正解となります。なお，②のように Of course, I would (mind). を用いると「気にする→だめだよ」という「断りの表現」となるので注意。(答①)

3 訳 A: 宿題を手伝ってくれない？
B: (手伝ってあげたいけど，このビデオを見たいの。)
A: たのむよ。意地悪しないでくれよ。
①いや，でも手助けしてあげられるよ。　②もちろんいいよ。時間はたっぷりあるから。
③うん，もちろんしてあげられるよ。

AがBに対して宿題の手伝いを申し出ている場面だとわかりますね。Aが2回目の発話で宿題の手伝いを再度お願いしていることから，Bが申し出を断ったことがわかります。申し出を断る表現として，④ I'd like to, but I want to watch this video.「手伝ってあげたいけど，このビデオを見たいの」が適切です。(答④)

4 訳 X: ここはたいへん暑いです。窓を開けてもよろしいでしょうか。
Y: (まったくかまいませんよ。) 今日は，本当に暑いですね。
②はい，私は気にしますよ。　③いいえ，気にすべきではないと思います。
④大きなお世話だ。

Xの発話から，たいへん暑いので窓を開けてもよいかと尋ねている状況であることがわかりますね。YがXの発言に同意し，空所の後で暑いことを認めて

会話表現

407

います。mind を用いた**要求・許可表現に対しては，承諾の応答は否定語**を用いましたね。(答①)

会話表現 2 ｜ 提案・勧誘に対する応答

英語では手伝いなどを申し出るときは，まず手伝いが必要かどうかを相手に尋ねる言い方として，Do you want any help?「お手伝いしましょうか」などの表現がよく用いられます。「提案・勧誘」の表現を整理してみましょう。

「提案」の表現
・Let's *do* ~.「~しましょう」
・Shall we ~?「~しましょう」
・Shall [Should] I ~?「~しましょうか」
・Let me *do* ~?「私に~させてください」
・How about ~?「~はどうですか」
・Why don't you *do* ~？[Why not *do* ~?]「~してはどうですか」
・What do you say to *doing* ~?「~してはどうですか」
・Would you like to *do* ~?「あなたは~したいですか」（丁寧な勧誘）

承諾の表現
・Yes, please.「はい，お願いします」
・Thank you.「ありがとう」⇔ No, thank you.「いいえ，結構です」
・Yes, let's.「ええ，そうしましょう」
・I'd love to.「ぜひそうしたい」
・I'd like [love] that.「それはいいですね」
・I think so, too.「私もそう思います」
・(That) sounds good [great].「いいですね」
・That's a good [great] idea. / Good [Great] idea.「それはいい考えね」
・That would be great.「それはすばらしいでしょうね」
・Why not?「もちろん，いいとも」
・By all means.「ぜひとも」

断る表現
・No, let's not.「いいえ，やめておきましょう」
・I'm sorry, but ... .「残念だけど，…」
・I'd like to, but ... .「やりたいけど…」
・I'm afraid I can't. / I'm afraid not.「あいにく~できない」

問題

次の会話の空所に入れるのに最も適当なものを，それぞれ①〜④のうちから1つずつ選びなさい。

☐ **1** A : Donna and I are going to a jazz concert tomorrow. (　　)
　　　B : That sounds great!
　　　① Have you ever heard it?　　② Let me go with you.
　　　③ Please tell me your plans.　④ Would you like to join us?
　　　　　　　　　　　　　　　　　　　　　　　（センター試験）

☐ **2** A : We're having a party. Would you like to come?
　　　B : Is it all right if I bring a friend with me?
　　　A : (　　)
　　　B : Then I'd love to come.
　　　① No, I don't know.　　② Of course not.
　　　③ That's right.　　　　④ Why not?　（センター試験）

☐ **3** A : What shall we do for dinner tonight?
　　　B : How about trying that new Chinese place?
　　　A : (　　) Let's have Italian.
　　　B : Again? You always want pizza!
　　　① I already had dinner.
　　　② I don't feel like Chinese tonight.
　　　③ I don't know how to make Chinese food.
　　　④ I want to eat something Asian.
　　　　　　　　　　　　　　　　　　　　　　　（センター試験）

設問解説

1　訳 A: 明日，ドナと私はジャズコンサートに行くことになっているんだ。(一緒に行きませんか？)
　　　　 B: それはいいですね！
　①これまでにそれを聞いたことがある？　　②あなたと一緒に行かせて。
　③ぜひあなたの計画を教えて。

　Aの発話からジャズコンサートに行くことが話題になっています。Bの発話 **That sounds great!「それはいいですね！」** から「提案」に対する「承諾」であることがわかりますね。そこでAの発話内容が「明日のジャズコンサートに一緒に行かないか」という「提案」と考え，Would you like to *do* 〜?「〜しませんか」の表現を用いると自然ですね。**(答④)**

409

② 訳 A: パーティーを開く予定です。いらっしゃいませんか。
B: 友達を連れて行ってもいいかな？
A:（もちろん，いいですよ。）
B: じゃ，ぜひ行きたいな。
①いいえ，わかりません。　②もちろん，よくありません。
③そのとおりです。

　Aの最初の発話から**「パーティーの誘い」**という状況がわかりますね。Bの最初の発話から友達同伴でパーティーに行ってもいいかという**「提案」**に対し，Aがどのような応答をしたのかを考えます。空所の次に来るBの最後の発話が**「承諾」**を表していることから，空所には④ **Why not?**「もちろん，いいですよ」が入ります。**(答④)**

③ 訳 A: 今夜，夕食は何にしようか？
B: 例の新しい中華料理店を試してみてはどう？
A:（今夜，中華は食べる気がしないな。）イタリアンはどう？
B: また？ あなたはいつもピザなんだから。
①すでに夕食をとったよ。　③中華料理の作り方を知らないんだ。
④何かアジア的なものが食べたいな。

　Aの最初の発話から，夕食に何を食べるかを話し合っている場面であることがわかりますね。Bは最初の発話で中華を提案していますが，Aが2回目の発話でイタリアンを提案していることから，空所にはBの中華の**提案を断った表現**を入れると，自然な流れとなります。**(答②)**

会話表現 3 意見・感想に対する応答

ある事柄や出来事などについての意見や感想を尋ねるときに，みなさんはどのような表現を用いますか。疑問詞の how や what を用いて表現することができますね。頻出のものを整理してみましょう。

・How is ～? 「～はどうですか」
・How about ～? [What about ～?] 「～はどうでしたか」
・How do you like ～? 「～はどうですか」
　⇒「好き嫌い」の意味なら，a lot / very much などで応答
　　・I like it a lot.「とても気に入ったよ」
　　・Well, I don't know.「さあ，どうかな」
・What is ～ like? 「～はどんなふうですか」⇒具体的な様子で応答
・What do you think about ～? 「～についてはどう思いますか」
　⇒I think ～ で応答

問題

次の会話の空所に入れるのに最も適当なものを，それぞれ①～④のうちから1つずつ選びなさい。

□1 A : Have you read *The Hooper Bridge*?
　　B : The best seller? Yes, I've read it. Have you?
　　A : Not yet. (　　)
　　B : Not really. I don't understand why so many people like it.
　　① Didn't you read it?　② Do you think it's worth reading?
　　③ Isn't it a best seller?　④ Will you lend me a copy of it?
（センター試験）

□2 A : What did you think of the movie?
　　B : (　　) How about you?
　　A : I thought it was boring, nothing but car chases.
　　B : Well, I found it very exciting. I like car chases.
　　① I didn't see it.　② I really loved it.
　　③ I thought of that.　④ I wasn't interested in it.
（センター試験）

☐ 3　Greg：I'm from Edinburgh in Scotland.
　　　Masa：Really? I spent a couple of weeks in Britain last year, but didn't have a chance to visit Edinburgh. (　　)
　　　Greg：It's a beautiful city, but the wind can be quite cold!
　　　　① How about it?　　② What's it like?
　　　　③ Can you tell it to me?　　④ Do you know it?

（センター試験）

設問解説

1　訳　A:『フーバーブリッジ』はもう読んだ？
B: ベストセラーの？　うん，読んだわ。あなたは読んだの？
A: まだ読んでいないんだ。（読む価値があると思う？）
B: そうは思わないわ。どうしてそんなに多くの人がそれを気に入っているのかわからないわ。
①それを読まなかったの？　③それはベストセラーじゃないの？
④それを1冊貸してくれない？

　最初の対話で2人はどんなことを話していましたか。ベストセラーの本の話ですね。Bはその本を読んだとありますが，Aはまだ読んでいませんね。空所の次のBの発話を見てください。「どうして多くの人がその本を気に入っているのか理解できない」という**否定的な意見**を述べていますね。空所には，まだその本を読んでいないAの質問として②**Do you think it's worth reading?**「読む価値はあるの？」を入れると自然な流れになりますね。**空所の次の応答がカギ**でした。（答②）

2　訳　A: その映画どうだった？
B:（僕はその映画が本当に気に入ったよ。）君はどうだった？
A: その映画は退屈だったわ。カーチェイスばかりで。
B: えっ，僕は興奮したな。カーチェイスが好きなんだ。
①僕はそれを見なかった。　③僕はそのことを考えたんだ。
④僕はそれに興味がなかった。

　Aの最初の発話から映画についての**感想を聞いている**ことがわかりますね。Aの2回目の発話では，この映画がカーチェイスばかりで，退屈であったと**否定的な感想**を述べているのに対し，**Bの2回目の発話の，この映画に興奮したという内容から判断**して，Bの最初の発話の空所に②**I really loved it.**「僕はその映画が本当に気に入ったよ」を入れるとピッタリきますね。（答②）

3　訳　グレッグ：僕はスコットランドのエジンバラの出身です。
マサ：ほんとう？　昨年，イギリスで2週間過ごしましたが，エジンバラを訪れる機会はありませんでした。（そこはどんなところですか。）
グレッグ：エジンバラは美しい都市で，風がとても冷たいことがあります。
①それはどうですか。　③それを私に話してくれませんか。　④それを知っていますか。

最初の2人の対話からグレッグはエジンバラ出身で、マサはエジンバラに行ったことがないということがわかりますね。グレッグが2回目の発話でエジンバラの**具体的な様子**を述べていることから、マサの質問が② **What's it like?**「そこはどんなところですか」であったと考えられます。(答②)

会話表現 4 ものを勧める表現に対する応答

「～はいかがですか」と食べ物や飲み物などを勧めるときに、どのような表現を使いますか。**話者が相手に対して yes の答えを期待している場合には、疑問文でも any ではなく some** を用いることで、コミュニケーションが自然なものになります。

ものを勧める表現
・Would you like ～? / Do you want ～?「～はいかがですか」 ・How about ～?「～はどうですか」 　（例）食べ物・飲み物の調理の好みを聞く場合 　　"How would you like your steak?" "Medium, please." 　　「ステーキの焼き方はどのようにしましょうか」 　　「ミディアムにしてください」 ・Help yourself to ～.「～をご自由にどうぞ」

食事に関する定型表現
・Are you being served? [Have you been waited on?]「ご用は承っていますか」 ・May I take your order now?「注文を伺ってもよろしいですか」 ・Can [Could] you have our order, please?「注文してもいいですか」 ・What would you recommend?「お薦めは何ですか」 ・I've had enough.「お腹が一杯です」 ・May I have the bill [check], please?「お勘定してください」 ・I'll pay [Let me pay for this].「私がおごります」 ・Let's go Dutch!「自分の分は自分で払いましょう」 ・Let's split the expense [bill]. / Let's go fifty-fifty.「割り勘にしましょう」 ・I'll treat you to ～.「～を君におごるよ」 ・This is my treat. [This is on me.]「これは私のおごりです」

問題

次の会話の空所に入れるのに最も適当なものを，それぞれ①〜④のうちから1つずつ選びなさい。

☐ 1　A：What would you like to order, sir?
　　　B：I'll have the ham and eggs.
　　　A：How would you like your eggs?
　　　B：(　　)
　　　① I like them very much, thanks.　② Scrambled, please.
　　　③ They were delicious, thanks.　④ Yes, please.
　　　　　　　　　　　　　　　　　　　　　　（センター試験）

☐ 2　A：I bought ten kilos of tomatoes at the market today.
　　　B：Ten kilos! Why so many? What are you going to do with them?
　　　A：I don't know. (　　)
　　　B：No thanks. I'm not crazy about tomatoes, to tell the truth.
　　　① Can you tell me how to make tomato soup?
　　　② Did you buy something else?
　　　③ Have you got a big basket to put them in?
　　　④ Would you like some of them?
　　　　　　　　　　　　　　　　　　　　　　（センター試験）

☐ 3　Hotel clerk：(*Answers the telephone*) Good evening. May I help you?
　　　　　Guest：Hello. There's a problem with my shower. No water's coming out.
　　　Hotel clerk：My apologies for the inconvenience. I'll send someone to repair it. (　　)
　　　　　Guest：No. Actually, I need to take a shower now. Can I move to another room?
　　　① Are you caught in a shower?
　　　② Could you explain the problem?
　　　③ Could you wait for about an hour?
　　　④ Would you like to change rooms?
　　　　　　　　　　　　　　　　　　　　　　（センター試験）

□ 4　Zack : It's already ten. We'd better be going when Bob comes back from the restroom. Shall we split the bill equally?
　　　Koji : I'd rather not do that. I ate and drank a lot more than you two. I think I should pay more.
　　　Zack : (　　)
　　　Koji : That sounds fair.
　　　① Calm down. You don't have to get so excited.
　　　② How about asking for a discount?
　　　③ I wish I'd brought the coupon from the magazine.
　　　④ Should we ask for separate checks?
　　　　　　　　　　　　　　　　　　　　　　（センター試験）

□ 5　Mari : This is really a gorgeous restaurant, isn't it?
　　　Katy : The dinner was great, too. How much should I pay?
　　　Mari : Tonight, be my guest. Really, I insist. (　　)
　　　Katy : Thanks a lot.
　　　① It's on me.　　　　② It's 5,250 yen for each person.
　　　③ I've got little money.　④ Let's split the bill.
　　　　　　　　　　　　　　　　　　　　　　（センター試験）

設問解説

1　訳 A: お客様, 何をご注文されますか。
　　　B: ハムエッグをお願いします。
　　　A: 卵はどのようになさいますか。
　　　B: (スクランブルエッグをお願いします。)
　　①私は卵が大好きです。ありがとうございます。
　　③卵はおいしかったです。ありがとうございます。
　　④はい, お願いします。

　Aの最初の発話から**料理を注文する場面**であることがわかりますね。空所の前にある2回目のAの発話から**卵の調理の仕方**を尋ねられていることを理解し, **② Scrambled, please.**「スクランブルエッグをお願いします」が正解となります。**(答②)**

2　訳 A: 今日, 市場でトマトを10キロ買ったんだ。
　　　B: 10キロですって!　どうしてそんなにたくさん買ったの?　それどうするつもりなの?
　　　A: わかんない。(少しどうかな?)
　　　B: ありがとう。でも, いらないわ。実は, わたしトマトは好きじゃないの。
　　①トマトスープの作り方を教えてくれない?　②ほかに何か買ったの?
　　③それを入れる大きなかごを持ってるの?

まず，AとBの最初の対話はどんな内容でしたか。Aが「10キロものトマトを買った」と言ったことについて，Bが「そんなにたくさんどうするの？」とごく当然の応答をしていますね。いよいよ次のAの発話に空所が出てきましたよ。その次のBの応答を見てみましょう。BはNo thanks. と言って断っていますね。そこで**No thanks. が応答になる質問**を考えてみましょう。10キロのトマトを買ったAがBに**トマトを勧めて，④Would you like some of them?**「少しどうかな？」という表現を用いると対話はスムーズですね。このときAがBに対して**yesの答えを期待していることから疑問文中で some を用いていること**にも注目しましょう。**空所の次に来る情報から内容を推測することが，会話問題攻略のコツ**です。（答④）

3　訳 ホテル従業員：（電話に出て）こんばんは。どうなされましたか。
　　　　　　　　客：もしもし。シャワーに問題があるのですが。水がまったく出ません。
　　　　　ホテル従業員：ご不便をおかけして申し訳ありません。修理の者を伺わせます。
　　　　　　　　　　　　（1時間ほどお待ち頂けますか。）
　　　　　　　　客：無理です。実は，今すぐシャワーを浴びる必要があるんです。別の部屋に移ることはできますか。
　①にわか雨に遭いますか。　　　②その問題を説明してもらえますか。
　④部屋を替えたいですか。
　　ホテルの従業員と客との最初の対話から，客がシャワーの水が出ないという**苦情を言っている状況**がわかりますね。客の2回目の発話内容が No. Actually, I need to take a shower now. と言って断っていることから，ホテル従業員の発話内容は**③ Could you wait for about an hour?**「1時間ほどお待ち頂けますか」であると推測できます。（答③）

4　訳 ザック：もう10時だ。ボブがトイレから戻って来たら出たほうがいいよ。割り勘にしようか。
　　　 コージ：それはやめよう。僕は君たち2人よりたくさん食べたり飲んだりしたよ。僕のほうが，多く払うべきだと思うね。
　　　 ザック：（別々に勘定を頼みませんか。）
　　　 コージ：それは公平だね。
　①落ち着いて。そんなに興奮しなくてもいいよ。　②割引を頼んではどうだろう。
　③雑誌にあったクーポンを持ってきていたらなぁ。
　　ザックとコージが飲食代の支払い方法をめぐって話している場面は理解できましたね。コージが最後の発話で**「それは公平だね」**と言っていることから，ザックが**別々に支払うことを提案したと推測**できます。（答④）

5　訳　　マリ：これは本当に豪華なレストランね。
　　　 ケーティ：ディナーもすばらしかった。私，いくら払えばいいの？
　　　　　マリ：今夜は，お客様ですから。本当にそうさせてください。（私のおごりです。）
　　　 ケーティ：どうもありがとう。
　②1人5,250円です。　　③ほとんどお金を持っていません。　　④割り勘にしましょう。

豪華なレストランで食事をしたあと，ケーティが最後の発話でお礼を言っていることから，マリの2回目の発話が**ケーティのお礼の言葉とつながると考え**，選択肢の① **It's on me**.「私のおごりです」があてはまります。(答①)

会話表現 5 あいづち・あいさつ表現

コミュニケーションを円滑に進めるために，**相手を見ながらあいづちを打ったり，つなぎの言葉を用いて，沈黙している時間を埋めたり**します。頻出のものを押さえておきましょう。

あいづち表現

- I see.「わかりました」
- I got it.「わかった」
- I think so.「そう思います」
- That's right.「その通りです」
- Exactly.「まったくその通り」
- Are you sure? [Is that right?]「本当ですか」
- Really?「ほんとう？」
- Are you kidding?
  「(相手の言うことが信じられないとき) 冗談でしょう，まさか」
- No kidding?「(自分の発言に対して) 冗談抜きで，ほんとうに」
- 聞き返すときに I beg your pardon? / Pardon? / Excuse me? / I'm sorry? /Sorry?「何とおっしゃいましたか，もう一度言ってください」

つなぎ表現

- Well ～.「(躊躇) えーと，(疑い) えっ，(了解) それじゃ」など。
- You know, ～.「ほら～」 ・I mean ～.「つまり～」 ・Let's see.「ええと～」

あいさつの表現

- How are you doing?「調子はどうだい」
- (It's) nice to meet you.「お会いできてうれしい」(初対面でないときは see を用いる)
- Long time no see.「やあ，久しぶり [しばらく] だね」
- What's new with you?「で，君の方はその後どう？」
- Say hello to ～. [Give my (best) regards to ～. / Remember me to ～.]「～によろしく」
- See you.「じゃ，また」 ・Take care.「気をつけて」

問題

次の会話の空所に入れるのに最も適当なものを，それぞれ①〜④のうちから1つずつ選びなさい

☐ **1**　A：I'm going to see Jane after this.
　　　B：(　　)
　　　　① How are you doing?　　② Hi, Jane.
　　　　③ Did you see her?　　　④ Give her my regards.

（上智大）

☐ **2**　A：Excuse me, but would you mind not smoking here?
　　　B：(　　)
　　　A：I asked you if you would mind not smoking here.
　　　B：Oh, I'm sorry.
　　　　① I beg your pardon?
　　　　② I don't mind smoking.
　　　　③ Not at all. I'll be glad to.
　　　　④ OK. Is it all right if I smoke here?

（センター試験）

☐ **3**　A：Taro, would you do me a favor? Could you please work overtime tomorrow?
　　　B：(　　) I told you I would be going out with my girlfriend.
　　　A：I know. But we do have to finish our project by the day after tomorrow. Otherwise, I'm afraid we might lose the trust of our client. I do need your help!
　　　B：(*With a sigh*) All right, if you insist.
　　　　① Don't cheat!　　　　② You must be kidding!
　　　　③ No more excuse!　　④ None of your business!

（法政大）

設問解説

1　訳　A: この後，ジェーンに会うつもりなんだ。
　　B:（彼女によろしく言っておいて。）
　　①調子はどう？　②やあ，ジェーン。　③彼女に会った？
　　Aの発言から**あいさつの定型表現**として④**Give her my regards.**「彼女によろしくお伝えください」を選ぶと自然な会話の流れになりますね。定型表現は重要なので押さえておきましょう。**(答④)**

2 訳 A: すみません，ここでタバコを吸うのはやめていただけませんか。
　　　 B: (何とおっしゃいましたか。)
　　　 A: ここでタバコを吸うのはやめていただけませんか，とお願いしたんです。
　　　 B: ああ，すみませんでした。
　　　 ②私はタバコを吸ってもかまいません。　　③はい，もちろん，よろこんで。
　　　 ④わかりました。ここでタバコを吸ってもよろしいですか。

　Aの発話からタバコを吸わないで欲しいと頼んでいる場面であることがわかりますね。さらにAが2回目の発話でまたタバコを吸わないで欲しいと同じ言葉を繰り返していることから，空所にはBがAに対して**発話内容を聞き返す表現**が入ることがわかります。(答①)

3 訳 A: タロウ，お願いがあるんだが？　明日，残業してくれませんか？
　　　 B: (まさかご冗談でしょう！)　言いましたよね。彼女とデートするって。
　　　 A: わかってるよ。でも，あさってまでに，とにかく仕事を終えなければならないんだ。そうしないと，取引先の信用を失うのではないかと心配なんだ。ぜひとも君の助けが必要なんだ。
　　　 B: (ため息をついて) どうしてもと言うなら，わかりました。
　　　 ①ごまかさないでくれる？　③言い訳はもうたくさんだ。　④君には関係ないよ。

　2人の最初の対話内容から，デートの約束があると言っていたにもかかわらず，残業のお願いをされたときに，タロウが何と言ったかを推測し，② **You must be kidding!**「まさかご冗談でしょう！」を入れると自然な対話となります。(答②)

会話表現 6 お礼・お詫びに対する応答

　「感謝」や「お詫び」の表現は，コミュニケーションを円滑に行うためにはとても大切です。「ありがとう」という感謝の気持ちを伝える表現は Thank you. ですが，実際のコミュニケーションの場面などでは，Thanks. もよく使われます。また，「ごめんなさい」というお詫びの気持ちを伝える表現は，I'm sorry. です。これは自分の非を認めて詫びるときに使う表現なので，場面・状況をよく考える必要があります。人の身体に触れてしまったりしたとき，軽く謝る場合は Excuse me. を使い，それよりも重い過失を謝罪する場合は，Forgive me. を使います。具体的に謝罪をするときは，I'm sorry for ～.「～をしてすみません」，I must apologize to you for ～.「～のことであなたに謝らなければなりません」などを用います。

Thank you. などのお礼の言葉に対しての応答
・Not at all.「ええ，全然かまいませんよ」
・You're welcome. / No problem. / (It's) my pleasure.「どういたしまして」

お詫びに対しての応答

- That's all right.「いいんですよ」
- Never mind.「気にしないで」〈日本語では「ドンマイ」と言いますが，英語では ×Don't mind. とは言わないので注意しましょう。Don't worry about it.「何でもないことです」などが適切な応答です〉
- Thank you just the same [all the same, anyway].「ともかくありがとう」〈依頼したことが相手の努力にもかかわらずかなえられなかったり，相手の誘いをやむを得ず断るときなどに用いる感謝の言葉です〉

問 題

次の会話の空所に入れるのに最も適当なものを，それぞれ①～④のうちから１つずつ選びなさい

☐ 1　A：I'm so sorry to be late.
　　　B：(　) The meeting hasn't started yet.
　　　A：I'm glad to hear that.
　　① That's a pity.　　② That's all right.
　　③ You're too late.　　④ You're welcome.
　　　　　　　　　　　　　　　　　　　（センター試験）

☐ 2　Mr. Chen：Now, I'd like to say a little more about our plans.
　　　Ms. Mori：(　)
　　　Mr. Chen：Sure, go ahead. What would you like to know?
　　① Excuse me. Could you speak up, please?
　　② I'm sorry to interrupt, but may I ask a question?
　　③ I'm sorry, but could you repeat that, please?
　　④ Please excuse me. Is it all right if I leave now?
　　　　　　　　　　　　　　　　　　　（センター試験）

☐ 3　　　Jane：I'm sorry, Mom, I broke a lamp in the living room.
　　　Mother：I hope it wasn't the antique that your grandmother gave me.
　　　　Jane：(　)
　　　Mother：That's a relief! Grandmother's lamp is our family treasure.
　　① Luckily, it was. You'll have to buy a new one.
　　② I'm afraid it wasn't. I like that lamp very much.

420

③ I'm sorry, it was. And I don't think it can be repaired.
④ No, it wasn't. It was the one you bought last year.

(センター試験)

設問解説

1 訳 A: 遅れて本当にごめんなさい。
B:(だいじょうぶだよ。) 会議はまだ始まっていないよ。
A: それはよかった。
①それは残念だ。 ③遅すぎるよ。 ④どういたしまして。

Aの発話から遅刻した場面であることがわかり，Bの「会議はまだ始まっていない」から，遅刻したことは**「気にしなくてもよい」**という内容の選択肢を選ぶと自然な対話となります。(答②)

2 訳 チェン氏：さて，私たちの計画についてもう少し話をしたいと思います。
モリ氏：(お話し中失礼ですが，質問してもよろしいでしょうか。)
チェン氏：もちろん，どうぞ。何をお知りになりたいですか。
①すみませんが，大きな声で話して頂けますか。
③すみません，それをもう一度言っていただけますか。
④すみません，今出て行ってもいいですか。

チェン氏とモリ氏の対話の状況が理解できましたか。チェン氏の2回目の発話内容からモリ氏に質問を促していることわかりますね。モリ氏はチェン氏が話を続けようとしたときに，**質問を差しはさんだと推測**することができるので，空所に② I'm sorry to interrupt, but may I ask a question?「お話し中失礼ですが，質問してもよろしいでしょうか」を入れるとピッタリです。(答②)

3 訳 ジェーン：ママ，ごめんなさい。居間のランプを壊しちゃった。
母親：それ，おばあちゃんが私にくれた骨董品でないことを願うわ。
ジェーン：(違うよ。それは去年ママが買ったやつだったよ。)
母親：ホッとしたわ。おばあちゃんのランプは家宝なのよ。
①幸運にも，それだったわ。新しいやつを買わなければならない。
②あいにくそれではなかった。私はそのランプが大好きです。
③ごめんなさい，それでした。それに修理はできないと思います。

まず，ジェーンが母親の大切なランプを壊したと思い，**謝っている場面**をとらえます。母親の2回目の発話にある That's a relief! から，ジェーンが壊したのは母親が大切にしている骨董品でないことから選択肢を絞り込みます。(答④)

会話表現 7 電話での会話の場面

最近ではソーシャルメディアの普及により、コミュニケーションのあり方に変化が生じていますが、電話で使われる決まった表現は頻出なのでスラスラ言えるようにしましょう。
電話で自分の名前を名乗るときは、I'm ～. ではなく、This is ～ (speaking). と言います。

- Who's calling?「どちら様ですか」
- Hello. This is ～. May I speak to ..., please.
   「もしもし，～ですが，…をお願いします」
- Hold on a second, please. [Just a moment, please. / Wait a minute, please.]「少しお待ちください」
- I'll get him [her].「呼んできます」
- I'm coming right now.「すぐ行きます」
   〈come は話している相手のほうへ「行く」〉
- Can I leave a message?「伝言をお願いできますか」
- Shall I take a message?「伝言をお聞きしましょうか」
- I'll call back later.「あとでかけ直します」
- Thank you for calling.「電話ありがとう」
- I've got to hang up.「もう電話を切るね」

問題

次の会話の空所に入れるのに最も適当なものを，それぞれ①～④のうちから1つずつ選びなさい

□ 1　A : Hello.
　　　B : Could I speak to Jim, please?
　　　A : (　　)
　　　B : My name is Mary Black. I'm an old friend.
　　　A : Just one moment, please.
　　　① No, Jim is out.　　② Hold on, please.
　　　③ Are you Jim?　　④ May I ask who's calling?　　（山梨学院大）

□ 2　A : The telephone number of ABC Company is 0031-67-3648.
　　　B : (　　)
　　　A : Yes, that's 0031-67-3648.
　　　①　Could you repeat that, please?

② Do you want to tell me that number?
③ Will you let me know it, please?
④ Would you call the number for me?　　　(センター試験)

☐ 3　A : I need the number of Barry Watson.
　　　B : (　　)
　　　A : Barry. That's "B" as in "boy".
　　① What's Mr. Watson's full name?
　　② Did you say Barry Watson or Harry Watson?
　　③ Are you sure the name is Watson?
　　④ Is Barry a boy's name or a girl's name?　　(センター試験)

設問解説

1　訳　A: もしもし。
　　　　B: ジムをお願いします。
　　　　A:(どちら様ですか。)
　　　　B: 私の名前はメアリー・ブラックです。昔からの友だちです。
　　　　A: 少しお待ちください。
　　①ええ，ジムは外出しています。　②お待ちください。　③あなたはジムですか。

　典型的な電話での対話ですね。Bの2回目の発話で，**Bが自分の名前を述べていることから判断**して，Aの2回目の発話の空所に**④ May I ask who's calling?**「どちら様ですか」を入れると，ピッタリですね。**(答④)**

2　訳　A: ABC 社の電話番号は 0031-67-3648 です。
　　　　B:(もう1度言っていただけますか。)
　　　　A: はい，0031-67-3648 です。
　　②私にその番号を教えたいですか。　③それを知らせてくれますか。
　　④私の代わりにその番号に電話をかけて頂けますか。

　Aの最初の発話で ABC 社の電話番号を言っていて，2回目のAの発話で**同じ電話番号を繰り返している**ので，Bの発話内容を推測すると，**① Could you repeat that, please?**「もう1度言っていただけますか」となり，スムーズな対話となりますね。**(答①)**

3　訳　A: バリー・ワトソンの番号が知りたいのですが。
　　　　B:(バリー・ワトソンですか，それともハリー・ワトソンと言いましたか。)
　　　　A: バリーです。boy のBです。
　　①ワトソン氏のフルネームは何ですか。　③確かに名前はワトソンですか。
　　④バリーは男の子の名前，それとも女の子の名前ですか。

　Aの2回目の発話で Barry の綴りについて，boy のBと説明していること

から判断すると，Bの発話内容は② **Did you say Barry Watson or Harry Watson?**「バリー・ワトソンですか，それともハリー・ワトソンと言いましたか」となり，**名前の綴りを確認**したと推測できます。**(答②)**

会話表現 8 道・乗り物の案内の場面

道を尋ねたり，案内したりするときの決まった表現です。位置を表す表現にも注意してください。また，乗り物での行き方などについての表現も押さえておきましょう。

道を尋ねたり案内したりするときの表現

- Could you tell me the way to ～?
  「～へ行く道を教えていただけませんか」
- I'm looking for ～.「～をさがしているのですが」
- Go straight this way.「この道をまっすぐ行きます」
- Go along ～.「～に沿って進んでください」
- Turn right [left] (at ～).「(～で) 右 [左] に曲がってください」
- You'll see ～ on your right [left].「～が右手 [左手] に見えます」
- How long does it take to ～? — It's a five-minute walk from here.
  「～までどれくらいかかりますか。— ここから歩いて5分です」

位置関係を表す表現

- in front of ～「～の前に」
- across from ～ [on the opposite side of ～]「～の向かい側に」
- next to ～「～の隣に」→ right next to ～「～のすぐ隣に」
  〈この場合の right は副詞で「すぐに」という意味〉

乗り物について尋ねるとき

- Which bus [train] goes to ～?「どのバス [電車] が～に行きますか」
- Is this bus [train] for ～?「これは～行きのバス [電車] ですか」
- Where should I get off?「どこで降りればよいのですか」
- Where do I have to change trains to go to ～?
  「～に行くのにどこで電車を乗り換えればいいですか」
- Take the bus [train] for ～.「～行きのバス [電車] に乗ってください」
- Get off at the third stop.「3つ目の停留所で降りてください」
- The trains leave every hour on the hour.「電車は毎時刻きっかりに出る」

問題

次の会話の空所に入れるのに最も適当なものを，それぞれ①〜④のうちから1つずつ選びなさい

1 A: Excuse me. Can you tell me where the city library is, please?
　B: The city library? Oh, yes. Turn left at the third corner and go straight on. You can't miss it.
　A: (　　)
　B: No, it's only about ten minutes' walk.
　① Can I get there soon?
　② Is it far from here?
　③ Is it within walking distance?
　④ Why don't you tell me where it is?　　　　（センター試験）

2 A: Go down Main Street and turn left at the first corner. Then walk two blocks and you'll see the library just in front of you.
　B: (　　)
　A: That's right.
　① Do you think I can find the library easily?
　② Is what you're saying right?
　③ Main Street, first left, two blocks. Right?
　④ The library on the right?　　　　（センター試験）

3 Joe: Why don't we try Mexican food tonight? I know a good restaurant.
　Kim: Great! (　　)
　Joe: Well, we have to take the subway to Honmachi. The restaurant's just across the street from the station.
　① How do we get there?
　② How about going together?
　③ How often do you go there?
　④ How far does the subway go?　　　　（センター試験）

設問解説

1 訳 A: すみません。市立図書館がどこにあるか教えてくれませんか。
B: 市立図書館ですか。ああ、はい。3つ目の角を左へ曲がり、まっすぐに行ってください。すぐわかりますよ。
A: (ここから遠いのですか。)
B: いいえ、歩いてわずか10分ほどです。
①すぐにそこに着きますか。　③歩いて行ける距離ですか。
④それがどこにあるのかどうして教えてくれないんですか。

　道案内の典型的な対話ですね。Bの2回目の発話にある **Noに注目** し、遠くないことを付け加えていることから判断すると、2回目のAの発話の空所に　② Is it far from here?「ここから遠いのですか」を入れるとスムーズにつながります。

(答②)

2 訳 A: メインストリートを進んで、最初の角を左に曲がりなさい。それから2ブロック歩くと、ちょうど正面に図書館が見えます。
B: (メインストリート、最初を左に2ブロック、合っていますか？)
A: そのとおりです。
①図書館を簡単に見つけられると思いますか。
②あなたが言っていることは正しいですか。
④図書館は右側ですか。

　最初の2人の対話からAがBに図書館への **道順を教えている場面** ですね。Aが2回目の発話でBの発話内容に同意していることから判断して、BはAが説明した **道順を復唱** していると推測し、③ **Main Street, first left, two blocks. Right?**「メインストリート、最初を左に2ブロック。合っていますか？」が正解となります。道案内でよく使われるrightには3つの意味があります。1つはturn rught「右へ曲がる」、もう1つは「(時を表して) すぐに」、あと1つは「(位置を表して) ちょうど、すぐ」です。(答③)

3 訳 ジョー：今夜はメキシコ料理を食べないかい？　いいレストランを知ってるんだ。
キム：いいわね。(そこにはどうやって行くの？)
ジョー：えーと、地下鉄で本町まで行かなきゃならないんだ。レストランは駅のちょうど向かい側にあるんだ。
②一緒に行かない？　③あなたはそこへはよく行くの？
④地下鉄はどこまで延びているの？

　ジョーの最初の発話からキムをメキシコ料理に誘っていることがわかりますね。**ジョーの2回目の発話でレストランへの行き方を説明していることから、キムが行き方を尋ねる① How do we get there?**「そこにはどうやって行くの？」を発話したと考えると自然ですね。(答①)

会話表現 9 健康・体調についての会話の場面

医者と患者との対話の場面における頻出の定型表現を押さえましょう。例えば、「今朝体温を測りました」は I took my temperature this morning. で表します。*my* temperature で「体温」ですが、the temperature だと「気温」という意味になるので要注意です。

- What's up (with you)? [What's the matter (with you)? / What's wrong (with you)?]「(相手を心配して) どうしたの」
- What's the problem?「どうしました」
- How do you feel?「気分はどうですか」
- Are you OK [all right]?「大丈夫ですか」
- I've been suffering from [I've had] a headache for a few days.「ここ数日頭痛が続いています」
- I took my temperature this morning.「今朝体温を測りました」
- I had a slight fever.「微熱があった」
- That's too bad.「残念ですね [お気の毒に]」
- Take care (of yourself).「お大事に」
- I hope you get better soon.「すぐによくなるといいですね」

問題

次の会話の空所に入れるのに最も適当なものを、それぞれ①〜④のうちから1つずつ選びなさい。

☐ 1　A : Hi, Susan. How are you?
　　　B : Not so well, I'm afraid.
　　　A : Really? (　　)
　　　B : I've got a slight cold.
　　　① How long have you been suffering?
　　　② What's the matter?
　　　③ Where did you catch it?
　　　④ Why are you afraid?
　　　　　　　　　　　　　　　　　　　　　　　　（センター試験）

☐ 2　A : Dr. Brown's office. Can I help you?
　　　B : Yes, I have an awful toothache. Can I see the doctor some time today?
　　　A : I'm afraid he's very busy today, (　　)

B : I don't think I can wait that long. I'll try another dentist. Thanks, anyway.
① but he can see you at 10:00 tomorrow morning.
② but we can give you some medicine to ease the pain.
③ but we can recommend another dentist if it is urgent.
④ but you can come and wait in our office if you like.
(センター試験)

☐ 3　Dr. Ito : How are you today? Is your cold better?
　　Ms. Smith : A little better, Doctor, but (　　)
　　Dr. Ito : Okay. I'll give you some medicine that will bring it down.
① I don't have a cough anymore.
② I still have a slight fever.
③ I have a runny nose.
④ I'm still feeling a bit weak.
(センター試験)

☐ 4　Doctor : Well, John. What seems to be the problem?
　　Patient : I lost my voice a few days ago, and now I have a bad cough.
　　Doctor : (　　)
　　Patient : Yesterday morning, but it seems to be getting worse today.
① How did it begin?　　② How did you catch it?
③ When did it start?　　④ When did you lose it?
(センター試験)

設問解説

1　訳　A: こんにちは、スーザン。お元気ですか。
　　　　B: 残念ながら、調子があまり良くないの。
　　　　A: あら、ほんとう。(どうしたの？)
　　　　B: 風邪気味なの。
①引いてどのくらいになるの？　③どこで引いたの？　④どうして心配しているの？
最初の対話からスーザンの体調が良くないことがわかりますね。**Bの最後の発話で風邪気味と応答していることから、Aの2回目の発話内容を推測**し、空所に ②What's the matter?「どうしたの？」を入れると対話がピッタリかみ合いますね。**(答②)**

428

2 訳 A: ブラウン歯科医院です。どうしましたか。
B: ええ，歯がとても痛むんです。今日，先生に見てもらえますか。
A: あいにく，先生は本日たいへん忙しいようです。(でも明日の朝 10 時なら診察することができます。)
B: そんなに長い時間待てません。別の歯科医に当たってみます。ともかくありがとうございました。

②でも痛みを和らげる薬を出すことはできます。
③でも至急であれば別の歯科医を紹介できます。
④でもよろしければ，お越し頂いてここでお待ちになることはできます。

最初の対話から歯の痛い患者と歯科医院の受付係のやり取りであることがわかりますね。**B が最後の発話でそんなに長い時間待てませんと言ったことから判断**して，A の 2 回目の発話の空所には，① but he can see you at 10:00 tomorrow morning.「でも明日の朝 10 時なら診察することができます」が入りますね。B の 2 回目の応答とつながります。(答①)

3 訳 イトウ医師：今日はご機嫌いかがですか。風邪は良くなっていますか。
スミスさん：少し良くなっています，先生。でも，(まだ少し熱があります。)
イトウ医師：わかりました。熱を下げる薬を出しておきましょう。

①もう咳は出ません。　③鼻水が出ます。
④まだ少し身体が弱っている感じがします。

最初の対話から医師と患者のやり取りということがわかりますね。**イトウ医師の最後の発話で解熱剤を処方しているところから，スミスさんの発話内容を推測**し，空所に② I still have a slight fever.「まだ少し熱があります」が入ります。(答②)

4 訳 医者：ところで，ジョン。どうしましたか。
患者：数日前から声が出なくて，今は咳がひどいんです。
医者：(咳はいつから始まりました？)
患者：昨日の朝からですが，今はさらに悪くなっているようです。

①それはどのように始まりましたか。
②どのようにしてそれにかかりましたか。
④いつそれを失いましたか。

2 人の最初の対話から，医者と患者とのやり取りで，今は咳がひどいことがわかりますね。**患者の最後の発話から話題がひどい咳であると判断**して，2 回目の医者の発話の空所に③ When did it start?「咳はいつから始まりました？」を入れると自然な対話となります。(答③)

会話表現

会話表現 10 買い物の場面

店で買い物をするときに用いられる応答表現に慣れておきましょう。

- May I help you?「いらっしゃいませ」
- Are you being helped?〔Have you been helped?〕
  「ご用は承っていますか」
- I'm (just) looking.「ただ見ているだけです」
- Will you show me another (～)?「別の（～）を見せていただけますか」
- May I try this on?「試着してもいいですか」
  〈×try on this とは言いません。語順に注意〉
- I'll take this.「これをいただきます」

問題

次の会話の空所に入れるのに最も適当なものを，それぞれ①〜④のうちから1つずつ選びなさい

□**1** A : I bought these eggs here, but they were bad.
　　B : I'm sorry about that.
　　A : (　　)
　　B : No. I'm afraid we can only give exchanges. It's store policy.
　　① Can I exchange them?
　　② Can I have my money back?
　　③ Can I have some fresh ones?
　　④ Can I have the same kind of eggs?
　　　　　　　　　　　　　　　　　　　　　　　　（センター試験）

□**2** A : May I help you?
　　B : (　　)
　　A : Well, if you need help later, please let me know. My name's Mary.
　　B : Thanks. I'll do that.
　　① Could you tell me how much this costs?
　　② Thank you, but I'm just looking.
　　③ Where is the cafeteria?
　　④ Yes, please. I'd like to try on this skirt in a size 8.
　　　　　　　　　　　　　　　　　　　　　　　　（センター試験）

☐ 3　Customer : Excuse me. Can I try this skirt on?
　　　Salesclerk : Of course. The fitting room is just behind that pillar.
　　　　　　　　(*A few minutes later*) How are you doing?
　　　Customer : (　　)
　　　Salesclerk : Unfortunately, this is the last one in this style, but we have other skirts in smaller sizes. Would you like me to bring some over for you?
　　　① Actually, the bright color doesn't suit me.
　　　② Do you have any sweaters to go with it?
　　　③ It's a bit too loose. I don't think I can wear it.
　　　④ Oh, it fits me perfectly. I think I'll take it.

（センター試験）

設問解説

1　訳　A: ここでこの卵を買ったのですが，腐っていました。
　　　B: それは申し訳ございません。
　　　A: (お金を返してもらえますか。)
　　　B: それはできません。あいにく交換することしかできないんです。店の方針ですので。
①交換できますか。　③新鮮なものをいくつかもらえますか。
④同じ種類の卵をもらえますか。

最初の対話から腐った卵について客と店員とのやり取りは理解できましたね。**Bの2回目の発話の商品の交換しかできないということから，Aの発話内容を推測し，空所には② Can I have my money back?「お金を返してもらえますか」が入りますね。(答②)**

2　訳　A: いらっしゃいませ。
　　　B: (すみません，ちょっと見ているだけです。)
　　　A: それでは，あとでご用がありましたら，お知らせください。私はメアリーと申します。
　　　B: ありがとう。そうします。
①これはいくらするのか教えて頂けますか。　③カフェテリアはどこですか。
④はい，お願いします。サイズ8のこのスカートを試着したいのですが。

買い物での典型的な表現 **May I help you?** はすでに店に入ってきたお客さんに対して使う丁寧な言葉です。特に買う目的がなければ，店員の言葉を無視せずに，**② Thank you, but I'm just looking.「すみません，ちょっと見ているだけです」のように応答します。(答②)**

3 訳　客：すみません。このスカートを試着してもいいですか。
店員：もちろんです。試着室はあの柱のすぐ後ろにあります。
（数分後）いかがですか。
　客：（すこしゆるすぎます。はけそうにありません。）
店員：あいにく，この型ではこれが最後の1点ですが，これより小さいサイズのスカートならほかにもありますが。何点かお持ちしましょうか。
①実際のところ，明るい色は私には似合わないと思います。
②それに合うセーターはありますか。
④まあ，それは私にピッタリだわ。それをもらいます。

　2人の最初の対話から客と店員のスカートについてのやり取りだと理解できましたね。店員が客に対して試着の感想を聞き，さらに店員の2回目の発話のあいにくこれが最後の1点であるということから，客の発話内容を推測し，空所に③ It's a bit too loose. I don't think I can wear it.「すこしゆるすぎます。はけそうにありません」を入れると自然な対話となります。（答③）

講義を終わるにあたって

　長くおつきあいいただきました講義もようやくこれで終わりです。みなさんは「文法・語法」，「熟語・イディオム」，「発音・アクセント」，「会話表現」を通して精選した1050題を解いたことになります。どうですか。みなさんが想像している以上の力が身についているものと確信します。英文法・語法は単なる暗記ではなく，論理的に理解できるものだということに気づいていただけましたか。この講義をきっかけに，これまであやふやだった問題，まったく糸口さえも見出せなかった問題への手がかりがつかめ，問題の意味が心の底から理解できるようになったという声が聞こえてくることを楽しみにしています。

　今は自分の時間を自分のために使い，自分のために努力をしてください。そしてやがて，自分の時間を誰かのために使い，誰かのために努力する，そういう人になってください。それぞれが与えられた場で，存分に活躍されることを願っています。ありがとうございました（拍手）。

小森 清久
Kiyohisa KOMORI

　高校教員を経て，河合塾の英語科講師となる。現在，河合塾教育開発本部研究開発・英語科講師。また，河合文化教育研究所では「地域言語研究会」を主宰。

　高1から高3卒生までの広い層に，「英文法・語法」「英文解釈」「英語表現」「リスニング」などを，ただ覚えるのではなく，論理的に理解する考え方を懇切丁寧に指導。映像授業である河合塾マナビス，河合サテライト講座では，「センター試験」「特定大講座」「リスニング」「英単語・熟語」などを担当。高い実績に裏打ちされた確かな指導法で，高校・高卒生から絶大な支持を集める。

　学生時代の一時期を過ごしたオーストラリアで，ブッシュウォーキングを楽しむのが，貴重な息抜きのひとときである。

主な著書：『医学部攻略の英語』（河合出版）。
主な編著書：『過去問レビュー』（河合出版）『データーベース5500合格英単語・熟語』『センター試験リスニングオリジナル問題集 TRY 30』『センター試験リスニングオリジナル問題集 TOUCH 10』（以上，ピアソン桐原）　など。

聞けば「わかる！」「おぼえる！」「力になる！」
スーパー指導でスピード学習!!
実況中継CD-ROMブックス

山口俊治のトークで攻略 英文法
- Vol. 1　動詞・文型〜名詞・代名詞・冠詞
- Vol. 2　形容詞・副詞・疑問詞〜出題形式別実戦問題演習

練習問題（大学入試過去問）＆CD-ROM（音声収録 各600分）

出口汪のトークで攻略 現代文
- Vol. 1　論理とはなにか〜記述式問題の解き方
- Vol. 2　評論の構成〜総整理・総完成

練習問題（大学入試過去問）＆CD-ROM（音声収録 各500分）

望月光のトークで攻略 古典文法
- Vol. 1　用言のポイント〜推量の助動詞
- Vol. 2　格助詞・接続助詞〜識別

練習問題（基本問題＋入試実戦問題）＆CD-ROM（音声収録 各600分）

石川晶康のトークで攻略 日本史B
- Vol. 1　古代〜近世日本史
- Vol. 2　近現代日本史

空欄補充型サブノート ＆CD-ROM（音声収録 各800分）

青木裕司のトークで攻略 世界史B
- Vol. 1　古代〜近代世界史
- Vol. 2　近現代世界史

空欄補充型サブノート ＆CD-ROM（音声収録 各720分）

浜島清利のトークで攻略 物理I・II
練習問題（入試実戦問題）＆CD-ROM（音声収録600分）

以上、●定価／各冊（本体1,500円＋税）

実況中継CD-ROMブックスは順次刊行いたします。
http://goshun.com　語学春秋　検索

2013年10月現在
既刊各冊の音声を聞くことができます。

実況中継 CD-ROMブックス

※CD-ROMのご利用にはMP3データが再生できるパソコン環境が必要です。

小川裕司のトークで攻略 センター化学Ⅰ塾
練習問題（センター試験過去問）&CD-ROM（音声収録300分）
- 定価(本体1,200円+税)

宇城正和のトークで攻略 センター生物Ⅰ塾
練習問題（センター試験過去問）&CD-ROM（音声収録300分）
- 定価(本体1,200円+税)

安藤雅彦のトークで攻略 センター地学Ⅰ塾
練習問題（センター試験過去問）&CD-ROM（音声収録300分）
- 定価(本体1,500円+税)

瀬川聡のトークで攻略 センター地理B塾
Vol.① 系統地理編 ／ **Vol.②** 地誌編
練習問題（センター試験過去問）&CD-ROM（音声収録330分）
- 定価／各冊(本体1,300円+税)

西きょうじのトークで攻略 東大への英語塾
練習問題（東大入試過去問）&CD-ROM（音声収録550分）
- 定価(本体1,800円+税)

竹岡広信のトークで攻略 京大への英語塾
練習問題（京大入試過去問）&CD-ROM（音声収録600分）
- 定価(本体1,800円+税)

二本柳啓文のトークで攻略 早大への英語塾
練習問題（早大入試過去問）&CD-ROM（音声収録600分）
- 定価(本体1,600円+税)

西川彰一のトークで攻略 慶大への英語塾
練習問題（慶大入試過去問）&CD-ROM（音声収録630分）
- 定価(本体1,800円+税)

·································· MEMO ··································